La vérité sur Jeanne d'Arc
SES ENNEMIS, SES AUXILIAIRES, SA MISSION,
D'APRÈS LES CHRONIQUES DU XVe SIÈCLE

par

Francis ANDRÉ
(C. Bessonnet-Favre)

1895

© 2025, Francis ANDRÉ (domaine public)
Édition : BoD - Books on Demand, 31 avenue Saint-Rémy, 57600 Forbach, bod@bod.fr
Impression : Libri Plureos GmbH, Friedensallee 273, 22763 Hamburg (Allemagne)
ISBN : 978-2-3225-6944-1
Dépôt légal : Mars 2025

AVANT-PROPOS

I

LA STATUE DE JEANNE D'ARC

À MOUSSON

La photogravure de la statue, que nous reproduisons en tête de ce volume, nous a été envoyée récemment par un des grands admirateurs de Jeanne d'Arc, Monsieur le Capitaine Boudin, officier du 1er zouaves.

Nous publions textuellement la relation qu'il nous fait de la façon assez originale dont il trouva l'image de la Libératrice de la France, persuadé que cela intéressera vivement le lecteur.

En août dernier, j'étais en congé à Pont-à-Mousson, cherchant à passer à Metz, ma ville natale.

J'étais monté sur la côte de Mousson, d'où l'on voit la frontière, et, par un temps clair, la cathédrale de Metz. Malheureusement, le temps était affreux ; j'ai dû me réfugier dans une grange, à l'abri de la pluie. Dans cette grange, derrière des bottes de paille, je vois une caisse énorme. Je m'informe et j'apprends que Jeanne est là... empaillée... une Jeanne d'une tonne et de quatre mètres de haut.

Je ne vous dirai pas ce qui s'est passé dans la grange ; mais, en voyant la triste situation de celle qui a sauvé la France, réduite, près de six siècles après sa naissance, à s'abriter derrière des bottes de paille, alors qu'avec quelques sous, elle pourrait tenir un rang éclatant, à cent mètres de là, j'ai vibré ferme, je vous en réponds, moi qui n'ai pu rentrer dans ma ville natale depuis 1879 !

Son poste est là, voyez-vous, au sommet de la colline, face à la frontière, et le regard tourné vers la cathédrale de Metz.

BOUDIN,
Capitaine 1er zouaves.

À la citation de cette lettre, nous n'ajouterons que quelques mots.

L'attitude de la Jeanne d'Arc de Mousson est tellement conforme à l'idée que nous nous faisons de la physionomie réelle de l'héroïne que l'artiste a certainement interprétée comme nous le sens des vieilles Chroniques.

Jeanne, de la main droite, brandit son épée, non comme le glaive meurtrier de Bellone, mais comme le fer destiné à attirer, sur sa pointe acérée, toutes les foudres d'en haut.

Ces foudres, nous le montrerons, la Pucelle impassible les reçoit, les condense, puis les projette, en rayons de lumière sur ses amis, en éclairs fulgurants sur ses ennemis.

De la main gauche, la Jeanne d'Arc de Mousson tient, replié sur son cœur, le mystérieux étendard qui la fit vaincre, cachant soigneusement les signes secrets qui l'estampillent et n'en laissant apercevoir qu'un seul : le *labarum* universel des fidèles du Christ, LA CROIX.

L'agneau, couché derrière la jeune fille, n'est là que pour rappeler la légende.

En regardant la figure énergique de Jeanne, on sent la Femme qui sait et qui veut et non la bergère ignorante et passive à qui l'on ordonne de vouloir.

Jeanne, présentée ainsi, est bien l'effigie typique de la France, se dressant devant l'étranger comme médiatrice souveraine des Nations, comme dispensatrice de l'Idéal, et comme indestructible champion de l'Idée.

Chacun fera donc certainement, comme nous, le vœu que la Jeanne d'Arc de Mousson soit promptement mise à la place qui lui convient et lui est due.

Quoique bien appauvrie par les pilleries des *Grandes Compagnies* de financiers, *robbeurs* du bien d'autrui, comme on disait au Moyen Âge, notre Patrie est encore assez riche pour payer, à celle qui fait sa gloire, un piédestal digne d'elle, et pour offrir à sa Libératrice un socle de pierre en face de Metz, au lieu d'un lit de paille dans une grange de Pont-à-Mousson.

F. A.

II

NOTE D'ACTUALITÉ

Jusqu'à la dernière heure, nous avons eu l'oreille tendue pour recueillir les échos divers des sentiments de la France, les résonnances de l'opinion générale en ce qui a trait à la retentissante glorification de Jeanne.

Nous avons la joie de reconnaître que cette grande et puissante figure se pose de mieux en mieux au plan de la plus immédiate actualité en vue de la reprise de sa véritable mission.

Partout, des fêtes, à la fois splendides et touchantes, sont célébrées en l'honneur de la Pucelle héroïque, de l'inoubliable martyre.

À Orléans, on a vu, pour la première fois, le plus haut dignitaire de l'église catholique anglaise, le cardinal Vaughan, marcher au milieu du cortège de nos évêques suivis par la population de cette ville que Jeanne délivra en signe de la souveraine puissance qui, mystérieusement, lui avait été confiée.

Par contre, au grand étonnement de beaucoup, au déplaisir mal dissimulé de quelques-uns, nous avons constaté que l'évêque de St-Dié avait pris la courageuse initiative d'aller porter parole directe, en souvenance de l'humble et religieuse enfant de Domrémy, aux Celtes d'Angleterre qui l'ont comprise et qui l'admirent.

Nous avons appris que la statue qui se profile en tête de notre œuvre modeste, va se dresser à Mousson.

Cette statue fera face à la frontière. Depuis le Rhin jusqu'à la plus extrême limite de la Russie Orientale, son geste hardi de porte-glaive et de porte-étendard se répercutera, si c'est nécessaire.

Jeanne est *Vénérable* ; elle doit être SAINTE. Sa canonisation est à l'ordre du jour de l'Église universelle. Comme actualité rien n'est plus souverainement significatif.

La France est Fille aînée de l'Église. Jeanne a délivré le territoire pour qu'il y ait une Patrie française et que les Gestes de Dieu fussent toujours en ce monde accomplis par les Francs.

Gesta Dei per Francos !

La France demeure partout présente.

L'Église aussi est en tout lieu.

Patriote et sainte, Jeanne doit entrer, par sa canonisation solennelle, dans le champ d'une mise en œuvre qui réunira, en un seul faisceau intangible, le Passé pour l'Avenir par le Présent.

Puisse Jeanne la Lorraine, Française par le sang et brillant de la double auréole de la Vierge et de la Martyre, servir de lien de rattache et de salut à notre race tout entière en la triple aspiration de la Foi, de l'Espérance et de la Charité.

Tel est notre vœu le plus sincère afin que soient conjurés les plus redoutables périls du moment pour notre France et pour l'Europe.

23 mai 1895.

FRANCIS ANDRÉ.

III

Encore un livre sur Jeanne d'Arc !

Est-il donc possible de tracer une silhouette nouvelle de la noble et sainte héroïne ?

Oui. Car cette figure étonnante n'est pas du tout montrée telle qu'elle fut.

À notre époque, les différents écrivains qui ont retracé la vie de l'héroïne ont tout dit sur elle, sauf la vérité.

Seuls, quelques poètes et quelques historiens semblent avoir vaguement saisi le sens des indications précieuses renfermées dans les Chroniques du temps et les pièces des Procès de la Pucelle.

Mais aucun d'eux ne paraît avoir soupçonné les ennemis et les auxiliaires réels de la jeune fille ; tous ont négligé d'insister sur les faits qui montrent sa véritable mission.

Si quelques-uns de ces faits se trouvent rapportés, çà et là, par hasard, on ne les a pas rapprochés pour les expliquer l'un par l'autre et reconstituer la trame de l'histoire véridique.

Cela tient, à notre avis, à deux causes.

La première est que les historiens de Jeanne d'Arc se sont généralement copiés les uns les autres sans remonter aux sources authentiques des faits qu'ils mentionnaient. La seconde est que nul d'entre eux n'a vu que, dans ses actes militaires, Jeanne, porte-étendard du Roi du Ciel, fut doublée par une de ses sœurs, cette Claude d'Arc qui joua, de 1436 à 1440, un rôle inexpliqué encore sous le nom de Dame des Armoises.

L'oubli complet de l'existence de Claude rend incompréhensible l'épopée de Jeanne.

Dans la légende populaire qu'ont reproduite, à l'envi, tous les historiens, la Pucelle apparaît en contradiction constante avec elle-même ; ses allures n'ont aucune homogénéité.

La vie de l'héroïne, telle qu'on nous la raconte, est un beau conte de fées qui ne résiste pas au froid examen du chercheur dès que, rejetant tous les écrits modernes, on lit, avec attention, en reconstituant le sens littéral de leurs paroles, les récits et les appréciations des Français du XVe siècle sur la Pucelle d'Orléans.

Tout d'abord, en faisant cette étude, on est frappé d'un phénomène très curieux et assez facile à suivre dans les vieilles Chroniques du temps, c'est que : Jeanne d'Arc ne représenta pas seulement, pour ses contemporains, la défense désespérée d'un Peuple et encore moins celle du principe héréditaire de la Monarchie Capétienne. Elle représenta surtout, pour eux, la défense héroïque de la Race, de l'Église et de la FEMME celtiques, menacées dans leurs libertés, leur honneur et leurs intérêts par les conspirateurs puissants dont les Lancastre étaient les instruments aveugles ou dociles.

Champion de l'Église chrétienne, Jeanne d'Arc fut aidée puissamment par les moines.

Champion de la Race, elle fut vaillamment assistée par tous les Communiers et par tous les Bourgeois du Royaume.

Champion de la Femme, elle fut secondée, avec un dévouement et une abnégation admirables, par les femmes de toutes conditions et de toutes les classes. Sans les obstacles et les trahisons que les auxiliaires féminins de la secte Anglaise dressèrent soudain sur sa route, elle eût certainement, comme la Vierge dont elle arbora la bannière, écrasé, pour des siècles, la tête du Serpent qui menaçait, de son venin mortel, la France et la Chrétienté.

On veut se le dissimuler, la lutte engagée alors était fort grave.

Au début du XVe siècle l'Église traversait une crise terrible. Trois papes se disputaient le gouvernail de la barque de Pierre, violemment secouée par l'orage que Wickleff et Jean Huss avaient déchaîné.

Battue aussi par les flots menaçants des hordes musulmanes, la Barque mystique semblait désemparée.

Les Turcs étaient aux portes de Constantinople. La défaite de Nicopolis avait démontré l'impuissance de la Chrétienté chevaleresque contre eux.

Épuisée par une guerre séculaire, énervée par les luttes intestines des partis qui s'étaient disputé le pouvoir d'un roi fou, la France n'était plus en état de produire un Charles Martel, comme au VIIIe siècle, pour barrer le chemin aux sectaires de Mahomet.

Si, par miracle, cet homme providentiel avait surgi on l'aurait discuté, on ne l'eût pas suivi.

Courtisans, chevaliers, seigneurs et capitaines, craignant de se donner un maître, se fussent tous ligués pour persuader au faible roi de Bourges de voir, en un tel homme, non pas un auxiliaire, mais un compétiteur.

Tout semblait donc perdu, mais le Christ l'a dit : comme l'Église elle-même, la France est immortelle.

Ce que la rude main d'un guerrier n'eût peut-être pas fait, la douce main d'une femme le réalisa.

« Sur des signes certains, le Roi du Ciel, dit Gerson, choisit Jeanne d'Arc comme porte-étendard pour disperser les ennemis de la Justice et soulever ses amis afin qu'avec l'assistance des Anges une simple fille brisât les armes de l'iniquité. »

Jeanne n'était pas, comme on le croit, une simple bergère, ignorante et issue d'une famille serve.

Elle appartenait au contraire à une famille libre et aisée ; elle avait acquis, par des études soigneusement appropriées à sa mission, les connaissances théologiques, géographiques, stratégiques et militaires indispensables au triomphe du mouvement celtique, franciscain et national qu'elle incarnait.

Ce grand mouvement patriotique et religieux était la contradiction et la contrepartie du mouvement Templier, toujours vivace, qui impulsait la politique anglaise contre les Valois, héritiers de Philippe le Bel et protecteurs du Pape d'Avignon, successeur de Clément V.

Jeanne, représentant le parti français contraire aux Lancastre, devint, presque naturellement, l'alliée de l'important parti britannique opposé à la politique des meurtriers de Richard II. Ce parti aristocratique des hauts barons anglais avait intérêt à ne pas laisser les soudoyers du Temple conquérir la France, parce que l'Angleterre baronniale et terrienne eût été ensuite impuissante à se défendre contre les exactions des Templiers vainqueurs. Ces hauts barons, propriétaires fonciers du sol d'Albion, se souvenaient que, contre les landlords leurs aïeux, les chevaliers du Temple, avant la suppression canonique de l'Ordre, avaient argenté successivement Jean sans Terre, Henry III et Édouard Ier.

Bref, pour résumer, en quelques mots, notre pensée sur l'action particulière de Jeanne, après avoir longuement compulsé les chroniques du temps, nous croyons : 1º que, porte-étendard des moines celtiques et champion intrépide de la Femme dans sa lutte sociale et politique, elle fut l'alliée diplomatique des lords anglais ;

2º qu'elle défendit, jusqu'à la mort, les hautes visées politiques et religieuses dont Gerson avait été l'organe, au concile de Constance ;

3º qu'elle ne put accomplir seule cette tâche sublime et confia à sa sœur Claude toute la partie extérieure de l'action militaire, depuis Orléans jusqu'à Reims.

4º qu'elle reprit seule les deux rôles de guerrière et de négociatrice inspirée, de Reims à Rouen, sachant alors qu'elle était trahie et vendue par les favoris de Charles VII ;

5º qu'en son procès, elle affirma surtout la suprématie de l'Église catholique, universelle et spiritualiste à l'encontre de ses ennemis cachés : les Templiers, représentés par le cardinal de Winchester, et de ses ennemis visibles : les clercs qui se groupèrent autour de Pierre Cauchon.

Enfin que, malgré son apparente défaite, en vérité Jeanne triompha, puisque, par elle, la France fut faite et que Winchester, grand maître du Temple occulte, ne put s'asseoir sur la chaire de Saint-Pierre, comme il l'avait médité.

On s'étonnera sans doute que des écrivains, remarquables par leur talent et même par leur génie, n'aient pas été amenés aux mêmes conclusions que nous, en scrutant les causes des faits que nous allons exposer en ces pages.

Préoccupés probablement de questions qui leur semblaient plus importantes au point de vue moderne (ce qui n'est pas notre avis), ils n'ont pas poussé leurs investigations assez loin et ont envisagé la question sans pénétrer suffisamment les dessous de l'Histoire. Sans quoi, ils n'eussent certes pas manqué de voir ce que nous avons vu, de sentir ce que nous avons senti. Cela eût été fort heureux pour tous, car ils auraient présenté plus magistralement cette thèse. Nous l'exposons ici, sans autre prétention que celle d'indiquer une voie nouvelle aux historiens, les conviant à étudier attentivement la chose et à la discuter sérieusement avec nous.

Nous aurions pu faire un travail strictement historique, un exposé pur et simple de documents successifs et probants. Mais, déférant aux conseils autorisés de personnes expertes en la matière, afin d'éviter l'aridité trop grande de la forme, nous avons mis en scène l'action telle qu'elle résulte de nos convictions personnellement acquises par un patient et minutieux travail.

Mais que le lecteur ne s'y trompe pas. Ce n'est pas un roman que nous lui présentons ; c'est une œuvre sérieuse, sincère, longuement mûrie et plus vécue en réalité qu'elle ne le paraît.

Parfois, pour éviter des longueurs, nous n'avons donné que le résumé de nos études ; mais nous aurions pu et nous pourrions, au besoin, étaler un monceau de preuves et de présomptions en faveur de notre thèse.

Notre intention n'est pas, qu'on le comprenne bien, de discuter, de diminuer Jeanne d'Arc ; mais, au contraire, de l'expliquer, de l'exalter.

Et si nous avons pu, malgré la faiblesse de notre talent, contribuer à accroître la sympathie qu'inspire déjà l'héroïne et à lui attirer les hommages des descendants de ceux pour lesquels elle a vécu, prié, travaillé et souffert, nous serons trop payés de nos peines et dédommagé de nos veilles. Car un rayon de gloire ajouté à l'auréole radieuse de la Sainte de la Patrie, en illuminant notre France, lui montrera peut-être enfin la voie de la Paix, de la Justice et du Salut.

LA VÉRITÉ SUR JEANNE D'ARC

I

LES TEMPLIERS ET LA GUERRE DE CENT ANS

La guerre de Cent ans fut l'agonie d'un monde.

L'âge féodal, l'âge de la conquête brutale et de la foi naïve, s'éteignait alors au milieu des spasmes terribles qui sont les dernières convulsions des mourants. L'âge moderne, l'âge de l'Idée, naissait sur ses ruines.

La grande figure de Saint Louis avait magistralement terminé les Croisades ; mais, de ces guerres, il ne restait qu'un leurre pour la Chrétienté.

On avait exploité l'ardeur des croyants, en spéculant sur leur foi généreuse. Au lieu d'employer leur vigueur à reconstituer le pays du Sauveur, la belle Galilée verdoyante, on avait inondé de leur sang la Judée pierreuse et aride. On avait complètement oublié Nazareth pour ne se souvenir que de Jérusalem.

Jérusalem avait dévoré les saints et les héros, ne rejetant sur l'Europe que des guerriers malades et des moines militaires.

L'Occident était envahi par la lèpre et les Templiers.

Les Templiers ont joué un rôle trop important dans l'Histoire et dans la guerre de Cent ans pour qu'il ne soit pas nécessaire, si l'on veut comprendre Jeanne d'Arc, de jeter un coup d'œil rapide sur le jeu historique de cet Ordre créé mystérieusement en 1118.

Les fondateurs, Hugues de Paganis, Geoffroy de Saint-Adhémar et leurs premiers compagnons, en prononçant les trois vœux monastiques aux pieds de Garmond, patriarche de Jérusalem, entrevoyaient-ils la portée sociale et politique de leur association ? En acceptant, de Baudouin II, la donation du palais construit sur l'emplacement même du Temple de Salomon, avaient-ils conscience du rôle que les Templiers devaient jouer dans le Monde ? Dieu seul le sait.

L'historien n'a pas à juger les intentions personnelles des individus ; il ne peut qu'apprécier les causes d'un fait historique par ses effets.

Or, les Templiers, créés, en apparence, pour assurer la sécurité des routes suivies par les pèlerins se rendant au tombeau du Christ, opèrent, en moins de cinquante ans, dans toute l'Europe, une des plus formidables razzias financières dont les annales historiques nous aient transmis le souvenir.

Établis pour être, en Orient, les hommes d'armes de la Chrétienté, les chevaliers du Temple sont devenus, dès le milieu du XIIe siècle, ses seuls banquiers en Occident. L'Ordre du Temple, sous Philippe Auguste, est déjà une des plus grandes puissances internationales. L'Europe est hérissée de ses commanderies et de ses forteresses, alors que l'esprit de la règle, en soixante-douze articles, donnée par saint Bernard, sur l'ordre du Pape, et avec l'assentiment préalable du concile de Troyes, peut se résumer dans ce mot significatif du célèbre abbé de Cîteaux aux premiers Templiers : « Pas un pan de mur... pas un pouce de terre ! »

Quelle puissante influence a donc si rapidement changé la sage organisation primitive de ces moines militaires pour les transformer en courtiers de banque et en agents d'affaires ? Si l'on veut le comprendre, il suffit d'examiner les signes estampillés sur les monnaies des souverains dont ils firent leurs agents dociles, en argentant leurs ambitions, leurs rancunes ou leurs vices.

Regardez les pièces frappées au temps de Richard-Cœur-de-Lion et de Jean sans Terre, par exemple. Elles portent tous les signes caractéristiques de la Kabbale orientale : l'étoile à six branches, la croix grecque, le sceau de Salomon et jusqu'aux croissants de lune, symboles particuliers des Musulmans.

Évidemment, ces estampilles n'ont pas été choisies par hasard et ce n'est pas, non plus, fortuitement que, dès 1185, les Temples de Paris et de Londres, immenses domaines enclos et fortifiés, situés au cœur de ces capitales, sont devenus des établissements publics de crédit.

Telle était, au début du XIIIe siècle, la confiance inspirée par l'intégrité et la forte organisation financière de l'Ordre que c'était une coutume prise par tous les souverains et barons d'Europe de confier leurs trésors aux Templiers. Les couvents de ces chevaliers, étant de véritables *banques de dépôt*, on y consignait, en compte courant, des fonds considérables. Les moines du Temple ouvraient des crédits aux personnes solvables et ils faisaient partout concurrence aux Juifs qui, fidèles à leur caractère national, exploitaient déjà, par le change et les prêts usuraires, les prodigues chevaliers chrétiens [1].

Les Templiers avaient, sur les changeurs Juifs, deux immenses avantages : ils étaient catholiques, ce qui ôtait toute méfiance à leurs coreligionnaires et, de plus, ils apportaient, dans les rapports avec leurs clients, une affabilité et une probité, au moins apparente, qui leur assurèrent bientôt le monopole des transactions. Ils se chargeaient volontiers, moyennant une commission relativement minime, de transporter de grosses sommes d'une ville à une autre, d'une place commerciale à une autre place, soit matériellement par des convois bien escortés, soit au moyen de *jeux d'écritures* entre leurs maisons des divers pays [2].

Où ces moines chevaliers avaient-ils donc appris à se servir ainsi des *billets de crédit* et des *lettres de change* ? Était-ce au milieu des rudes et naïfs barons du Moyen Âge ? Était-ce à l'école de ces prévoyants religieux d'Occident qui leur imposaient, comme règle absolue, de ne posséder ni un pan de mur, ni un pouce de terre ? C'est peu probable et il semble plutôt que les Templiers ont dû rapporter d'Orient ces ingénieuses pratiques. En combattant les Sarrazins ils auront appris secrètement à manier leurs véritables armes comme à estampiller de signes musulmans les monnaies des princes chrétiens.

L'Orient, par eux, alors conquit l'Europe.

« Le bon renom de leur comptabilité permit bientôt effectivement aux Templiers d'étendre le champ de leur activité financière et de diriger pour le compte des rois, des princes et des hauts barons, leurs clients, les opérations de trésorerie les plus compliquées. Aux Templiers, les Papes confiaient presque toujours le soin de recevoir, de garder et de délivrer aux porteurs de chèques les sommes levées au profit de saint Pierre ou pour les préparatifs des Croisades. Le Temple de Paris fut, pendant plus d'un siècle, depuis Philippe-Auguste jusqu'à Philippe le Bel, le centre de l'administration des finances françaises. Les Templiers encaissaient les produits des tailles, acquittaient beaucoup de rentes et de gages dont le budget était grevé, avançaient de l'argent au Roi et remboursaient les emprunts faits par lui [3]. »

Ce faisant, ils devenaient lentement, mais sûrement, les maîtres réels de la France, comme ils étaient, déjà, par rapport au Pape, les tuteurs financiers de la Chrétienté. C'était beaucoup !

Mais là ne se bornèrent pas l'activité et la puissance de cet Ordre spéculateur. Au lieu d'immobiliser, dans des coffres, les sommes immenses qu'on leur confiait, les chevaliers faisaient valoir, à leur profit, l'argent des déposants. C'est ainsi que leurs établissements d'Angleterre prirent une physionomie et acquirent une importance que nous allons étudier brièvement.

En Angleterre, les Templiers ne firent pas seulement la banque ; ils créèrent aussi le commerce des laines afin d'alimenter l'industrie flamande dont ils étaient commanditaires et argentiers. Par suite de ce trafic, des entrepôts furent établis sur la frontière du pays de Galles et sur celle d'Écosse. Là, des ouvriers spéciaux, flamands pour la plupart, préparaient, pour l'exportation, les laines, achetées à vil prix, aux propriétaires de troupeaux. Pour faire baisser au moment des achats le cours de ces laines, on n'hésitait point à entretenir d'argent les seigneurs turbulents et les routiers batailleurs ; fallait-il revendre, on fermait la caisse et, pendant quelque temps, le pays se trouvait pacifié comme par enchantement.

Craints comme militaires, respectés comme moines, redoutés comme créanciers, les Templiers devenaient de jour en jour plus puissants et plus riches. Leurs couvents étaient à l'abri de tous les coups de main, car ils étaient bâtis comme des forteresses et inviolables en tant qu'édifices religieux. Cependant les spéculations des chevaliers du Temple ne se faisaient pas sans risques. Des sociétés flamandes, indépendantes de leur maîtrise, achetaient et vendaient aussi, pour leur compte ou celui d'autres commanditaires, les laines brutes ou préparées. De là, des hausses et des baisses subites dans les cours de ces marchandises.

Dans le reste de l'Europe, les Templiers faisaient, presque exclusivement, la banque ; mais en Angleterre, ils jouaient à la Bourse.

Quand on étudie sérieusement l'Histoire, on aperçoit des affinités bien singulières entre la Société des siècles passés et celle de nos jours. Les noms des choses et des institutions ont changé, sans doute ; mais le fond reste le même ; les luttes d'intérêts sont identiques. Les hommes passent et repassent, sans cesse, dans les chemins jadis parcourus et beaucoup de ceux qui se croient novateurs d'idées ou de systèmes ne font que rejouer les rôles d'autrefois.

Seuls peut-être, dans les anciens âges, les moyens d'informations différaient. N'ayant pas à compter avec les indiscrétions constantes de la Presse, les spéculateurs agissaient de façon plus occulte. Le Peuple était moins prévenu, mais les pouvoirs étaient plus attentifs. On ne sait trop vraiment si notre époque doit se réjouir ou s'affliger du résultat obtenu.

Quel est le souverain d'Europe qui serait assez hardi pour faire emprisonner le même jour tous les banquiers de son royaume ? et s'il en donnait l'ordre serait-il obéi ?

Cependant, au XIVe siècle, non seulement cette mesure fut prise, mais elle fut exécutée, avec une ponctualité surprenante, par tous les baillis auxquels Philippe le Bel fit parvenir les plis cachetés que chacun d'eux devait ouvrir le 13 octobre 1307, le jour de la fête de saint Édouard, patron du roi d'Angleterre.

Il y avait, dans le choix de cette date, qui fut, quatre ans plus tard, celle de la suppression canonique de l'Ordre, une ironie qui montra bien aux Templiers d'où partait le coup mortel.

L'initiative, prise par Philippe le Bel, sauvait la France et la Chrétienté d'un imminent péril.

La question d'hérésie n'était qu'accessoire en ce procès aussi mystérieux que célèbre. Une sage prévoyance politique avait motivé la décision du petit-fils de Saint Louis.

Afin d'étendre davantage et d'assurer pleine sécurité à leurs spéculations commerciales, les Templiers cherchaient à centraliser dans le Temple de Londres les annales [4] de la Chrétienté et les encaisses métalliques qui constituaient la richesse mobilière de la France. S'ils avaient atteint ce but, notre Patrie et l'Église universelle se fussent trouvées à la merci des tout-puissants financiers d'Albion.

Qui fit échouer leur complot ? Des ennemis dont les Templiers ne croyaient pas avoir été devinés : les hauts barons d'Angleterre contre lesquels ils avaient argenté, successivement, Jean sans Terre, Henry III et Édouard Ier. Pour pénétrer ce secret politique, il faut se rappeler que la conquête normande avait donné à l'Angleterre une physionomie très particulière au milieu du monde féodal.

La conquête de 1066 avait été combinée de trop loin et trop soigneusement préparée pour ne servir qu'aux autocrates caprices de souverains barbares et brutaux. Guillaume le Conquérant n'avait pas amené du continent que des aventuriers et des mercenaires. Il y avait aussi, parmi ses compagnons, des gens pratiques et honnêtes qui voulaient, sans spolier les Saxons, acquérir leurs biens. Ceux-là, comme part de butin, demandèrent simplement une épouse saxonne et, au lieu de piller les châteaux, ils les gardèrent.

Ayant légitimé, par leurs alliances, les droits de leurs enfants à la possession du sol, ces sages barons rendirent inaliénables dans leur famille la propriété de ces biens fonciers qu'ils s'occupèrent à mettre en valeur.

Le *landlord*, le maître de la terre, groupa autour de lui, par une sorte de patronage semblable à celui qui existait dans les républiques celtiques : les hommes libres, les roturiers, les paysans et les serfs qui n'étaient que des serviteurs à gage, attachés à la terre qu'ils exploitaient par leur travail.

Le *landlord* baillait à chacun la part de sol qu'il pouvait cultiver et on lui donnait, en échange du droit de culture, une redevance annuelle, généralement en nature et proportionnée à la récolte. Le seigneur était donc intéressé à assurer, de tout son pouvoir, la sécurité du travail et des travailleurs.

Sorte de roi d'une communauté agricole, dont il possédait le sol, le *landlord* entretenait, à ses frais, une certaine quantité d'hommes d'armes pour la défense de ses droits et de ceux de ses *commoners*, contre tout ce qui les pouvait menacer. Les intérêts des *landlords* étant identiques à ceux des populations campagnardes qui se groupaient sous leur mouvance ou s'enrôlaient sous leur bannière, les hauts barons terriens étaient sûrs de trouver des auxiliaires dans les rangs de la société rurale et de rallier, à leur parti, toute la population saxonne, en réclamant, sans cesse, contre les prétentions du despotisme royal, l'application des bonnes lois d'Édouard le Confesseur.

L'agriculture, en ces âges de troubles constants et de conquêtes brutales, était soumise à une infinité de déboires et de ruines. Il fallait défendre, lance au poing, les laboureurs et les bergers contre les rapines des routiers et les exactions fiscales du Roi. Ce fut bien une autre affaire lorsqu'on dut lutter encore contre la rapacité des spéculateurs et des marchands.

Les landlords avaient vu d'abord, avec plaisir, l'établissement des docks flamands sur leur sol. Les entrepôts facilitaient beaucoup le commerce des laines, ouvraient un débouché aux produits des champs et créaient une source d'activité nouvelle pour les paisibles travailleurs. Mais bientôt les seigneurs clairvoyants s'aperçurent que, loin de comprendre et de favoriser les intérêts des agriculteurs, les industriels spéculaient sur l'abaissement du prix des matières premières. On dépréciait la valeur des denrées et des laines dès qu'il s'agissait d'acheter.

Les hauts barons comprirent qu'on les menaçait dans la source de leurs richesses et dans celle de leur pouvoir.

Ruiner les cultivateurs du sol et les éleveurs de troupeaux, c'était les ruiner eux-mêmes. Ils réagirent donc violemment contre les spéculateurs, et firent brûler les docks dans tous les comtés de l'Ouest et du Nord.

Les Flamands résistèrent avec ténacité ; ils se laissèrent tuer sur place, plutôt que d'abandonner les positions prises et les droits acquis. Ils savaient bien que leurs commanditaires les secourraient tôt ou tard, et ils obéissaient aux ordres précis qu'ils en avaient reçus.

Les espérances des ouvriers des docks ne furent point vaines ; les Templiers intervinrent secrètement auprès d'Henry II Plantagenet dont ils avaient fait leur homme dans leur lutte occulte contre Thomas Becket. Le roi d'Angleterre consentit à défendre et à patronner officiellement les protégés de ses banquiers. Il augmenta les privilèges des colonies ouvrières, donna aux trafiquants des droits politiques et les dota de nouveaux établissements.

Richard Cœur-de-Lion suivit absolument l'exemple de son père ; il fut, de plus en plus, l'homme-lige des Templiers et, à son retour de Terre Sainte, il obtint même du grand Maître de l'Ordre l'autorisation de porter le costume des moines guerriers, sans prononcer aucun des trois vœux ostensibles qu'on exigeait solennellement de tout novice non initié.

Contre les prétentions du Roi à établir de nouveaux trafiquants sur leurs terres, les barons protestèrent avec vigueur et ils réclamèrent, à grands cris, l'application des lois d'Édouard le Confesseur.

La lutte eut des péripéties diverses de succès et de revers, pour l'un comme pour l'autre parti ; mais enfin, lorsque Jean sans Terre exaspéra chacun par ses rapines et sa tyrannie, les landlords, qui épiaient une occasion favorable pour secouer le joug insupportable du despotisme royal, firent si bien qu'ils obligèrent le Roi à jurer la grande Charte dans laquelle il proclamait :

1º qu'aucun impôt n'est obligatoire s'il n'a été voté par le Parlement ou grand conseil de la Nation ;

2º que nul homme libre ne peut être inquiété, dans sa personne ou ses biens, sans le verdict de ses pairs ;

3º que les sujets ont le droit incontestable de résister, par la force, à un monarque violateur des lois.

Le pouvoir du Roi se trouvait ainsi battu en brèche ; les barons étaient enchantés.

Mais les Templiers avaient fait trop d'avances aux Plantagenets pour leurs croisades et ils comptaient trop sur la sécurité assurée à leurs spéculations par le pouvoir absolu du monarque anglais, pour admettre que sa puissance souveraine fût ainsi mise en tutelle.

Ils fournirent donc de l'argent à Jean sans Terre pour lutter contre ses barons et soudoyer des routiers à qui l'on promit les biens des rebelles.

Puis, les moines conseillèrent prudemment au monarque de réclamer l'assistance du Pape. Innocent III dépendait des chevaliers du Temple qui recueillaient ses annates et lui procuraient les ressources dont il avait besoin.

Les Templiers pouvaient, non seulement supprimer ses revenus, mais même en tarir la source. Tributaire de ses banquiers, le Pontife romain suivit leur politique. Il défendit, envers et contre tous, son féal Jean Plantagenet. Il lança l'anathème de l'Église contre les barons révoltés. Ceux-ci donnèrent, à leur armée, le nom significatif de *milice de Dieu* et n'hésitèrent point à envoyer, à Paris, deux émissaires chargés de remettre à Philippe-Auguste un pli, scellé de leur grand sceau, pour demander au roi de France de leur envoyer son fils comme souverain. Louis VIII passa la mer ; mais Jean sans Terre mourut subitement d'une colère. Cela dénoua la situation ; tous les Anglais s'unirent autour du trône d'Henry III enfant.

Plus tard, la lutte recommença ; elle continua militairement tant que les barons ne soupçonnèrent pas quels étaient leurs vrais ennemis ; mais enfin ils s'aperçurent que le Temple de Londres argentait le Roi et une partie du Peuple contre eux afin de se servir de l'autorité despotique du monarque pour couvrir leurs agents commerciaux et leurs courtiers d'affaires. Dès lors, les barons cherchèrent le moyen de supprimer, à la fois, les banques et les Templiers.

Ils ne surent trop d'abord comment s'y prendre, car ils ne disposaient d'aucun pouvoir de fait contre une collectivité ubiquiste et toute-puissante. Cependant, en attendant mieux, ils prirent le parti de faire discuter, par des légistes, les prérogatives de la couronne, en affirmant les droits des Parlements que la monarchie britannique devait désormais subir.

Philippe le Bel agissait alors de la même manière vis-à-vis de ses grands vassaux.

En Angleterre, le Parlement était établi par les barons contre le Roi ; en France, au contraire, il était créé par le monarque contre les seigneurs. Le roi de France et les barons anglais suivaient la même marche politique. Respectivement, ils poursuivaient le même but : la restauration des anciens droits celtiques et des fédérations agricoles, comme nous le verrons plus loin.

Naturellement des ententes tacites se firent ; des alliances occultes s'accomplirent. Fort habilement, les landlords anglais dessillèrent les yeux du roi de France et lui montrèrent que les Templiers, percepteurs de ses tailles, soutenaient, avec les finances françaises, les seigneurs contre leur suzerain et argentaient les Flamands dans leurs guerres continuelles. Comme confirmation de ce qu'ils avançaient, ils expliquèrent la conduite du Temple de Londres envers eux et montrèrent, au petit-fils de Saint Louis, les estampilles des monnaies frappées jadis par Jean sans Terre, dans son comté de Poitou.

Elles étaient significatives : une faucille suspendue comme couperet au-dessus de la fleur de lys !

Philippe le Bel était trop perspicace pour ne point comprendre la marche et le but de la conspiration. Il sentit le danger qui menaçait la France ; il pressentit aussi les périls courus par la Chrétienté tout entière. Cette révélation lui expliquait à merveille l'attitude de Boniface VIII à son égard. Évidemment les chevaliers du Temple tenaient sous leur dépendance le Pape, le roi d'Angleterre, le comte de Flandre et tous les ennemis de la France.

Dès qu'il vit le piège financier, si savamment tendu, le petit-fils de Saint Louis résolut d'agir. Il pesa d'abord de tout son pouvoir sur la nomination, comme pape, de l'archevêque de Bordeaux qu'il décida à venir faire sa résidence à Avignon.

Parce qu'on voulait qu'il y eût une France, toutes les combinaisons diplomatiques de Philippe le Bel réussirent. Les Templiers furent supprimés brusquement de l'échiquier politique au moment où ils s'y attendaient le moins. Le coup de foudre de 1307 les frappa en plein triomphe. Grâce à la décision du concile de Vienne, l'Ordre religieux fut détruit le 13 octobre 1311.

Les maisons de banque s'effondrèrent en France. Malgré ce krach terrible, beaucoup de chevaliers restaient vivants, leurs trésors ne furent pas anéantis. Le Temple de Paris rendait gorge, le Temple de Londres capitalisa ses richesses afin de préparer, silencieusement, sa vengeance et d'atteindre, quand même, son but.

Les Templiers s'éclipsèrent d'autant plus vite qu'ils avaient résolu d'agir dans l'ombre.

Ne pouvant plus opérer ostensiblement par la finance, ils jetèrent les immenses capitaux qui leur restaient dans l'industrie.

En Flandre, dans les populeuses cités de Bruges et de Gand, ils établirent le quartier général de leurs opérations nouvelles.

Là, ils conçurent le projet habile de transformer leurs banques en usines.

Philippe le Bel les avait diplomatiquement combattus, ils le vainquirent par la diplomatie.

Le roi d'Angleterre était toujours leur homme, car il était leur obligé.

Le mariage d'Édouard II avec Isabelle de France les servit admirablement contre la race de leur vainqueur. Dans cette union, qui cimentait un traité de paix, se trouvait le germe d'une guerre séculaire.

Cette guerre meurtrière, étant nécessaire pour que la stratégie des Templiers occultes réussît, ils la rendirent inévitable.

Successivement, pendant le règne d'Édouard II, les trois fils de Philippe le Bel moururent, de façon mystérieuse, sans laisser d'héritier mâle.

Mais leur sœur Isabelle avait eu un fils.

Ce prince, qui fut Édouard III, était destiné à devenir le premier instrument des vengeances implacables dont les Templiers poursuivirent, à travers les siècles, les Capétiens français. Le monarque anglais et les moines du Temple ourdirent en Flandre le complot dont la guerre de Cent ans fut la manifestation première et dont, malgré l'intervention de Jeanne d'Arc, le dénouement est encore à venir. La succession au trône de Saint Louis ne fut que le prétexte de cette lutte effrayante qui mit aux prises les deux peuples pendant un siècle entier.

Plus sérieux étaient les mobiles ; d'un tout autre ordre étaient les intérêts en jeu.

Tandis qu'on guerroyait en France, l'Industrie s'implantait solidement en Angleterre.

Tous les combats n'avaient pas lieu sur les champs de bataille. Le vainqueur de Crécy menait plus sûrement à bien sa politique, en embauchant les pauvres ouvriers flamands qui apprirent aux hommes d'outre-Manche à fouler, à teindre et à tisser la laine, qu'en écrasant la fleur de la noblesse française.

Si les hauts barons d'Angleterre avaient regardé de bien près ces nouveaux-venus sur leur sol, peut-être, parmi les loques sordides qui les couvraient, eussent-ils aperçu quelques morceaux des manteaux blancs à croix rouges dont se paraient, jadis, orgueilleusement les moines du Temple. Mais les hauts barons étaient alors trop occupés à combattre, sur le continent, les Écossais qui s'étaient enrôlés sous la bannière du roi de France pour voir l'invasion progressive des industriels dont les haillons dissimulaient assez mal la richesse.

« Ces ouvriers, qui paraît-il, ne se nourrissaient, en Flandre, que de hareng et de fromage moisi, marièrent, grâce à la protection du Roi, leurs filles aux *yeomen* (archers) qui se disputaient l'honneur de ces alliances.

« Et, de fait, ainsi qu'Édouard III le leur avait promis, les *yeomen*, qui reçurent les protégées du Roi dans leurs maisons, s'élevèrent bientôt au-dessus des gentlemen, acquirent de grands domaines et blasonnèrent leurs possessions [5]. »

D'où venait donc à ces pauvres ouvriers déguenillés l'argent dont ils dotaient leurs filles ? L'Histoire ne le dit pas ; mais il est permis de penser que l'ancien trésor du Temple de Londres servit à subventionner les usines si rapidement montées, pendant la guerre de France, sur le sol d'Angleterre, par ces inconnus qu'Édouard III avait recrutés à Bruges et à Gand.

Les Templiers pénétrèrent encore dans les cadres de la société anglaise par bien d'autres voies. La clé d'or leur ouvrit toutes les portes, même celles des Parlements que les barons avaient créés comme sauvegardes de leurs droits et de leur pouvoir.

Dès le règne de Jean sans Terre, les rois anglais, afin de tourner la situation difficile que leur créait l'intervention constante de ces Parlements dans leur politique, avaient, sur l'avis de leurs conseillers du Temple, établi une noblesse nouvelle et transformé les coutumes chevaleresques afin de faciliter, pour les trafiquants, l'accès aux titres nobiliaires et aux privilèges en résultant.

Du temps des Saxons et sous les premiers rois Normands, quiconque aspirait à l'honneur de faire partie d'une milice légitime, devait faire valoir ses droits devant l'évêque ou l'abbé de quelque monastère, puis confesser ses péchés à un prêtre ou à un moine, passer la nuit en oraison, assister aux saints mystères et recevoir, d'un ministre de Dieu, l'épée qu'il jurait de porter pour le service de l'Église, de la Patrie et du prochain. Ce contrôle religieux du clergé national parut, sans doute, gênant pour la transformation projetée, car le Roi exigea que les abbés ne *fissent plus les soldats*.

Henry III, lors de la lutte qu'il dut soutenir contre ses barons, fit, en 1256, publier un édit, donnant à quiconque avait quinze livres de revenu, non seulement le droit, mais l'obligation de faire profession des armes, afin que l'Angleterre fût renforcée de gendarmerie et pût soutenir, au besoin, toutes guerres extérieures. Si quelqu'un refusait l'honneur de cette charge, il devait s'en exempter en payant, pour lui ou ses hoirs, une taxe proportionnée aux revenus de ses biens-fonds.

Pour comprendre toute l'importance politique et sociale de cette transformation des mœurs chevaleresques, il faudrait pouvoir suivre en détails les péripéties de la lutte terrible, engagée entre le roi Henry III et le *leader* des barons révoltés, ce comte de Leicester, dernier fils de Simon de Montfort, le vainqueur des Albigeois.

Dans l'Histoire, tout se tient et s'enchaîne par des liens occultes si étroits qu'il est difficile de reconstituer la physionomie réelle d'une époque sans révéler les dessous de celle qui l'a précédée. Templiers et Albigeois sont des figures différentes d'une même Kabbale Orientale dont le but unique : la destruction de la Société chrétienne, est poursuivi, de nos jours, sous d'autres noms, avec d'autres moyens, mais avec le même acharnement, la même haine et la même âpreté [6].

Les Simon de Montfort, celui de France comme celui d'Angleterre, combattirent pour la même cause ; mais si le père vainquit les hérétiques, en revanche, le fils et ses compagnons d'armes furent vaincus et supplantés par les agents des Templiers.

Les Anglais se disaient encore tous catholiques à cette époque, mais cependant on préparait lentement, par la transformation des mœurs, le schisme qui devait arracher l'île des Saints à l'Église.

À partir du moment où le Roi seul et son fils aîné, par délégation spéciale de son père, se réservent le droit de créer des *soldats*, dit Matthieu Paris, ce titre est la récompense de la vertu, la louange d'une famille, la vie de la mémoire d'une race et la gloire d'un nom qui ne doit plus mourir. Il n'y a pas de plus puissant moyen d'encourager les hommes généreux et expérimentés ès-affaires que de les orner de cet honneur militaire qui, auparavant, n'étant que le nom d'une simple fonction, devient celui d'une dignité que celle de baron n'égale pas.

C'est assez clair, n'est-ce pas, et, comme substitution de caste, ce n'est pas mal imaginé. La naissance ou le mérite étant autrefois les seuls titres valables pour acquérir le droit de chevalerie, les Plantagenets changent cela. S'instaurant seuls prêtres du nouveau culte chevaleresque, ils ne demandent, à l'aspirant, que la richesse ou l'expérience ès affaires.

Aussi les chevaliers reçoivent-ils le titre de *soldats* (gens soldés) pour bien montrer qu'un pouvoir financier préside à leur consécration. Ce pouvoir financier quel est-il ? Ouvrons tes chroniques du temps et nous le verrons clairement.

Édouard Ier veut-il, pour accroître sa suite dans son voyage en Écosse, créer subitement un nombre inusité de soldats, il fait dresser dans le *Temple de Londres* des tentes et des pavillons où tous doivent venir faire valoir leurs droits et passer la veillée des armes.

« Le lendemain, dit Matthieu Florilège, à qui j'emprunte ces curieux détails, le roi ceignit le baudrier à son fils et lui donna le duché d'Aquitaine. Le Prince, fait soldat, se rendit à l'église de Westminster pour conférer le même honneur à ses compagnons. La presse était si grande que le jeune prince monta sur l'autel pour ceindre les nouveaux chevaliers, tandis que les trompettes et les hautbois retentissaient si fort avec les cris du peuple que les deux chœurs de moines ne se pouvaient entendre. »

Deux chœurs de moines qui ne se peuvent entendre ! Quel résumé concis de l'histoire mystérieuse d'Albion depuis le moment où ses soldats passent leur veillée d'armes dans le *Temple de Londres* et sont créés chevaliers par un prince monté sur l'autel !! Les auteurs anciens ont vraiment une façon bien originale de nous donner la clé des évènements qu'ils ont vus se dérouler.

« Les nouveaux chevaliers, nous apprend encore Pierre de Blois, se disent, comme les anciens, les enfants de l'Église ; mais ils n'ont pas été plutôt honorés de l'espée qu'ils s'en servent contre le Christ du Seigneur et exercent leur rage contre le patrimoine du Crucifix. »

Ces paroles d'un contemporain ne confirment-elles pas, mieux que toutes les dissertations, ce que nous avons dit du rôle des Templiers et de leurs hommes-liges comme agents occultes de l'Orient dans l'Histoire d'Angleterre et la guerre de Cent ans ?

Après la suppression officielle de l'Ordre, les chevaliers du Temple deviennent rapidement chevaliers de l'Industrie. Par privilège spécial du roi anglais, ils sont créés chevaliers bannerets, acquièrent le droit de sceau, prennent place au Parlement et nomment douze membres sur vingt-quatre dans le grand conseil du monarque.

Ces chevaliers, par droit de richesse, composent une oligarchie financière constamment en lutte avec les hauts barons de l'aristocratie territoriale.

L'hostilité sanglante des *whigs* et des *torys* fut importée en Angleterre avec les premières bobines et les premiers métiers que mirent en branle les tisserands anglais.

Cette lutte de castes, qui était inévitable, se dessina, chez nos voisins d'outre-Manche, pendant le cours de la guerre de Cent ans ; elle s'accentua dans la guerre des Deux-Roses et elle se continue, à travers les siècles, jusqu'à nos jours. Nous ne pouvons ici qu'en esquisser, à grands traits, les contours occultes, craignant de fatiguer le lecteur par de trop longues digressions.

Jeanne d'Arc, plus tard, se trouva mêlée comme diplomate aux épisodes les moins connus de ces singuliers combats, dont on ne voit jamais les vrais champions, masqués qu'ils sont par les guerriers inconscients ou soldés qu'ils impulsent. C'est pourquoi nous croyons indispensable de bien établir ici que si la noblesse industrielle d'Albion, la noblesse templière, celle qui sera la noblesse *whig*, se jeta sur la France comme une proie et la guette encore avec envie, l'aristocratie territoriale, au contraire, la noblesse *tory*, fut toujours hostile en principe et souvent contraire de fait aux conquêtes de terres françaises, parce que ces conquêtes amenaient toujours, comme contrecoup, l'invasion du sol anglais par tous les routiers pillards du continent.

Les hauts barons terriens étaient trop sages pour se jeter dans une aventure telle que celle d'Édouard III, s'il ne se fût agi pour eux que de la revendication, au nom de leur roi, du trône de France. Mais Édouard et ses conseillers occultes surent montrer aux *landlords*, comme mobile de leur politique, la conquête indirecte de l'Écosse que les seigneurs des comtés du Nord désiraient afin d'agrandir leurs domaines et de se préserver des incursions constantes des industriels établis à Édimbourg, à Aberdeen et autres villes manufacturières.

Sur le sol de France, les landlords anglais n'avaient donc qu'un but : vaincre les Écossais. Ce but unique les empêcha de voir qu'on les conquérait eux-mêmes. Lorsqu'ils s'aperçurent du danger, il était trop tard.

Les Templiers, qu'ils croyaient vaincus à tout jamais par l'audacieuse tentative de Philippe le Bel, doublaient si bien, financièrement, contre eux, le roi Édouard III, que tout lui réussissait. Il avait vaincu les Français à Crécy. À Poitiers, son fils prenait le roi de France. Le monarque anglais, croyant tenir enfin le succès désiré, rédigea, sur l'avis de son conseil secret, le fameux traité de Londres [7] par lequel il revendiquait : « la Guyenne, la Gascogne, Xaintes et toutes les terres par de la Charrante, Angoulême et l'Angoumois, Cahors et le pays caoursin, Pierregueux et le Pierregort, Tarbes et la contrée de Bigorre, Agen et l'Agénois, Tours et la Touraine, Angers et l'Anjou, le Mans et le Maine, toute la duché de Normandie, le Ponthieu, Calays, le Comté de Bouloigne, les isles de la Mer, avec tous pouvoirs, juridictions et redevances.

« Item, la souveraineté de la Bretagne avec rétablissement de la maison de Montfort.

« Item, quatre millions de deniers d'or que le *roi des Français* paiera pour la rançon de sa personne et autres personnes françaises, au dit roi d'Angleterre ou à ses hoirs ou ayant cause de lui, dont ledit roi des Français paiera, en la cité de Londres, trois millions d'écus qui font cinq cent mille livres sterling ; puis, livraison de tous châtels et de toutes cités avant le mois d'Aost prochain.

« De plus, le roi des Français, (toujours et non le roi de France car on prend au monarque tout le territoire en ne lui laissant que les sujets), devra faire rendre à Monseigneur Philippe de Navarre et à ses ayant droits tout ce que lui, sa femme et ses adhérents doivent tenir au royaume de France et lui pardonner toutes offenses du temps passé pour causes de guerre.

« Et tous les déshérités, d'une part et d'autre, ou ostés de leurs terres, par occasion de ceste présente guerre, seront, conclut le traité, dedans un certain temps déterminé, restablis entièrement aux mêmes liex et terres, possessions, héritages ou droits qu'ils avaient devant la susdite guerre. »

Les clauses de ce traité, si humiliantes pour la France, furent repoussées avec énergie. Les États du royaume les rejetèrent à l'unanimité et le Peuple s'indigna quand, du haut du balcon du

Palais, Guillaume du Dormans, avocat général, lut le traité par ordre du Dauphin.

« Le traité n'est ne passable, ne faisable ! s'écria-t-on de toutes parts et, ajoute le chroniqueur à qui j'emprunte le récit de cette scène, chacun Françays jura qu'il ferait moult vaillance et prouesse en bonne guerre au roy angloys. » Et, au milieu de la détresse générale, on vit les communes de France, rivalisant de zèle avec la noblesse, fournir, équiper et entretenir à leurs frais quatorze mille hommes d'armes qui, sous les ordres du dauphin Charles et, grâce aux sages mesures de ce nouveau Fabius, firent échouer devant Rheims et Paris l'immense armée d'Édouard III. »

Ce résultat, si heureux pour l'avenir de notre Patrie, était-il simplement le fruit de l'élan énergique d'un peuple désespéré ? Quelles étaient les sages mesures prises par le nouveau Fabius que loue si justement et si finement la vieille chronique ? Ces sages mesures furent, à n'en pas douter, l'alliance occulte du dauphin Charles avec les hauts barons anglais. Tout nous porte à croire que les choses se passèrent de la façon suivante. Soudain éclairés sur le but réel de leur Roi, les hauts barons se dressèrent en silence pour l'empêcher d'appuyer son omnipotence sur les deux trônes réunis. Sûrs de l'intelligent concours du dauphin Charles, ils conspirèrent secrètement avec le roi Jean II qui, avec une abnégation admirable, consentit à rester à Londres comme otage afin de garantir aux landlords la sincérité de l'alliance de son fils. Dès lors, les puissants seigneurs d'Angleterre imposèrent à Édouard leurs volontés. À la suite d'un terrible orage, peut-être plus politique que naturel, le Roi dut jurer aux pieds de Notre-Dame de Chartres, cette vierge noire de l'antique Gaule druidique, qu'il renoncerait formellement au trône de France dans le traité qui allait être signé.

Et de fait, dans l'article 12 du traité de Brétigny, cette renonciation est ainsi conçue : « Le roi d'Angleterre et son fils renonceront expressément à toutes les choses qui, par ce présent traictié, ne doivent être bailliées, ni demourer au dit roi d'Angleterre, et à toutes les demandes qu'ils faisaient au roy de France et, PAR ESPECIAL, *au nom et au droit de la couronne de France.* »

Édouard III, afin d'échapper autant que possible aux conséquences d'une telle renonciation, acceptée après une victoire éclatante comme l'avait été celle de Poitiers, déclara qu'il ne ferait réellement les renonciations que lorsque la France lui aurait cédé tous les pays, argent et droits dont on était convenu.

Cette cession affectait plus de la moitié du territoire français. Les industriels du Temple de Londres voulaient reprendre, en France, les biens fonciers des anciens Templiers. Mais les landlords anglais ne pouvaient consentir à ce marché qui rendait leurs rivaux plus puissants et plus riches qu'eux.

Diplomatiquement, ils intervinrent. Charles V, fils de Jean II, se sentant fort de leur appui, rompit le traité en 1369. C'était un peu tôt. Les renonciations n'avaient point été faites, aussi le traité de Troyes, en 1420, ne fit-il que reconnaître au roi d'Angleterre la réalité d'un titre auquel il prétendait ne pas avoir renoncé.

Par ce traité de 1420, les financiers, les conquérants spéculateurs l'emportaient encore une fois sur les hauts barons d'Angleterre et sur les Capétiens de France.

À Troyes, les industriels triomphaient ; les marchands du Temple assuraient, pour longtemps, leur puissance et leur fortune.

Les privilèges du commerce, les facilités des transactions étaient soigneusement garantis.

De plus, Henry V de Lancastre, épousant la fille de Charles VI, renouvelait et confirmait les droits de succession que la fille de Philippe le Bel avait, selon leurs dires, transmis à Édouard III [8].

Il y avait loin de cette paix funeste à celle dont on avait ébauché, l'année précédente, les préliminaires dans les conférences de Meulan.

L'influence qui s'était affirmée là était la même que celle qui avait dicté les clauses du traité de Brétigny.

Aussi le roi d'Angleterre avait-il été contraint de renoncer à la Touraine, à l'Anjou, au Maine, à la souveraineté de Bretagne et à la revendication du royaume de France.

Le monarque anglais devait « faire enregistrer ses renonciations, promesses et engagements de la meilleure manière que le roi de France et son *conseil* pourraient aviser ».

À Meulan, les landlords avaient imposé, comme à Brétigny, leurs idées et leur manière de voir. On le sent bien par l'article, stipulant, expressément, que les Écossais, ennemis directs des landlords, ne seront pas compris dans l'amnistie générale qui résultera de la paix signée par les deux rois.

À Meulan, comme à Brétigny, la situation était la même. L'armée du roi de France avait été écrasée à Azincourt comme à Poitiers.

Les hauts barons avaient également, dans les deux cas, un otage de sang royal qui leur assurait la sincérité de l'alliance occulte de la cour des Valois. C'était le roi Jean II en 1350, c'était le duc Charles d'Orléans en 1415.

Ils agirent diplomatiquement, en ces circonstances, de la même façon.

Mais leurs ennemis veillaient et surveillaient. Instruits par l'expérience que leur avait acquise l'étude approfondie de la conduite si sage de Charles V, ils résolurent de couper brusquement les projets pacifiques de la cour de France et des hauts barons.

Ils savaient que le duc de Bourgogne, dont l'alliance leur était indispensable pour réussir dans leurs projets de domination suprême, était secrètement résolu à traiter avec le Dauphin Charles et à opérer avec lui une réconciliation qui eût alors été le salut de la France.

Ils voulurent en avoir la certitude et conseillèrent au roi d'Angleterre de demander au Duc une entrevue particulière.

Jean sans Peur consentit à répondre au désir du monarque anglais et, le 3 juin 1419, il arriva au rendez-vous.

Le roi était irrité ; il se montra exigeant et hautain ; le duc Jean avait peu de patience.

« Mon cousin, dit Henry V, nous voulons que vous sachiez que nous aurons la fille de votre Roi et tout ce que nous avons demandé avec elle, sinon nous le débouterons de son royaume et vous aussi.

– Sire, répliqua le duc, vous en parlez selon votre plaisir, mais avant d'avoir débouté Monseigneur et moi hors du Royaume, vous aurez de quoi vous lasser, nous n'en faisons nul doute, et vous aurez assez à faire de vous *garder dans votre île* [9]. »

Cette réponse était grosse de menaces, Henry V n'en comprit peut-être pas alors toute la portée, mais ses conseillers occultes ne se trompèrent pas au sens de ces imprudentes paroles que Jean sans Peur devait bientôt payer de sa vie.

Le duc de Bourgogne convoqua son conseil afin qu'on examinât mûrement quel était le parti le plus sage : accorder aux Anglais ce qu'ils demandaient en fait de droits, d'argent, de territoire, ou se réconcilier avec le Dauphin.

Les avis furent partagés.

Maître Nicolas Raulin, conseiller de Bourgogne, soutint que les Anglais avaient jadis possédé ce qu'ils demandaient et que les sujets du Roi avaient été, dans ce temps-là, riches, tranquilles et heureux ; donc mieux valait, pour avoir la paix, que le Roi sacrifiât une large part de son royaume que de batailler sans cesse et sans grand espoir de succès.

Maître Jean Rapiot, président du nouveau Parlement de Paris, se chargea de répondre. Il maintint d'abord que le Roi n'avait pas le droit d'aliéner une partie de son royaume, car il l'avait juré à son sacre ; que, de plus, son état de maladie l'empêchait de disposer valablement et d'avoir l'administration d'aucune chose ; que, de son côté, le roi d'Angleterre n'avait pas le pouvoir d'accepter, car il n'avait pas droit au royaume de France, *ni même au royaume d'Angleterre*, puisqu'il le devait au meurtre du roi Richard II, assassiné par son père Henry IV ; qu'ainsi *un autre*, ayant droit véritable à la couronne d'Angleterre, pouvait ne rien reconnaître de ce qui aurait été fait ; que, d'ailleurs, il y avait des provinces tenues en vasselage par le roi de France, sous la condition expresse de ne jamais les aliéner et que, pour cette raison, et pour d'autres, le traité de Brétigny avait toujours été considéré comme nul.

Mieux valait donc se rapprocher du Dauphin et unir les forces de Bourgogne à celles de France pour combattre les Anglais [10].

Cette sage et patriotique réponse de Maître Jean Rapiot montre bien une solidarité réelle entre la politique secrète des deux nations.

La guerre de Cent ans contient en germe les principes de la guerre des Deux-Roses. Non seulement le droit de succession à la couronne de France est refusé au monarque anglais ; mais on lui dénie le pouvoir de traiter, comme roi d'Angleterre, parce qu'il a ramassé sa couronne dans le sang.

Henry IV a tué le fils du vainqueur de Poitiers, de ce Prince Noir dont le légendaire souvenir est une des gloires les plus mystérieuses de l'Angleterre.

« On n'hérite pas de ceux qu'on assassine. » En vain, les Lancastre conquerront-ils la France, en vain, pendant soixante ans, occuperont-ils le trône d'Angleterre, les hauts barons les subissent sans les admettre ; pour eux, ils ne sont que des usurpateurs et le Président du Parlement de Paris le dit fort carrément au duc de Bourgogne afin qu'il n'en ignore et suive, s'il le juge bon, la politique de Charles V et la conduite diplomatique qu'il tint en considérant comme nul le traité de Brétigny.

Jean sans Peur hésitait, ne savait que résoudre. Cependant il consentit à se rencontrer avec le Dauphin à une lieue de Melun, près du château de Pouilly.

« Là, sur la chaussée des étangs du Vert, sur un ponceau en pierre, on construisit à la hâte une cabane de feuillage que l'on orna de draperies et d'étoffes de soie.

« Les deux princes s'y rencontrèrent, le 8 juillet 1419, puis les jours suivants, et ils firent enfin la paix dans un traité signé qu'ils jurèrent et firent jurer, à tous leurs officiers et serviteurs, d'observer.

« Ce fut avec de grands transports de joie et en s'embrassant avec enthousiasme que les princes et leurs gens échangèrent ces serments d'amitié et d'alliance.

« Le peuple qui les entourait criait : Noël ! et maudissait ceux qui, désormais, voudraient reprendre les armes pour cette damnable querelle [11]. »

On croyait entrer dans une ère de bonheur et de tranquillité.

Hélas ! on avait compté sans les ambitieux dont la guerre assurait la fortune, sans les conspirateurs dont on dérangeait les visées de puissance, sans les financiers dont on bouleversait les spéculations.

En signant la paix avec le Dauphin, Jean sans Peur avait, sans s'en douter, signé en même temps son arrêt de mort.

À Montereau, il fut tué, non comme on l'a dit, en trahison par Tanneguy-Duchâtel ou le Dauphin, mais en revanche d'une agression qu'il n'avait ni prévue, ni commandée à ses gens de faire sur la personne de Charles VII.

L'agression était feinte ; c'était un piège tendu par ceux qui voulaient brouiller, à tout jamais, la cour de Bourgogne avec la cour de France.

« *Is fecit cui prodest.* » Cherchez à qui le crime profite pour découvrir le criminel. Le meurtre de Jean sans Peur ne profitait qu'aux Anglais des Lancastre ; c'était un assassinat diplomatique ;

il eut diplomatiquement des conséquences formidables : le traité de Troyes en fut le salaire et le fruit.

C'en était fait de la puissance aristocratique des landlords en Angleterre, comme c'en était fait de la vie future de la France si cette paix désastreuse recevait sa pleine exécution. Il n'était que temps d'aviser, les intéressés avisèrent.

En surnommant *roi de Bourges* le Dauphin, qui était déjà duc de Touraine, comte du Maine et de Poitou, ceux qui le voulaient secourir en sa détresse pour sauver l'individualité nationale des deux peuples, et pour sauvegarder l'avenir de la Chrétienté tout entière, disaient au fils de Charles VI : « Tu es le ROI DES GAULES, comprends-le bien et tu vaincras ! »

Charles VII n'était point un Philippe le Bel ; il n'avait ni la sagacité ni l'intelligence de son grand-père Charles V. Il ne comprit pas à demi-mot. Alors on résolut de lui faire mettre les points sur les i et, ainsi que le dit Gerson, « le *Roi du Ciel* choisit Jeanne d'Arc pour disperser les ennemis de la Justice et rallier ses amis, afin qu'avec l'assistance des anges une simple jeune fille brisât les armes de l'iniquité ».

II

LES PRÉCURSEURS DE LA PUCELLE

À certaines époques, paraissent sur la Terre des êtres intuitifs sachant tout sans avoir *ostensiblement* rien appris. Ils viennent, le plus souvent, clore une phase historique et en préparer une autre. Leur action magistrale, rapide, foudroyante rayonne, sur l'écran de l'Histoire, comme le *Mane, Thecel, Pharès* d'un monde qui va s'écrouler. Cela semble miraculeux parce qu'on ne voit pas la cause des évènements qui éclatent. Ainsi, au XVe siècle, se déroula soudain l'épopée merveilleuse de la Pucelle d'Orléans.

De cette épopée, on n'a vu jusqu'ici que le côté brillant, héroïque, mais superficiel et l'on a presque complètement négligé la partie politique : la plus importante.

On a trop oublié que Jeanne avait été prédite, attendue, préparée : prédite par Merlin, dernier élève des Druides ; attendue par tous ceux qui avaient conservé les traditions celtiques ; préparée par les moines héritiers des grands évêques gaulois.

Comme tous les réalisateurs de hautes visées idéales, Jeanne d'Arc avait eu des précurseurs. On avait soigneusement ensemencé d'avance le champ qu'elle devait moissonner.

« J'ai la voie ouverte ! » disait-elle, en s'élançant sur la route de Vaucouleurs à Chinon. Et de fait, elle l'avait.

Devant elle, les chemins tortueux deviennent droits et les raboteux s'aplanissent. Elle traverse les lignes anglaises sans être arrêtée. Il semble qu'une puissance invisible lui ait remis, en main, le plus inviolable des sauf-conduits. Aucun obstacle sérieux ne se dresse pour l'empêcher de parvenir au but de son rapide et surprenant voyage. Elle chevauche, sans hésiter, sur cette route périlleuse qui lui serait absolument inconnue si elle n'était que la pauvre bergerette ignorante de la légende et des historiens. Mais, bergère, Jeanne le fut à peine ; pauvre, elle ne le fut jamais et, quant à son ignorance, nous verrons bientôt ce qu'il en faut penser.

Avant tout, il importe de déterminer nettement le mobile et le but de ses actions, si l'on veut en comprendre l'allure et la portée. Ce mobile, ce but furent : la défense et le maintien de la Société chrétienne par et pour la Femme. Jeanne est venue, étendard en main, affirmer un principe religieux et préciser une question sociale : principe et question n'étant, du reste, que deux termes d'une même formule : le rôle supérieur de la Femme dans les destinées suprêmes ou matérielles de l'Humanité.

Par suite de causes diverses, qu'il serait trop long d'énumérer ici, la Femme, pendant l'antiquité, avait dû subir des tortures inouïes. Réduite à l'esclavage, traitée comme bête de somme, instrument de travail et de plaisir, elle avait lentement replié ses ailes d'ange et courbé vers la terre son corps meurtri, sa tête fatiguée.

« Venez à moi vous qui souffrez ! » À cette consolante parole adressée par le Christ à tous les opprimés, à tous les malheureux, la Femme s'était redressée ; elle avait entendu l'appel.

« Aimez ! aimez ! telle est la Loi, ajoutait le Fils de la Vierge, aimez Dieu, pardonnez à l'homme ! »

La Femme comprit ; l'ancien monde s'écroula.

Gynécée, esclavage, travaux serviles, mépris disparurent pour la Femme dès qu'elle eut retrouvé ses ailes pour s'élever vers l'Idéal, pour s'envoler dans l'*au-delà*.

Son âme ayant vibré d'espoir, son cœur battit avec ivresse. Pour elle, obéir au commandement libérateur de Dieu, c'était se soustraire au joug avilissant de l'homme.

Le Christ montrait à la Femme la voie de la vraie liberté ; elle y marcha, elle y courut. Dès lors, les idoles tombèrent ; on n'adora plus la matière lorsque la Femme eut pénétré le sens social des mystères Chrétiens. Et la croix du Christ régna, brandie comme arme défensive, comme *labarum* victorieux par la Femme conquérante de la Société convertie et captée par elle.

« On ne détruit réellement que ce qu'on remplace », a dit un penseur. Le Christianisme a détruit, à jamais, l'esclavage parce qu'il l'a remplacé par un frein moral bien supérieur à toutes les entraves matérielles. De la foule muette, contrainte à l'obéissance servile, il a fait une foule croyante, intelligente et libre que les moines ont groupée, autour des autels de la Vierge, pour le travail et par la charité.

Chez les nations de race celtique comme la nôtre, la Vierge, honorée d'avance par les Druides d'un culte anticipé, attire à ses autels rustiques, dès les débuts de la propagande chrétienne, les fleurs qu'on effeuillait sur les fontaines sacrées. Son image se montre bientôt au tronc des chênes où se cueillait le gui. Il semble que Marie n'ait qu'à prendre possession d'un domaine poétique soigneusement préparé. Les monastères Chrétiens se bâtissent sur l'emplacement des bois sacrés où les prêtres gaulois vénéraient d'avance la mère future du Dieu qui devait naître.

Autour de ces monastères, se massèrent les derniers descendants des Brenns et des Bardes, tandis que Ovates et Druides se couvraient la tête d'une capuce de moine pour travailler secrètement à affirmer, un jour, contre les envahisseurs, les droits de la vieille race qui avait succombé avec Vercingétorix.

Il leur fallut des siècles pour reconstituer leur société, engloutie dans le déluge sanglant des invasions barbares. Lorsqu'ils eurent à peu près réussi à recomposer les anciennes fédérations celtiques sous le nom de corporations chrétiennes, ils furent obligés d'armer leurs hommes pour défendre leur liberté contre ceux qui rêvaient de courber le Peuple sous le joug de fer de leur maîtrise omnipotente.

Voilà ce que les ennemis de l'Église ne lui ont jamais pardonné. De la résistance des chrétiens à la force brutale des impies naquit cette lutte dont l'épopée de Jeanne d'Arc est un des épisodes les plus brillants.

Jeanne a été, non seulement, porte-étendard du *Roi du Ciel*, mais porte-bannière de la Vierge. C'est d'un sanctuaire de Marie, Notre-Dame de Bermont, qu'elle part ; c'est dans un temple de Marie, Notre-Dame de Reims, qu'elle fait sacrer le Roi ; c'est à l'ombre d'un autre Temple de la Vierge, Notre-Dame de Rouen, qu'elle subit le martyre, couronnement de toute grande mission chrétienne.

Jeanne a été vraiment, dans toute l'acception du mot, l'Enfant de Marie comme elle était la *Fille Dé*, la fille de Dieu.

Il semble qu'au XVe siècle, par Jeanne, la Vierge elle-même ait pris un corps afin d'enrober l'âme de la Gaule expirante et de créer la France pour en faire le royaume temporel de Jésus. *Regnum Galliae, regnum Mariae*. La Gaule sera toujours la terre de la Vierge, comme elle le fut déjà pendant l'antiquité.

« Le culte de la Vierge, suivant le mot profond de saint Bernard, fut, reste et sera l'AFFAIRE DES SIÈCLES. » Ce culte est directement ou indirectement la cause de toutes les guerres de Religion.

Proclamer la Vierge mère de Dieu, c'est, en effet, admettre et poser la Femme comme type idéal de l'Humanité et centre religieux des mystères, puisque Marie seule renoue le lien rompu entre le Créateur et l'homme, sa créature.

La maternité divine de Marie renferme et maintient non seulement la notion du Christ vrai Dieu et vrai homme, ce qui est une question purement dogmatique, mais elle pose et précise une question sociale : celle du véritable rôle de la Femme dans la Famille et dans l'État.

Le fil de la Vierge, remettant en communication directe le Ciel et la Terre, devient le fil d'Ariane, permettant de suivre, sans s'égarer, les sombres méandres du labyrinthe historique. Car il n'y a réellement depuis le commencement de notre monde que deux races humaines : la race de la Femme et la race du Serpent. Leur inimitié est constante, il n'y a pas d'alliance durable et possible entre elles.

De temps en temps, la Femme écrase bravement la tête de son immortel adversaire, mais toujours il cherche à la mordre au talon.

Fille de la Vierge, l'Église chrétienne se défend et s'affirme par elle ; fille du Serpent, l'Hérésie, quelle qu'elle soit, bave sans cesse du venin sur les fidèles du Christ et de Marie. Mais, par le culte de la Vierge, les docteurs terrassent l'hérésie et vainquent les hérétiques. Car la bannière de la Vierge est toujours celle de la Femme.

Il ne faut pas se le dissimuler, toutes les hérésies, si on les dégage de leur fatras scolastique, peuvent se résumer en deux mots : question sociale, question d'argent. Toute doctrine qui attaque dogmatiquement le Christ cache sous un amas plus ou moins confus de dilemmes et de sophismes ces deux préoccupations : s'emparer des biens de la Société chrétienne et reconstituer l'esclavage pour la Femme, en affranchissant l'homme des devoirs de famille qui lui pèsent et des responsabilités sociales qui le gênent.

C'est parce que le Christ a brisé, au nom de Dieu, les liens des esclaves et des femmes que ses ennemis ont toujours combattu sa doctrine avec tant d'acharnement. Par là même, ces irréconciliables adversaires de la Vierge et de son Fils s'acharnent, de siècle en siècle, contre la Gaule, prédestinée d'avance au culte de Marie, contre la France, héritière des traditions sacerdotales et politiques des Druides.

Tous rêvent et se promettent la conquête de notre Patrie, comptant y construire enfin le Temple mystérieux dont ils se disent maçons ou architectes. Templistes et Templiers en seront pour leurs frais de calculs ; car ils comptent toujours sans l'intervention subite de la Vierge qui renverse leur édifice lorsqu'ils s'apprêtent à l'achever.

Ils ont beau, pour dissimuler le vrai but de leur entreprise, se masquer prudemment derrière la puissance des princes chrétiens, Marie, du haut du Ciel, voit fort bien leurs manœuvres et, au moment voulu, par son inspiration puissante, elle en prévient ses serviteurs. Alors ceux-ci interviennent brusquement, bouleversant soudain toutes les combinaisons occultes et renversant l'échiquier politique au moment où leurs adversaires croyaient avoir partie gagnée.

Ainsi Philippe le Bel biffa d'un trait de plume les Templiers de la liste des joueurs, ainsi Jeanne d'Arc bouta hors de la France tous les templistes de Wicklef et tous les Anglais de Bedford.

Marie reste la Reine de Gaule, Jésus seul sera roi de France, car la Vierge a, chez nous, des Temples qui ne seront point détruits. Les premiers Capétiens ont proclamé Marie l'Étoile de leur Royaume au moment même où les cathédrales surgissaient comme reflets puissants de la foi du nombre qui n'a pas de nom.

Quels grands artistes ont tracé les plans que le Peuple suivit, méthodiquement, pendant des siècles, non seulement pour produire ces chefs-d'œuvre où la pierre semble penser et prier, mais aussi pour construire patiemment les assises de la Société qui surgira tout à coup, sous l'impulsion de la Pucelle, pour remplacer le monde féodal expirant et faire la France, monde nouveau ? On l'ignore absolument, mais l'œuvre n'en est pas moins belle.

Si l'on veut comprendre ce long travail de transformation, opéré dans les mœurs des peuples gaulois bouleversés par la conquête romaine et les invasions barbares, il faut jeter un rapide coup d'œil sur la physionomie curieuse que présenta notre Patrie depuis l'avènement de Hugues Capet jusqu'au début de la guerre de Cent ans.

Pendant cette période, les précurseurs de Jeanne d'Arc travaillèrent constamment en vue de sa venue. Entrevoyant la mission dont serait chargée la Pucelle, ils lui préparaient les voies afin d'assurer le succès de l'Idée qui fut et reste la raison d'être de la France dans l'Humanité.

La Femme chrétienne avait réussi par ses charmes, par sa vertu, à vaincre Romains et Barbares en les convertissant au Christ.

L'homme, étonné d'abord de la douce violence qu'on lui imposait, se laissa faire. Mais une réaction inévitable eut lieu. Mahomet dressa les pointes de son croissant contre le bois sacré de la Croix du Christ. La Femme d'Orient fut replongée dans l'esclavage énervant du harem ou de la tente. Mais la femme d'Occident, restée libre, se défendit avec une énergie superbe contre la servitude avilissante qui tue l'esprit par le corps.

Si les Musulmans triomphaient, c'en était fait du pouvoir de la Femme. Pour elle, non seulement plus de ciel, plus de cœur, plus d'âme, plus d'envolée vers l'Infini, mais aussi plus d'influence sociale, plus d'intrigue politique, plus de liberté familiale !

La Femme menacée chercha des alliés pour la protéger et la défendre. Elle en trouva au Ciel : les Saints ; elle en trouva sur terre : les moines. Au nom des uns et par les autres, elle impulsa les chevaliers d'Europe contre les audacieux sectaires de Mahomet.

Pierre l'Ermite, saint Bernard et d'autres religieux prêchèrent les Croisades.

« Dieu le veut ! » murmurèrent les femmes ; « Dieu le veut ! » répétèrent les hommes et, dans un élan d'enthousiasme, ils allèrent provoquer l'ennemi sur son terrain en Orient.

Pendant des siècles, les puissants barons, les hardis capitaines, les impétueux chevaliers s'exportèrent ainsi périodiquement vers ces contrées où les Musulmans, qu'ils croyaient vaincre, les conquéraient par la finance, les domptaient par la maladie ou les imprégnaient de leurs mœurs !

Mais, pendant ce temps, l'Europe se transformait ; la France surtout changeait de caractère et d'aspect. De vastes confréries, mettant en commun leurs efforts et leurs richesses, s'organisaient pour élever des temples dont la délicatesse contrastait étrangement avec l'architecture massive des sombres châteaux féodaux.

Les cathédrales semblent incarner, en leur corps de pierre, l'âme poétique de ces sociétés de travailleurs qui s'enrôlaient joyeusement, librement sous la discipline religieuse de maîtres invisibles qui les coordonnaient, les employaient, les fusionnaient.

Tandis que les chevaliers se faisaient tuer en Terre Sainte, moines, serfs, manants, vilains, s'unissaient pour créer la France sur les ruines de la vieille Gaule, ou plutôt pour faire revivre toutes les institutions celtiques dans la société française au berceau.

Tous ces hommes de classes diverses, courbant la tête volontairement, comme des moines, sous le joug spirituel de la Vierge, se courbaient avec enthousiasme sous le joug matériel des plus rudes travaux. « On les rencontrait par milliers, bannière déployée, sous la conduite d'un prêtre, traînant ensemble quelque pesante machine ou transportant, à de grandes distances, le blé et le vin, la pierre et la chaux pour les ouvriers. Rien ne les arrêtait, ni monts, ni vallées, ni rivières. Ils marchaient sans désordre et sans bruit, ne rompant guère le silence que pour crier merci à Dieu ou chanter les louanges de sa Mère.

« Arrivés au terme du voyage, ils environnaient l'église en construction et se tenaient autour de leurs charrettes, à la façon des soldats dans les camps. À la nuit tombante, on allumait des cierges, on entonnait des psaumes, on récitait solennellement la prière, on portait en procession une offrande devant le moustier de la Vierge. Puis, clercs et peuple s'en retournaient, dans le même ordre édifiant, à l'endroit choisi pour reposer. Tout le long du chemin chacun murmurait des prières pour les malades, les mourants, les affligés, les prisonniers : en un mot, pour les malheureux [12]. »

Ainsi se bâtit la cathédrale de Chartres pour la construction de laquelle ces confréries semblent avoir pris naissance ; ainsi se sont dressées les autres cathédrales, presque toutes destinées à servir de Temple à quelque statue vénérable, représentant cette *Vierge noire*, honorée jadis par les Druides, dans leurs sanctuaires mystérieux, comme symbole de la Liberté.

Le culte de la Vierge domine et explique toutes nos traditions nationales, non seulement dans le Moyen Âge, mais pendant l'Antiquité. C'est un des dessous de l'Histoire, et non pas des moins étranges, que la marche des Gaulois à travers les nations anciennes. Nous l'indiquerons peut-être un jour, ici cela entraînerait trop loin. Qu'il nous suffise de montrer les moines, héritiers des traditions celtiques, conglomérant, au nom de Dieu et sous la bannière de Marie, le peuple travailleur, après avoir exporté, au loin, toute la gent turbulente et batailleuse des militaires pour esquisser, en quelques traits, la sage politique de nos sacerdotes gaulois.

Grâce aux moines d'Occident, la Société du Moyen Âge eût été fort heureuse et tranquille, sans tous les déclassés qui se faisaient routiers, réclamant à grands cris le droit de prendre et s'arrogeant celui de ne rien rendre, après avoir brutalement dépouillé clercs, serfs ou manants. D'autre part, les seigneurs, qui revenaient des Croisades souvent ruinés, levaient taxes sur taxes pour soutenir les guerres constantes qu'ils se faisaient entre eux.

Le roi de France, en se déclarant, depuis Louis VI, le protecteur des marchands, des agriculteurs et des bourgeois, avait acquis, parmi le Peuple, beaucoup de partisans et d'auxiliaires dévoués. Impuissant à réprimer les révoltes continuelles de ses grands vassaux qui se riaient de son pouvoir précaire, le Roi avait fait appel aux évêques. Ceux-ci, sur son invite, avaient autorisé les serfs d'église à marcher, sous la conduite de leurs prêtres et la bannière de leur paroisse, avec le ban et l'arrière-ban royaux. Ainsi s'était formée une milice, luttant uniquement pour la paix, se maintenant partout en état de légitime défense contre les ravages des routiers et les exactions des seigneurs.

Une fois lancé, le mouvement défensif du Peuple ne s'arrêta plus. On s'avança lentement, mais sûrement, vers le but à atteindre qui n'était autre que la destruction complète du monde féodal. De là, le mouvement mal dessiné d'abord, parfois violent, parce qu'il était un peu trop hâtif, de l'émancipation des Communes. On achetait, à beaux deniers comptants, la liberté qu'on n'avait pas obtenue par les armes.

La France naissait péniblement mais enfin elle prenait vie, grâce à des initiatives diverses.

Sous Philippe-Auguste, alors que sur tout le territoire on ne rencontrait que routiers et cottereaux, gens mal avisés et sans crainte de Dieu, une confrérie dite de *la Paix* ou des Chaperons blancs se forma soudain, au Puy en Velay, dans un de ces sanctuaires où l'on vénérait encore la Vierge noire honorée par les vieux Druides. Devant cette image grossière et informe d'un symbole si cher aux Celtes, des milliers de générations humaines étaient venues successivement s'incliner, prier et gémir. Chaque année, en souvenir des anciens bardes, de grands concours poétiques avaient lieu le 15 août entre les ménestrels (troubadours ou trouvères) à tous les *Puys Notre-Dame*, c'est à-dire en tous les sanctuaires du Royaume qui se trouvaient bâtis sur quelque colline dédiée à la Vierge.

Au Puy en Velay, la fête était particulièrement solennelle et l'on y venait de fort loin. Mais, depuis que la peur des cottereaux rendait toutes les routes désertes, la date du pèlerinage revenait sans amener de visiteurs. Seuls, quelques ménestrels chantaient encore timidement les gloires de la Reine des Anges.

Cependant Marie regardait sans doute avec miséricorde, du haut des cieux, son royaume chéri, son royaume de Gaule, car, sous son inspiration bénie, surgit soudain, pour le Peuple entier, un secours inespéré.

Une nuit (c'était en l'année 1182, disent nos vieilles chroniques), un pauvre charpentier du Puy, homme simple, mais fort respecté à cause de sa grande dévotion, étant resté en oraison dans l'église, priait avec ardeur pour obtenir la cessation des maux terribles dont souffrait tout le Peuple.

Soudain, la Vierge lui apparut, lui ordonnant de prêcher une ligue chrétienne contre tous les larrons et *robbeurs* du bien d'autrui. Comme signe palpable de la mission dont elle le chargeait, elle lui remit un *scel* où étaient gravées son image et celle de l'Enfant Jésus, avec cette simple légende : « Agneau de Dieu, qui ôtes les péchés du monde, donne-nous la paix ! »

Dès le lendemain, Durand (c'était son nom) publia sa vision à qui voulait l'entendre, en montrant le sceau miraculeux. À cette nouvelle, qui se répandit promptement de proche en proche, barons, chevaliers, bourgeois et artisans accoururent au Puy.

Le jour de l'Assomption, Durand leur commanda hardiment de par « Nostre Seigneur le *Roy du Ciel* » de garder la paix entre eux. Tout le monde prêta serment avec larmes et soupirs. On fit empreindre en étain le scel où était l'image de Notre-Dame et les *confrères de la Paix* le portèrent cousu sur des chaperons blancs, taillés à la façon des scapulaires des moines. Ils jurèrent de ne point jouer aux dés, d'éviter les excès de table, de chasser les ribaudes de leur camp, de s'abstenir de toute imprécation et de faire guerre à tous les étrangers, brabançons, cottereaux ou aragonais pour les *bouter hors de toute France* [13]. Le clergé appuya vivement cette prise d'armes et la confrérie des *Chaperons blancs* réussit à expulser de la partie centrale du Royaume tous les routiers, qui se retirèrent alors en Aquitaine, où ils furent recueillis, en haine du roi de France, par le comte de Toulouse et Richard Cœur-de-Lion, roi d'Angleterre.

Les *Confrères de la Paix* ne surent pas, après cette victoire, déposer les armes pour reprendre leurs travaux habituels ; le souffle qui avait soulevé les Communes pénétra cette grande réunion populaire. Le roi, les prélats et les chevaliers qui avaient d'abord officieusement appuyé la Confrérie eurent peur, lorsque des bandes de *Chaperons blancs* se mirent à parcourir les campagnes, la pique au poing, prêchant l'égalité naturelle des hommes et défendant aux seigneurs, clercs et laïques, de lever des taxes sans l'autorisation de la Confrérie.

C'était beaucoup oser ; les puissants féodaux n'entendirent pas de cette oreille et cherchèrent à dissoudre l'association de ces audacieux qui menaçaient leur société, sous prétexte de la trop bien défendre. Ce ne fut pas difficile ; on soudoya, contre eux, d'autres routiers qui eurent raison de la foule sans ressources et sans expérience qui poursuivait une chimère irréalisable, utopie éphémère de cœurs simples et généreux.

Cependant le but primitif de l'association ne fut pas perdu de vue. Lentement, patiemment, mais sûrement, les milices bourgeoises s'organisèrent et, quand Jeanne d'Arc lèvera l'étendard qui doit rallier tous les amis de la Justice, les *Confrères de la Paix* ressusciteront de toutes parts, comme par enchantement. Mais ce ne seront plus, comme au XIIe siècle, de simples bandes mal armées, indisciplinées et sans expérience, mais une milice suivant une stratégie précise, combattant avec une tactique merveilleuse d'intelligence et de prévision.

Les confréries paroissiales des bourgs ayant préparé de merveilleux soldats pour la défense de la Patrie, ces soldats sauront non seulement frapper mais souffrir et s'ils s'abstiennent de piller ils n'oublieront point de prier.

Jeanne d'Arc, en arborant la blanche bannière de la Vierge et du Christ, groupera les nouveaux confrères de la Paix autour du *Labarum* invincible qu'elle accepte de porter, au péril de sa vie, pour le salut de la France et la plus grande gloire de Dieu.

La Pucelle vient reprendre, au XVe siècle, la tâche entreprise au XIIe par les *Chaperons blancs* de Notre-Dame du Puy. Aussi fait-elle coïncider son départ de Vaucouleurs avec celui des pèlerins qui se rendent, cette année-là, dans la capitale du Velay pour profiter des indulgences spéciales accordées à cause de la coïncidence du Vendredi-Saint avec la fête de l'Annonciation. Nous verrons bientôt comment ce pèlerinage servit à rallier les vrais soldats de Jeanne, ceux que l'on ne mentionne pas, parce qu'on ne les soupçonne guère, quoiqu'ils aient contribué si largement à assurer le succès.

Avant d'en arriver là, il faut mentionner encore, comme précurseurs de la Pucelle au XIIe siècle, ces Pastoureaux et ces Vaudois dont les doctrines, mêlées de sentiments généreux et d'instincts funestes, donnèrent aux moines celtiques tant d'inquiétudes et de soucis. Pâtres des champs ou habitants des vallées, ces audacieux, qui ne redoutaient rien sur terre parce qu'ils attendaient tout du ciel, rêvaient une société sans lois, sans frein, sans hiérarchie, croyant voir, dans cette utopie, la réalisation parfaite de l'idéal évangélique.

Comme les *Chaperons blancs*, ils furent victimes de leur témérité et leur mouvement trop hâtif avorta. La délirante exaltation religieuse et patriotique qui fermentait dans les masses celtiques du centre de la France produisit aussi, en ce même XIIe siècle, une chose inouïe, une croisade d'enfants. Nous croyons devoir signaler ce fait, peut-être unique dans les annales historiques, non seulement pour bien montrer la facilité avec laquelle on circulait en ces époques si peu connues et comme le chauvinisme était alors chose contagieuse, mais aussi pour dévoiler tout un côté, non encore soupçonné, de la vraie mission de Jeanne d'Arc.

Sous Philippe-Auguste, un jeune homme, se disant renvoyé de Dieu, erra de ville en ville, de manoir en manoir, chantant en langue française : « Seigneur Jésus, rends-nous ta sainte Croix » et d'autres cantiques du même genre.

Tous les enfants qui l'entendirent, quittant spontanément leurs parents, le suivirent sans que rien pût les retenir.

Il en réunit ainsi environ quatre-vingt mille, disent les auteurs du temps, et cette procession extraordinaire qui, chaque jour, grossissait en route, s'avança jusqu'à la Méditerranée toujours chantant, marchant à la suite du Maître qui était sur un char moult bien orné et entouré d'une garde d'enfants en armes [14].

Une partie de ces singuliers croisés durent, sur l'ordre du Roi, rebrousser chemin et furent rendus à leurs parents. Beaucoup d'autres périrent de misère ; quelques milliers pourtant arrivèrent jusqu'à Marseille. Ils furent entassés, on ne sait trop par qui, sur sept grands vaisseaux. On assure qu'ils furent menés dans des ports musulmans, par les armateurs provençaux qui avaient promis aux enfants de les conduire en Terre Sainte, et que les pauvres petits enthousiastes furent vendus comme esclaves aux Infidèles.

Telle est, du moins, la supposition insérée par Henri Martin dans son *Histoire de France*. Notre avis sur ce sujet diffère absolument de celui de l'éminent historien. À notre sens, la Croisade d'enfants n'était pas un évènement fortuit résultant du hasard, mais bien une chose voulue, préméditée en vue de sauvegarder, pour l'avenir, les intérêts et l'influence de la France en Afrique. Les Croisades n'avaient pas uniquement pour but, comme on le croit généralement, la conquête du sépulcre vide du Christ à Jérusalem. Cette conquête était le prétexte donné ostensiblement à la multitude croyante, mais les chefs des chrétiens savaient fort bien à quoi s'en tenir et n'ignoraient point que le résultat à atteindre était la reconstitution des grandes colonies autonomes que la Gaule celtique avait fait fleurir jadis dans les différentes contrées d'Asie et d'Afrique, grâce à la science merveilleuse que les pontifes appartenant à notre Race possédaient du régime des eaux.

Les pionniers de la magnifique idée qui consistait à recomposer, pour la gloire et le service de l'Église, les antiques fédérations gauloises, en groupant, sous la même bannière, sous la même houlette, tous les Celtes du monde entier, qu'ils fussent, suivant les climats, noirs, jaunes ou blancs, avaient compris que leur action ne serait efficace qu'en s'opérant simultanément, en silence, en Afrique et en Europe, tandis que les guerriers la manifesteraient bruyamment en Asie.

Aussi des moines et des savants de France s'étaient-ils dirigés, en petit nombre et avec prudence, sur le continent africain, vers la région des grands lacs où l'on possède la maîtrise absolue de l'Afrique, parce qu'on y tient en main l'agent suprême de la fertilité ou de la stérilité des terres : le régime des eaux.

À notre avis, la Croisade d'enfants, sous Philippe-Auguste, eut pour but de fournir à ces pionniers intelligents de l'idée celtique et de la puissance chrétienne, des colons de leur race pour reconstituer les grands travaux d'irrigation opérés jadis par les Druides gaulois et détruits après le départ de ces sacerdotes qui furent vaincus dans des luttes formidables contre les Ibériens, leurs ennemis séculaires, luttes qu'il serait trop long de détailler ici.

C'est un des plus curieux dessous de notre Histoire nationale qu'il sera bon de faire connaître un jour.

Pour le moment, nous ne pouvons qu'indiquer brièvement notre opinion et dire qu'à notre sens les armateurs provençaux qui transportèrent, malgré tous les obstacles, quelques milliers d'enfants aux plages africaines, firent œuvre essentiellement patriotique et se montrèrent, comme ensuite sous le règne de Saint Louis et plus tard au moment du pouvoir éphémère de Jacques Cœur, complices de la grande visée catholique des moines de France.

Les armateurs ne vendirent pas les petits enthousiastes aux Musulmans, mais ils les confièrent à ceux qui les devaient guider vers le Tchad où vivent encore, de nos jours, ces singulières tribus de Touaregs qui, bien qu'inféodées maintenant à l'Islam, ont conservé tant d'atavisme celtique qu'on se demande si elles ne sont pas, en vérité, les sentinelles avancées mais non perdues de notre Gaule contre les rois britanniques de l'Orient et les Templiers anglais de l'Occident. En voyant, à notre époque, ces impassibles Touaregs, barrer, en Afrique, le chemin des Lacs à l'Angleterre, il semble qu'ils aient conservé vaguement le souvenir, presque inconscient, de la consigne que les siècles leur ont léguée et qu'ils attendent que les Français, retrouvant enfin le sens de la politique superbe et des hautes visées des Pierre l'Ermite, des Saint Bernard, de Saint Louis et de Jeanne d'Arc, viennent les relever de garde et leur serrer la main comme à des frères restés aux avant-postes de combat contre l'Ennemi.

Cette attitude actuelle des Touaregs du Tchad, que nous considérons, jusqu'à preuve du contraire, comme des descendants des petits enthousiastes du XIIe siècle, descendants oubliés là-bas à la suite des défaites et de la mort de Saint Louis qui certainement allait les rejoindre, nous a décidé à signaler ces singuliers Croisés parmi les précurseurs de Jeanne d'Arc.

La Pucelle devait, après avoir *bouté* hors de France les Anglais de Bedford, marcher contre les maîtres secrets des Lancastre et des Templiers et délivrer ainsi l'Église celtique de ses pires ennemis : les Ibériens d'Orient et d'Occident. Si elle n'eût pas été trahie, Jeanne eût repris victorieusement la tâche laissée inachevée par Louis IX et abandonnée par ses successeurs : la grande tâche religieuse qu'avait rêvé d'accomplir et qu'avait léguée à ses disciples cet homme au cœur d'apôtre, à l'âme d'élite, ce saint de génie : François d'Assise.

« En fondant en Europe une société sans propriété ni capital, celui-ci avait averti le monde que le droit social n'est pas nécessairement attaché au domaine, qu'il existe, en dehors de là, une autorité plus haute et un lieu social plus fort. Dans le fait, si l'on peut donner un sens chrétien au mot, c'était pour l'Occident une révolution radicale.

« Dans la société féodale, instaurée par les conquérants après les invasions barbares, l'autorité procédait de la propriété ; dans la société nouvelle créée par le saint d'Assise, l'autorité devra procéder des services. La société féodale, étant fondée sur les titres et les droits que conféraient la terre et le domaine, la société nouvelle aura pour fondement la dignité humaine.

« La société féodale était gouvernée par une législation qu'on pourrait appeler le code de la propriété ; la société nouvelle lui substituera peu à peu le code du travail [15].

« Dans la société féodale, on demandait à l'homme le nom et le titre qu'il tenait de la terre ; dans la société nouvelle, on lui demandera les œuvres qu'il fait et les services qu'il rend.

« Telle fut l'évolution commencée le jour où François d'Assise épousa la Pauvreté, organisée le jour où il fit approuver la règle des Mendiants [16]. »

Par cette création hardie d'un ordre monastique basé sur la Pauvreté collective et le nomadisme individuel, saint François reconstituait au XIIIe siècle la milice créée en Gaule au Ier par saint Lazare et saint Florus ; il ressuscitait cette armée d'ermites voyageurs qui avait opéré, sans bruit et sans heurt, la transformation de la société païenne en société chrétienne et substitué lentement l'autorité morale des successeurs de saint Pierre à l'autorité matérielle et despotique des Césars romains.

Ce Celte de l'Ombrie avait su, au début du XIIIe siècle, endiguer le torrent déchaîné des passions populaires, en idéalisant les souffrances, en poétisant les instincts. La communauté rêvée par les pauvres, l'égalité réclamée par les Pastoureaux, la fraternité prônée par les Vaudois, au XIIe siècle, il les avait vues possibles et il les avait créées en donnant, par son Tiers-Ordre laïque, une règle à tous les affamés de dévouement, à tous les altérés de justice, à tous les prêcheurs d'abnégation.

François d'Assise était bien l'homme providentiel, il arrivait juste à l'heure où toute la Celtique avait besoin d'un centre. On reconnut en lui l'Élu d'en haut, on le suivit. Son œuvre eut une portée politique dont il n'avait peut-être pas entrevu l'importance.

Par les *Fraternités* de tertiaires laïques, on groupa tous les éléments de race gauloise, épars dans toutes les provinces et dans toutes les nations du globe, comme jadis au Ier et au IIe siècle, les ermites de l'Église de Gaule avaient syndiqué tous les Celtes disséminés dans l'Empire romain.

Les tertiaires franciscains alors devinrent légion. Les rois, les princes, les ducs, les guerriers, les cardinaux s'enrôlèrent, dans les fraternités, avec les ouvriers, les artisans, les laboureurs, les pâtres. Tous s'unirent dans l'humilité, sentant qu'ils n'avaient qu'un père : Dieu ; une mère : l'Église ; une famille : l'Humanité.

Il y eut ainsi un peuple international vivant secrètement parmi les peuples et prêt à lutter moralement et matériellement contre les ennemis secrets ou déclarés du Christ et de l'Église ; contre les hérétiques avérés ou occultes, contre les Templistes albigeois et les Templiers d'Albion.

Les membres des fraternités portèrent des signes pour se reconnaître mutuellement, et ces signes furent les mêmes pour tout le peuple franciscain, à quelque nation qu'appartînt le tertiaire. Il est très important de ne pas l'oublier, car cette considération jette un jour tout nouveau sur les négociations diplomatiques de la Pucelle et sur les alliances occultes qui lui permirent de triompher.

Déjà Saint Bernard et les théologiens de l'école de Saint Victor avaient tracé l'itinéraire de la voie mystique suivie par Saint François d'Assise et ses tertiaires.

« Aimer pour croire et croire pour agir », telle était la base de leur philosophie.

On oublie que Saint Bernard et François d'Assise sont deux anneaux brillants de la chaîne monastique qui relie les Gaules druidiques à la France chrétienne et que les théologiens de l'école de Saint Victor sont les mystérieux traits d'union entre l'apôtre de la Vierge et celui de la Pauvreté.

Hardis pionniers de l'âge moderne, les compagnons de Saint Bernard ont appris aux Peuples celtiques à travailler en regardant le Ciel ; les mystiques de Saint Victor leur ont ensuite enseigné à penser sans quitter la Terre ; François d'Assise est venu enfin les préparer à se relever de la glèbe sans heurt et sans révolution. Ces peuples, qui devaient leur existence et leur conservation aux moines, entrèrent dans leur chrysalide sous l'habit gris cendré du tertiaire franciscain pour en sortir deux siècles plus tard avec le brillant justaucorps du bourgeois.

Afin de leur donner l'essor quand la transformation fut opérée, Dieu, au moment voulu, envoya des Cieux en France deux de ses filles les plus chères, Espérance et Pauvreté.

Elles s'incarnèrent dans une héroïne et dans une sainte.

Espérance devait s'appeler Jeanne d'Arc. Pauvreté se nomma Colette de Corbie.

Fille du charpentier Robert Boilet, Colette naquit, dans la petite ville picarde de Corbie, en 1381.

Dès ses plus jeunes années, elle se sentit inspirée de rétablir la discipline monastique, instaurée par le Saint d'Assise et, à quatorze ans, elle entra dans le Tiers-Ordre laïque de la Pénitence.

Le Conseil des *Discrètes* [17] de la Fraternité dont elle faisait partie eut bientôt reconnu en elle un sujet rare et prédestiné à une action importante et glorieuse.

Aussi, une dame illustre, Marguerite de Hainaut, qui épousa Jean sans Peur, venait-elle souvent la visiter et recevoir ses confidences. Elle l'envoya, en 1406, à ses frais, trouver, à Nice, le pape Benoît XIII qui réglait, en cette ville, les affaires de l'Église.

Le Pontife reçut la jeune tertiaire avec toutes les marques de la déférence la plus grande. Et, quoiqu'elle eût à peine vingt-cinq ans, il la consacra Mère et Abbesse générale des religieuses franciscaines de Sainte Claire.

Par une bulle spéciale, il la chargea de réformer tous les couvents français de cet ordre, suivant la règle primitive donnée par François d'Assise.

Dès lors, cette femme de génie exerça sans repos ni trêve, pendant quarante ans, un véritable apostolat, fondant des couvents, réformant des abbayes, établissant, çà et là, des *fraternités* de tertiaires laïques dont l'influence et le zèle s'accroissaient de jour en jour.

Colette de Corbie suivit dans ce combat contre tous les abus une stratégie tellement précise qu'il est impossible de ne pas voir le plan patriotique qui la guidait. Évidemment la politique n'était pas étrangère aux pérégrinations fréquentes de la réformatrice des clarisses françaises. On le sent par la correspondance suivie qu'elle entretenait avec les franciscains de Poitiers.

Colette suivait une tactique habile. Elle ne fondait point au hasard les fraternités et les couvents.

Jamais, malgré son zèle ardent pour le salut des âmes, elle n'accepta de faire un établissement sur une terre complètement anglaise. Et cependant elle circulait, sans difficulté, à travers les pays encombrés de soldats ennemis.

Parfois même elle délivrait des sauf-conduits qui n'étaient jamais violés.

Donc, elle avait des intelligences puissantes avec certains chefs de l'armée anglaise, comme elle possédait une influence considérable sur les capitaines français.

Rien ne lui faisait sérieusement obstacle.

Munie de tous les signes franciscains, elle propageait tranquillement, de Flandre en Bourgogne et de Bourgogne en Bourbonnais, les traditions de Saint François d'Assise.

Ce faisant, elle réunissait, par des liens spirituels très étroits, ses chères filles les duchesses de Bourgogne et de Bourbon, négociant avec elles, et par elles, la réconciliation du parti d'Armagnac avec les Bourguignons.

La reine Yolande d'Anjou, belle-mère de Charles VII, correspondait fréquemment avec la Sainte de Corbie ; et plus d'un message secret fut transmis au jeune duc de Bar, frère de la reine de France, par la voyageuse, dont chacun vénérait l'austère pauvreté sans trop se douter de son réel génie.

Dès 1410, Colette avait établi le quartier général de ses opérations mystérieuses à Besançon. Là, elle était sous la sauvegarde directe de l'épouse de Jean sans Peur et aux écoutes de tout ce qui intéressait la cause patriotique et religieuse dont elle était champion.

L'Ordre des Mineurs avait été, dans la pensée de son fondateur, l'incarnation monastique du Peuple, l'Ordre des Prolétaires. Le Franciscain partout se faisait peuple pour former le Peuple en société chrétienne, en introduisant l'esprit de la Troisième Règle, celle du Tiers-Ordre, dans la Commune et la Corporation, ces deux institutions essentiellement démocratiques et ennemies de l'organisation oligarchique de la féodalité.

La révolution sociale que l'on méditait d'opérer par la constitution universelle des fraternités franciscaines, renaissance des *brodeurdes* ou amitiés celtiques, n'eût été ni complète, ni efficace, si les femmes avaient été exclues de ce grand mouvement populaire et chrétien.

Aussi les *Pauvres Dames,* qu'on avait surnommées Clarisses pour rappeler à tous le souvenir de leur fondatrice Claire Scifi, la mystique amie du Saint d'Assise, reprirent-elles une vie nouvelle sous l'impulsion intelligente de Sainte Colette.

Dans l'histoire des Franciscains, les Réformes apparaissent à peu près tous les cent ans.

Que l'on regarde et l'on verra, non sans surprise, que l'avènement d'une Réforme concorde toujours avec une évolution sociale importante.

Les temps héroïques des fondations franciscaines avaient pris fin avec le grand mouvement des Communes.

En France, il avait dévié et perdu son caractère sous les fils de Philippe le Bel.

Il allait échouer dans les désordres du grand schisme d'Occident lorsque Sainte Colette, par son génie, lui rendit soudain une influence qui déconcerta les ennemis de l'Église en groupant ses amis sous le même étendard.

Fille du Peuple, chrétienne et française, Colette luttait, à la fois, pour la Femme, l'Église et la Patrie. Semblable au précurseur du Christ, elle prêchait la pénitence afin d'aplanir les voies du triomphe devant le Messie féminin qui devait moissonner, au profit de la France, le fruit du travail mystérieux accompli, pendant des siècles, par des milliers de semeurs inconnus.

III

LA FAMILLE D'ARC À DOMRÉMY

C'est une opinion généralement admise que le père et la mère de Jeanne d'Arc furent de pauvres hères, aussi dénués d'instruction que de ressources, absolument incapables de comprendre et de diriger une créature d'élite comme leur plus jeune fille. Voilà une très grande erreur ; des documents authentiques [18], récemment découverts, permettent au contraire d'affirmer que la famille de Jeanne, du côté paternel, était de bonne bourgeoisie et du côté maternel fort bien posée dans le monde des artisans.

Qui disait artisan, à cette époque, ne disait certes pas misérable ; les corporations, établies par Saint Louis en jurandes et maîtrises, créaient à l'ouvrier une position fixe bien supérieure à celle que lui réservent les cadres mobiles de la Société actuelle. N'entrait pas qui voulait dans ces institutions si intelligemment organisées en vue du bien-être familial des travailleurs et de la sauvegarde de leurs intérêts individuels, comme de leurs droits collectifs.

Les membres d'une corporation se transmettaient, de père en fils, toute la science acquise dans leur métier par les générations précédentes et augmentée de leur expérience personnelle ; de plus, ils étaient unis entre eux par une solidarité presque indestructible : fraternité fondée sur l'estime réciproque, la foi religieuse et la charité chrétienne, trois bases morales autrement stables que la philanthropie vague symbolisée par le triangle égalitaire des modernes francs-maçons.

Les francs-maçons, ces héritiers de la politique antiévangélique des chevaliers du Temple, ont supprimé, dès qu'ils ont été les maîtres de la France, toutes les corporations, sous prétexte de rendre à l'ouvrier ses droits et sa liberté. Au fond, le seul droit que cette suppression assure au travailleur, c'est celui de mourir de faim ou d'être exploité, sans merci ni contrôle, par les industriels commandités et les financiers commanditaires.

« Jadis, la terre conférait l'autorité ; aujourd'hui le Capital la confisque.

« Jadis, l'homme du Peuple était lié au seigneur par le serment ; il lui devait le service militaire et les tailles, mais il pouvait racheter les tailles et les redevances.

« De nos jours, l'esclavage imposé par la faim est sans rédemption.

« L'ouvrier sert le Capital qui lui marchande un salaire : la nécessité l'attache à l'usine comme facteur de la production, il est la chose du Capitalisme et rien n'adoucit son esclavage.

« Dans les luttes de la concurrence, l'ouvrier, soldat du Capital, doit sacrifier les joies du foyer et de la famille et parfois son sang et sa vie.

« Le Capital anonyme sans âme, sans cœur, est impitoyable comme la machine ; il n'a plus rien d'humain. Son joug de fer ne cède que devant la force.

« Si en apparence le Capital, de nos jours, ne confère aucune autorité, en réalité toute la législation est à son service ; il dispose de tous les droits, même du droit d'inspirer et souvent d'imposer la Loi [19]. »

Les capitalistes Templiers savaient bien, au XIIIe siècle, ce qu'ils faisaient en autorisant seuls les ouvriers non incorporés à travailler en leurs couvents ; les francs maçons modernes savent bien aussi ce qu'ils veulent faire en embrigadant aujourd'hui nos ouvriers en leurs *convents*. Couvents templiers et convents maçonniques, les deux choses se valent pour la ruine de la France, par le triomphe du Capital fructifiant par lui-même au détriment des travailleurs.

Jeanne d'Arc ayant lutté pendant toute sa vie contre la politique des Templiers masqués que cachaient et servaient les Anglais des Lancastre, les francs-maçons, de nos jours, luttent contre la mémoire de la sainte héroïne qui sut mourir pour le salut de la Patrie et de l'Église. Ils défendent à nos soldats d'assister, en uniforme, aux fêtes de la *bonne Lorraine*. Cela surprend, parce qu'on ignore pourquoi et contre qui Jeanne leva l'étendard mystique qui rallia subitement tous les amis de la Justice, en brisant les armes de l'iniquité.

Mais si, déchirant enfin le voile qui nous cache la vraie mission de la Pucelle, nous replaçons la grande Patriote dans le milieu réel où s'est écoulée son enfance, nous verrons tout de suite l'influence immense que les hommes et les choses ont eue sur le développement de son caractère et nous comprendrons enfin, par la marche de son action, quels furent ses auxiliaires et quels étaient ses réels ennemis. La gloire de Jeanne n'y perdra rien ; la vérité historique y gagnera beaucoup. Le rayon lumineux projeté sur le berceau de l'héroïne éclairera, comme un phare, l'ère moderne née avec celle qui fut l'incarnation même de la France, cette sublime patrie de l'Idée.

« La plupart des historiens de Jeanne d'Arc, ainsi que le remarque Siméon Luce, ont commis une profonde méprise lorsqu'ils se sont représenté Domrémy comme un village perdu et isolé du reste du monde. L'ancienne voie romaine de Langres à Verdun qui passait par Neufchâteau, Domrémy, Vaucouleurs, Voids, Commercy, Saint-Mihiel, était très fréquentée à la fin du Moyen Âge. Neufchâteau était une sorte d'entrepôt très important pour le transit des vins de Bourgogne. On employait, au transport de ces vins, de lourdes charrettes attelées de dix ou douze chevaux. Par la même voie arrivaient, en sens inverse, les draps d'Ypres et de Gand. Le mouvement des voyageurs allait de pair avec celui des marchandises ; les nouvelles de tout genre se transmettaient d'une ville à l'autre par ces messagers constamment en voyage. Il existait peu de contrées aussi rapidement informées des évènements multiples de cette époque que les bourgs situés sur la route de Langres à Verdun.

« Il n'est pas sans intérêt de constater que la maison où grandit Jeanne d'Arc se trouvait sur le bord de l'une des voies les plus fréquentées de la région orientale du Royaume au XVe siècle. »

Les voyageurs de toutes sortes : trafiquants, pèlerins, guerriers, moines mendiants ou seigneurs illustres s'arrêtaient d'autant plus volontiers au foyer de Jacques d'Arc, qu'en sa qualité de doyen du village il était préposé à la surveillance des vins, des grains et autres marchandises, ainsi qu'à la vérification des poids et mesures.

De plus, il était chargé de la collecte des tailles, rentes et redevances ; il commandait le guet de jour et de nuit ; il avait la garde des prisonniers.

Tout cela lui donnait une importance très grande vis à vis des étrangers et le mettait en relations continuelles avec les passants de toute condition sociale.

Sa maison était un centre d'informations et sûrement un lieu de rendez-vous pour des personnages fort divers.

Les fonctions de Jacques d'Arc étaient telles qu'on ne s'arrêtait jamais à Domrémy sans être obligé, par intérêt ou pour affaires, de s'adresser au doyen de la Communauté des bourgeois du Roi de France.

Rien ne se décidait sans que Jacques d'Arc en fût prévenu, car lui seul convoquait les autres bourgeois aux assemblées électorales et aux plaids, lui seul prévenait le maire, l'échevin et les jurés de la date de leurs réunions périodiques ou extraordinaires, lui seul faisait les *cris* des arrêtés municipaux et autres ordonnances seigneuriales ou royales.

Ce n'était pas, du reste, le premier venu, que ce Jacques d'Arc.

Dans les lettres patentes par lesquelles le roi Louis XIII permet à Charles et Luc Du Lys de reprendre les armes de la Pucelle d'Orléans et de ses frères, il est dit en effet que le puisné des frères de la dite Pucelle se contenta de porter le nom de Du Lys, retenant les *armes* du nom et de leur ancienne famille d'Arc, qui sont : d'azur à l'arc d'or mis en face, chargé de trois flèches entrecroisées les pointes en haut, férues deux d'or ferrées et plumetées d'argent et une d'argent ferrée et plumetée d'or et le chef d'argent au lion passant de gueule [20].

Ces armes, on le voit par leur description, étaient ce qu'on nommait alors des *armes parlantes*, c'est-à-dire traduisant la signification du nom de la famille à qui l'on accordait le droit de les porter.

Ces armoiries étaient octroyées par le Roi aux bourgeois de ses bonnes villes, en récompense de quelque service public.

Or, au XIIe et au XIIIe siècle, tous les bourgs qui prirent part au mouvement des Communes avaient mis sur pied des confréries d'arbalétriers et d'archers qui jouissaient de privilèges importants.

Les chefs de ces corporations étaient appelés des *gens d'arc* pour les distinguer des capitaines de routiers que l'on nommait alors des *gens d'armes*.

Sous le règne de Charles V, il fut à la mode d'encourager par des prix et des récompenses de toutes sortes les exercices de tir.

Les plus habiles, parmi les chefs de ces francs archers, qui devinrent en 1440 le noyau de l'infanterie française lorsque Charles VII créa les armées permanentes, furent anoblis au XIVe siècle par le sage souverain dont du Guesclin était le connétable.

Les *armes parlantes* de Jacques d'Arc disent clairement qu'il appartenait à une famille de cette noblesse bourgeoise.

En vertu de quelle influence vint-il, vers 1404, s'installer à Domrémy de Greux, en une maison située dans la partie française de ce village sur le bord de la route si fréquentée par les trafiquants de Flandre et de Bourgogne ?

Comment put-il acquérir la propriété de cette demeure entourée d'une vingtaine d'hectares, dont douze en terres labourables, quatre en prés et quatre en bois dont faisait partie le fameux bois Chenu qu'on apercevait de l'*huis de la maison* ?

Le père de la Pucelle venait-il fonder, en ce petit îlot de terres françaises, une nouvelle confrérie d'arbalétriers, une compagnie de tireurs d'arc ?

L'avenir nous l'apprendra peut-être en remettant au jour quelque vieux document [21]. Toujours est-il que certainement, dès 1419, Jacques d'Arc était bel et bien l'un des principaux et des plus fortunés notables de Domrémy.

Ce curieux village, qui avait fait primitivement partie des possessions domaniales d'une abbaye de Reims, ainsi que son nom même l'indique, était, au XVe siècle, partagé entre deux mouvances féodales très distinctes.

La partie méridionale du bourg, comprenant une trentaine de chaumières groupées autour d'une forteresse située dans une île de la Meuse, formait une seigneurie possédée, de longue date, par la famille de Bourlemont, vassale des comtes de Bar.

La partie septentrionale où se trouvaient l'église paroissiale et d'autres maisons, parmi lesquelles celle de Jacques d'Arc, relevait de la châtellenie de Vaucouleurs. Cette châtellenie avait été achetée, par Philippe VI de Valois, à la famille de Joinville. Elle avait été rattachée à la couronne de France par une ordonnance de Charles V, stipulant expressément que le château de Vaucouleurs et les villages en dépendant, faisaient pour toujours partie intégrante et inaliénable du domaine royal. Les habitants de cette mouvance privilégiée se trouvèrent élevés à la dignité de bourgeois du Roi et investis, en cette qualité, de nombreuses prérogatives. Les habitants de la partie barroise de Domrémy restaient, au contraire, serfs des Bourlemont.

Au mois de juin 1419, alors que les conférences de Meulan faisaient espérer une paix durable entre la France et l'Angleterre, la forteresse de l'île et ses dépendances furent mises en location par le régisseur de Jeanne de Joinville, dame d'Ogéviller, seule héritière de la famille de Bourlemont. Cette location, offerte aux enchères, échut solidairement à Jacques d'Arc et à Jean Biget.

Un bail fut rédigé et signé à cette occasion. Ce document précieux est conservé aux archives départementales de Meurthe-et-Moselle. On y peut voir que Jacques d'Arc et son associé, acceptant les lourdes charges qui résultaient de la transaction conclue avec les seigneurs de l'île, donnèrent, en garantie des obligations qu'ils contractaient, hypothèque sur tout ce qu'ils possédaient ès ban et finage de Domrémy et de Greux, c'est assavoir : « leurs maisons, maisières, meix, champs, bois et jardins ».

Jacques d'Arc n'était donc pas un pauvre hère. Locataire d'une place forte, propriétaire d'un *gagnage* qui exigeait, pour son exploitation, l'emploi de quatre chevaux, il mettait lui-même en culture avec le concours de ses fils ce qu'il possédait.

« Le revenu annuel qu'il en pouvait tirer équivalait, dit Siméon Luce, à quatre ou cinq mille francs de notre monnaie. » À cette époque, cela constituait évidemment une vraie richesse.

Aussi, dans le *Mystère d'Orléans*, composé et joué sur l'ordre de Gilles de Raiz, quelques années après la délivrance de la ville, la Pucelle interrogée sur la position sociale de son père répond :

« Quant est de l'estat de mon père
Il est, au pays de Barrois,
Gentilhomme et de noble affaire,
Honneste et loyal françoys. »

Cette opinion des contemporains est intéressante à recueillir ; car elle concorde avec ce que nous avons dit de l'origine et des fonctions de Jacques d'Arc.

Jean Morel, parrain de Jeanne, parlant du père et de la mère de sa filleule dit, en 1455 : « J'ai beaucoup vécu avec eux et je puis affirmer, le sachant et l'ayant vu, qu'ils étaient de bons et fidèles catholiques, de vaillants laboureurs de bonne renommée et de vie honnête, se gouvernant selon leur état. » Or, Domrémy formait une Communauté agricole dont Jacques d'Arc, comme doyen, était un des principaux personnages.

Aussi le voyons-nous marier sa fille aînée Catherine au fils du maire de Greux, ce Jean Collin qui déposa plus tard dans le procès de réhabilitation de la Pucelle en 1455.

Dans un acte, découvert à la Bibliothèque Nationale, dans la collection de Lorraine, acte daté du 7 octobre 1423 et rédigé à Maxey-sur-Meuse, au nom de l'official de Toul, par Richard Oudinot, clerc notaire juré, les deux communautés de Domrémy et de Greux prennent l'engagement de payer tous les ans à Robert de Saarbruck, damoiseau de Commercy, un droit de protection et de sauvegarde de deux gros par feu entier et d'un gros par feu de veuve.

Le maire, l'échevin, le doyen Jacques d'Arc [22] et quatre notables de chaque communauté, parmi lesquels figure Jean Collin, gendre de Jacques d'Arc, se portent forts pour tous les autres habitants de Greux et de Domrémy.

La solide fortune et le crédit moral dont jouissait Jacques d'Arc lui permettaient d'assumer d'aussi lourdes responsabilités que la collecte des tailles et le paiement des énormes droits de sauvegarde alloués à l'un des plus rapaces seigneurs de la Lorraine. Aussi fut-il nommé d'emblée procureur fondé de pouvoirs des habitants de Domrémy dans un procès très important qu'ils durent soutenir, de 1424 à 1427, devant Messire Robert de

Baudricourt, gouverneur, pour le Roi, de la Châtellenie de Vaucouleurs.

Voici quel était le motif de ce procès :

Le montant de la redevance promise à Robert de Saarbruck s'élevait environ à deux cents écus d'or.

Quand vint l'échéance, le 11 novembre 1423, jour de la Saint-Martin d'hiver, les malheureux villageois ne se trouvèrent pas en mesure de verser la somme convenue.

Ils s'adressèrent à un riche habitant de Montigny-le-Roi, Guyot Poingnant, à qui ils vendaient ordinairement leurs foins et leurs coupes de bois, afin qu'il se portât garant de leur dette, envers le damoiseau de Commercy, pour leur obtenir un sursis. Il y consentit.

Robert de Saarbruck était bien le plus impitoyable des créanciers. À peine lui avait-on proposé cette transaction qu'il fit saisir et vendre, à son profit, vingt voitures de foin, quatre-vingts voitures de bois et un certain nombre de chevaux appartenant à Guyot Poingnant.

Peu de jours après cette saisie, il fut payé intégralement des deux cent vingt écus d'or qu'ils lui devaient, par les habitants de Domrémy, à qui il donna quittance le 8 décembre 1423.

Le dommage causé à Guyot Poingnant était évalué à cent vingt écus d'or.

N'osant les réclamer au terrible damoiseau de Commercy, il assigna, en réparation de la perte que lui avait infligée Robert de Saarbruck, Messire Henri d'Ogéviller, seigneur de Domrémy, concurremment avec ses fermiers Jean Biget et Jacques d'Arc et tous les bourgeois du village.

L'affaire fut portée devant Robert de Baudricourt. Jacques Flamant, prêtre, Jacques Morel de Greux et Jacques d'Arc, procureur-fondé des habitants de Domrémy, furent chargés d'ester en justice au nom des deux communautés de Domrémy et de Greux.

Les débats judiciaires, les enquêtes et contre-enquêtes, faites par les arbitres, furent de longue durée. Il y eut, de part et d'autre, de nombreuses démarches, des pourparlers, des revendications de droits qui eurent pour résultat certain de mettre Jacques d'Arc en relations suivies et assez fréquentes avec le gouverneur de Vaucouleurs, Messire Robert de Baudricourt.

Tout ce qui précède montre la situation sociale relativement élevée du père de Jeanne d'Arc. Dans un autre ordre d'idées, sa mère jouissait d'une notoriété et d'une considération tout aussi importantes.

Isabelle de Vouthon n'était point une femme vulgaire ; sa réputation de piété était admirablement confirmée par sa vie exemplaire.

Elle avait hérité du surnom de Romée qu'on avait jadis appliqué à sa mère, lors de son pèlerinage à Rome vers 1375. Dans ce voyage celle-ci avait fait connaissance de Sainte Catherine de Sienne (cette Jehanne d'Arc de la Papauté) qui se reposait, dans la Ville Éternelle, des luttes ardentes qu'elle avait soutenues en faveur du pontife romain, contre le Pape d'Avignon d'une part, et contre les factions italiennes de l'autre.

Isabelle naquit l'année suivante et, dès son berceau, elle porta ce sobriquet de *Romée* que beaucoup d'historiens ont considéré comme un nom de famille.

Que de fois la petite Isabelle dut être bercée des souvenirs légendaires de la vierge de Sienne !

En écoutant les récits de sa mère, l'enfant s'imprégnait insensiblement de l'esprit mystique de Sainte Catherine. Aussi, comme elle grandit pieuse, réfléchie, réservée, celle qui devait être la mère de Jeanne d'Arc ! Avec quelle ferveur, quelle activité, quel enthousiasme elle se rendait, jeune fille, en pèlerinage aux sanctuaires privilégiés dont le renom parvenait jusqu'en son village !

Son frère, Henri de Vouthon, devenu curé de Sermaize, l'encourageait et la guidait dans ces dévotes entreprises. Elle avait pleine confiance en lui pour tout ce qui touchait au salut de son âme. Ce fut sur son conseil qu'elle épousa, vers l'âge de vingt ans, le champenois Jacques d'Arc, qui habitait alors Ceffonds, bourg voisin de Sermaize.

Henri de Vouthon ne fut certainement pas étranger à la détermination que prit son beau-frère d'acheter, à Domrémy, la propriété dont dépendait le bois Chenu.

La mère d'Isabelle Romée n'avait-elle pas eu quelque intuition ou quelque révélation des destinées glorieuses réservées à sa fille ?

Son fils Henri n'avait-il point reçu ses confidences et ne fut-il pas la cheville ouvrière et invisible de l'œuvre voulue par Dieu ?

Il est permis de se le demander lorsqu'on voit le curé de Sermaize appeler près de lui son frère Jean, qui exerçait à Vouthon la profession de couvreur, et s'occuper activement de l'éducation de ses trois neveux et de sa nièce.

Grâce aux leçons et à la protection de son oncle, l'un des trois fils du couvreur, Nicolas, entra comme religieux à l'abbaye de Cheminon.

Et lorsque Jeanne d'Arc eut besoin d'un chapelain, elle « rescrivit ou, du moins, manda au Révérend Père Thomas, Abbé de Cheminon, qu'il octroyast et donnast congé et licence au dit frère Nicolas de Vouthon, son cousin germain, de lui servir de chapelain pour aller avec elle où bon lui semblerait, ce que lui accorda ledit abbé.

« Iceluy Nicolas alla donc vers Jehanne la Pucelle et l'accompagna et suivit en tous les faits d'armes qu'elle fit depuis lors [23]. »

L'oncle de la Pucelle lui avait soigneusement préparé d'avance un chapelain.

Les Vouthon de Sermaize entretenaient, du reste, des relations affectueuses et suivies avec leurs parents de Domrémy et ces rapports ont eu certainement une influence sur les idées, les sentiments et la destinée de Jeanne, dont la famille paternelle était déjà fort bien posée dans le clergé des environs.

Trois proches parents de Jacques d'Arc avaient obtenu des bénéfices ecclésiastiques : l'un, Simon d'Arc, était chapelain du château royal de Chaumont ; l'autre, nommé Pierre, figurait en 1375 parmi les chanoines de Troyes et, en 1404, Michel d'Arc était curé de Bar-sur-Seine. Tous ces prêtres, amis et admirateurs d'Henri de Vouthon, n'avaient pas peu contribué à l'alliance de leur cousin Jacques avec Isabelle, sœur du curé de Sermaize.

Le ciel avait grandement béni cette union. Quatre enfants : Jacquemin, Jean, Catherine et Pierre étaient nés de 1395 à 1404. Le dernier eut pour marraine la dame de Sarrey qui se nommait Jeanne d'Arc et avait épousé, en 1398, le chevalier Eude de Recey. Il semble que ce fut au moment de sa naissance que Jacques d'Arc quitta son village natal et vint s'établir à Domrémy [24].

Il espérait peut-être que sa famille déjà nombreuse ne s'augmenterait plus lorsqu'en 1410 une nouvelle fille naquit, puis une autre encore en 1412. Ces deux dernières étaient destinées à jouer, dans l'Histoire, des rôles très importants quoique de nature différente et qui sont l'objet d'une déplorable confusion.

Cette confusion rend inexplicable l'intervention, en 1436, de la dame des Armoises que Jean et Pierre d'Arc reconnurent solennellement pour leur sœur. Ils ne se trompaient point et ils ne mentaient pas. La Dame des Armoises était bien réellement, comme eux, la fille de Jacques d'Arc et d'Isabelle Romée, mais elle s'appelait Claude et non Jeanne.

La jeune femme qui, d'après la déposition de Simon Fauchart, curé de Sermaize, vint, en habit d'homme, jouer à la Paume et faire grande chère avec les jeunes gens du lieu, plusieurs années après la mort de Jeanne et à qui il ouït dire ces mots : *Affirmez hardiment que vous avez joué à la paume contre la Pucelle*, était la sœur de la victime de Pierre Cauchon. Aussi ses cousins Perrinet et Poiresson de Vouthon, fils du frère d'Isabelle Romée, lui firent-ils très bon accueil.

Nous touchons ici au point le plus mystérieux et le plus étonnant de la thèse que nous nous proposons de soutenir : l'existence de deux personnes en la Pucelle qui, semble-t-il, fut appelée JEANNE pour mieux indiquer qu'elle eut, comme le Janus antique, un *double visage*, parce qu'elle incarnait à la fois le Passé et l'Avenir : l'ère féodale expirante et l'ère moderne à peine née.

Claude la guerrière sera à Orléans le bras de la conspiration dont Jeanne l'Inspirée est la tête. Nous verrons, en suivant les péripéties de l'épopée militaire, quelle part en revient à chacune des deux sœurs. Avant tout, il faut prouver leur existence puisque l'Histoire et les historiens semblent l'avoir oubliée.

Dans sa déposition au procès de réhabilitation en 1455, Isabellette, femme du laboureur Gérardin d'Épinal, qui, « dans son premier âge a toujours connu le père et la mère de Jeannette », puisqu'elle était leur plus proche voisine dit ceci : « Lors d'une irruption d'hommes d'armes, Jeannette se réfugia à Neufchâteau avec son père, sa mère, ses frères et ses sœurs *(Cum fratribus et sororibus suis)*, dit le texte latin, et elle ajoute : « Ce que je vous dis là, je l'ai vu [25] ! »

D'après ce témoignage d'une amie intime de la famille d'Arc, qui avait donné Jeanne comme marraine au premier-né de ses enfants, on ne peut douter que l'héroïne n'ait eu réellement plusieurs sœurs.

Michel Lebuin, laboureur à Burey, confirme cette certitude en disant : « Plusieurs fois dans mon enfance je suis allé avec Jeannette en pèlerinage à l'ermitage de la bienheureuse Marie de Bermont ; elle y allait presque chaque samedi avec *une de ses sœurs*, apportait des cierges et donnait joyeusement tout ce qu'elle pouvait donner. »

Le laboureur Colin, fils de Jean Colin de Greux, et beau-frère de Jeanne dont il avait épousé la sœur Catherine, dit exactement la même chose.

Il est bien singulier que, d'après ces témoignages, l'Histoire ne mentionne même pas l'existence de Claude d'Arc, tandis qu'elle enregistre soigneusement la mort de l'aînée des filles de Jacques d'Arc, cette Catherine mariée avec le fils du maire de Greux et qui avait cessé de vivre avant que Jeanne eût quitté Domrémy pour répondre à l'appel de ses voix. Succomba-t-elle à quelque maladie ou fut-elle victime d'un de ces accidents tragiques qui n'étaient point rares en ces temps troublés ? On l'ignore. Mais à la veille de partir pour Chinon, Jeanne, faisant ses adieux à Aveline le Vauseul, sa tante maternelle qui était alors enceinte, lui dit : « Si vous avez une fille, donnez-lui le nom de Catherine en soubvenance de feue Catherine, ma sœur et votre niepce [26]. »

Donc il n'y a pas à en douter, avant 1429, Catherine d'Arc avait cessé de vivre.

Et cependant Dunois raconte que, lorsqu'on traversa la Ferté et Crespy-en-Valois, après le sacre du roi à Reims, comme le peuple accourait criant : « Noël ! », Jeanne, qui était à cheval entre l'archevêque de Reims et le bâtard d'Orléans, dit :

« Voilà un bon peuple. Puissé-je être assez heureuse pour finir mes jours et être inhumée en cette terre !

– Ô Jeanne, lui dit l'archevêque, en quel lieu croyez-vous mourir ?

– Où il plaira à Dieu, répondit-elle, car je ne suis assurée ni du temps, ni du lieu, pas plus que vous-même. Mais que je voudrais qu'il plût à Dieu, mon Créateur, de permettre que je m'en retournasse, quittant les armes, et que je revinsse servir mon père et ma mère avec *ma soeur* et mes frères qui seraient bien aises de me voir ! »

Cette anecdote, racontée par Dunois, est reproduite dans la Chronique de la Pucelle et dans le journal du siège d'Orléans [27].

Elle prouve que Jeanne d'Arc avait une seconde sœur, puisque l'aînée Catherine était morte avant le départ de l'héroïne de Vaucouleurs pour Chinon.

Cette plus jeune sœur à laquelle Jeanne fait allusion après le sacre de Reims a joué un rôle trop important, sous le nom de Dame des Armoises, pour que les historiens oublient son existence. Quand on lit avec attention les différents récits qui nous restent de l'épopée de la Pucelle, dans les Chroniques du temps, on est très frappé, du reste, des allures parfois si contradictoires de l'héroïne et l'on se sent convaincu que les puissants guerriers furent joués, en toute cette affaire, par des diplomates invisibles, dirigeant l'action.

L'amazone chargée d'entraîner à sa suite capitaines et soldats doublait et masquait l'Inspirée, négociant au nom du *Roi du Ciel* les alliances indispensables au salut de la France.

Le rôle guerrier et le rôle diplomatique ne furent certainement pas remplis par la même femme, car ils supposent des qualités physiques et morales trop différentes, l'un étant tout d'instinct, l'autre de réflexion.

Le rôle militaire exigeait une nature robuste, douée d'une grande force musculaire, pleine de témérité, de bravoure et d'entrain.

Le rôle diplomatique demandait une intelligence hors ligne, une présence d'esprit remarquable, une mémoire étonnante, un rare génie et une perspicacité constamment en éveil.

L'amazone hardie qui entraîna les hommes d'armes, disant qu'« *aux horions on reconnaîtrait bien qui avait bon droit* », donnant, suivant son expression pittoresque, « *de bons buffes et de bons torchons aux Anglais de Glacidas et de Talbot* », celle qui plaisantait avec Dunois, faisait grande chère au jeune André de Laval et chevauchait, lance en main, à côté de La Hire, et du gentil duc d'Alençon, n'est certainement pas la pieuse fille, restant des heures en extase au pied d'un autel de la Vierge, écoutant les conseils des anges et méditant les paroles de ses *voix*. L'action de Jeanne apparaît plus précise et plus claire quand on la dégage de certains faits que l'héroïne a niés, et qui, cependant, furent accomplis par quelqu'un, puisque les contemporains les racontent et en témoignent !

Jeanne, ainsi que l'affirme Gerson, qui avait de bonnes raisons pour le savoir mieux que personne [28], avait été choisie comme *porte-étendard* [29] et non comme *porte-glaive* du *Roi du Ciel*. Qui donc alors porta l'épée ? Une des sœurs de Jeanne, cette Claudette que Jean et Pierre d'Arc reconnurent, en 1436, comme étant leur sœur *la Pucelle de France* [30] et qui, devenue la dame des Armoises, révolutionna tous les pays du Rhin, combattit pour le Pape, se fit envoyer une flotte par le roi de Castille et guerroya quatre ans en Poitou avec le fameux Gilles de Raiz.

La compréhension du dédoublement des rôles, remplis par les deux sœurs, dans l'épopée de la Pucelle, était absolument admise par les clercs [31] contemporains des filles de Jacques d'Arc. Pour ces clercs, Jeanne est une Déborah.

Déborah, telle est bien la figure biblique de Jeanne ! De même que la prophétesse des temps antiques, âme de la défense du Peuple de Dieu, ne voulant pas tuer Sisara elle-même, le fit frapper par Jahel, femme de Haber de Cinéen, de même Jeanne, au XVe siècle, sidéra l'ennemi avec son étendard, laissant à sa sœur Claude le soin de manier la lance et de férir par l'épée. Au XVe siècle, comme au temps du Peuple d'Israël, Jahel et Débora combattaient ensemble pour la même cause, mais, ainsi que nous le verrons, elles n'avaient point les mêmes armes ; pour vaincre, elles n'usaient ni des mêmes hommes, ni des mêmes moyens.

Jeanne et Claude se ressemblaient-elles physiquement ? D'après les portraits que nous ont laissés d'elles les contemporains, les deux sœurs, étant presque du même âge puisque dix-huit mois à peine séparaient leur naissance, avaient, sans doute, au moment de leur départ même taille, même prestance, même tournure, mais leur physionomie était si différente qu'un observateur attentif, les voyant toutes deux, ne les pouvait confondre.

« L'une, grande, bien proportionnée de tous ses membres, remarquablement vigoureuse, malgré sa taille svelte, avait les cheveux noirs et les portait *coupés à l'écuelle,* c'est-à-dire que le haut du front, les tempes et la nuque étaient rasés suivant la mode dite des Augustins, signe extérieur des adeptes laïques du Tiers-Ordre de saint François [32]. En dehors des affaires de la guerre, cette jeune fille « demeurait moult simple et peu parlant ; mais, dès qu'elle se faisait entendre, sa voix, au timbre d'or, retentissait avec une harmonie qui a frappé tous ceux qui l'approchèrent et qui nous ont tracé d'elle ce portrait si différent de celui de sa sœur.

« Celle ci était très grande de corps avec des membres forts et robustes. Le visage était plutôt viril que de dame. Elle avait les yeux bleus et beaux et de très gaie expression. Le nez et la bouche bien placés. Ses cheveux étaient *très longs* et *blonds,* elle les nouait, mais, pendant les batailles, elle les portait hors du casque bien que cela fût périlleux. Les siens la reconnaissaient à cela et sa chevelure, répandue sous le casque ressemblait à des houppes d'un chapeau. Sa voix était grêle comme celle d'une femme, malgré son port viril et son attitude hardie comme celle d'un homme d'armes [33]. »

Évidemment, en traçant ces silhouettes si peu semblables, les contemporains de la Pucelle n'ont pas dépeint la même femme. Jeanne d'Arc ne pouvait être à la fois brune et blonde ; elle ne pouvait simultanément porter les cheveux longs et courts. Et cependant, ceux qui nous décrivent la Pucelle de ces deux façons si contraires ont vécu près d'elle, l'ont vue et ont été témoins oculaires de ses actes. Comment expliquer la contradiction de leurs témoignages, sinon par la présence simultanée des deux sœurs à Orléans : Jeanne l'inspirée se reconnaissant justement par ses noirs cheveux coupés à l'écuelle et Claude la guerrière par sa blonde chevelure, sortant du casque bien que cela fût périlleux. Beaucoup d'hommes d'armes ne virent que Claude, mais tout l'*ost* religieux ne se ralliait qu'à Jeanne.

Le Prophète Merlin l'avait entrevue d'avance *une* en apparence, *double* en réalité, la Pucelle qui pour lui représentait le prototype de la Femme, se dressant pour défendre la Société chrétienne et *prendre soin de sa guérison.*

« Chacun de ses pas, avait-il annoncé, allumera une *double* flamme. Sa *droite* portera la forêt de Calyddon, sa *gauche* les créneaux des murs de Londres. »

Sous sa forme imagée, symbolique, cette prophétie populaire indique bien la mise en jeu de deux femmes différentes ; la *droite* signifiant, dans la langue des prophéties, celle qui sera chargée de l'action visible, éclatante, et entraînera l'Écosse qui, au temps des vieux brenns celtiques, se nommait précisément la forêt de Calyddon ; la gauche désignant celle qui devra conduire l'action invisible et assurer à la France l'alliance occulte des hauts barons anglais, appelés par Merlin, les créneaux de Londres.

Dans la figure mystique et complexe de la Pucelle, le Prophète a résumé toute la politique féminine et l'Histoire s'est chargée de lui donner raison. Voici du reste comment dans tous les temps les évènements réalisent les prophéties.

Les prophètes sont des clairvoyants qui lisent dans le passé le jeu de l'avenir, en tenant compte toutefois de l'intervention divine et du libre arbitre de l'homme. Ils savent que les peuples sont toujours gouvernés par les chefs qu'ils méritent. Jugeant d'avance l'époque qui les suivra par les mœurs de celle qu'ils traversent, ils en écrivent l'histoire avant qu'elle soit vécue. Puis, comme ils ne dépeignent le mal que pour en montrer le remède, ils tracent, à grands traits, devant leurs contemporains, l'ébauche d'une période plus éloignée, n'esquissant avec soin qu'une seule silhouette : celle de l'être d'élite qui, pour eux, doit la résumer.

Cette silhouette, rêvée par le penseur, sera voulue tôt ou tard par le Peuple. Chaque génération, en transmettant à une autre, comme une tradition sacrée, l'écho des paroles d'espérance, lui donnera naturellement le désir ardent de voir le type idéal prendre vie. De plus en plus, les hommes tendront secrètement à le réaliser. Par là même, les mœurs changeront ; la marche des idées variera dans le sens indiqué jadis par le Prophète et quand l'Élu viendra enfin comme fruit des prières, des efforts et des mérites de sa Race, il trouvera groupés, autour de lui, tous les éléments nécessaires à sa mise en œuvre et à son succès.

Voilà ce que, pour Jeanne d'Arc, on n'a pas assez montré.

En isolant l'héroïne de ses auxiliaires, on a fait de son histoire un conte légendaire et incompréhensible.

En oubliant de signaler l'existence et l'action de Claude, les historiens ont présenté Jeanne sous un jour faux : ils l'ont mise en contradiction constante avec elle-même, car les deux sœurs, douées, l'une et l'autre, de facultés admirablement conformes aux rôles différents qu'elles devaient remplir, ne fonctionnèrent jamais de la même façon.

Jeanne, au moral, était la vivante image de sa mère : simple, pieuse, réservée comme elle. Claude était tout le portrait de son père : entreprenante, ambitieuse et remuante comme lui [34].

Toutes deux étaient douées d'une rare intelligence, mais Claude ne songeait qu'à la terre, tandis que Jeanne rêvait des cieux. Cependant il y avait entre elles trop de similitude dans l'aspect pour qu'il ne fût pas facile de faire prendre l'une pour l'autre à cette époque où l'armure chevaleresque permettait si facilement de dissimuler la légère différence des traits du visage ou même la couleur et le port des cheveux.

Nous verrons le rôle joué par chacune des deux sœurs dans l'exercice de leur grande mission quand Jeanne sera la sainte et Claude la guerrière. Étudions-les d'abord dans le milieu familial où elles grandirent.

Dès l'enfance, Claude aimait à confier à Jeanne les projets belliqueux qui germaient en sa jeune tête en entendant les histoires de guerre et de carnage qui se débitaient au foyer paternel. Jeanne l'écoutait sans l'interrompre, puis elle redisait à sa sœur les faits que sa marraine, veuve de son oncle Nicolas d'Arc, lui rapportait à chacun des voyages qu'elle faisait assez fréquemment chez ses beaux-frères de Domrémy.

Champenoise d'origine, cette femme qui se nommait Jeanne, comme sa filleule, avait, pour la famille royale, un véritable culte. Aussi la voyons-nous, le dimanche 12 juin 1407, présentant à Charles VI des chapeaux ou couronnes de fleurs, ce dont il fut si réjoui qu'il lui fit remettre une somme d'argent, comme le montre ce passage du registre de comptabilité de sa Maison :

« Le Roy, pour argent donné à une femme nommée Jehanne d'Arc, qui lui a présenté chappeaux ce Dimanche, XIIe jour de juing = XVIII sols [35]. »

La Jehanne d'Arc aux chapeaux de fleurs de 1407 était digne de tenir sur les fonts baptismaux la Jeanne d'Arc qui rendit la couronne royale à Charles VII en 1429.

Le cœur de l'une forma l'âme de l'autre.

Il n'est pas sans intérêt de rappeler le don gracieux que fit la belle-sœur de Jacques d'Arc au pauvre roi fou. On comprend alors que, lorsqu'elle venait à Domrémy, elle a dû conter souvent à sa filleule la grande pitié qui était au royaume de France, lui chanter la triste ballade d'Odette avec des larmes dans la voix et lui répéter la populaire prophétie de Merlin [36], celle de Bède ou encore la suivante tout aussi célèbre alors mais, de nos jours, plus oubliée :

« Ô lys insigne, arrosé par les princes, le Semeur te plaça dans un délectable verger, au milieu de vastes campagnes. Sans cesse, fleurs et roses d'un merveilleux parfum te forment ceinture.

« Le lys est dans la stupeur, le verger dans l'effroi.

« Des animaux divers, les uns étrangers, les autres nourris dans le verger, s'unissant cornes à cornes, ont presque suffoqué le lys. Il s'étiole par sa propre rosée, on le resserre ; on lui arrache une à une ses racines, ils croient l'anéantir de leurs souffles d'aspic.

« Mais voici la vierge *originaire du lieu d'où se répandit le brutal venin* [37].

« Elle est distinguée par un petit signe rouge qui émerge derrière son oreille droite [38].

« Son parler est lent.

« Son cou est court.

« Par elle, ils seront ignominieusement bannis du verger ;

« Elle donnera au lys des courants rafraîchissants.

« Elle chassera le Serpent.

« Elle montrera où est le venin.

« Par elle, le gardien du lys, Charles, appelé fils de Charles, sera couronné à Reims d'un laurier fait d'une main non mortelle.

« Autour se soumettront des voisins turbulents ; les sources trembleront ; le peuple criera : Vive le lys ! Loin la brute (le léopard) ! Fleurisse le verger [39] !! »

La petite Jeanne buvait ces paroles.

Son cœur ingénu en était pénétré.

Elle sentait un désir ardent de remédier au triste état de la France.

Comment ?

Elle ne le savait pas.

Mais tout son être tressaillait d'enthousiasme lorsque sa marraine lui disait les populaires prophéties, annonçant la venue de la Libératrice.

Claude aussi avait une marraine qui l'initiait à l'amour du passé.

C'était la fameuse Sybil qui entendait chanter les Fées sous le grand hêtre et les avait vues parfois danser le soir au bois Chenu.

« Les fées maintenant, disait-elle, ne chantent pas, elles ne dansent plus, elles pleurent.

« Leur plainte s'élève sourde et lugubre comme le gémissement de la Gaule expirante.

« Oh ! qui donc saura les comprendre ! Qui donc ressuscitera leur merveilleux pouvoir ! »

Et elle contait à sa filleule toutes les jolies légendes d'antan.

Claude écoutait, ravie, ces récits d'un autre âge.

Elle se sentait fée, car elle se savait belle et son jeune cœur palpitait d'orgueilleuse espérance, lorsqu'en gardant le troupeau communal elle cherchait à pénétrer le sens caché des paroles de sa marraine [40].

En ces temps-là, au pays de Lorraine, des bergères, fournies par les maisons principales du village, gardaient à tour de rôle le troupeau communal.

Lorsque le tour de garde des d'Arc arrivait, Claude et Jeanne allaient ensemble aux champs [41].

Afin d'occuper leurs loisirs, les deux sœurs tressaient, comme toutes les enfants de leur âge, de gracieuses couronnes de fleurs qu'elles employaient ensuite suivant leurs goûts.

Jeanne en parait le moustier de la Vierge, Claude en décorait le Hêtre des Fées.

Tandis que Jeanne, après avoir fait pieusement son offrande, priait avec ardeur la Reine du Ciel de prendre en pitié le royaume de France, Claude se mirait gaiement dans les eaux limpides de la claire fontaine.

Souriante, elle écoutait le bruissement charmeur des feuilles vertes de l'Arbre des Dames.

L'eau lui murmurait : Tu es belle ! Le feuillage lui disait : Tu es brave !

Et le battement de son cœur répondait à l'onde et répliquait à l'arbre : « Je le sais déjà ! »

Claude alors s'éloignait contente, rêvant de guerre, de victoires, de triomphes.

Jeanne, sa prière terminée, se relevait recueillie, résignée, un peu triste, car elle apercevait, dans un pressentiment très vague, des combats obligés, des trahisons noires, des déceptions amères et l'universel abandon de tous ceux qu'elle aimait.

Les deux sœurs grandirent ainsi sans se comprendre.

Elle se froissaient souvent sans trop savoir pourquoi et cependant elles avaient l'une pour l'autre une véritable affection.

Mais Jeanne était si sérieuse !

Claude si peu réservée !

L'une et l'autre se montraient enjouées et aimables.

Mais la gaieté de Jeanne était douce et tranquille comme le paisible ruisseau, celle de Claude bruyante et saccadée comme le torrent impétueux.

Jeanne filait, cousait avec sa mère. Elle devint si habile en tous les travaux manuels qu'elle put affirmer à ses juges « *qu'elle ne cuidait point qu'il y eût bourgeoise de Rouen qui lui en sçût remontrer aucune chose* ».

Claude préférait les rudes travaux de la ferme plus en rapport avec ses goûts. Elle montait à cheval comme un écuyer et savait harnacher un coursier comme un page. Aussi était-elle l'idole de son père et de ses frères.

Jeanne avait les préférences secrètes d'Isabelle Romée. La mère se souvenait qu'au mois d'août 1412, Colette de Corbie, revenant de Flandre pour présider à l'organisation du couvent des clarisses d'Auxonne, avait béni sa Jeannette au berceau.

Colette, en cet ange, avait-elle reconnu celle qu'elle précédait pour lui ouvrir la voie ?

C'est probable, si l'on en croit la légende charmante qui nous montre la Sainte de Corbie déposant, sur le petit lit de Jeannette d'Arc, l'anneau qu'un jour Saint Jean l'Évangéliste lui avait donné comme gage de l'union mystique qu'elle contractait avec Dieu.

Sur cet anneau trois croix étaient gravées ainsi que les mots : Jhésus, Maria.

Après le départ de la sainte, Isabelle avait serré précieusement le modeste don laissé à sa fillette [42].

Plus tard, lorsque Jeanne eut quatorze ans, elle fut reçue comme tertiaire franciscaine dans la fraternité laïque de Neufchâteau. La bague de Colette de Corbie, pauvre petit anneau qu'aima tant l'héroïne et dont l'origine intrigua si fort ses juges de Rouen, lui servit alors, dit-on, de signe pour l'alliance qu'elle acceptait en vue du salut de la France, âme de l'humanité, terre promise de Jésus.

Le Moyen Âge a souvent écrit son histoire dans des légendes merveilleuses de clarté lorsqu'on sait dégager le sens caché du récit populaire que les siècles nous ont transmis.

Colette de Corbie, déposant un anneau sur le berceau de Jeanne d'Arc, nous dit clairement qu'une chaîne occulte relie le Passé et l'Avenir, la Gaule druidique et la France chrétienne.

La fille du modeste charpentier de Corbie fit plus peut-être pour les destinées de cette France que tous les capitaines du Roi.

Elle défrichait patiemment la terre humaine de toutes les mauvaises lianes des vices et des passions, comme autrefois les moines de Saint Rémy, les moines celtiques avaient défriché le sol de Gaule laissé en jachère par les conquérants.

Moines et saintes, hommes de paix, femmes pieuses font moins de bruit certes que les hommes de guerre et les courtisanes ; mais ce sont eux néanmoins qui conçoivent et fondent les sociétés durables.

On ne voit pas mieux leur travail que l'on ne suit celui de l'évolution germinative d'une graine. Leurs œuvres, cependant, vivent et témoignent de leur labeur.

Si, dans notre Histoire, Jeanne d'Arc apparaît comme une énigme indéchiffrable, c'est parce qu'on oublie les deux femmes d'élite qui lui ont fourni la vie matérielle et la vie morale : Isabelle Romée et Colette de Corbie.

On voit en Jeanne une fleur sans tige, un fruit sans arbre et il semble que l'héroïne fut soudain projetée du ciel en terre par un brusque miracle de la Providence d'en haut.

C'est une erreur.

La fleur a sa tige d'attache : la Bourgeoisie.

Le fruit est produit par un arbre sain, jeune, vigoureux : le Tiers-Ordre de Saint François.

Isabelle Romée jouissant d'une réputation de piété que sa vie confirmait admirablement, tous les dévots personnages qui passaient à Domrémy ne manquaient pas de s'arrêter au foyer de Jacques d'Arc.

Souvent, les moines mendiants, qui promenaient, de ville en ville, les châsses contenant les reliques des saints qu'on ne pouvait plus honorer dans leurs sanctuaires consacrés à cause de la conquête anglaise, firent, le soir, parmi les voisins, rassemblés chez le doyen de Domrémy, des collectes fructueuses et d'ardentes prières.

On priait pour le Roi ; on quêtait pour la France. Et l'on causait, tout bas, des espérances secrètes du Peuple en la venue de la vierge prédite autrefois par Merlin.

> « Descendit virgo dorsum sagittarii.
> Et flores virgineos obscultabit ».

psalmodiaient doucement les moines, comme s'ils récitaient quelque antienne.

Les filles de Jacques d'Arc comprenaient. Et, plus d'une fois, une flamme passa dans le regard de Claude, une larme perla sous la paupière de Jeanne, tandis qu'avec leur mère elles répondaient : « Amen » !

IV

LE JEU POLITIQUE DES FEMMES DU XVe SIÈCLE

« Comme dans les affaires il y a ce qui les prépare, ce qui détermine à les entreprendre et ce qui les fait réussir, la vraie science de l'Histoire consiste à remarquer, dans chaque temps, les secrètes dispositions qui ont préparé les grands changements et les conjectures importantes qui les ont fait arriver. »

Ce sage conseil de Bossuet n'a pas été assez suivi dans les études faites sur la vie de Jeanne d'Arc. L'épopée de la Pucelle reste incompréhensible parce qu'on montre l'héroïne délivrant seule la France dans un élan spontané et soudain, au lieu de la présenter entourée et aidée des puissants dévouements que ses précurseurs avaient su grouper en vue de sa venue. On n'a pas compris jusqu'ici la similitude profonde des aspirations, des craintes, des espérances, existant entre Jeanne et ses contemporains ; on n'a pas vu, non plus, les alliances étroites qui, rapprochant entre elles les grandes dames du XVe siècle, amenèrent l'unité de direction dans les affaires politiques, en raison de l'influence morale exercée secrètement par les femmes de la plus haute société.

Au début du XVe siècle, la France, en tant que nation, n'existait pas. On la voulait, on travaillait activement à la constituer ; mais il y avait encore autant de patries que de provinces, et bien des haines de races subsistaient, mal dissimulées par l'organisation féodale qui, faisant souvent d'un vassal l'égal et l'ennemi de son suzerain, réduisait le Roi à la simple fonction de président nominal d'une oligarchie puissante composée des grands feudataires du royaume. Les tenanciers des principaux fiefs possédaient des domaines plus vastes, des richesses plus considérables, des ressources militaires plus sûres et plus disponibles que leur suzerain commun. Chacun d'eux était donc fatalement destiné à devenir, tôt ou tard, le compétiteur du souverain.

Cependant, malgré les incessantes revendications des grands vassaux entre eux et leurs luttes continuelles avec le pouvoir royal, les différentes parties de la mosaïque, laissée sur le sol de Gaule par les conquêtes successives des peuples qui s'y étaient heurtés avant de s'y confondre, étaient unies, au XVe siècle, par des liens étroits. Ces liens, on les a brisés depuis, ce qui rend d'autant plus difficile la compréhension du jeu politique de cette époque que la langue a varié tout autant que les mœurs et que les termes dont se sont servis les hommes de ce temps-là pour en raconter l'Histoire ont totalement changé de signification.

De nos jours, on prend au figuré bien des mots qui ne s'emploient plus dans le sens littéral que leur attribuaient les Français du XVe siècle. De là provient une confusion déplorable.

Par exemple le mot *dame* avait, au Moyen Âge, une double signification qu'il est indispensable de rappeler ici pour bien comprendre le double rôle joué dans la politique par les femmes de cette époque.

Dame était un titre d'honneur et c'était un titre d'amour.

Titre d'honneur, le mot *dame* désignait une femme de haute naissance, alliée par le mariage à quelque puissant seigneur, ou maîtresse souveraine d'un domaine féodal.

Titre d'amour, le même mot indiquait une femme toute-puissante par ses charmes sur le cœur d'un chevalier.

Pour distinguer la nature des femmes dont ils racontent l'histoire, les vieux romans ou récits en langue vulgaire ajoutent toujours au mot *dame* un qualificatif : La vraie dame, la châtelaine : fille, sœur ou épouse d'un seigneur y est appelée *dame damée* (celle qui est née dame) ; tandis que les dames de cœur, les dames de beauté, les maîtresses des gentilshommes y sont nommées *dames faées* (dames fatales, ensorcelantes, enchanteresses).

Au XVe siècle il y avait entre ces deux termes, *dame damée* et *dame faée*, la même différence qui exista, plus tard, entre la dame de cour et la courtisane et qui existe, de nos jours, entre les femmes du monde et celles du demi-monde, entre les grandes dames et les petites dames.

« *Est-il donc besoin qu'on vous die*
Ce qu'était une fée en ces bienheureux temps [43] ? »

D'après un très vieux dictionnaire : « Fée était le nom honnête que le Peuple donnait à ces enchanteresses qui gouvernent à leur gré, les hommes et les choses. »

Les dames fatales, les dames *faées* n'étaient donc point, comme on le croit généralement, des êtres mystiques, éthérés, vaporeux, légendaires.

Il existait, au XVe siècle, des fées très-vivantes dont la puissance mystérieuse s'affirmait autrement que par d'enfantins miracles. L'influence de ces fées pesait même très lourdement en bien ou en mal sur la destinée des peuples, suivant qu'elles étaient les Égérie, les Circé ou les Armide des princes, des rois, des grands seigneurs.

Que de fois depuis, en notre monde, la politique sera conduite ou soudain bouleversée par une main de femme comme elle le fut au temps où l'aubépine d'Alison du May, le sureau d'Agnès Sorel, la renoncule de Mme d'Or étaient les emblèmes fleuris de celles que les Dames fatales désignaient, en leurs Loges secrètes, pour devenir reines de beauté [44] !

Ces fées, qui gouvernèrent les cours de Lorraine, de France et de Bourgogne, ont joué un rôle trop connu, dans la politique de leur temps, pour qu'il soit nécessaire de le raconter en détail. Les nommer, c'est préciser la marche de leur action.

Mais, ce que l'on sait moins, c'est que leur influence fut, à certains moments, doublée ou contrebalancée, suivant qu'elle se trouvait utile ou désastreuse, par d'autres femmes que l'on désignait aussi sous l'appellation générique de *Dames*, bien qu'on les distinguât soigneusement des autres par ce titre charmant : « les *fées Nostre Seigneur* ».

Ces fées Nostre Seigneur se nommaient entre elles les *Discrètes*, mot significatif qui montre bien le rôle social qu'elles remplissaient auprès des grands, des puissants et des riches. Elles passaient sans bruit à travers les cours, à travers les camps et à travers le monde comme des anges de paix et d'espérance. On ne les voyait point agir ; leur force n'étant pas dans la beauté fragile ou la subtilité d'un esprit brillant, mais dans la splendeur idéale de l'âme, dans l'humilité persuasive, dans l'abnégation constante et dévouée.

Le Peuple admirait et redoutait les Fées ; mais il vénérait, il adorait les Dames ; car il savait et il sentait que celles-ci, en silence, veillaient et travaillaient pour lui. L'alliance tacite des dames *damées* et de la Race territoriale remontait aux siècles lointains où la Gaule se transformait lentement, sous la brutale pression des Romains d'abord et des Barbares ensuite, afin de devenir FRANCE, c'est-à-dire *terre de Liberté*.

Une digression est nécessaire ici pour reconstituer le sens réel de l'épopée merveilleuse de Jeanne d'Arc. Dans les légendes racontées, un peu partout, à propos de la Pucelle, se trouve la vérité sur son action véritable. Cette vérité apparaît lumineuse dès que, suivant scrupuleusement les récits des témoins et de Jeanne elle-même, on remonte aux étymologies des mots employés afin de rompre la gangue des symboles et de dégager, comme un pur diamant, le caractère superbe de l'héroïne tout en lui conservant le cadre où ses contemporains l'ont placée.

Ce n'est point par hasard que la Prophétie de Merlin concorde si merveilleusement avec la réalité historique et que la Pucelle sort de Domrémy, la ville du Bois Chenu, ainsi que l'annonçait la tradition populaire.

Domrémy était, au XVe siècle, un des relais les plus en vogue de la route de Flandre en Bourgogne, non seulement en raison de sa situation topographique, mais surtout à cause du coteau au pied duquel s'abritait le village et où l'on venait, de fort loin, chercher la mandragore, cette plante consacrée par les superstitions d'un autre âge comme signe de richesse, de chance et de prospérité.

La crête verdoyante du coteau, dominant la Meuse, s'appelait le bois Chenu (*nemore canuto*). C'était, ainsi que son nom l'indique, un de ces lieux agréables, garnis de bosquets naturels où les voyageurs de toutes conditions aimaient à jouir du charme pénétrant d'un site agreste et enchanteur. Lieux de repos, lieux de prière, lieux aussi de rendez-vous politiques ou galants, ces bois chenus, ces bosquets antiques étaient disséminés sur les versants coquets des Vosges, du Jura, des Alpes, des Cévennes.

Au temps de la Gaule, ces bois blancs, ces bois de hêtres, étaient les centres de réunions des Druidesses. C'est là qu'à certaines époques les prêtresses celtiques tenaient leurs assemblées mystérieuses et vénéraient d'avance (comme les Druides le faisaient en leurs forêts de chênes) la Vierge qui devait enfanter.

Lorsque le Christianisme remplaça, par la réalité, le culte symbolique de la Vierge, les bois blancs ne tombèrent pas sous la cognée des missionnaires du Christ ; ils servirent, au contraire, de refuges aux premiers chrétiens Gaulois contre la fureur agressive des Romains. Au lieu de se crypter sous terre comme celles des Catacombes de Rome, les communautés chrétiennes de Gaule se cachèrent au fond des forêts pour célébrer en paix les saints mystères. Les dolmens servaient d'autels ; les agapes se faisaient fraternellement autour des fontaines ou des sources.

La masse des cultivateurs expropriés, cette classe sobre et laborieuse qui produit sans presque consommer, et que le fisc accablait alors d'exactions, était accourue en ces refuges ouverts à la misère par les riches Gauloises. Ces femmes d'élite, qui avaient été prêtresses du culte de l'Espérance, devenaient ainsi diaconesses de la religion de la Charité.

Ne pouvant plus recouvrer l'impôt sur des populations enfuies, les décurions Romains disparurent des villes et, pour ne pas mourir de faim, se mirent à cultiver les terres. À peine les eurent-ils ensemencées que de nouveaux décurions vinrent, au nom de Rome, dépouiller, du produit de leurs peines, ces nouveaux travailleurs. Ceux-ci suivirent l'exemple de leurs devanciers ; ils s'enfuirent aux bois et embrassèrent la religion du Christ. Enfin, devenus puissants par leur nombre et exaspérés des persécutions incessantes des riches païens dont les villas couvraient des provinces entières, les chrétiens de Gaule prirent le parti de redresser la tête et d'attaquer leurs puissants oppresseurs. Alors des bois chenus et des forêts druidiques sortirent les Bagaudes [45], troupes hardies de chrétiens rebelles et décidés à vaincre ou à mourir.

Les Bagaudes prirent pour signe de ralliement le mot qui résume toute la religion antique de la Gaule : *Spes*, l'Espérance. Puis, laissant la patience et la résignation aux timides et aux faibles, les Gaulois du Christ brisèrent le crâne de leurs persécuteurs avec les chaînes dont on chargeait leurs bras.

Cette lutte dura jusqu'au moment où Constantin accepta enfin de la Gaule le *labarum* pour l'arborer sur la Rome des Césars. *In hoc signo vinces* ! La Croix, devenant le signe du triomphe, la Gaule chrétienne respira ; mais bientôt les hordes barbares désolèrent les terres à peine cultivées ; les laboureurs durent reprendre la route des bois chenus, ces vieux bosquets blancs où les vierges chrétiennes priaient, bénissant le Très-Haut de la gloire du Christ aux endroits même où leurs devancières, les Druidesses gauloises, avaient soupiré après la venue de sa mère.

Comme autrefois, les laboureurs celtiques demandaient refuge et consolation. Mais que faire contre les nouveaux ennemis ? Les vierges chrétiennes étaient pauvres ; elles ne pouvaient nourrir les malheureux dépossédés ! Les exhorter au combat, au courage, c'était les envoyer certainement à la mort et la Femme voulait la voir vivre, cette race qui était sienne !

Fugitive, la masse des travailleurs était également perdue. Les barbares, forts et brutaux, l'auraient anéantie dans une terrible chasse à l'homme, devenue pour eux plaisir et passe-temps.

Pour les cultivateurs Gaulois, combattre ou fuir, c'était la mort.

Que faire ? Dans leurs bois blancs, les femmes d'élite, les *Dames*, tinrent conseil et, d'un commun accord, elles résolurent de dompter les barbares, de courber les forts sous le joug de la grâce, de reprendre, en un mot, le rôle des Druidesses en charmant l'Ennemi ainsi qu'on charme le Serpent. Dès lors, résolues à agir elles-mêmes, elles engagèrent les laboureurs à retourner en leurs chaumières, leur promettant de briser, un jour, de leurs fines mains, les chaînes dont on rivait les serfs à la terre.

Paysans, laboureurs, villageois, artisans, eurent foi dans la puissance souveraine de celles dont les aïeules commandaient aux vents et aux tempêtes et savaient calmer, chez l'homme, la souffrance morale et la douleur physique.

Serfs, les descendants des brenns se courbèrent à la glèbe, heureux de voir passer près d'eux, comme silhouette aimée de la Druidesse antique, la *Dame* du Seigneur qui travaillait pour eux.

Du bois Chenu, le serf, sous le chaume de famille, parlait tout bas, le soir, à la veillée. Au bois Chenu, les Dames, à jours fixes, s'assemblaient, à l'insu des puissants, afin de préparer secrètement la ruine de leur maîtrise despotique sur elles-mêmes et sur leurs vassaux. Les bois Chenus, les vieux bosquets des blanches druidesses, devinrent, au Moyen Âge, les centres de conspiration contre la barbarie militaire du monde féodal, comme ils l'avaient été jadis contre la tyrannie fiscale du monde romain.

Au XVe siècle, le Bois Chenu, qui dominait la Meuse et abritait Domrémy sous son ombre, était particulièrement célèbre. C'était le lieu de rendez-vous des grandes Dames qui méditaient de faire la France afin que cette terre libre devînt le royaume terrestre du Christ comme la Gaule avait été celui de la Vierge, Mère de Dieu.

Le rôle si important rempli par ces Dames dans la transformation de leur siècle, l'Histoire ne le montre guère et cependant, ainsi que le dit finement une vieille chronique : « Philippe de Bourgogne fut alors fort bien joué par les Dames cachées derrière les tapisseries et qui, étant d'un parti opposé au sien, surent manœuvrer, avec beaucoup d'art, les secrets rouages des affaires et obliger la Fortune à se déclarer contre les meilleurs alliés de Monseigneur, afin de le détacher des fatales alliances qu'il avait contractées [46]. »

Ces dames, quelles étaient-elles ? Pour le savoir, il nous faut pénétrer un instant dans la famille même du duc de Bourgogne et nous souvenir que Philippe le Bon avait des sœurs mariées aux plus grands personnages de l'époque. Ces sœurs avaient été élevées fort soigneusement par deux femmes d'élite : Marguerite de Hainaut, épouse de Jean sans Peur, leur mère, et Colette de Corbie, l'amie intime, l'amie d'enfance de la sainte et patriote duchesse dont on n'a pas assez étudié le caractère et les actions, ce qui jette un voile impénétrable sur les évènements principaux de cette période encore si mal connue.

Un double mariage avait réuni, par des liens d'amitié fort étroits, les seigneurs de la Bourgogne et du Hainaut dont les intérêts en Flandre étaient parfois contraires : Marguerite de Bourgogne, sœur de Jean sans Peur, avait épousé le comte de Hainaut, tandis que Marguerite de Hainaut, sœur de ce dernier, épousait Jean de Bourgogne.

L'épouse de Jean sans Peur a joué un rôle si important, dans la période préparatoire de la mission de Jeanne d'Arc, qu'il est indispensable de l'exposer succinctement ici pour expliquer l'action des auxiliaires de la Pucelle, de ces auxiliaires dévoués et inconnus que l'héroïne appelait son *conseil*, ses voix, mots que l'on a, trop souvent, pris dans un sens exclusivement mystique et auxquels, ainsi que nous le verrons, elle attachait une signification matérielle et précise que ses contemporains comprenaient mieux que nous.

Dès 1406, Marguerite, sœur du comte de Hainaut (celle que j'appellerai toujours désormais la duchesse Marguerite ou la bonne duchesse pour la distinguer de sa belle-sœur, la comtesse de Hainaut, qui se nommait également Marguerite) avait envoyé à Nice son amie Colette, la fille de l'humble charpentier de Corbie, afin de conférer avec le Pape Benoît XIII au sujet de la marche à suivre pour travailler utilement à l'extinction du schisme, à la pacification de l'Église et à la constitution définitive de la France, comme futur royaume temporel du Christ. Le Pontife, nous l'avons expliqué, avait consacré solennellement Colette comme Mère-Abbesse et réformatrice de toutes les clarisses françaises ; c'était faciliter à l'intelligente et sainte fille le moyen de voyager constamment, sans que nul soupçonnât le but de ses pérégrinations fréquentes. Son titre, son caractère lui permettaient d'être l'intermédiaire de toutes les grandes dames de son temps, sans éveiller la méfiance des puissants seigneurs, qu'il fallait détourner des tentations subtiles dont les entouraient les ennemis de l'Église et qu'on devait, pour réussir, détacher doucement de la coalition diabolique où les pouvoirs occultes, hostiles au règne du Christ, avaient su les enrôler.

Naturellement, Colette de Corbie avait été mise en rapport, par sa protectrice la duchesse Marguerite, avec sa belle-sœur la comtesse de Hainaut. Celle-ci était la fille du frère de Charles V, Philippe le Hardi, et de Marguerite de Flandre, fille du comte

Louis le Mâle et veuve du dernier duc de Bourgogne Philippe de Rouvre.

Par sa naissance, Marguerite de Flandre avait été destinée à jouer un très grand rôle dans son époque. Ce rôle, elle l'avait rempli avec une énergie et une ténacité peu communes.

Nous avons dit que les Templiers, après le coup de foudre de 1307, établirent le centre de leurs opérations secrètes à Bruges et à Gand. Bruges, ville de haut commerce, sorte de cité aristocratique de l'Industrie, et Gand, ville démocratique, constamment en insurrection contre la puissance féodale des seigneurs. Ce double établissement des anciens chevaliers du Temple n'avait point été le fait du hasard. Les Templiers s'assuraient ainsi un double jeu politique qui les masquait mieux et leur assurait plus de chances de succès.

« Diviser pour régner, telle fut, en tous les âges, la maxime favorite des méchants, ces suppôts de Satan, le Diviseur néfaste qui fut homicide dès le commencement. La France et l'Angleterre, pendant le cours de la guerre de Cent ans, furent victimes de l'application stricte de cette sentence diabolique et Marguerite de Flandre fut chargée spécialement de régner sur ce que les pouvoirs, qui la commanditaient, avaient réussi déjà à diviser. Ce fut ainsi qu'elle devint maîtresse souveraine de la Cour de France, pendant la régence occasionnée par la folie de Charles VI ; elle fut spécialement chargée de veiller et de surveiller la reine Isabeau de Bavière et l'on peut trouver, dans l'influence de la hautaine et acariâtre Marguerite sur la nature frivole et voluptueuse de l'épouse de Charles VI, l'explication de bien des actes politiques accomplis par cette dernière sous l'empire de la terreur profonde, jetée dans son âme molle et faible, par les paroles dures, cruelles et insidieuses de la grande Duchesse qui fut l'émissaire soldée des Templiers.

Philippe le Hardi n'était que le commandité du Temple. Son épouse, en déposant sur son tombeau, sa ceinture et ses clés pour témoigner publiquement qu'elle renonçait à payer les dettes de l'homme le plus riche de son époque, montre combien était stricte la servitude occulte où l'impérieuse femme était engagée. Cet acte, qu'une malheureuse mère de famille ne se résignait point à faire sans éprouver de sa misère la plus cruelle honte, ne nuisit en rien à l'établissement des enfants de la Duchesse.

La mère avait reconnu solennellement que ses richesses n'étaient qu'un dépôt confié à la cour de Bourgogne, c'était suffisant ! Jean sans Peur hérita de la commandite et des obligations de son père Philippe le Hardi. Le sut-il ? Nul ne le pourrait dire ; mais il est certain qu'il tenta maintes fois d'échapper au pouvoir occulte qui comptait faire de lui un instrument docile et qui se vengea de ses défaillances en le faisant tuer sur le pont de Montereau.

Il n'est pas difficile de comprendre que l'influence bienfaisante de sa femme contribua beaucoup à entraîner Jean dans une politique de paix qui eût été si utile à la France si elle n'était devenue fatale au père de Philippe le Bon.

Évidemment Jean sans Peur avait conscience de rompre un pacte en se rapprochant du Dauphin lorsque, en 1419, il répondait, après une longue hésitation, aux conseillers de Bourgogne, qui le suppliaient de ne point aller au rendez-vous qu'il avait accepté sur le pont de Montereau : « C'est mon devoir d'aventurer ma personne pour parvenir à un aussi grand bien que la paix. Quoi qu'il arrive, s'ils me tuent, je mourrai martyr. Si je reviens, je prendrai les gens de Monseigneur le Dauphin pour aller combattre les Anglais. Pour lors, on verra qui vaudra le mieux d'Hannotin de Flandre ou d'Henry de Lancastre ! »

Le duc Jean ne se dissimulait point le péril, et, en se donnant à lui-même le nom que ses sujets de Flandre avaient coutume de lui appliquer familièrement, il semble indiquer que le danger à craindre venait bien plus de la rupture de quelque secrète convention flamande que de l'hostilité personnelle des capitaines du Dauphin.

La duchesse Marguerite ne se trompa point du reste sur les causes réelles de l'assassinat de son mari. Aussi, pour le venger, travailla-t-elle à faire la France, et à créer, en ses filles, des auxiliaires précieux pour Jeanne d'Arc, Vierge promise comme libératrice souveraine du domaine temporel du Christ dont Charles VII n'était que le vicaire et le bon sergent.

L'héritier des Valois tenait son royaume *en commende* de Messire le *Roy du Ciel*, chef mystérieux du parti opposé aux Lancastre des Templiers.

Le *Roy du Ciel* ! REX CŒLI !

Ce titre n'est pas, comme on le croit généralement, un synonyme de Dieu, mais bien le pseudonyme du pouvoir occulte qui agissait pour la Divinité.

« Les saintes Écritures offrent des exemples semblables et le *mandataire* peut attribuer au *mandant* ce qu'il accomplit par son ordre et en vertu de la puissance qu'il en reçoit. »

Cette phrase significative de Monseigneur Ricard dans son livre récent, *Jeanne d'Arc Vénérable*, nous semble confirmer trop admirablement l'opinion des contemporains de la Pucelle sur la source réelle de sa mission pour que nous n'y insistions pas ici, en montrant ce qu'il faut penser de ce personnage mystérieux qui, sous le nom de *Roi du Ciel*, possédait la France en toute propriété et la confiait en *commende* à Charles de Valois, simple usufruitier.

Dans ses Mémoires, terminés en 1463, le pape Pie II, trop éclairé et trop près des évènements pour voir simplement en Jeanne l'instrument passif de Dieu ou des hommes, parle d'elle avec une haute admiration, admettant *en son fait, la combinaison d'un grand génie chez la jeune fille et d'un très savant stratagème des profonds politiques du temps* [47]. Cette appréciation précieuse de l'habile et sage pontife concorde, du reste, avec le texte de la requête présentée par Guillaume Prévosteau, procureur de la famille d'Arc, aux juges ecclésiastiques, nommés en 1455, pour réviser le procès de Rouen.

« On fait un crime à Jeanne, dit-il, d'avoir faussement raconté l'histoire d'un ange portant au Roi un signe précieux. Mais cette allégorie du signe est justifiée par l'exemple de Moïse usant de fiction avec Pharaon. Si mentir est illicite, cacher la vérité est licite. En temps et lieu, on peut dissimuler les choses *à l'aide d'une invention heureuse ou d'expressions détournées*. Si l'ange dont Jeanne parlait, c'était elle-même, elle pouvait bien se désigner ainsi puisque qui dit *ange* dit *messager* de Dieu et qu'elle était vraiment la messagère de Dieu, apportant au Roi la couronne et les palmes de la victoire. Dans son langage, il n'y eut donc que prudence et non mensonge. Si elle désigne cet ange comme étant saint Michel, c'est qu'elle agissait par ses ordres et qu'ON EST CENSÉ FAIRE SOI-MÊME CE QUE L'ON FAIT FAIRE PAR AUTRUI. »

Cette dernière phrase de l'avocat de la famille d'Arc indique bien le jeu diplomatique de Jeanne d'Arc dans la politique de son temps. Si, licitement, l'héroïne a pu se faire passer pour saint Michel parce qu'elle agissait sur son ordre, le pouvoir occulte qui, d'après des signes certains, l'avait choisie comme *porte-étendard* avait religieusement le droit incontestable de se dissimuler sous le pseudonyme de *Roy du Ciel*, puisqu'il était le mandataire de Dieu dans la défense de la France pour le salut de toute la Chrétienté.

Mais, dira-t-on, quel était donc le représentant vivant de ce pouvoir secret ? En quel endroit siégeait ce mystérieux *Roi du Ciel* ?

Il est bien difficile de le dire d'une façon certaine et précise. Cependant l'histoire apostolique de la Gaule raconte qu'au premier siècle de l'ère chrétienne, Saint Martial, ayant été envoyé par saint Pierre pour annoncer l'Évangile dans toute l'Aquitaine, laissa, chez les Gabales, saint Sévérien, son compagnon, pour y fonder dans la ville de Mende, non seulement une Église, mais le premier pouvoir temporel qu'aient possédé les évêques chrétiens.

En effet, Saint Sévérien, ayant converti à la foi du Christ le prince qui régnait alors sur cette contrée, accepta du royal néophyte, qui n'avait point d'héritier, la donation, *en toute souveraineté*, de ses domaines fonciers. Les successeurs de Sévérien ont tous joui de cette puissance temporelle jusqu'en 1790.

Bien que les injures du temps, les dévastations des guerres civiles et l'aveugle fureur des hérétiques aient détruit des documents aussi nombreux qu'importants sur les antiquités de l'Église de Mende, il reste néanmoins des manuscrits d'un caractère assez authentique pour prouver que Sévérien, fidèle auxiliaire de Saint Martial, fut réellement investi, comme évêque, d'une puissance temporelle égale à celle d'un souverain.

En 1404, un quart de siècle avant la mise en œuvre de Jeanne d'Arc, l'évêque Robert, obligé de défendre ses droits contre certains empiétements du grand bailli du Velay, s'appuya sur la donation faite à Saint Sévérien par un roi du pays.

Il allégua aussi que la *Bulle d'Or*, ou acte passé entre Louis VII, roi de France, et Adalbert le Vénérable, dit : « qu'on n'avait aucune souvenance qu'un évêque du Gévaudan fût venu à la Cour ; que ce pays montagneux et d'un accès difficile a toujours été sous la puissance de ses évêques non seulement quant au for intérieur, mais encore quant au for extérieur et qu'ils ont possédé le pouvoir de se servir du glaive pour punir ceux que leurs fautes rendaient dignes de ce châtiment [48] ». Plus tard, dans sa requête au roi Louis XI, le cardinal Clément de la Rovère affirme le même fait et obtient gain de cause, et, jusqu'en 1790, les évêques de Mende restent souverains en leur diocèse comme l'est, de nos jours, en le sien, l'évêque d'Urgel.

Nous n'avons pas certes la prétention de dire que l'évêque de Mende fût le *Roi du Ciel*.

Mais quand on se rappelle ce que disent Jules César et Dion de Pruse pour établir qu'entre les Druides celtiques il y en avait un que tous reconnaissaient pour leur supérieur et, sans l'assentiment duquel les princes n'osaient résoudre aucune affaire sérieuse, de façon que ce sacerdote tout-puissant était le seul Roi véritable, les rois, assis sur des trônes d'or et habitant de splendides palais, n'étant, en réalité, que les exécuteurs visibles de ses intentions, on se demande si, en se convertissant au Christianisme, le clergé gaulois n'a pas secrètement maintenu politiquement sa suprématie vis-à-vis des grands de ce monde, tout en se soumettant au Pape comme chef indiscuté de la hiérarchie épiscopale ?

On s'expliquerait alors pourquoi le pouvoir temporel des évêques du Gévaudan fut créé, même avant le pouvoir temporel des papes, et soigneusement maintenu, à travers les siècles, jusqu'en 1790.

Dans ce Pays Montagneux et presque inaccessible avant l'ère chrétienne et qui fournissait presque tous les Druides aux autres peuples celtes, le mystérieux *Roi du Ciel*, mandataire, pour la France, de la Divinité, pouvait facilement trouver un ermitage impénétrable, invisible et inconnu.

L'envoi d'un pâtre du Gévaudan chargé d'annoncer au Roi de France que *si les Anglais maltraitaient Jeanne d'Arc tant plus il leur en mescherrait* semble un argument en faveur de la thèse que nous exposons brièvement ici, ne pouvant qu'indiquer nos présomptions à cet égard dans l'espoir de signaler aux chercheurs érudits une piste nouvelle où se trouvera peut-être, enfin, un jour, la vérité.

Quoi qu'il en soit, il est certain qu'il s'agissait en 1429, ainsi que le dit encore Guillaume Prévosteau, en son intéressante requête, de QUESTIONS MYSTÉRIEUSES dont le jugement appartient à Dieu. « Jeanne, *étant menée* ou SE CROYANT *menée* par l'Esprit divin, devait se juger exemptée de la loi commune. Ce qui se fait par l'inspiration de Dieu échappe à la loi, car cette inspiration même est une loi au-dessus de toute loi. Que cette inspiration fût réelle, *l'évènement l'a prouvé.* » La fin justifie les moyens. Le succès de Jeanne d'Arc excuse amplement et glorifie même la ruse diplomatique employée par elle pour défendre l'Église et sauver la Patrie.

Jeanne, en les circonstances importantes de sa vie, n'agissait jamais seule ; elle le dit formellement. Toujours saint Michel, qui *lui parlait le langage des Anges*, c'est-à-dire la langue des ambassadeurs, l'aidait de ses conseils. Ou bien c'étaient les Saintes qui, dans l'idiome gallo-franc (*idioma gallica*), familier alors aux habitants des provinces du Nord, de l'Est et du centre du Royaume, l'avertissaient de ce qu'elle devait faire.

Ces Saintes étaient-elles purement immatérielles ?

Non ; Jeanne, en son procès, déclare les avoir touchées, avoir vu leurs visages, sans consentir toutefois à les décrire, craignant probablement de désigner à la vindicte des Anglais et de ses juges les conseillères dévouées qui, même en sa prison, ne l'abandonnaient pas.

Les inspirations de Jeanne étaient célestes, mais les apparitions, on le voit par les témoignages si sincères et si hardis de l'héroïne « *estaient*, ainsi que l'affirma Maistre Jehan Beaupère, en sa déposition pour le procès de réhabilitation en 1455, *plus de cause naturelle et intencion humaine que de cause sur nature* ».

Elles venaient de Dieu sans doute parce qu'elles étaient animées et impulsées par l'esprit divin, mais elles avaient forme et vie humaine. Comme le dit le Bourgeois de Paris, Jeanne donnait toujours à entendre qu'*elles lui parlaient corporellement et bouche à bouche, comme un amy à un autre*.

Jeanne ne mentait jamais ; aussi, en désignant ses conseillères par le qualificatif de Saintes, n'avait-elle point pour but de déguiser la vérité. C'est une habitude très fréquente dans les Ordres et Tiers-Ordres religieux de donner aux différents membres qui les composent, au lieu de leur nom civil et patronymique, le nom qu'ils ont accepté au moment de leur profession. Et alors au lieu de dire : sœur Marguerite, sœur Agnès, sœur Catherine, on dit fort bien : Sainte-Marguerite, Sainte-Agnès, Sainte-Catherine, comme au lieu de dire : Frère Michel, frère Gabriel, on dit également Saint-Michel, Saint-Gabriel, etc.

À notre avis, Jeanne d'Arc s'est servie de ces expressions, très usitées alors dans les fraternités franciscaines, pour désigner des personnalités vivantes.

Elle a rusé ainsi fort habilement avec les clercs indiscrets et ennemis qui la torturaient pour savoir ou deviner la vérité. Et c'est justement parce qu'elle leur parla très franchement la langue des tertiaires que les uns ne la comprirent pas et que les autres feignirent de ne la pas entendre.

Ceux qui n'étaient point initiés aux secrets des fraternités nièrent avec rage les véritables inspirations de Jeanne, ses vraies intuitions surnaturelles et, ne pouvant admettre ses apparitions comme réelles, la déclarèrent elle-même hérétique et sorcière.

Ceux, au contraire, qui savaient et comprenaient, la regardèrent comme une sainte, l'encouragèrent, la consolèrent ; mais, se sentant impuissants à la sauver, affectèrent de prendre ses paroles dans un sens absolument littéral afin de ne pas trahir la nature de la conspiration dont Jeanne avait été l'âme et restait la martyre.

Cette digression un peu longue était utile pour faire apprécier justement le rôle joué, en la période préparatoire de la grande mission de Jeanne, par Marguerite de Bourgogne. Le lecteur, nous l'espérons, nous la pardonnera en considération du jour très nouveau qu'elle jette sur l'époque que nous étudions.

Reprenons donc maintenant le fil de notre récit à l'endroit même où nous l'avons brisé, c'est-à-dire à la vengeance que la duchesse Marguerite se résolut à tirer du crime de Montereau. La veuve de Jean sans Peur ne pouvait guère compter sur son fils Philippe pour punir les vrais meurtriers de son père.

L'unique héritier du duché de Bourgogne avait échappé dès l'enfance à l'influence de sa mère.

Pour obéir aux ordres formels du pouvoir occulte qui commanditait sa famille, le duc Jean avait dû confier le soin de l'éducation de son successeur à des précepteurs flamands et envoyer en Flandre, pour y être élevé, au gré de ses sujets futurs, le jeune comte de Charolais.

Aussi toute la sollicitude prévoyante de la bonne duchesse s'était-elle concentrée sur ses filles et sur sa nièce, fille de son frère le comte de Hainaut. Colette de Corbie l'avait secondée de son mieux dans cette tâche à la fois maternelle et patriotique. La France doit à ces deux femmes sa vie nationale, comme l'Église chrétienne leur doit son salut.

La fille aînée de Jean sans Peur et de la duchesse Marguerite épousa, très jeune, le Dauphin Louis, fils de Charles VI, et duc d'Aquitaine. Mais ce prince, qui gênait les francs-maçons du temps, mourut empoisonné, ainsi que le déclare le duc de Bourgogne, dans une lettre adressée aux bonnes villes, en 1417, disant : « Lorsque Monseigneur d'Aquitaine commença à connaître la malice des rapineurs et dissipeurs qui pillaient le Royaume, faisant emprisonner les sages prud'hommes qui s'opposaient aux dilapidations des biens du Peuple, et qu'il voulut obvier à tous ces maux selon sa raison, les conspirateurs le firent mourir par poison comme il le parut par le genre de sa mort et cela pour augmenter leur autorité. »

Devenue veuve, Mme de Guyenne, encore toute jeune, épousa le connétable de Richemont, frère du duc de Bretagne, et nous verrons le rôle considérable que cette nouvelle Marguerite joua, après la mort de sa mère, au profit de la France, dans la politique de son temps.

Sa cousine, Jacqueline de Hainaut, devenue sa belle-sœur par son mariage avec le second fils de Charles VI, Jean, duc de Ponthieu, opérera, après la mort de son jeune époux, une diversion hardie qui sauvera la France.

Elle bouleversera en effet tous les plans de la politique secrète de l'Angleterre par son mariage avec le duc de Gloucester, frère du duc de Bedford et oncle d'Henry VI. Nous aurons l'occasion de revenir sur cette très audacieuse manœuvre de la jeune femme qui réussit à détourner l'attention du duc de Bourgogne des affaires de Charles VII pour le jeter en une guerre périlleuse qui eut pour fruit l'irréconciliable division des factions flamandes et, par conséquent, l'affaiblissement de la coalition si savamment combinée par les Templiers de l'Angleterre et ceux du continent contre notre Patrie.

Jacqueline ne pouvait pardonner aux Anglais de l'avoir empêchée de devenir reine de France, ce qui souriait si bien à son ambition d'enfant gâtée. Elle ne pouvait oublier la mort tragique de ce Dauphin, avec lequel elle avait été élevée par sa mère et en compagnie duquel elle avait si souvent voyagé sous l'escorte du comte, son père.

Écoutons encore le duc de Bourgogne raconter ce dramatique évènement et nous comprendrons l'amertume qui remplit alors le cœur de la jeune veuve, à peine âgée de seize ans.

« Pour les grandes besognes du Royaume, dit Jean sans Peur en sa lettre aux bonnes villes, mon dit neveu et mon frère le comte de Hainaut, s'étant transportés à Compiègne, les rapineurs qui avaient causé la mort de Monseigneur le Dauphin Louis attirèrent notre frère à Paris. Il procédait de bonne foi à la conclusion de la paix et ne croyait pas que, cherchant un si grand bien, aucun voulût attenter à sa personne. Laquelle chose eût pourtant été faite, comme il est notoire, s'il ne fût parti de Paris hâtivement et ne fût venu à Compiègne en un même jour, quoi qu'il y eût vingt lieues. Ce ne fut pas tout car, ce jour même, au soir, notre seigneur et neveu tomba si grièvement malade que tantôt après il trépassa, les lèvres, la langue et les joues tout enflées, les yeux sortant de la tête, ce qui était grande pitié à voir, d'autant que cette forme et manière de mourir est celle des gens qui sont empoisonnés. Laquelle chose nous racontons avec douleur, tenant pour assuré que tous les bons prud'hommes du Royaume prendront grand déplaisir à entendre réciter les morts des deux fils aînés de Monseigneur le Roi. »

Quelle impression profonde une catastrophe si terrible ne dut-elle pas produire sur l'esprit de la jeune Jacqueline, déjà initiée par sa mère aux secrets mystères de la politique à laquelle elle devait être si profondément mêlée.

Sous l'influence de sa belle-sœur et de Sainte Colette, la comtesse de Hainaut avait répudié les quelques préjugés qu'elle avait contractés par suite des exemples de sa mère, cette Marguerite de Flandre dont elle avait appris maintenant à comprendre et à déplorer l'action néfaste sur la politique de son temps.

L'épouse de Philippe le Hardi avait mené trop virilement la tâche occulte qu'elle avait acceptée pour s'occuper beaucoup de ses filles ; elle avait concentré toute son attention sur ses fils et ainsi la comtesse de Hainaut et sa sœur, la duchesse de Savoie, avaient, en partie, échappé aux idées subversives dont Marguerite de Flandre s'était faite champion. Aussi, ayant passé l'une et l'autre une jeunesse un peu triste, furent-elles très disposées à travailler à la pacification de l'Église et de la France.

La comtesse de Hainaut agit fort activement dans cette lutte en secondant sa fille Jacqueline dans la diversion très habile et très hardie qui sauva la France et ouvrit à Jeanne d'Arc les voies du succès.

La duchesse de Savoie joua un rôle plus passif, mais non moins utile, en maintenant son mari comme médiateur pacifique entre les cours de France et de Bourgogne.

Colette de Corbie voyait les deux duchesses à tous ses voyages. Dès 1410, elle avait établi son quartier général d'observation et de stratégie à Besançon. De là, elle rayonnait tantôt au nord pour causer avec Mme de Hainaut, tantôt au sud pour rejoindre la duchesse Marie de Bourbon, fille de Jean de Berry, frère de Charles V, et épouse du neveu de la femme de ce roi.

Colette négociait en Bourbonnais bien des alliances et, en 1425, elle réussit à faire épouser au jeune comte de Clermont, héritier présomptif du duc de Bourbon, Agnès de Bourgogne, la fille la plus jeune de son amie la duchesse Marguerite qu'elle avait eu la douleur de perdre l'année précédente (1424).

Une sœur d'Agnès avait épousé le duc de Clèves, une autre était la femme d'Olivier de Blois ; enfin Anne de Bourgogne, en se mariant au duc de Bedford, servit admirablement la conspiration féminine qui avait pour buts la constitution nationale de la France et la plus grande gloire de Dieu.

Toutes ces alliances, sur lesquelles on n'a point suffisamment insisté pour en montrer l'importance, furent si utiles à Jeanne d'Arc que l'on ne peut comprendre l'action de la Pucelle si l'on ignore le lieu secret de rendez-vous de toutes ces grandes dames ou des femmes de confiance, chargées de les représenter aux réunions et de leur transmettre les décisions spéciales de l'assemblée. Ce lieu était, au bois Chenu de Lorraine, le mystérieux ermitage de la bienheureuse Marie de Bermont. C'est là que Colette de Corbie, à tous ses voyages de Flandre en Bourgogne, s'arrêtait pour prier et aussi pour instruire ses chères filles du Tiers-Ordre, accourues en pèlerinage dans le sanctuaire vénéré, situé à une demi-lieue de Greux, à mi-côte entre le plateau de Beaumont ou Belmont, sur la Meuse, au-dessus de la route de Domrémy à Neufchâteau.

Ce sanctuaire, cet ermitage était un centre de prière, connu dans toute la contrée [49]. Là, au pied du moustier de la Vierge, chaque samedi, les femmes venaient prier ; elles faisaient brûler des cierges et méditaient sur la délivrance du Royaume, se contant réciproquement les nouvelles apprises çà et là.

« J'ai été témoin, dit Jean Morel, parrain de Jeanne d'Arc, en sa déposition pour le procès de réhabilitation, j'ai été témoin que

Jeannette allait volontiers et souvent à la chapelle, dite de l'Ermitage de la bienheureuse Marie de Bermont, près de Domrémy. Tandis que ses parents la croyaient aux champs, à la charrue ou ailleurs, elle était là. Je puis l'attester pour l'avoir vu. »

Qu'allait donc faire si fréquemment l'héroïne enfant en cet ermitage ? Prier ! elle le pouvait aisément en l'église contiguë à la maison paternelle. Pourquoi donc s'éloignait-elle ainsi ? Sans doute parce que les voix se faisaient mieux comprendre en ce sanctuaire isolé et probablement aussi parce qu'il y avait, en l'ermitage, des instituteurs mystérieux qui enseignaient à Jeanne les notions qu'elle devait connaître pour accomplir sa mission.

Dans cet ermitage, Isabelle Romée se rendait aussi pour apprendre la créance qu'elle transmit avec tant de zèle à sa plus jeune fille et qui mit celle-ci à même, avec le secours de Dieu, de tenir tête aux clercs les plus retors, les plus malveillants, les plus méticuleux.

L'instruction religieuse des femmes n'était point alors aussi négligée que de nos jours. « Dans une société où la foi au surnaturel régnait partout, il est à peine besoin de rappeler que la Religion tenait la première place dans l'éducation des enfants. Ceux-ci étaient, sans cesse, entre la mère et le prêtre. La mère reprenait l'instruction donnée par le ministre du Seigneur, adoucissant, tempérant l'enseignement sans l'amollir, atténuant son austérité sans rien ôter à sa substance.

« Le Christianisme, dans le Moyen Âge et surtout au XVe siècle, fit des mères d'une moralité supérieure ; c'est une vérité qu'il faut proclamer et qui résiste à tout esprit de système. De ces mères sont sortis des fils et des femmes d'élite. Quelles femmes que Jeanne de Laval, Yolande d'Aragon, Marguerite de Bourgogne, Marguerite de Lorraine (et Isabelle Romée) ! Il n'y a pas de plus nobles caractères dans la vie d'aucun peuple et les mères jettent, par elles-mêmes et par leurs enfants, sur l'histoire de leur temps un reflet de grandeur morale qui console des tristes spectacles que l'on y rencontre trop souvent [50] ! »

Si, comme le dit l'apôtre saint Paul, « beaucoup de femmes seront sauvées par les enfants qu'elles auront eus », beaucoup aussi le seront grâce aux œuvres qu'elles auront accomplies. C'est pour cela que, parmi les noms maternels que nous venons de citer, il convient de placer celui de Colette de Corbie, celui de Mme de Guyenne et celui de Jeanne d'Arc, l'une ayant conçu le plan de l'œuvre à laquelle l'autre ouvrit les voies et que la troisième exécuta : cette grande œuvre, c'était celle de la régénération nationale.

Lorsque la sainte Pucelle eût subi l'épreuve glorifiante du martyre, Mme de Guyenne et Colette continuèrent la superbe tâche commencée par la fille d'Isabelle Romée. La religieuse et la grande dame durent lutter encore ici-bas contre les influences malfaisantes qui avaient conduit l'héroïne traîtreusement de Reims à Rouen au lieu de l'aider à accomplir, après le sacre du Roi, la mission universelle dont elle avait été chargée concurremment avec sa sœur. Cette mission, nous l'expliquerons après avoir signalé les inspiratrices de Claude, comme nous venons de montrer les auxiliaires de Jeanne conspirant en secret pour l'Église et la France dans l'ermitage de Bermont.

V

L'ARBRE DES FÉES

Le bois Chenu de la Lorraine n'était pas seulement, au XVe siècle, le lieu de réunion des *Discrètes* et des dames *damées* ; ce bois mystérieux, planté sur la crête d'un coteau, sillonné de sentiers conduisant à de claires fontaines, dont les eaux guérissaient la fièvre, possédait aussi l'arbre dit de la *Loge-les-Dames* (lobias Dominarum), ce grand *Fau*, beau comme les lys, dont, à chaque printemps, les jeunes filles ornaient les rameaux de couronnes et de guirlandes tressées avec les premières fleurs sauvages.

De temps immémorial, les Dames fatales, les Fées hantaient le grand *Fagus*, le hêtre séculaire au pied duquel elles accomplissaient leurs mystères et leurs initiations.

Dans les siècles lointains de la Gaule druidique les dames *faées* du temps, les prêtresses saliennes [51], décrivaient déjà, comme le font encore aujourd'hui en Orient les *dévadasis* de l'Inde, les cercles magiques de leurs danses sous les hêtres des bois Chenus plantés sur les versants des Vosges et des Cévennes.

Lorsque le Christianisme eût apporté à la Femme d'Occident la consolante et purifiante lumière de l'Évangile, les Druidesses celtiques acceptèrent avec enthousiasme la doctrine nouvelle et devinrent, comme nous l'avons dit dans le chapitre précédent, les diaconesses zélées de la première Église gauloise.

Mais il n'en fut point de même des prêtresses saliennes de la Gaule Belgique. Plus imprégnées que les Celtes des idées et des mœurs germaniques, ces émules de Velléda combattirent la morale du Christ avec un acharnement égal à celui des noires druidesses de la Gaule kymrique, ces vierges folles de l'île de Sein dont les traditions diaboliques se sont mystérieusement transmises, de siècle en siècle, dans les *Loges-les-Dames* jusqu'à nos jours.

Au XVe siècle, « le vent soufflait à l'astrologie, ainsi que l'explique fort bien l'abbé Lecanu dans son *Histoire de Satan*. Si quelque voix indépendante osait protester en faveur de la raison, elle était aussitôt couverte par les clameurs de la multitude. Le célèbre Jean Gerson en avait fait la cruelle expérience, lorsqu'ayant essayé de restreindre l'empire de cette puissance du jour dans un modeste traité qu'il intitula *Astrologie selon la théologie*, il souleva une telle tempête d'improbation qu'il en demeura tout confus et ahuri.

L'astrologie et les divinations de toutes sortes se mêlaient si intimement aux divers évènements de la vie des gens du XVe siècle, qu'il n'est pas étonnant de voir la vogue des *Loges-les-Dames* et particulièrement de celle du grand Hêtre du Bois Chenu.

Les fées héritières des prêtresses saliennes représentaient à peu près, en cette époque, ce que les sœurs maçonnes des Loges lucifériennes représentent de nos jours.

« L'astrologie servait d'excuse à bien des hardiesses et de moyen à des avertissements importants dont les princes ne profitèrent pas toujours assez. Les astrologues de cour ne disaient pas et ne pouvaient pas dire où ils puisaient leur connaissance de l'avenir ; mais, initiés à tous les secrets, à cause de leurs relations avec tous les partis, avec le monarque et les courtisans qui les consultaient, tour à tour, ils savaient beaucoup de choses et se trouvaient à même de rendre de grands services [52]. »

Ces astrologues étaient le plus souvent les inspirateurs et les impulseurs des Fées.

C'étaient eux qui choisissaient, d'après les qualités qu'ils croyaient reconnaître en elles, les différents éléments féminins nécessaires à la réussite des intrigues politiques qu'ils nouaient ou des conspirations religieuses dont ils étaient les agents.

Le duc de Bourgogne, assassiné sur le pont de Montereau, avait été prévenu par un juif astrologue que l'on devait attenter à ses jours [53].

Les Juifs n'ignoraient guère les desseins des grands. Leurs relations constantes avec la haute noblesse qui, pour entretenir son luxe et solder ses ruineuses entreprises, allait sans cesse puiser dans leur bourse en leur payant, du reste, de fort gros intérêts, les mettaient à même de pénétrer bien des mystères.

De plus, en raison des prêts et des spéculations qu'ifs faisaient constamment, ils avaient des intérêts puissants dans la politique.

Incessamment en butte aux tracasseries et aux persécutions des financiers du Temple, les changeurs juifs avaient été enchantés de la suppression de l'Ordre qu'ils espéraient remplacer comme banquiers des princes chrétiens.

Grand avait été leur désappointement en constatant que leurs ennemis, quoique disparus, n'étaient pas morts. Et ils s'étaient mis à surveiller, pour les combattre, les empiètements, de jour en jour plus menaçants pour eux, des industriels commandités en secret par les immenses trésors des anciens Templiers.

Cette lutte occulte des changeurs juifs et des financiers du Temple explique beaucoup d'évènements incompréhensibles pour qui ne possède pas cette clé de l'Histoire des peuples occidentaux depuis les Croisades jusqu'à nos jours.

De tout leur pouvoir, les Juifs avaient favorisé, et favorisaient encore au XVe siècle, les Fées qu'ils sélectaient souvent eux-mêmes dans les différents *Bois Chenus* et, de préférence en celui de la Lorraine, parce qu'en cette province ils étaient fort nombreux et bien installés en un centre d'observation admirablement choisi pour surveiller les agissements des Grands Maîtres et grandes maîtresses du Temple.

Un des établissements principaux des chevaliers et chevalières était la Flandre. Un autre lieu de rendez-vous existait en Écosse. Nous verrons dans le chapitre consacré au mystère de Chinon comment Catherine de l'île Bouchard, grande maîtresse Templière de France, servit les intérêts du Temple et des Lancastre en faisant assassiner Jean sans Peur à Montereau et ensuite en livrant Jeanne d'Arc désarmée à ses ennemis.

Si elle y pût réussir, c'est à n'en pas douter parce qu'imprudemment ou par suite de quelque pacte, les Fées du bois Chenu rappelèrent brusquement leur émissaire Claude, laissant Jeanne, l'Élue des Discrètes, supporter seule le poids de la lutte et courir sûrement au martyre.

Nous expliquerons comment se fit cette trahison déplorable et comment la Pucelle et la France furent victimes de la coalition soudaine des Fées de Lucifer et des Templières de Satan.

Avant tout, il nous faut décrire, d'après les témoignages des gens de l'époque, ce grand *Fau* de Lorraine dont « les branches toutes rondes rendaient, comme dit un témoin du procès de 1455, une belle et grande ombre pour s'abriter dessous, comme presque l'on ferait au couvert d'une chambre ».

« Cet arbre est bien ancien, affirme Mengette, femme du laboureur Joyart, qui fut une des amies d'enfance de Jeanne d'Arc ; de mémoire d'homme on l'a toujours vu là où il est et c'est une merveille de nature. Chaque année au printemps, particulièrement le Dimanche de *Lœtare Jerusalem*, dit le dimanche des Fontaines, cet arbre était un lieu de rendez-vous. Filles et garçons nous venions en troupes, apportant de petits pains que nous mangions sous l'arbre ; puis nous allions boire de l'eau à la Fontaine aux Groseilliers, que l'on nomme aussi *Bonne Fontaine des Fées Notre-Seigneur*. Ensuite on jouait, on dansait. Que de fois nous avons mis la nappe sous l'arbre et mangé joyeusement ensemble ! Les choses se passent encore de même et nos enfants font aujourd'hui ce que nous faisions alors. »

Quelles scènes gracieuses Ne dirait-on pas une réminiscence des fêtes agricoles des Gaulois au retour de la belle saison et des agapes fraternelles des premiers chrétiens autour des fontaines et sous l'ombre protectrice des bois !

« Quand le château de l'Île était en prospérité, raconte Isabellette, femme du laboureur Gérardin d'Épinal, autre amie de la famille d'Arc, les seigneurs du village et leurs dames allaient prendre du bon temps aux *Loges-les-Dames*. À certains jours, dans la belle saison, ils amenaient avec eux garçons et filles : je le sais, car jadis Pierre de Bourlemont, seigneur du village, et sa femme, qui était de France, m'y ont conduite avec les autres petites filles du bourg.

« Dès l'ancien temps, dit aussi Jeannette Thévenin, j'ai ouï dire que les dames châtelaines de Domrémy allaient se promener sous le feuillage du grand *Fau* : dans mon enfance, dame Catherine de la Roche, femme de Jean de Bourlemont, s'y rendait fréquemment avec ses demoiselles.

« *L'arbre des Dames* se nomme ainsi, conte Jeannette Thiesselin, une des marraines de Jeanne d'Arc, parce que, dans l'ancien temps, le seigneur Pierre Granier, chevalier et seigneur de Bourlemont et une de ces dames qu'on appelle *Fées* se donnaient là des rendez-vous et y avaient des entretiens. J'ai entendu lire cela dans un roman en langue vulgaire.

« *L'arbre des Fées*, dit Béatrix, veuve d'Estellin, laboureur de Domrémy, qui avait quatre-vingts ans lorsqu'elle fit sa déposition, *l'arbre des fées* se trouve près du grand chemin qui conduit à Neufchâteau. La beauté de cet arbre attirait sous son ombre nos seigneurs et leurs dames ; bien des fois je m'y suis promenée en leur compagnie dans ma jeunesse. D'après ce que j'ai ouï conter, les femmes qu'on appelle *fées* y venaient autrefois, mais, pour nos péchés, elles n'y viennent plus. La veille de l'Ascension, à la procession où les croix sont portées par les champs, le curé va sous le grand *Fau* et y chante l'évangile. Il va aussi à la *Fontaine aux Groseilliers* et aux autres fontaines pour chanter l'évangile ; ce sont faits que j'ai vus. »

Jean Morel, parrain de Jeanne, qui avait soixante-dix ans en 1455, dit aussi que les femmes appelées *fées* venaient anciennement danser aux *Loges-les-Dames*, mais qu'elles n'y viennent plus depuis que l'Évangile de saint Jean est lu solennellement sous le grand *Fau*. Jeannette, ajoute-t-il, allait comme ses compagnes au bois Chenu pour *faire ses fontaines* aux jours fixés pour cet usage traditionnel, mais je n'ai pas ouï dire qu'elle fût allée seule à l'arbre, ni qu'elle y fût allée pour toute autre cause que pour se jouer et promener comme les autres jeunes filles sages. »

« Jeannette allait *faire ses fontaines*, comme ses compagnes, dit Michel Lebuin, camarade d'enfance de la Pucelle, mais je ne crois pas qu'elle ait été à l'Arbre d'autres fois et pour une autre cause, car elle était *toute bonne.* »

Elle était toute bonne (*quia erat tota bona*), voilà le résumé des témoignages si intéressants des voisins et voisines de Jeanne à Domrémy. Nul d'entre eux ne suppose qu'elle ait pu « prendre son fait aux *Loges-aux-Dames*, cet ancien rendez-vous des femmes galantes, qu'on appelle FÉES. »

Les dames faées venaient au Bois Chenu, non pour y danser sur l'herbette, mais pour y tenir des conseils secrets dans lesquels, à certaines époques, les rôles à jouer se distribuaient suivant les mérites physiques, intellectuels ou moraux que les élues des dames fatales possédaient.

L'*aire des fées*, au pied du grand hêtre, était un lieu d'initiation, sorte de cour d'amour champêtre où les Hébé de ce temps-là se recrutaient. Une femme n'allait point seule aux *Loges-les-Dames* quand elle était TOUTE BONNE, les contemporains de Jeanne d'Arc l'affirment catégoriquement.

Dans leur langage, le mot *fée* était synonyme de grande courtisane et ils savaient fort bien ce qu'ils voulaient dire en racontant, en langage vulgaire, toutes les légendes des romans.

Aussi la décoration de l'*Arbre-des-Dames* n'était-elle pas toujours, pour les jeunes filles, un simple passe-temps.

Les fleurs jouaient, au Moyen Âge, un grand rôle dans la diplomatie féminine. Elles avaient un langage qui faisait d'un bouquet une dépêche chiffrée. Une couronne en disait souvent bien plus long qu'une lettre. Les nouvelles occultes se transmettaient au moyen des *chapeaux* fleuris que l'on offrait aux intéressés. Ces messages embaumés avaient l'avantage immense de ne laisser aucune trace. Leur secret mourait avec les fleurs fanées. Les pétales effeuillés, les corolles flétries ne révélaient point ce qu'on avait dit à un prince ou à une duchesse pour l'amener à agir suivant le caprice d'une coquette ou le sage conseil d'un génie bienfaisant.

L'ambition n'était donc pas toujours étrangère à l'amusement frivole en apparence, qui consistait à tresser des couronnes de fleurs et à les suspendre aux branches du grand *Fau*. Plus d'une fillette des champs avait deviné l'énigme cachée sous la légende.

Ève est toujours maligne et le diable est rusé !

Le bois Chenu de la Lorraine avait donc, au XVe siècle, une très grande célébrité. Tandis que les adeptes des *Loges-les-Dames* cherchaient ensemble sous le grand *Fau* les moyens de bien mener à bien, par la volupté, la tâche humaine qu'elles avaient entreprise, les *Discrètes* des fraternités laïques de saint François tenaient conseil, au pied du moustier de la Vierge, dans le mystérieux ermitage de Bermont, afin de conquérir, pour la France, la gloire éternelle sous l'égide mystique et symbolique de sainte Catherine et de sainte Marguerite, la *Pure* et la *Perle*, la Foi et la Charité.

Nul ne se chargeait d'initier les novices aux mystères secrets des destinées humaines, mais il existait sur Terre des êtres qui, d'après des signes certains, savaient reconnaître, parmi elles, les élues de l'Esprit d'en haut et distinguer les créatures d'élite destinées à remplir dans le monde le rôle merveilleux que les Livres Saints attribuent aux bons anges et les romans populaires aux bonnes fées.

Ainsi les *Discrètes* avaient, en méditant les plans nécessaires au salut de la France et la stratégie indispensable à la défense de l'Église, reconnu, en 1406, la mission réservée à Colette de Corbie, ainsi reconnurent-elles Jeanne d'Arc, en 1425, comme étant la Vierge libératrice, promise par le Prophète Merlin.

Dans les croyances publiques de ces temps, la sainte douceur de la Vierge lui communiquait une puissance supérieure à la force, supérieure aussi à toutes les ruses employées par l'Ennemi subtil du Christ et de la Chrétienté. La Vierge, prédite par Merlin, saurait donc, les Discrètes n'en faisaient nul doute, grouper autour de son étendard symbolique tous les vrais amis de l'Église quelle que fût leur nationalité.

La Pucelle devait, pour réussir, être mêlée de façon active à la politique occulte du haut baronnage anglais. Aussi, outre la prophétie de Merlin, une légende héraldique contée par les trouvères et les ménestrels de la langue d'*oïl* annonçait-elle d'avance ce fait. Cette légende était celle de la *licorne*, ce cheval-chèvre, de couleur blanche et sans tache, portant au front, en guise de corne, une merveilleuse et redoutable épée et qui, dans le blason, est l'emblème de l'Angleterre territoriale comme le *léopard d'or* est celui de l'Angleterre industrielle.

« Douée de pieds rapides, disait le bestiaire héraldique, la licorne défie, dans la forêt, les atteintes meurtrières et les poursuites du veneur ; mais si, de la clairière d'un bois, sort, sur son passage, quelque jeune fille immaculée, soudain la licorne s'arrête : elle obéit à la voix de la vierge, incline humblement, sur son giron, sa blanche tête, au dard terrible, et elle se laisse guider, sans résistance, par la faible main de l'enfant. »

Tel, était la légende poétique et un peu abstraite, portée de manoir en manoir, par les trouvères du XVe siècle. Qui était prévenu, comprenait.

Lorsque du Bois Chenu, rendez-vous galant des Fées aux *Loges-les-Dames*, sortirait soudain une vierge immaculée, immédiatement l'Angleterre Druidique, l'Angleterre Gauloise, abaisserait son épée invincible et se laisserait guider par la Pucelle porte-glaive et porte-étendard du *Roy des Cieux*. La Pucelle serait pour tous les Celtes, groupés secrètement en l'armée franciscaine, le prototype de la Femme, reine sur terre, comme Marie est Reine du Ciel.

La Pucelle ! ce serait aussi, pour les Gaulois de toute la Terre, la Druidesse antique idéalisée pour le génie chrétien ; car la Pucelle, on ne saurait trop le redire, c'était la double incarnation de la FEMME comme être d'action et de réserve, la juxtaposition de l'*instinctive* et de l'*intuitive*, unies pour la défense des mêmes intérêts matériels, mais non hélas ! des mêmes intérêts moraux.

L'action simultanée de Claude et de Jeanne d'Arc devait assurer le triomphe ; leur dédoublement causa la défaite de la Pucelle, type unique de la FEMME défendant ses prérogatives et sa liberté contre les prétentions de l'Ennemi de sa Race, ce Serpent symbolique dont elle écrase la tête, tandis qu'il cherche à la mordre au talon.

Jeanne l'eût écrasé, cet Ennemi infernal, mais, par malheur, il mordit Claude, et cette dernière, blessée d'ambition et d'orgueil, lâcha pied.

La *Fée* de Lucifer n'avait pas licence, du reste, de suivre jusqu'au bout la stratégie superbe de la *Discrète* de Jésus et elle n'eut pas l'audace de faire avorter, par une initiative hardie, la tactique néfaste de Catherine de l'Île Bouchard, la grande Templière de Satan.

Claude, après avoir vaincu les Anglais, ainsi que nous le verrons, grâce aux signes maçonniques des *Loges-les-Dames*, eut peur du martyre qu'on lui fit entrevoir et, en se séparant de Jeanne qui avait triomphé de toutes les résistances par l'emploi des signes franciscains des tertiaires, elle la livra, après le sacre de Reims, aux mains cruelles de Catherine de La Trémoïlle, grande Maîtresse des Templiers.

Ni les Français, ni les franciscains ne surent alors la défendre.

Au cours de ce récit nous montrerons pourquoi.

VI

DOUBLE MISSION DE LA PUCELLE.

Depuis longtemps la Bourgeoisie de France se groupait, s'armait, se disciplinait en silence. On créait secrètement, pièce à pièce et petit à petit, la véritable armée française. Du Guesclin avait recruté soigneusement ses soudoyers parmi les gens du peuple que leur profession obligeait à développer soit de la force soit de l'adresse. Les routiers, formant les *grandes compagnies*, ayant été exportés en Espagne par le connétable de Charles V, celui-ci avait enrôlé des charrons, des tonneliers, des forgerons, des batteurs en grange et autres hommes de métier, ainsi que les actes authentiques du temps en font mention. Mais cette armée de plébéiens, les chevaliers la méprisaient, bien que souvent elle fît merveille, comme on le voit par les actes héroïques des compagnons de Guillaume l'Aloue et du grand Ferré.

Malgré cette valeur réelle, développée par les masses populaires en certaines parties du Royaume, les princes avaient, à Azincourt, rejeté avec insolence le concours des bourgeois, manants ou vilains, prétendant que la France ne devait être défendue que par les gentilshommes !

Cet orgueilleux dédain avait causé l'écrasement de la noblesse française. Près de huit mille seigneurs, chevaliers ou écuyers, dont cent vingt grands vassaux bannerets, avaient été massacrés par les archers anglais sur l'ordre exprès de Henry V.

Voici comment l'Histoire d'Angleterre [54] raconte cet évènement significatif : « Après la mort du duc d'Alençon, son *ost* s'enfuit en désordre et, quoique la troisième division de l'armée française n'eût pas encore combattu, la bataille se trouva terminée par la panique qui s'empara alors des Français.

« Les Anglais, qui, jusque-là, n'avaient point fait de prisonniers, se mirent à la poursuite des fuyards afin de s'assurer le bénéfice des rançons. Beaucoup de chevaliers furent pris, après avoir fait de vains efforts pour défendre leur honneur et leur liberté au milieu de cette confusion.

« Dès que les Français se rendaient prisonniers, les Anglais leur ôtaient leurs casques, afin de montrer qu'ils étaient désormais hors de combat et admis à rançon. Un nombre considérable de seigneurs et d'hommes d'armes français avaient été ainsi mis à part lorsque le roi d'Angleterre, entendant du bruit du côté où les prêtres de son armée étaient restés à cheval parmi le bagage et croyant s'apercevoir, en même temps, que la troisième division des Français se ralliait et relevait ses bannières, donna, sans plus s'informer, l'ordre à tous ses hommes d'armes de massacrer les prisonniers qu'ils avaient faits.

« Comme la rançon des captifs était un des meilleurs gains du soldat, les Anglais n'obéirent point à ce commandement de leur roi. Alors Henry V envoya deux cents archers qui, sans pitié, frappèrent les chevaliers français sur la tête ; ceux-ci, étant désarmés et privés de leurs casques, tombaient, comme les épis que fauchent les moissonneurs.

« Les plus nobles seigneurs de France furent victimes de cette horrible tuerie accomplie en vertu de l'ordre précis qu'Henry V regretta (?) trop tard d'avoir donné lorsqu'il s'aperçut que le bruit, entendu du côté de ses bagages, avait été causé par cinq ou six cents paysans qui avaient attaqué son arrière-garde dans l'espoir d'emporter un peu de butin et que l'arrêt momentané de la troisième division de l'armée française n'était qu'un simple arrêt de repos dans la fuite.

« Aussitôt qu'il eut reconnu sa méprise, Henry V donna des ordres afin d'arrêter le carnage ; et, voulant reconnaître les morts et les blessé, il fit appeler les hérauts d'armes afin qu'ils examinassent les cottes des chevaliers et des princes qui étaient tombés sur ce champ de bataille. Les pertes, du côté des Français, étaient effroyables. Toute la haute chevalerie de France était frappée. Sept princes du sang, cent vingt grands seigneurs bannerets et huit mille gentilshommes, chevaliers ou écuyers étaient morts.

Alors le roi d'Angleterre, s'adressant au héraut du roi de France, au roi d'armes qui avait nom Montjoye, lui dit, en présence des autres hérauts anglais et français : « *Ce n'est pas nous qui avons fait ce massacre, mais le TOUT-PUISSANT pour LES PÉCHÉS de France* [55] *!!* »

Azincourt était la revanche éclatante de Rosebecque : la gentilhommerie de France payait, en 1415, l'écrasement qu'elle avait, en 1385, fait subir aux Flamands, ces agents précieux de la politique secrète des Templiers. Henry de Lancastre était, comme *roi des prêtres*, l'exécuteur de la sentence de mort prononcée contre les seigneurs français au tribunal occulte du Grand Architecte du Temple, maître invisible mais TOUT-PUISSANT de la politique britannique et de la marche stratégique des armées anglaises contre notre Patrie.

« Le comte de Charolais, fils du duc de Bourgogne, n'avait point assisté au combat. Dès qu'il sut la nouvelle du désastre éprouvé par l'armée aristocratique de France, il chargea l'abbé de Ruisseauville et le bailli d'Aire de faire creuser une fosse commune à tous les preux tombés sur le champ de bataille. 5 800 hommes furent inhumés dans le charnier lugubre de la plaine d'Azincourt. L'évoque de Guines donna l'absoute et, en laissant tomber sur la terre, encore imbibée du sang des braves, les gouttes d'eau sainte, irisées par les premiers feux de l'aurore, il bénit le vaste sépulcre dont l'aristocratie française ne devait plus ressusciter [56]. »

Requiescant in pace ! Qu'elle y repose en paix, cette brillante chevalerie féodale dont les prouesses emplissent l'Histoire de notre France pendant le Moyen Âge. Une autre caste va surgir pour continuer la tâche sublime et immortelle de la Patrie.

Gesta Dei per Francos. La bourgeoisie française va jeter sa lourde épée dans la balance où se pèse la valeur des deux peuples en guerre depuis un siècle et la stratégie, si savamment combinée par le Grand Architecte du Temple, sera soudain battue en brèche par la tactique hardie des serviteurs du *Roy du Ciel.*

Du début de la lutte séculaire entre l'Angleterre et la France, datait l'intérêt, pris par les artisans, à tout ce qui touchait au métier des armes. Attentifs aux succès et aux revers des capitaines, les habitants des bourgs étudiaient, avec soin, le motif de ces succès et la cause de ces revers.

Si le peuple analysait ainsi au XVe siècle les actes de ceux dont il osait à peine prononcer les noms au XIIIe, c'est que les moines, avant lui, avaient scruté le fort et le faible de l'organisation féodale. Ils avaient senti alors que l'heure d'un changement de caste avait sonné à l'horloge providentielle de Dieu.

Mais comment faire accepter aux féodaux orgueilleux le concours des vilains ? On avait essayé en vain à Crécy, à Poitiers, à Azincourt. Les défaites successives, les déroutes terribles, les massacres sanglants n'avaient point servi de leçons. La morgue des seigneurs restait la même. Les survivants marchaient dans les souliers des morts.

Comment donc réussir à niveler les inégalités sociales ?

Comment opérer, sans heurt, la transition nécessaire, inévitable ?

Comment donner le pas à un artisan de génie sur un noble dépourvu d'intelligence, de bon sens ou de moralité ?

Telles étaient les questions que, secrètement, les moines celtiques échangeaient entre eux avec perplexité.

Une femme, une sainte, se chargea d'y répondre. Elle trouva, dans son génie, la solution de ce scabreux problème.

Colette de Corbie, par une intuition divine, reconnut en Jeanne d'Arc le seul chef possible de cette armée de plébéiens que les féodaux reléguaient sans cesse à l'arrière-garde, se réservant toujours simultanément le premier rang.

La fille d'Isabelle Romée, devenant l'incarnation typique de la Bourgeoisie naissante, serait suivie avec enthousiasme par les milices régulières des bourgs.

Présentée comme envoyée de Dieu, elle saurait, sans doute, faire cesser les luttes intestines, résultant d'une jalousie de castes que les épreuves communes avaient plutôt aigrie que diminuée.

Jeanne serait une exception.

Les susceptibilités aristocratiques des seigneurs, les prétentions orgueilleuses des capitaines disparaîtraient, au moins momentanément, devant cette intervention merveilleuse.

La transition une fois opérée sans violence, si le succès couronnait l'entreprise, comme ils étaient en droit de l'espérer, les bourgeois de l'armée de Jeanne pourraient aisément, en raison de leurs capacités réelles, s'imposer au Roi, envahir son conseil, rendre leur concours précieux, indispensable.

Charles VII deviendrait alors Charles le Bien-Servi, et par là même, serait Charles le Victorieux.

Il y avait longtemps qu'en l'exquise bonté de son âme, Colette rêvait cette solution de la question sociale posée en son époque.

Depuis qu'en 1412 elle avait contemplé Jeannette d'Arc au berceau, la servante de Dieu avait suivi, avec un intérêt presque fébrile, le développement physique et moral de l'enfant.

Un vague pressentiment lui avait désigné Jeanne comme l'Élue du Très-Haut, comme la créatrice prédestinée de notre France.

Elle constatait avec une joie indicible que toutes ses espérances étaient amplement réalisées par la valeur réelle qu'acquérait, d'année en année, la plus jeune fille d'Isabelle Romée.

Claude d'Arc effrayait la sainte par ses allures cavalières, mais Jeanne semblait providentiellement douée par Dieu de toutes les qualités nécessaires pour accomplir la difficile mission que Colette désirait lui faire confier. En elle, un génie étonnant s'unissait à une humilité profonde qui cependant n'avait rien de servile ; un esprit vif et pénétrant doublait fort heureusement une perspicacité et une ténacité précieuses ; un grand sens pratique se joignait à une volonté ferme et à une piété aussi éclairée que solide.

Jeanne était à la fois vivante, alerte et réfléchie, c'était parfait. Colette fut d'autant plus contente de la trouver ainsi, lorsqu'elle s'arrêta à Domrémy, au mois d'août 1425, en allant de Flandre au Puy-en-Velay pour y fonder un couvent de clarisses, que l'année précédente elle avait perdu sa principale protectrice, la duchesse Marguerite de Bourgogne.

La veuve de Jean sans Peur avait été, de son vivant, l'âme de toute la politique défensive des femmes contre les ennemis secrets de la France et du Christ. Du haut du Ciel, elle dut veiller sur l'œuvre à laquelle elle avait voué sa vie avec un dévouement sans-bornes et son influence puissante fut symbolisée par Jeanne, en son procès, par les paroles qu'elle prononça au sujet de sainte Marguerite.

Sainte Marguerite, pour les *Discrètes* franciscaines et pour la Pucelle leur élue, c'était Marguerite de Bourgogne, c'était Marguerite de Lorraine, c'était aussi Marguerite de Guyenne, et c'était encore Marguerite de Hainaut.

La première priait au ciel pour le succès de la lutte héroïque que soutenaient sur terre sa fille, épouse de Richemont, et sa belle-sœur, mère et inspiratrice de Jacqueline de Hainaut.

Cette jeune femme, veuve en 1417 du Dauphin Jean, avait été mariée ensuite, contre son gré, à son cousin Jean, duc de Brabant. Celui-ci, faible de corps, de santé et d'esprit, entièrement gouverné par ses serviteurs, absolument à la merci des pouvoirs occultes les plus malfaisants, ne pouvait convenir à une princesse absolue dans ses volontés, initiée de bonne heure aux plus secrets mystères de la politique et que rien n'arrêtait dans la réalisation de ses projets.

Les deux époux s'entendirent fort mal et lorsque, sur l'avis de ses conseillers, le duc de Brabant exila toutes les femmes de service de la Duchesse en Hollande, Jacqueline, ne voulant point supporter cette injure, quitta son mari et se réfugia à Valenciennes, chez sa mère. Pour se mettre à l'abri des importunités de son oncle de Bourgogne et rendre sa décision irréparable, elle alla rejoindre à Bouchain le sire d'Escaillon, chevalier, natif du Hainaut, qui était à même de la protéger et de la comprendre, et elle se fit conduire, par lui, en Angleterre, soi-disant pour réclamer l'arbitrage du roi Henry V, mais, en réalité, afin de créer à ce prince des difficultés inattendues.

Cela se passait en 1421, un an après le traité de Troyes, ce traité si funeste à la France et aux intérêts du baronnage anglais.

Bourgeois français et landlords d'Angleterre voulaient, à tout prix, éviter les conséquences désastreuses de cette paix qui était la ruine des espérances celtiques des deux nations. Jacqueline de Hainaut avait une situation et un caractère qui la désignaient comme le plus puissant instrument de discorde entre les coalisés de Troyes. Elle possédait trop d'énergie pour ne pas se dévouer, corps et biens, à la mission dont elle n'eut pas de peine à comprendre l'importance et la périlleuse grandeur. Résolue à frapper en plein cœur les ennemis qu'elle voulait combattre, elle sollicita de Benoît XIII l'annulation de son mariage avec le duc de Brabant. Elle obtint facilement ce qu'elle souhaitait et elle épousa le duc de Gloucester, second frère d'Henry V de Lancastre.

Le duc de Bourgogne, furieux de cette alliance, réclama hautement contre l'injure faite par sa nièce à son neveu le duc de Brabant. Henry V ne savait trop que faire et traînait la chose en longueur lorsque sa mort subite changea complètement la situation de l'Angleterre en France.

Le duc de Bedford, devenu régent pour Henry VI, avait tout intérêt à ne point froisser Philippe de Bourgogne. Pour s'assurer son alliance, il demanda la main de Madame Anne, sa sœur. Rien ne pouvait mieux servir la politique secrète des moines de France et des barons anglais.

Madame Anne était une élève de Colette de Corbie ; elle devait rester fidèle aux leçons de la sainte patriote ; aussi à Rouen la duchesse de Bedford se trouvera-t-elle auprès de Jeanne d'Arc pour l'encourager et la consoler sans que nul, parmi les juges, songe à soupçonner son intervention. En racontant le sinistre procès de Rouen ; nous dirons ce que fit alors pour Jeanne d'Arc la fille de la duchesse Marguerite ; il nous faut auparavant montrer le rôle patriotique de ses sœurs.

Madame Anne, fiancée au duc de Bedford en 1422, ne se maria qu'en 1423. Sa sœur aînée, Madame de Guyenne, veuve du Dauphin Louis, épousa, en 1424, Arthur de Richemont, frère du duc de Bretagne. Ce mariage était au moins aussi favorable que le précédent à la politique celtique des moines et des hauts barons. Le comte de Richemont avait échappé à la terrible tuerie d'Azincourt ; il avait été fait prisonnier, sans doute par quelque landlord assez puissant pour le préserver du massacre impitoyable ordonné par le roi Henry V.

Il resta six ans en Angleterre et noua certainement un grand nombre d'aristocratiques relations. Quand le roi Henry V mourut, il recouvra soudain la liberté et put, en épousant Marguerite de Guyenne, ex-dauphine de France, commencer la lutte qui devait aboutir à l'expulsion complète des Anglais Lancastriens du sol de notre Patrie.

Le premier acte utile de Richemont fut de négocier le traité secret d'Amiens entre les ducs de Bretagne et de Bourgogne où il était dit que « s'il advenait que les signataires fissent aucun accord avec Charles, Dauphin de Viennois, pour honneur et révérence à Dieu, pour pitié et compassion du peuple, cet accord ne nuirait en rien aux alliances et confédérations conclues entre ledit duc de Bourgogne et ledit duc de Bretagne ».

C'était un pas immense fait, à l'insu du duc de Bedford, vers la réconciliation future du roi de France avec ses grands vassaux.

Le double mariage de Marguerite et d'Anne de Bourgogne était aussi un précieux atout dans le jeu des barons et des moines qui travaillaient activement à saper les conséquences néfastes du funeste traité de Troyes. Mais il y avait auprès de Charles VII des conseillers, soldés par les ennemis de la France, pour faire commettre au malheureux *Roi de Bourges* toutes les fautes les plus déplorables. Grâce à leurs suggestions pernicieuses, les capitaines français attaquèrent, en 1423, la forteresse de Crevant, située entre Auxerre et Avallon, et coalisèrent ainsi contre eux les forces anglaises et celles de Bourgogne.

Le résultat de cette maladroite agression fut une défaite désastreuse pour la France et le resserrement de l'alliance anglo-bourguignonne contre notre Patrie. Comment scinder désormais la coalition cimentée par la victoire ?

Un singulier incident, qui montre bien le jeu des femmes dans la politique, parvint à détourner l'attention du duc de Bourgogne. Celui-ci fut soudain contraint de se rendre à Gand où une femme s'était présentée sous le nom de Madame de Guyenne, fiancée du comte de Richemont. Cette femme, paraît-il, était une religieuse de Cologne échappée de son couvent ; mais elle avait su si bien ménager les apparences et se faire rendre toutes sortes d'honneurs que l'on n'usa point de rigueurs envers elle ; on la confia simplement à l'évêque qui la fit reconduire dans son abbaye. Cette diversion bizarre évita à la France un écrasement complet en faisant gagner du temps.

Peu après, le mariage de Richemont et de Madame de Guyenne, ayant été célébré en grande pompe à Dijon, le duc de Savoie tenta, à cette occasion, de servir de médiateur entre Philippe de Bourgogne et le Dauphin. Le cardinal de Sainte Croix, légat du Pape, joignit ses instances à celles du duc. Ce fut en vain. Philippe obtint, de ses États, un subside pour continuer la guerre et il était en route pour rejoindre Bedford à Paris, avant de retourner en Flandre, lorsqu'il apprit que sa mère était mourante. Il revint hâtivement sur ses pas, mais il arriva trop tard.

« Les peuples de Bourgogne pleuraient déjà la sainte princesse qui, au milieu de ces temps malheureux, avait veillé à leur bien et à leur repos, s'était occupée à écarter d'eux la guerre, ne les avait point chargés d'impôts et qui, économe et prévoyante, avait toujours fait payer exactement la solde des hommes d'armes pour les empêcher de rançonner les cultivateurs et les artisans [57]. »

Le duc resta peu de temps en Bourgogne et se rendit à Paris et, de là, en Flandre où il épousa, en secondes noces, Bonne d'Artois, petite-fille du duc de Berry, et veuve du comte de Nevers.

La mort de la duchesse Marguerite avait été très fatale à la France. Une nouvelle défaite, presque aussi funeste que celle d'Azincourt, avait écrasé à Verneuil la meilleure armée de Charles VII. Jamais les affaires du *Roi de Bourges* n'avaient été en si mauvais état. Sa cause semblait perdue et le duc de Savoie, à l'instigation de sa femme, s'efforçait en vain de reprendre les négociations repoussées jadis par le duc de Bourgogne à cause de la déplorable attaque de Crevant.

Heureusement pour notre Patrie, le duc de Gloucester, malgré les supplications de son frère le duc de Bedford, s'avançait avec cinq ou six mille Anglais vers le Hainaut pour y soutenir les droits de sa femme Jacqueline. Cela fit revenir Philippe de Bourgogne à des sentiments plus pacifiques envers la France ; il ne pouvait soutenir deux luttes à la fois et il consentit à une nouvelle entrevue avec monseigneur de Savoie. Elle fut fixée à Mâcon. Le comte de Richemont et le jeune comte de Clermont, fils du duc de Bourbon, s'y trouvèrent.

Le duc de Savoie y amena trois envoyés du roi Charles VII : l'archevêque de Reims et les évêques de Chartres et du Puy. Le duc de Bourgogne consentit à ce qu'ils lui fussent présentés et les accueillit avec courtoisie ; mais, à toutes les propositions de paix, il répondit en rappelant le meurtre de son père. Cependant il consentit à prolonger les trêves, à fiancer sa sœur madame Agnès avec le comte de Clermont et autorisa Richemont à accepter, de Charles VII, l'épée de connétable.

Pendant ce temps le duc de Gloucester et Jacqueline de Hainaut entraient à Mons et des lettres de défi étaient échangées avec le duc de Bourgogne qui, fort irrité, faisait établir une forge dans son château d'Hesdin pour que l'on fabriquât, sous ses yeux, toutes sortes d'armes et de harnais de guerre. À peine prenait-il le temps de s'asseoir pour ses repas, tant il était inquiet de l'issue de la lutte et ardent à s'assurer toutes les chances de succès.

Une telle discorde bouleversait tous les plans du duc de Bedford. Lorsque la défaite de Verneuil venait d'abattre les dernières espérances du Dauphin, Gloucester allumait une guerre entre les Anglais et leur fidèle allié, le duc de Bourgogne ; de plus, il troublait toute l'Angleterre par ses querelles constantes avec le cardinal de Winchester, son oncle. Un ami sincère de la France n'eût pas mieux agi dans l'intérêt de notre patrie que ne le faisait Gloucester, à l'instigation de Jacqueline de Hainaut et à la grande satisfaction des hauts barons anglais.

Le régent se vit contraint de quitter la France au mois de décembre pour aller remettre l'ordre en Angleterre. Les affaires de France allaient mal. Les Français, fatigués du joug étranger et sans cesse ruinés par la guerre, murmuraient contre tous les actes du duc de Bedford, coupable à leurs yeux d'entraver seul la paix.

Cette paix, que chacun désirait, dépendait du duc de Bourgogne. Le Pape Martin V écrivit à celui-ci une lettre fort touchante « pour le requérir, l'exhorter, le supplier au nom de Jésus-Christ de faire cesser la guerre, offense exécrable envers Dieu et cause de la désolation des peuples et de la destruction de la république chrétienne ».

Outre les paternelles instances du souverain Pontife, le duc avait à tenir compte des puissantes influences françaises dont il était environné. Sa seconde femme, petite-fille du duc de Berry, sa sœur Agnès, femme du comte de Clermont, et surtout sa sœur Marguerite, épouse de Richemont, travaillaient activement à le détacher de l'alliance anglaise. Nous verrons, dans le chapitre suivant, quels furent les êtres néfastes qui réussirent à entraver l'action bienfaisante des sages personnes cherchant avec tant d'ardeur la conclusion d'une paix sérieuse et définitive.

Ce que nous venons de dire des diversions opérées successivement par les différents alliés du parti de la paix, nous amène au mois d'août 1425, au moment où l'apparition mystérieuse des *voix* à Jeanne d'Arc coïncide avec la prise de la ville du Mans et l'entrée victorieuse des troupes anglaises sur le territoire de la France celtique.

Jeanne, quoiqu'un peu effrayée, accepta assez vite la mission périlleuse qui lui fut proposée au nom du *Roy du Ciel*.

Cette mission était beaucoup plus importante et plus compliquée qu'on ne le croit généralement. La délivrance d'Orléans n'en était que le signe et non le but. La mission de la Pucelle avait une bien plus haute portée religieuse et politique.

Envoyée de l'Église celtique, de cette Église triomphante des Saint Hilaire, des Saint Rémy, des Saint Bernard, Jeanne devait affirmer hautement, jusqu'au martyre, la suprématie de cette Église profondément idéaliste et mystique sur l'Église terrienne et matérialiste des clercs entêtés dans leurs préjugés étroits.

De plus, Jeanne, fille de bourgeois, devait ouvrir la voie de l'avènement aux affaires publiques devant les hommes de cette caste, née de notre Race, à l'ombre du cloître, et qui firent la France sous la sauvegarde des rois.

Jeanne devait affirmer et défendre, au péril de sa vie, une politique aussi méconnue dans ses aspirations que dans ses mobiles : la politique dont Gerson avait été la voix au concile de Constance, et dont Marguerite de Bourgogne et Colette de Corbie furent les infatigables propagandistes.

Cette politique avait une envergure immense, car elle était marquée d'un double caractère : céleste et terrestre ; il s'agissait d'établir sur terre le règne temporel du Christ en le modelant exactement sur son règne dans le Ciel.

La gravitation sociale des hommes devait être l'image de la gravitation idéale des Anges ; chacun des êtres et des groupes humains devait garder son autonomie propre et développer librement sa valeur sans nuire en rien au libre développement d'autrui.

« L'Église universelle, avait dit Gerson, porte-parole des Celtes au concile de Constance, est l'assemblée de tous les chrétiens grecs et latins, civilisés et barbares, nobles et serfs, hommes et femmes, riches et pauvres. Le pape, les cardinaux, les évêques, les prêtres, les clercs, les rois, les peuples, sont membres de cette Église universelle, quoique à des degrés différents. Son chef unique est Jésus-Christ et cette Église universelle, selon la Tradition, ne peut ni errer, ni faillir. Mais il y a une autre Église, où l'on ne parle du matin au soir que d'armées, de territoires, de villes et d'argent ; cette Église-là peut errer, faillir, tomber dans le schisme, tromper, être trompée ; elle n'est que l'instrument de l'Église universelle et elle n'a d'autorité qu'autant que l'Église universelle lui en accorde pour exercer un pouvoir qui réside en elle seulement. »

L'Église catholique, dès sa naissance, avait pris, comme société, ce double caractère. Les nations antiques, en se convertissant à la doctrine du Christ, avaient interprété suivant le génie particulier à leur race naturelle les préceptes sociaux et politiques de l'Évangile.

Rome, qui croyait l'Univers soumis irrévocablement à son empire, avait plus absorbé la doctrine nouvelle qu'elle ne s'en était pénétrée. Les patriciens, qui sentaient leur puissance patriarcale et despotique brisée, anéantie par la prépotence souveraine des Césars, étaient entrés dans l'Église du Christ pour conspirer plus facilement contre le pouvoir omnipotent des empereurs.

L'autocratie impériale se vit menacée par la conspiration patricienne qui s'ourdissait dans les Catacombes en même temps que s'accomplissait, en ces voies ténébreuses, la propagation des plus sublimes dogmes chrétiens. Des édits de persécution générale furent lancés contre tous les disciples du Christ. Les enthousiastes adeptes de la foi évangélique furent atteints. Les chefs de *gens* d'Italie se couvrirent alors la tête d'une capuce d'ermite ; ils réussirent à échapper à la vigilance des prétoriens ou surent les acheter à temps.

Ces patriciens, par leur habileté, leur ténacité, leur cautèle diplomatique, réussirent enfin à substituer leur omnipotence spirituelle à l'omnipotence temporelle des Césars. Ils fondèrent l'Église politique, cette Église terrienne, militante et militaire où, ainsi que le remarque Gerson, l'on ne parle du matin au soir que d'armées, de territoires, de villes et d'argent. Cette Église-là tint beaucoup à son pouvoir temporel. Pour l'affirmer ou le défendre, elle traita avec Clovis, elle traita avec Charlemagne. Elle fut hiérarchisée, *Kahalisée*, depuis le plus humble lévite jusqu'au premier des cardinaux. Cette hiérarchie, c'est sa garantie ; elle ne permet pas qu'on en brouille les cadres ; en tant que société humaine et politique, elle a raison.

Mais cette Église théocratique, rationnelle et intransigeante, ne constitue pas tout le Christianisme. Elle n'est même, comme le dit Gerson, « qu'une Église particulière », instrument visible du pouvoir souverain de l'Église universelle.

Le Fils de Dieu, en venant sur terre, a ouvert à chacun de ses fidèles la voie de l'autonomie, le chemin de la liberté. Si la barque de Pierre fut amarrée au pied du Capitole, la nacelle que les Juifs jetèrent sans gouvernail sur les flots de la Méditerranée et qui renfermait les trois amis du Christ : Marthe, Lazare et Madeleine, vint providentiellement atterrir dans la Gaule.

L'Église politique put donc s'installer à Rome, et les robes cardinalices de ses plus hauts dignitaires purent être taillées dans la pourpre des orgueilleux Césars qu'on jeta des cimes de leur apothéose aux gémonies. Cette simple vengeance de patriciens, reprenant, sous une autre forme, leur syndicat constitué en vue de la conquête du monde, ne pouvait faire dévier la doctrine chrétienne de ses hautes visées et de son but sublime.

On laissa le syndicat aristocratique des chefs de *gens* reconstituer Rome comme Ville Éternelle des chrétiens, mais l'Église de la Vierge s'instaura en Gaule, grâce à l'initiative des moines et des évêques héritiers et successeurs des Druides. À Rome, on adora la Croix. En Gaule, on vénéra la Vierge. À Rome, on combattit matériellement le Diable. En Gaule, on pria presque avec superstition les saints et le bon Dieu.

L'une et l'autre Églises faisaient de l'Évangile la règle sacrée de leurs actes ; mais elles prenaient chacune, dans le code divin, les préceptes les mieux en rapport avec le génie de leur race. Par là même, si l'Église romaine, stricte dans sa foi, eut souvent quelque tendance à se montrer cruelle dans la défense des principes, l'Église de Gaule, emportée par l'ardeur de sa charité, fut maintes fois sur le point de devenir hérétique. La discipline ! tel était l'idéal suprême du syndicat patriarcal de Rome ; la liberté ! tel fut celui des associations chrétiennes des Celtes de la Gaule et de l'univers entier.

Au moment où naquit Jeanne d'Arc, l'Église traversait une de ces crises terribles où ses ennemis comptaient la voir sombrer. L'abomination de la désolation, prédite par le prophète Daniel, semblait régner dans le lieu saint. Le schisme était partout ; depuis des siècles les chrétiens grecs s'étaient séparés de la communion latine et, en Occident, deux papes se disputaient l'empire spirituel de la Chrétienté.

La situation de l'Église universelle était fort critique. Les Turcs, sectaires de Mahomet, étaient aux portes de Constantinople ; les Maures avaient laissé plus que des souvenirs en Espagne ; l'Université de Cordoue était tout imprégnée de leurs doctrines et de leur esprit. Les Templiers, imbus de toutes les théories antichrétiennes des Musulmans, régnaient secrètement sur l'Angleterre, dont le roi n'était que l'exécuteur attitré de leurs ordres.

Pour se venger du coup de foudre de 1307, ils avaient fait naître la guerre de Cent Ans afin d'atteindre en France la race de Philippe le Bel. Pour faire expier au Pape la suppression de l'Ordre, ils déchaînèrent contre la Papauté une des plus terribles tempêtes qu'elle ait subies.

Tandis qu'ils incarnaient, dans Édouard III, leur politique industrielle et militaire, les anciens chevaliers du Temple firent promouvoir leurs revendications antireligieuses par Wickleff.

Né en 1324, dans le comté d'York, Jean de Wickleff prit, en entrant comme étudiant au collège d'Oxford, que venait de fonder la reine Philippa de Hainaut, le nom de son village natal comme Gerson, son adversaire, devait le faire, plus tard, à l'Université de Paris.

Ayant reçu les ordres ecclésiastiques, Wickleff fut nommé, en 1361, recteur du collège Baliol et s'occupa immédiatement de combattre les ordres monastiques de Saint Dominique et de Saint François. En 1372, devenu professeur de théologie à Oxford, il y émit des théories dogmatiques dont s'inspirèrent ensuite Jean

Huss, Luther, Calvin et les autres prétendus réformateurs de l'Église. Il fit plus : il traduisit toute la Bible, de latin en anglais, afin d'appuyer sur les textes ses revendications et ses doctrines.

Wickleff fut l'hérésiarque le plus hardi et le plus complet depuis Arius parce qu'en réalité il n'était que le pseudonyme de tous les chevaliers du Temple, héritiers des visées politiques des Ariens. Aussi Wickleff fut-il envoyé, en 1374, par la cour d'Angleterre, comme ambassadeur particulier chargé d'une secrète mission diplomatique à Rome et ce fut à Bruges qu'il attendit les ambassadeurs officiels de France et d'Angleterre. Trois ans après, il dut soutenir, dans la grande église de Saint Paul, un procès public présidé par l'évêque de Londres.

Il y eut, à cette occasion, des luttes sanglantes et terribles. Jean de Gaunt, duc de Lancastre, quatrième fils d'Édouard III, prit fait et cause pour Wickleff. Le fils naturel de ce Jean de Gaunt, Henry Beaufort, devait, sous le nom et le titre de cardinal-évêque de Winchester, poursuivre, de sa haine, Jeanne d'Arc, coupable surtout à ses yeux d'avoir défendu hautement la cause morale que Wickleff avait combattue.

L'autre fils de Jean de Gaunt, fils légitime celui-là, fut ce duc de Bolingbroke qui assassina Richard II et monta sur le trône d'Angleterre sous le nom de Henry IV, pour le malheur de notre France qui, à cause de lui, subit, sous Charles VI, toutes les horreurs de la guerre civile et de la guerre étrangère où les Templiers croyaient la voir périr.

La France, en effet, était la réserve suprême de l'Église. La longue querelle des Investitures entre les Papes et les empereurs d'Allemagne avaient tant ébranlé la fidélité des Germains ; les Sarrasins avaient si longtemps occupé l'Espagne, les Templiers avaient su si bien, par Wickleff, détacher la race saxonne et, par Jean Huss, la race slave, de la soumission au Saint-Siège, que la suprématie du Pape, garantie de l'ordre hiérarchique de l'Église, semblait menacée de ruine. Le dédoublement de la puissance papale entre l'élu du conclave d'Avignon et celui du conclave de Rome semblait le coup de grâce porté à la prépondérance des successeurs de Pierre sur les autres évêques de la Chrétienté. Et ce n'était pas seulement en tant que pouvoir temporel et politique que cette prépondérance était attaquée, c'était en tant que pouvoir spirituel et infaillible.

Sous prétexte de combattre César dans la personne du Pape, on luttait avec acharnement contre le vicaire du Christ et l'on comptait bien, à Prague comme à Londres, atteindre Jésus lui-même en atteignant le représentant officiel et visible de sa puissance souveraine en ce monde.

Le grand Architecte du Temple universel avait disposé fort savamment ses brigades d'ouvriers : Wickleff en Angleterre avait travaillé le monde théologique et les Lollards continuaient son œuvre ; toute une pléiade de poètes avaient aussi remué l'Angleterre, en imitant les anciens romans et en remplaçant les chants des ménestrels celtiques par une foule de chants nouveaux. Robert de Brunne, Laurence Minot, Robert Longland, Jean Gower et, par-dessus tous, Geoffroy Chaucer créaient la langue anglaise qui, sous leur plume, se cristallisait pour des siècles. Langue artificielle, faite de toutes pièces par les chevaliers du Temple pour leur usage Kabbaliste, elle reste l'artifice, perpétuellement le même, de leurs agents et de leurs serviteurs [58].

Né à Londres, élevé aux universités de Cambridge et d'Oxford, Geoffroy Chaucer, après avoir voyagé en France, en Hollande et dans d'autres pays, étudia les lois civiles dans le *Temple Intérieur*. Il fit pour la littérature ce que Wickleff faisait pour la théologie et Édouard III pour la politique. Successivement page, courtisan et capitaine du roi, cet homme intelligent et habile fut chargé d'instruire et, peut-être aussi, de surveiller beaucoup son souverain.

Plus tard, il devint ambassadeur et, dans les dernières années de sa vie, il écrivit, ou du moins il signa de nombreux ouvrages dont le plus remarquable, les « *Contes de Cantorbéry* », n'a d'égal, dans la littérature anglaise, que l'œuvre colossale et également inspirée de Shakespeare.

Shakespeare subit la même influence occulte que Chaucer ; sa haine contre Jeanne d'Arc montre bien à quelle Kabbale antifrançaise il servait d'agent et de prête-nom.

Jeanne d'Arc, en effet, fut l'incarnation vivante de la politique contraire à celle des chevaliers du Temple. Elle se dressa comme champion invincible de l'Église universelle. Par son action hardie et triomphante, elle fit échouer le complot secret des ennemis du Christ. Ses succès, en sauvant la France, empêchèrent le fils de Jean Gaunt, l'élève de Wickleff et de Chaucer, Henry Beaufort, évêque et cardinal de Winchester, de mettre la main sur les clés du Ciel et de la Terre, de s'emparer du gouvernail de la barque de Pierre, de devenir pape en un mot.

Winchester pape, c'était l'agent suprême des Templiers revêtu de la blanche robe des Druides celtiques et maître souverain de l'Église de Jésus !

La conspiration avait été fort habilement conduite ; elle fut encore plus habilement déjouée. Il serait trop long de conter en détail toutes les péripéties curieuses de cette lutte des deux grands pouvoirs occultes dont les rois, les ducs et les peuples furent les agents, les dupes ou les victimes. Nous esquisserons seulement ici, à grands traits, la marche générale du combat, afin d'arriver, le plus rapidement possible, à la description de la grande bataille livrée par Jeanne d'Arc aux vrais ennemis de la France et de la Chrétienté.

En frappant à mort le duc d'Orléans le 23 novembre 1407, jour de *la fête de saint Clément*, les agents du duc de Bourgogne n'obéissaient pas simplement à un ordre de vengeance donné par le cousin de Charles VI contre le frère du Roi, ils obéissaient à une consigne précise des conspirateurs du Temple qui vengeaient, sur un Capétien, le centième anniversaire du coup de filet si hardi du roi Philippe le Bel.

Ce n'était pas seulement Louis d'Orléans que l'on frappait, c'était un principe, assez mal représenté sans doute, mais symbolisé cependant par le prince partisan avéré du Pape d'Avignon.

Les conjurés de la rue Barbette avaient tranché la main de leur victime avant de lui broyer la tête. Le crime n'était point un effet du hasard. Ce n'était pas, comme on l'a cru, un simple crime passionnel. L'assassinat avait une portée politique et religieuse que la suite montra clairement.

Le soin que prit Jean de Bourgogne de faire solennellement prononcer l'apologie du meurtre devant toute la Cour par le cordelier Jean Petit ne fut pas, de la part de ce prince, une simple revendication de droit. Les théories émises par le religieux qui se faisait gloire de « *labourer le champ du patron qui le soldait* » avaient trop d'affinités avec les doctrines de Wickleff pour n'avoir point été inspirées du même esprit et élaborées, d'avance, dans le même cénacle.

Couper la main de justice et écraser la tête du justicier sont choses louables et loisibles pour la Kabbale malfaisante qui vit de meurtres et de pillages depuis l'époque du premier Caïn.

Louis d'Orléans, en 1407, était frappé comme membre de la famille royale et comme soutien du Pape d'Avignon ; il était, à la fois, l'effigie de Philippe le Bel et de Clément V ; on punissait, en lui, la tête monarchique et la main papale qui avaient supprimé le Temple cent ans auparavant.

Les tenants du parti adverse ne se trompèrent pas au signe sanglant qui leur était donné. Vivant, Louis d'Orléans avait servi de centre aux confédérations occultes des Celtes ; sa mort fut le prétexte et la cause indirecte de toutes les controverses politiques et religieuses des deux partis.

Au concile de Constance, les théories émises par Jean Petit furent l'objet de discussions très vives. Le futur évêque de Beauvais, Pierre Cauchon, parla pour ; Jean Gerson, Pierre d'Ailly et d'autres théologiens parlèrent contre. La lutte se dessinait ainsi fort nettement entre les adeptes salariés du Temple et les serviteurs dévoués du *Roy du Ciel*.

Pierre Cauchon d'une part, Jean Gerson de l'autre, voilà en deux noms, en deux types, tous les belligérants de la guerre véritable.

Pierre Cauchon, Jean Gerson, voilà les chefs des ennemis et des auxiliaires de Jeanne d'Arc.

Avec Gerson, la Pucelle marche à Reims ! Contre Cauchon, la Pucelle lutte à Rouen ! Et derrière Cauchon, labourant, comme Jean Petit, le champ du patron qui le solde, apparaît la haineuse et sinistre silhouette du disciple de Wickleff, de l'élève de Geoffroy Chaucer, de ce Henry Beaufort qui épie avec une anxiété fébrile, dans l'attitude de l'héroïne, une défaillance, lui révélant enfin le vrai nom du *Roy du Ciel*.

Une triple pensée avait conduit Jean Gerson à Constance ;

1º Rétablir une, la papauté scindée par le schisme ;

2º Étouffer l'hérésie puissante qui envahissait des régions entières comme au temps des Albigeois ;

3º Raffermir la société politique, en consolidant la monarchie ébranlée par les doctrines subversives du tyrannicide individuel et de la révolte brutale des masses, entraînées par une multitude d'agents provocateurs, soldés par les Anglais pour entretenir la division en France afin d'y mieux asseoir leur règne.

Cette triple préoccupation fut aussi celle de Jeanne d'Arc, porte-étendard du *Roy du Ciel*, comme Jean Gerson fut son porte-voix.

Nous verrons comment, en son procès, l'héroïne affirma jusqu'au martyre les hautes visées du grand théologien sur le pouvoir souverain de l'Église universelle, de cette Église qui a pour chef suprême Jésus et qui est l'assemblée de tous les chrétiens grecs et latins, civilisés et barbares, nobles et serfs, hommes et femmes, riches et pauvres.

« Un seul troupeau, un seul pasteur ! » Voilà l'idéal évangélique des Celtes répandus en tout l'univers, de ces Celtes que Gerson voulait évoquer, que Jeanne d'Arc devait réunir et qui attendent encore le signe d'appel qui, peut-être, paraîtra bientôt !

À Constance, Gerson avait échoué dans le côté positif de son œuvre, l'Église universelle n'avait point été conviée à la grande Cène de Dieu, à la grande communion de paix.

L'Angleterre, la France, l'Allemagne et l'Italie avaient été seules appelées à donner leur avis sur les moyens de pacifier l'Église. Pierre d'Ailly et Clémangis, les maîtres de Gerson, avaient éprouvé de ce premier échec un si profond découragement qu'ils avaient résolu d'abandonner la lutte.

Jean Gerson était fils du peuple ; il ne voulut point reculer sans combattre. Puisqu'on ne pouvait vaincre, il fallait, au moins, enrayer les succès de la partie adverse. Il fallait s'opposer vigoureusement au mal pour pouvoir plus tard faire le bien.

N'ayant pu rallier les chrétiens, Gerson lutta contre les hérétiques, le Wickléfisme templier avait envahi la race slave de la Bohême. Jean Huss s'était laissé entraîner par deux délégués des Lollards anglais dans toutes les doctrines de Wickleff. Gerson attaqua l'hérésie dans son chef visible. Il mit bravement le pied sur la tête du Serpent. Jean Huss et Jérôme de Prague, son disciple, furent condamnés ainsi que la mémoire de Wickleff leur maître.

C'était hardi ! Toute la kabbale antichrétienne et anticeltique poussa des rugissements terribles. Jean Ziska, avec ses Taboristes, ravagea la Bohême ; Henry V, avec ses Anglais, dévasta la France.

Gerson, épouvanté de l'issue probable de la lutte, s'enfuit en Suisse sans avoir pu obtenir la condamnation officielle des théories subversives de Jean Petit que défendait Pierre Cauchon, au nom du duc de Bourgogne, et sans avoir réussi à rétablir l'unité papale dont Winchester rêvait d'être, au profit du Temple, l'unique restaurateur.

Jean Gerson, à son tour, éprouvait l'immense découragement qui avait assailli ses maîtres. Fut-il, en Suisse, réconforté par quelque ange du ciel ou par quelque moine celtique du couvent de saint Gall ? L'Histoire ne le dit pas, mais il est bien permis de le supposer lorsqu'on voit le grand théologien se réfugier à Lyon dans le couvent de Célestins dont un de ses frères était prieur et y consacrer ses loisirs à faire la version française du superbe livre qui, après l'Évangile, doit être l'objet des méditations attentives des chrétiens.

Bientôt, cette traduction de l'Imitation de Jésus-Christ à laquelle Gerson donna ce titre : « l'*Internelle Consolation* » jouit d'une immense popularité, contribua puissamment à relever les âmes et, sans les pousser encore directement à l'action, contribua certainement à les en rendre capables.

Gerson, le vieux lutteur, l'homme des orageuses polémiques, ayant ostensiblement abandonné la politique, celle qui défendait l'Église comme celle qui défendait l'État, resta, dans l'ombre, le centre où convergeaient les secrètes espérances des cœurs français et des âmes chrétiennes. À Lyon, il était assez près de la duchesse Marguerite pour diriger cette vaillante femme dans la lutte secrète dont elle s'était faite champion.

Des liens spirituels très étroits réunissaient déjà entre elles toutes les femmes enrôlées dans les fraternités laïques du Tiers-Ordre de saint François. Beaucoup de relations familiales, sociales et patriotiques avaient été nouées jadis à Paris par Mme de Guyenne, fille aînée de la duchesse Marguerite, du vivant du Dauphin Louis.

L'hôtel de la Dauphine avait été le lieu de réunion de bien des conciliabules secrets. Jean Gerson s'y était trouvé fréquemment avec Jacques Gélu, que le Dauphin avait nommé archevêque de Tours et que nous retrouverons, en 1429, archevêque d'Embrun et protecteur de Jeanne d'Arc au concile de Poitiers.

Mme de Guyenne avait vu clairement que beaucoup d'Armagnacs et nombre de Bourguignons étaient à la solde des Anglais et favorisaient admirablement la ruine de la France par les divisions qu'ils maintenaient, avec un soin jaloux, entre les deux partis, entre les castes différentes de la Nation et même au sein du conseil du Roi.

Cette jeune femme savait bien d'où venait le mal. Sa mère le savait aussi ; Gerson et Jacques Gélu le savaient encore mieux. Colette de Corbie, qui servait d'intermédiaire entre les prélats et entre ses chères filles, répandant avec zèle parmi elles les nombreux exemplaires manuscrits de l'*Internelle Consolation*, que les Clarisses copiaient en leur cellules, n'ignorait certes point non plus d'où venait le péril pour la France et l'Église. Elle luttait donc sans trêve pour sa Patrie et Dieu. Voilà pourquoi elle proposa, en 1425, au conseil général des fraternités franciscaines, Jeanne d'Arc comme chef de l'armée bourgeoise et comme *porte-étendard* des amis de la Paix.

Son avis fut immédiatement adopté en principe, mais l'assemblée suprême des Discrètes jugea prudent d'attendre que l'Élue fût en âge de fournir elle-même des signes certains de sa haute vocation. Colette, patiente, se contenta de déposer dans l'âme si bien préparée par Isabelle Romée les premiers germes de son héroïque mission.

« Étudie, travaille, mon enfant, sois bonne et sage, fréquente l'église et mets ta confiance dans le Seigneur, lui dit-elle au mois d'août 1425. Cette année même tu dois te revêtir des armes saintes et de l'habit des bienheureux, en jurant d'observer sans crainte tous les commandements de Dieu. Je ne t'initierai point aux secrets desseins de la Providence, mais sois sûre que nos *Discrètes* reconnaîtront bien vite, dès que tu seras admise en leur *fraternité*, quel est le devoir qui t'incombe ; promets-moi de leur obéir et de conformer ta conduite à leurs vœux. »

Jeanne d'Arc acquiesça sans trop comprendre ce que Colette lui demandait. Un désir de la Sainte était, pour elle, un ordre.

Elle avait promis de travailler, elle tint parole.

Elle s'instruisit, Dieu l'inspira.

Après Colette un *ange*, un envoyé spécial du *Roy du Ciel*, vint exposer à Jeanne les desseins du Seigneur. Puis ce furent les voix moult belles et douces, les saintes parlant cet idiome Gaulois que la fille de Jacques d'Arc comprenait si bien.

À quatorze ans, Jeanne, ayant été reçue comme tertiaire dans la fraternité laïque de Neufchâteau, ses facultés étonnantes furent appréciées à leur juste valeur. Mais la partie engagée était si grave, son succès avait une importance si grande que Gerson, Gélu, Mme de Guyenne, Yolande d'Aragon, la reine Marie d'Anjou et tous les autres dépositaires du secret suprême de la duchesse Marguerite et de sa confidente Colette de Corbie ne voulurent négliger aucune précaution pour mener à bien la partie dont la France et l'Église étaient le double enjeu.

Tous furent d'avis qu'il fallait s'assurer le plus grand nombre d'influences possibles et diminuer, de toutes manières, les malechances ou les causes d'échec. L'union de toutes les bonnes volontés pouvait seule assurer le triomphe.

Secrètement prévenues, par les moines celtiques, des dangers imminents qui, menaçant l'Église, menaçaient en même temps leur liberté sociale et leur influence politique, les femmes chrétiennes se liguèrent pour défendre la France, ce rempart dernier de la Chrétienté.

Mais, avec la grande expérience qu'elles avaient des hommes et des choses, les dames *damées* n'ignoraient pas que leurs vertus et leur intelligence pouvaient fort bien échouer auprès des seigneurs voluptueux, esclaves de la vanité et de toutes les passions.

Ces femmes fortes n'eurent pas de peine à persuader aux moines qu'il était indispensable de ruser avec l'ennemi afin de diviser, de dédoubler ses forces avant de le braver en face.

La cause que Jeanne devait défendre n'était pas seulement la cause de l'Église, elle était aussi celle de la FEMME.

Il était important d'y rallier toutes les femmes non affiliées directement à la cause contraire, à la cause du Temple.

Dans les *Loges-les-Dames* se nouaient alors beaucoup d'intrigues politiques, mais les adeptes n'étaient point inféodées encore à la grande conspiration antichrétienne et antifrançaise des Templiers.

Il fallait, à tout prix, empêcher la réunion des deux sociétés secrètes, si l'on voulait sauver la France du joug de fer des Lancastre et l'Église universelle de la Maîtrise despotique des financiers occultes qui argentaient les Taborites de Bohême, les Anglais de Bedford et les schismatiques de toute l'Europe dans l'espoir de mettre enfin la main sur les clés du Ciel et de la Terre en faisant nommer, grâce aux troubles de l'Église, un Templier pape et vicaire de Jésus-Christ.

Sainte Colette, qui n'ignorait point cette tactique, avait groupé dans les fraternités franciscaines beaucoup d'éléments féminins afin d'organiser une ligue défensive du monde chrétien. Mais comme, parmi les dames *damées* elles-mêmes, les *Loges-les-Dames* recrutaient des adeptes, les intrigues des *dames de cœur* coupaient souvent auprès des grands l'influence utile des *dames de cour*.

Beaucoup de femmes étaient séduites par les latitudes distrayantes et par les facilités de toutes sortes que leur assurait leur affiliation aux *Loges-les-Dames*.

Cependant, un grand nombre de ces Fées agissaient bien plus par frivolité que par réflexion. L'intrigue les amusait ; mais elles eussent reculé devant la trahison : beaucoup aussi eussent hésité à renier publiquement leur foi.

Il fallait montrer à ces étourdies, à ces rieuses éprises de plaisir, qui vivaient sans autres soucis que ceux de leurs intrigues, que le péril était grand et beaucoup plus réel qu'elles ne le supposaient. Il était urgent de rallier ces femmes à la ligue chrétienne et d'utiliser leur grâce charmante, leur entrain, au profit de la lutte sérieuse qui allait s'engager.

Les dames damées, affiliées au Tiers-Ordre franciscain, se chargèrent d'amener doucement les Fées des *Loges-les-Dames* qu'elles rencontraient dans les châteaux et les palais à la coalition qui devait assurer le succès de la cause patriotique et chrétienne à laquelle elles avaient voué leur vie.

Très habilement, avec une prudence et une patience sans bornes, les Marguerite de Guyenne, les Agnès de Clermont, les Jeanne de Laval et autres tertiaires de même trempe établirent des relations sociales avec les principales dames faées du Royaume.

Elles leur montrèrent non seulement les dangers que la conspiration si bien ourdie des Templiers faisait courir à l'Église et à la France, sa fille aînée, mais elles leur firent aussi apercevoir les pièges dont les émissaires féminins des Templiers environnaient méchamment toutes les femmes qui prétendaient conserver leur liberté d'action et l'autonomie propre que la morale chrétienne leur avait assurée.

Les Fées prétendaient dompter l'homme en le captivant, elles ne voulaient point être soumises, même par la volupté, au joug masculin.

Mieux valait donc pour elles se rallier momentanément à l'Église afin de faire disparaître le péril qu'on leur montrait, quitte à reprendre ensuite personnellement leurs intrigues quand elles ne craindraient plus ni les Templières, ni les Templiers.

Les grandes Maîtresses des *Loges-les-Dames* s'unirent donc provisoirement aux Discrètes des fraternités franciscaines.

Des ordres furent donnés de part et d'autre. Les fleurs des fées s'enlacèrent aux rosaires des saintes et, simultanément, Claude et Jeanne d'Arc furent évoquées.

Il fallait, pour mener la campagne contre les ennemis visibles et invisibles une guerrière et une inspirée : la guerrière braverait les dangers, l'inspirée posséderait tous les plans stratégiques de la lutte.

Si la guerrière succombait, la voyante prendrait sa place. On ne risquait pas ainsi de perdre la partie aussi facilement.

Les filles d'Isabelle Romée étaient braves ; leurs qualités respectives concordaient, à merveille, avec les rôles qu'elles devaient jouer. La Providence semblait les avoir créées pour cette tâche. Le conseil des Fées, l'assemblée des Discrètes n'hésitèrent point, ne doutant pas de la mission des deux sœurs.

Les Dames fatales effeuillèrent la guirlande symbolique suspendue par Claude aux rameaux du grand *Fau*.

Saint Michel apparut de nouveau à Jeanne lui annonçant que sainte Catherine et sainte Marguerite, la *Pure* et la *Perle*, l'initieraient bientôt aux secrets desseins du Très-Haut.

Les deux sœurs répondirent avec enthousiasme à l'appel qui leur était fait.

Jeanne devint plus pieuse ; Claude plus hardie et plus téméraire.

Celle-ci ne put dissimuler longtemps à son père, et à ses frères dont elle faisait la joie, dont elle était l'idole, le brillant avenir que le choix des Fées lui avait révélé.

Jacques d'Arc en fut assez fier pour n'y point opposer d'obstacle. Ses fils développèrent, avec orgueil, les qualités physiques de celle qui leur devait apporter gloire et honneurs.

Jeanne ne se confia d'abord qu'à sa mère.

Isabelle fut ravie en apprenant le message de l'ange à celle de ses filles qui moralement lui ressemblait le plus. Elle favorisa les études de Jeanne et ses rapports mystérieux avec les Discrètes ;

elle lui facilita les moyens d'acquérir les vertus et la science propres à sa vocation. Dans l'ermitage de Bermont, Jeanne étudiait comme la Vierge jadis dans le Temple ; et elle repassait en priant tout ce qu'elle avait appris.

« C'est pour cela que je suis née », murmurait-elle lorsqu'un doute pesait sur son âme, et quand un pressentiment sombre effleurait tristement son esprit.

« Si j'avais eu cent pères et cent mères et si *j'avais été fille de roi*, je n'aurais point hésité à partir, dirait-elle plus tard à ses juges, c'était la volonté de Dieu ! »

La volonté de Dieu ! Telle fut constamment l'unique cause des actes de cette humble et douce fille, envoyée vers le Roy non pour acquérir un domaine temporel, mais pour lui restituer ce Royaume qu'il fallait recouvrer, afin de refaire la France, organe de la juste guerre à promouvoir au sens de la Loi divine.

« Jeanne ne s'en rapportait ni à ses propres œuvres, ni à son labeur personnel, toute son espérance de victoire était en Dieu, venait de Dieu.

« Aussi, selon l'habitude des prophètes qui étaient envoyés du Ciel, avouait-elle sa faiblesse et sa fragilité.

« Je ne suis qu'une pauvre fille, disait-elle, ignorante des choses de la guerre [59]. »

En effet, ce n'étaient point des armes matérielles qu'elle devait manier, cette Élève des *Discrètes* ; l'émissaire des Fées était là pour remplir ce rôle.

Avant le départ des deux sœurs de la maison paternelle, la nature primesautière de Claude faillit faire échouer la patriotique entreprise qui résultait de l'alliance tacite des Dames.

Claude ne prétendait pas partager avec d'autres la gloire et les dangers qu'elle avait entrevus.

Le jour où Jeanne, sur l'ordre de ses saintes, dut lui révéler quelle était sa mission, Claude fut prise d'un accès de colère violente.

Elle dit brusquement à son père tout le plan que sa sœur lui avait exposé.

Furieux, Jacques d'Arc se laissa emporter jusqu'à proférer des menaces contre celle qui, dans son esprit, voulait, par jalousie, ravir à Claude sa gloire.

« Si je savais, dit-il à ses fils, que votre sœur Jeanne dût un jour partir avec les hommes d'armes, je la noierais volontiers de ma main, et si je ne le pouvais faire, je voudrais que vous la noyassiez vous-mêmes [60]. »

Jeanne, un peu effrayée par cette violence, ne renonça point à accomplir les ordres qui lui étaient donnés d'en haut.

Mais elle jura de ne plus raconter à personne ce qui avait trait à ces révélations.

Puis elle attendit, patiemment, l'heure d'agir.

VII

JEANNE ET CLAUDE D'ARC À VAUCOULEURS

L'heure tant désirée de l'action effective arriva enfin pour les deux filles de Jacques d'Arc au début de l'année 1429.

Ce n'était point par hasard que cette date avait été choisie et fixée.

L'année 1429 correspondait au grand jubilé de Notre-Dame du Puy-en-Velay, et ceux qui méditaient le salut de la France comptaient pour l'opérer sur l'immense concours de prières qui, environnant l'autel de la Reine des Anges, attirerait un effluve particulier de grâces sur le royaume privilégié de Marie.

De plus, comme les vrais patriotes agissaient, non seulement avec une foi vive mais aussi avec une prudence consommée, ils savaient que l'affluence au Puy des gens de toutes castes et de toutes conditions leur permettrait de réunir, sans éveiller les défiances anglaises, tous les éléments disponibles des milices communales des bourgs.

Il n'était point alors facile de circuler à travers les différentes provinces de France. Non seulement les bandes armées encombraient les chemins, rançonnaient ou pillaient les convois de voyageurs comme il arrive toujours en temps de guerre, mais encore le duc de Bedford avait établi, dans tous les pays soumis à la domination ou à la suzeraineté d'Henry VI, une sorte de fisc très gênant et excessivement précis qui consistait à réclamer à chaque habitant des localités un droit de séjour et à obliger ces mêmes habitants à payer un droit de circulation pour le plus léger déplacement.

On payait pour rester chez soi et l'on payait aussi pour en sortir. L'Anglais retirait double avantage de son despotisme fiscal. La délivrance des *bullettes* ou permis de séjour et celle des saufs-conduits ou autorisations de circuler remplissait ses coffres et, de plus, la police des cités, villages, châteaux, bourgs et bourgades se trouvait admirablement faite par les collecteurs d'impôts qui répondaient sur leur liberté, et même sur leur vie, de l'exactitude rigoureuse de leur service quotidien.

Comment réussir à tromper la vigilance continuelle de pareils Argus ! Comment déplacer de leurs foyers les francs-archers qui devaient composer l'ost de la Pucelle sans révéler immédiatement au Régent anglais l'effort suprême tenté par la bourgeoisie française pour échapper à son odieuse et pesante domination ?

Le pèlerinage du Puy-en-Velay fut le prétexte et le moyen de cette mystérieuse prise d'armes qui devait arracher la France au joug oppresseur des Lancastre.

En cette année 1429, la fête de l'Annonciation (25 mars) coïncidait avec l'anniversaire de la mise en croix du Sauveur, le Vendredi saint.

Dans l'esprit du Peuple au Moyen Âge, cette confusion des deux plus grands mystères : l'Incarnation du Verbe et la Rédemption du genre humain, cette coïncidence, en une même journée, du début et de la fin de la vie du Dieu fait homme correspondait, ou devait correspondre, à quelque cataclysme social ou politique, à la mort d'un monde et à l'éclosion d'une ère nouvelle. Le deuil des uns devait causer la joie des autres : c'était un espoir pour les pauvres, les opprimés, les malheureux.

La date semblait donc providentiellement choisie pour tenter une fois encore de reconquérir l'autonomie nationale de la France et d'assurer enfin la liberté de la sainte Église de Dieu.

> « L'an mil quatre cent vingt-et-neuf
> Reprit à luire le Soleil ;
> Il ramène le bon temps neuf
> Et cette saison que printemps on appelle
> Où toute chose se renouvelle. »

Ainsi chantait, avec une joyeuse confiance, la vieille Christine de Pisan, cet historien-poète de Charles V, qui se fit le barde enthousiaste de la Pucelle d'Orléans. Pour réussir, le complot hardi des vrais serviteurs de la France et des fidèles enfants de l'Église du Christ devait être mené avec prudence, mais aussi très rapidement.

Il ne fallait pas que la Pucelle partît trop tôt, mais il était urgent quelle n'arrivât pas trop tard, auprès du Dauphin, à Chinon.

Pour que les pèlerins du Puy, qui cachaient, sous leur robe de bure, la cotte de mailles du guerrier, pussent la rejoindre en temps utile, il fallait qu'elle fût à la Cour avant la Mi-Carême, puisque tous ces hommes résolus se trouveraient groupés au pied de l'antique autel de la Vierge du Velay le Vendredi saint, attendant un signe d'en haut et un appel précis de Jeanne pour marcher sus aux Anglais et les bouter hors de la France ressuscitée.

Aussi l'héroïne, bien instruite de sa mission et sachant aussi par ses *voix* la part d'action réservée à sa sœur, se concerta-t-elle avec celle-ci, dès le mois de décembre 1428, pour quitter, sans éclat, la maison paternelle.

Isabelle Romée fut dans la confidence ; elle sut, par les Discrètes de la fraternité laïque de Neufchâteau, la gloire et les dangers réservés à ses filles. Elle aussi, la femme forte, la sainte mère chrétienne, elle dut accepter le poids du sacrifice, acquiescer aux desseins du Seigneur et, comme la mère des Macchabées, encourager ses enfants à affronter tous les périls pour sauver leur Patrie et glorifier Dieu.

On n'a pas assez vu le caractère sublime de l'épouse de Jacques d'Arc. On n'a pas pesé ses angoisses, on n'a pas compris l'héroïsme froid, constant, résigné de cette femme qui sut tout et qui ne dit rien. Sa grande humilité a jusqu'ici voilé ses souffrances intimes, sa valeur morale et sa superbe fermeté. Il est temps de lui rendre justice et de faire rayonner sur elle un peu de la gloire de ses enfants.

Oui, comme autrefois Marie, la mère du Christ, savait que chaque jour l'approchait des douleurs dont le salut de l'Humanité entière devait être le prix, de même Isabelle Romée (je devrais presque dire Isabelle la sainte) n'ignorait pas que sa Jeannette courait, sans hésiter, vers le martyre dont la vie de la France et la sécurité de l'Église seraient les fruits.

Ainsi que le faisait Moïse aux heures solennelles des grandes batailles livrées par Israël aux ennemis du peuple hébreu, Isabelle Romée pria Dieu pour attirer la victoire sous l'étendard mystique de Jeanne et pour assurer le triomphe de Claude, téméraire porte-glaive des Fées du bois Chenu.

Après que ses filles eurent quitté la maison paternelle, trompant pieusement les hésitations et les craintes de Jacques d'Arc par le futile prétexte d'un voyage à Burey chez leur tante maternelle, femme de Durand Laxart, Isabelle en partit aussi à pied, le chapelet à la main pour rejoindre, au Puy, Colette de Corbie qui fondait un couvent de Clarisses et priait pour le succès de la politique à laquelle, depuis longtemps, elle avait voué sa vie [61].

Laissons Isabelle cheminer lentement vers le sanctuaire d'où elle apercevra vaguement le Thabor et contemplera, en esprit, le Calvaire que devra gravir sa Jeanne bien-aimée, et voyons les deux sœurs aux prises avec Robert de Baudricourt gouverneur, pour Charles VII, du château-fort de Vaucouleurs.

Par sa précipitation et sa témérité, Claude, dès le début, faillit tout compromettre encore une fois.

Jeanne, à qui ses Saintes avaient positivement ordonné d'aller elle-même trouver Baudricourt, hésitait cependant à faire cette démarche, car elle ne savait trop comment aborder le capitaine du Roi.

Claude, voyant l'embarras de sa sœur, lui offrit d'aller à sa place à la Citadelle et d'obtenir l'autorisation nécessaire et les lettres d'introduction indispensables pour pénétrer auprès du Dauphin.

Jeanne se laissa persuader.

Claude, dès le lendemain de son arrivée à Burey, se revêtit donc de son plus beau costume de paysanne et, comptant se servir des signes et moyens particuliers aux adeptes des *Loges-les-Dames* pour se faire donner ce qu'elle désirait, elle se rendit à la forteresse et demanda, sans hésiter, à voir le Gouverneur.

Une belle fille obtient assez facilement gain de cause. Les serviteurs de Baudricourt n'eurent garde d'éconduire l'enfant de Jacques d'Arc et l'introduisirent auprès du Capitaine. La curiosité s'en mêlant, celui-ci se montra, dès l'abord, assez courtois.

C'était un rude homme de guerre, catholique à ses heures, mais soudard avant tout. Il n'était certes affilié à aucune société secrète, pas plus à celle des astrologues et fées du Bois Chenu qu'à celle des Tertiaires franciscains.

Aussi, lorsqu'il eut entendu l'exposé des étranges prétentions de Claude, rit-il à gorge déployée, déclarant qu'en vérité le père d'Arc perdait la tête de laisser sa fille courir ainsi les grands chemins en quête d'aventures militaires et, qu'à son sens, il eût sagement agi en la fustigeant d'importance pour la réveiller un peu de ses rêves ambitieux et fous.

Claude ne se déconcerta point de cette raillerie assez grossière et, pour mieux faire valoir le côté positif de ses visées, elle déclara, par bravade, qu'une fois menées à bien les choses qui lui avaient été commandées de la part de Dieu, elle aurait trois fils, dont l'un serait pape, le second empereur et le troisième roi.

– En vérité, riposta plaisamment Baudricourt, je voudrais bien être le père d'un de ces hommes qui auront un si grand pouvoir afin que, par là même, il eut plus de valeur.

– Nenni, nenni, gentil Robert, répliqua Claude, sans se déconcerter, il n'est pas temps encore, et le Saint-Esprit ouvrera.

Robert de Baudricourt fut un peu abasourdi de cette riposte, car il ne savait pas qu'elle était simplement la traduction de la légende accréditée dans les *Loges les-Dames* et qui consistait alors, comme aujourd'hui encore parmi les sœurs maçonnes, à attribuer à la Vierge Marie *trois* autres fils après Jésus.

La réplique ironique de Claude d'Arc était une allusion hardie à son initiation récente. Comme toutes les élues des dames faées, elle saluait en Marie non la Mère de Dieu, mais la digne fille d'Ève et ne croyait pas du tout au rôle mystique du Saint-Esprit.

Claude espérait sans doute que le gouverneur comprendrait, en entendant ces mots extraits du rituel ordinaire des adeptes du bois Chenu, qu'elle était réellement investie d'une mission secrète.

Il n'en fut rien. Non prévenu du langage conventionnel des *Loges* qu'il ne fréquentait ni ne connaissait, Baudricourt ne vit en cette repartie qu'un jeu d'esprit qui lui sembla, du reste, de fort mauvais goût. N'eût été par déférence pour Jacques d'Arc avec qui il avait eu, les années précédentes, de fréquentes relations d'affaires, il eût fait payer cher ces paroles à l'imprudente jeune fille, en la livrant, ainsi qu'il le dit plus tard, aux brutalités et au bon plaisir de ses hommes d'armes.

Congédiée de façon fort peu respectueuse par le capitaine de Vaucouleurs, Claude rentra à Burey, assez confuse d'avoir échoué, mais elle ne dit pas à sa sœur, en lui rendant compte de sa démarche, la cause réelle de son insuccès.

Jeanne cependant comprit qu'elle avait eu tort de ne point suivre l'avis de ses Saintes et elle résolut de réparer, en allant elle-même à la Citadelle, la faute qu'elle avait commise en laissant le soin de cette importante démarche à Claude.

Elle avait mis son oncle Durand Laxart au courant de sa mission.

Elle le pria, dès le soir même, de l'accompagner le lendemain auprès du Gouverneur.

Durand y consentit et fit demander audience à Baudricourt par un ami de la famille d'Arc, Bertrand de Poulengi, compagnon d'armes du capitaine de Vaucouleurs.

À l'heure qui leur fut indiquée, l'oncle et la nièce se présentèrent à la forteresse.

Jeanne était modestement vêtue de la robe rouge des filles des champs serrée à la faille par un cordon bleu ; elle portait ses noirs cheveux coupés à l'écuelle comme tous les membres des fraternités franciscaines. Un charme pénétrant et suave se dégageait de toute sa personne. Sa voix, au timbre d'or, pénétrait les cœurs d'un sentiment de respect profond et de confiance exquise.

Sans hésiter, à la première question du gouverneur, elle répondit avec une conviction calme dont Baudricourt demeura tout surpris : « Je viens vous prier de me faire conduire près du gentil Dauphin à qui il plaît à *Messire* de bailler en commende le royaume de France, afin que je le puisse assurer qu'en dépit de ses ennemis il recouvrera son domaine par la volonté expresse de *Mon Seigneur* à qui seul appartient le Royaume.

– Et quel est ton seigneur ? demanda le capitaine étonné de cette démarche, faite sur un tout autre ton et de façon à la fois plus simple et plus précise que celle de Claude d'Arc. Quel est ton Seigneur ?

– *Le Roi du Ciel !* »

À cette réponse, Baudricourt hocha la tête avec incrédulité et, sans raillerie comme sans encouragement, il la renvoya. Il n'avait pas plus compris le langage mystérieux des Tertiaires que celui des adeptes des Loges du bois Chenu.

Le lendemain et les jours suivants, Jeanne revint à la charge : le Gouverneur opposa un refus obstiné à ses demandes d'entretien.

Fatiguée d'une obstination qui lui semble incompréhensible mais qu'elle ne peut vaincre, Jeanne, qui sent que le temps presse, prend alors la résolution héroïque de se passer de l'acquiescement et des secours du Capitaine. Elle tient conseil avec Claude et son oncle, et tous trois sont d'avis d'aller directement, à pied, trouver le Roi.

Les voilà donc sur la route qui mène de Vaucouleurs à Joinville, la *route de France*, comme l'appellent les habitants du pays. Claude, sans plus penser à la fâcheuse issue de sa première démarche, arpente joyeusement, en devisant de l'avenir, les quelques lieues qui séparent Vaucouleurs de Saint-Nicolas de Septfonts, près d'Andelot.

Jeanne est plus triste parce qu'elle n'a pas pu suivre à la lettre les instructions précises de ses *voix*. Les messagères du *Roi du Ciel* l'ont envoyée à Baudricourt afin d'obtenir de lui la lettre d'introduction indispensable pour pénétrer auprès de Charles VII.

Avec son grand sens pratique, l'héroïne sent que la privation de ce document si important peut faire échouer toutes ses négociations diplomatiques, et elle reste fort perplexe sur l'issue du voyage dont dépendent le salut et l'avenir de la France.

Aussi, tandis que Claude et son oncle se reposent, elle entre dans la chapelle de l'ermitage dépendant de l'abbaye de Septfontaines. Elle prie Dieu avec ardeur de l'éclairer et, tandis qu'elle prie, une voix murmure doucement près d'elle : « Jeanne, ma mie, tu fais fausse route, il ne te convient pas d'arriver près du Roi en si piètre accoutrement. Retourne à Vaucouleurs, combats de nouveau la résistance et le mauvais vouloir de Baudricourt, tu le vaincras par tes instances et il te donnera un équipement convenable et une lettre d'introduction pour voir le Dauphin à Chinon. »

Éclairée par cet avis formel, Jeanne rejoignit son oncle et lui fit part de ce qu'on lui avait dit dans l'oratoire de saint Nicolas.

Durand Laxart consentit d'autant plus volontiers à rebrousser chemin qu'il était fort anxieux, ne sachant trop comment trouver un moyen pratique et sûr de poursuivre sa route.

Claude, fort mécontente et, croyant à un simple caprice de sa sœur, la railla beaucoup de sa couardise et lui dit qu'elle ferait bien mieux de filer sa quenouille que de prétendre à l'honneur de la suivre à la Cour et au milieu des camps.

Jeanne la laissa dire et elle pria son oncle de lui trouver, à Vaucouleurs, un logis où elle pût demeurer afin d'être mieux à portée de renouveler ses instances près du Gouverneur.

Durand Laxart installa ses deux nièces chez une brave femme nommée Catherine Leroyer, épouse d'un charron.

Les jeunes filles rendirent à leur hôtesse différents services qui les en firent aimer. Claude répondait volontiers aux nombreux clients qui hantaient la boutique. Jeanne cousait et filait avec Catherine qu'elle aidait aux soins du ménage, après l'avoir accompagnée, chaque matin, à la messe où elle priait avec une angélique ferveur dont tous les assistants étaient édifiés.

Naturellement, des confidences s'échangeaient entre les trois femmes.

« Ne vous rappelez-vous pas, Catherine, demandait Claude, la prophétie de l'Enchanteur Merlin : « La France, perdue par une femme, sera sauvée par une jeune fille née sur les marches de Lorraine. » C'est bien cela, n'est-il pas vrai ?

– À peu près, répondait Catherine.

Et l'on devisait sur l'espoir populaire en la venue prochaine de la libératrice.

Claude donnait à entendre que cette jeune fille n'était pas loin et, si elle eût osé, elle eût revendiqué, pour elle-même, cet honneur.

Jeanne, ayant apprécié la piété, la discrétion et la vertu de son hôtesse, l'avait mise au courant de sa mission.

Catherine n'avait point été surprise par cet aveu. Tertiaire de Vaucouleurs, elle savait la destinée de Jeanne par les Discrètes de Neufchâteau et elle travailla à la mettre en relations suivies avec les membres de la Fraternité dont elle faisait partie. Cela facilita la tâche de l'héroïne. Patronnée discrètement par les dames franciscaines, elle put enfin pénétrer, de nouveau, auprès de Baudricourt.

Mais les imprudentes paroles de Claude avaient fait sur le Gouverneur une si néfaste impression qu'il s'entêtait à considérer toute cette affaire comme insensée. Il avait même répété les propos de la fille de Jacques d'Arc aux prélats et notables personnes qui le pressaient de se rendre au vœu de Jeanne et, au premier abord, le récit du Capitaine, que l'on savait être aussi franc que loyal, avait produit, sur les esprits les mieux disposés en faveur de l'intervention active de la Pucelle, le plus déplorable effet.

Les Discrètes elles-mêmes se demandaient maintenant avec anxiété si elles n'avaient point été trop imprudentes en combattant de concert avec les dames faées et en commettant à leur élue une grande part dans l'action engagée.

Elles hésitaient même à continuer immédiatement la partie et, sans l'intervention brusque et opportune de Bertrand de Poulengi, on eût peut-être remis à une date ultérieure la diversion projetée.

Bertrand de Poulengi était un homme fort estimé et fort estimable.

Il avait été souvent à Domrémy l'hôte de la famille d'Arc ; il avait donc pu étudier, à l'avance, le caractère différent des deux sœurs tandis qu'elles gardaient encore *moutons* et *chevaux* dans le domaine paternel, ainsi qu'il le dit plus tard en sa déposition de 1455.

Jeanne avait captivé cet homme sérieux par sa simplicité, Claude aussi avait séduit le guerrier par son entrain.

Il savait celle-ci vive, enjouée, mais brave et, ne supposant pas que ses paroles imprudentes eussent un sens caché, il employa le crédit moral qu'il possédait dans la haute société de Vaucouleurs à effacer la mauvaise impression produite et à rassurer les tertiaires franciscains sur le compte de l'émissaire des fées du bois Chenu.

Quanta Jeanne il ne doutait pas de sa vertu mais, cependant, en homme prudent, il résolut de s'assurer encore de la valeur intellectuelle et pratique de la jeune fille. Accompagné d'un de ses amis, Jean de Novelompont, surnommé Jean de Metz, il se rendit chez Leroyer pour causer familièrement avec les deux sœurs.

Jeanne les étonna par le calme, la profondeur, la précision de ses réponses.

Les deux guerriers avaient trouvé l'héroïne travaillant à un ouvrage de monture près de son hôtesse.

– Que faites-vous ici, ma mie ? demanda Jean de Novelompont ? Faut-il donc que le Roi soit chassé de son royaume et que nous devenions Anglais ?

– Hélas ! répondit Jeanne avec tristesse, je suis venue ici en *chambre de roi* pour parler à Robert de Baudricourt et lui demander de me faire conduire vers le gentil Dauphin ; mais il n'a souci, je le vois, ni de moi, ni de mes paroles. Cependant je dois être près du Roi avant le milieu du Carême ; il le faut et j'y serai, dussé-je user mes jambes jusqu'aux genoux ! Personne au monde, voyez-vous, ni Roi, ni Duc, ni fille d'Écosse, ne peut reconquérir le royaume de France. Tous les conseils sont vains ; *il n'y a de secours qu'en moi*. J'aimerais bien mieux rester à filer près de ma pauvre mère, car combattre n'est pas mon métier. Mais il faut bien que j'aille combattre, puisque *mon Seigneur* le veut.

– Et quel est donc votre Seigneur ? demanda Jean de Novelompont comme l'avait fait Baudricourt.

– *Le Roi du Ciel !*

À ces mots, le chevalier qui, sans doute, était initié aux secrets de la grande conspiration religieuse et patriotique dont Jeanne était l'instrument conscient et précieux, fut saisi d'enthousiasme et, prenant la main de la jeune héroïne, il lui jura sa foi, lui promettant de la conduire au Roi avec l'aide de Dieu.

« Quand voulez-vous partir ? demanda-t-il.

– Plutôt aujourd'hui que demain, plutôt demain qu'après, répondit-elle, car le temps presse.

– Mais vous ne pouvez chevaucher ainsi vêtue, observa-t-il.

– Je sais qu'il me faut prendre des habits d'homme et j'y suis résolue, dit-elle.

– Eh bien, fit-il émerveillé de sa décision si simple et si brave, je vous ferai donner une armure.

En effet, il commanda à l'un de ses serviteurs d'aller quérir un équipement complet.

Jeanne le donna immédiatement à Claude et, pour elle, elle revêtit un costume de tertiaire franciscain que les membres de la fraternité de Vaucouleurs firent confectionner à sa taille.

Dès lors, une effervescence enthousiaste s'empara des esprits dans tous les environs.

Bertrand de Poulengi se chargea de dévoiler au Gouverneur de la forteresse la vraie mission dont Jeanne était chargée. Il lui montra le rôle différent que les deux sœurs devaient remplir dans la libération de la France. Robert de Baudricourt comprit alors qu'une politique profonde avait guidé vers lui les filles de Jacques d'Arc : il sentit que l'émissaire des Fées du bois Chenu devait masquer les négociations si importantes confiées à l'intelligente initiative de Jeanne, seule élue de Dieu et des Discrètes, seule dépositaire du grand secret des moines celtiques et des hauts barons anglais.

Dès lors, Baudricourt fut capté. En vrai patriote, il fit abnégation de ses vues personnelles et il sut agir avec autant de prudence que de tact, avec autant de prévoyance que de désintéressement.

Avant de partir pour la France, Jeanne avait encore à faire une démarche absolument nécessaire au succès de sa mission. Il lui fallait conférer avec la duchesse de Lorraine, Marguerite de Bavière, sœur de la reine Isabeau. Par elle seule, l'héroïne pouvait avoir la clé des mystères intimes qui bouleversaient l'âme de Charles VII et pesaient lourdement sur toute la politique du roi de Bourges, en le mettant à la merci des puissants conseillers qui le gouvernaient.

Marguerite de Bavière était une sainte femme. Elle vivait retirée dans une austère solitude près de Toul. Fort délaissée par son mari que la favorite Alison du May tenait en une très étroite dépendance, régnant à la fois sur les sens du Duc et sur ses États, la duchesse Marguerite se considérait comme la victime expiatoire des crimes et des fautes de sa race. Elle ne gémissait point sur son sort, elle l'acceptait avec une énergie de résignation et de fermeté calme qui édifiait et émerveillait ceux qui avaient le bonheur de l'approcher.

« Réparer ! » telle était son unique devise. Expier ! tel était son but.

La duchesse Marguerite de Bavière n'avait ignoré aucune des fautes commises par sa sœur la reine épouse de Charles VI. Elle connaissait le caractère léger, frivole et sensuel d'Isabeau. Elle comprenait la faiblesse de cette nature molle et, tout en excusant certainement la femme, elle condamnait la souveraine si peu à la hauteur de sa tâche difficile. Marguerite avait souvent reçu les confidences de celle qui trahissait tous ses amis sous l'empire de la peur que lui inspirait des ennemis.

Oui, en vérité, Isabeau de Bavière avait toujours été affolée par la peur, hypnotisée par les menaces terribles qui lui étaient faites sans cesse et qu'elle sentait suspendues sur son existence comme une terrible épée de Damoclès.

On l'avait menacée dès son arrivée en la Cour de France. Elle avait quatorze ans alors, elle était belle, insouciante, rieuse. Mais elle avait vu soudain se dresser près d'elle, arrogante et rigide, cette Marguerite de Flandre qui lui avait dit tout bas : « Je veux régner, je le dois, aidez-moi ! »

Isabeau avait eu peur et, pour oublier la sinistre figure de la *crueuse dame* [62] qui prétendait la dominer et faire d'elle l'instrument docile de son ambition et de sa politique, elle s'était jetée dans les plaisirs à corps perdu.

Elle espérait peut-être que, la trouvant si folle, on cesserait de lui rien demander. Au contraire, les pouvoirs occultes, sentant en elle une cire molle, résolurent de l'employer non comme agent, mais comme moyen. Isabelle avait tremblé ; on la domina par la crainte. On lui prédit que Charles VI, qu'elle aimait, serait atteint, et Charles VI devint fou ; on lui annonça que ses enfants succomberaient, et successivement les trois premiers Dauphins furent empoisonnés : l'un à sept ans, l'autre à vingt, l'autre à dix-neuf. Puis ce furent ses favoris, ses amis, ses serviteurs. Isabeau plia sous l'étreinte de ces douleurs qui brisaient son cœur plus sensuel que sensible sans doute, mais cependant humain dans le sens presque animal du mot.

Naturellement, Isabeau de Bavière était une jouisseuse, elle oublia sa peine dans les plaisirs ; elle noya ses chagrins dans les orgies et elle accumula les crimes pour ne plus sentir l'oppression de la peur.

Elle était désormais *in manu* des pouvoirs occultes qui en faisaient le pivot matériel de leur politique anti-française.

Elle était la reine après tout !

Le roi fou étant interdit, la reine avait une valeur nominale dont on pouvait jouer à l'encontre de ceux qui voulaient défendre la patrie contre l'étranger.

Aussi la tremblante Isabeau tourna-t-elle désormais comme une girouette légère sous la poussée des vents les plus contraires en apparence mais soufflant néanmoins au bénéfice des mêmes pilotes cachés et des mêmes politiques secrets.

Accommodant désormais ses distractions et ses craintes, Isabeau nourrit, de sa propre main, des léopards vivants, tandis que, pour assurer sa sécurité personnelle, elle jetait la France entière en pâture au léopard d'or des industriels anglais.

En cela, elle était logique ; la cruauté des autres l'avait rendue méchante ; la peur l'avait faite voluptueuse et dépravée, mais n'avait pu détruire son ironie native, cette ironie lourde des femmes allemandes qui rient cyniquement lorsqu'elles n'osent pas pleurer.

Marguerite de Bavière, elle, apprit à pleurer de ces choses sinistres ; elle porta au pied de la Croix toutes ces hontes et toutes ces douleurs.

Ne pouvant ni rassurer Isabeau, ni lui faire comprendre la sainte énergie du devoir, elle pria et, par sa patiente tendresse, elle réussit à conserver la confiance absolue de celle dont elle déplorait les fautes en cherchant à les réparer.

Par sa sœur, elle avait connu tous les dessous du traité de Troyes ; elle avait su qu'il était la rançon de la vie de Catherine de France, la fille bien-aimée d'Isabeau.

La reine avait eu peur, encore cette fois, de voir disparaître Catherine comme elle avait vu mourir déjà les trois Dauphins et sa fille Michelle. Elle avait sacrifié la France au salut de son enfant !

Marguerite avait su cela ; elle avait déploré la faiblesse désastreuse de la souveraine, sans oser blâmer la mère d'avoir menti, en trahissant son fils et la Patrie pour assurer la vie de sa dernière née, et en remplaçant pour elle le suaire par un manteau royal semé de léopards et de fleurs de lys d'or.

Depuis cette année néfaste de 1420, Marguerite de Bavière vivait dans toutes les rigueurs de l'austérité pénitente, elle souffrait en priant : elle priait en souffrant. Dieu se laissa toucher par ses larmes de sainte et elle put, en un instant, réparer le plus désastreux effet de la conduite de sa sœur.

Sous l'escorte de Bertrand de Poulengi, Jeanne d'Arc pénétra un jour dans l'oratoire où la duchesse Marguerite avait tant prié, tant pleuré. Les deux femmes se virent et causèrent. Par Marguerite de Bavière, Jeanne connut tous les plus intimes secrets d'Isabeau et elle put, dès lors, en toute assurance, affirmer à Chapes VII qu'il était réellement le fils et l'héritier légitime du Roi.

Tandis que Jeanne opérait secrètement cette très importante démarche, Claude se rendait à la cour de Lorraine sous la sauvegarde du gendre du Duc, le jeune René d'Anjou, frère de l'épouse du *roi de Bourges*.

Baudricourt, d'après la Chronique de Lorraine, les accompagna et présenta lui-même Claude au Duc en lui disant « comment elle désirait aller vers le roi Charles pour le remettre en France et chasser les Anglais hors. Le Duc demanda à la jeune fille si elle avait cette volonté. Elle répondit que ouy.

« – Monseigneur, je vous promets qu'il me tarde beaucoup que je n'y suis.

« – Comment, dit le Duc, tu ne portas jamais armes, ne à cheval ne fus !

« – Quand j'aurai un cheval avec un harnais, dessus je monterai, là verra-t-on si le scay guider.

« Le Duc (pour lors son escurie estait où les Piedz Deschaulx sont à présent) lui donna un harnais et un cheval et la fit armer.

« Elle estait légère ; quand on amena le cheval et des meilleurs, tout scellé et bridé, en présence de tous, sans mettre le pied en l'estrier, dedans la selle se rua.

« On lui donna une lance, elle veint en la place du chasteau, elle la courut. Jamais homme d'armes mieux ne la courut. Toute la noblesse esbahie estait. On en fit le rapport au Duc, bien congnutil qu'elle avait vertu. Il dit donc à Messire Robert : Or, l'emmenaiz ; Dieu lui veuille accomplir ses désirs. »

Mais Claude n'était pas venue uniquement à Nancy pour émerveiller les hommes d'armes ; elle devait aussi tenter d'ébranler le crédit d'Alison du May sur l'esprit du vieux Duc.

Alison entraînait le beau-père de René d'Anjou à devenir le féal du roi d'Angleterre.

Claude d'Arc fut sans pitié pour la Fée imprudente qui la contrecarrait dans son dessein qui était d'obtenir l'hommage du Duc au roi de France.

René d'Anjou s'amusait fort des propos spirituels et mordants de la belle fille dont il nous a laissé un charmant portrait peint, dit-on, de sa main.

Dans cette miniature, Claude est représentée en costume de guerrière.

Ses longs et beaux cheveux retombent en boucles magnifiques sur ses épaules. La tête est coiffée d'un chapeau de feutre, orné de fleurs de lys, d'un très curieux effet.

La physionomie est énergique ; les traits inférieurs, très accentués, montrent une personne bien plus voluptueuse qu'ascétique.

L'œil est intelligent et volontaire.

On sent la Femme et non la voyante sous cette armure très coquette.

On comprend bien mieux cette superbe jeune fille cherchant la mandragore des Fées que recueillant la voix des Anges.

Elle a pu être la Pucelle d'Orléans ; elle ne fut certes pas la martyre de Rouen.

Non, l'héroïne qui soutint pendant plusieurs mois les fastidieux interrogatoires de clercs aussi indiscrets que retors, sans trahir le secret de son action occulte, n'était point celle dont René d'Anjou nous a conservé les traits !

Celle de Rouen, c'était la douce Pucelle si bien revêtue d'habits d'homme que rien de féminin ne se révélait dans sa prestance.

Celle-là avait les cheveux coupés en rond jusqu'à la hauteur des tempes, comme les tertiaires franciscains de cette époque.

Elle portait, non l'armure, mais le costume des laïques du Tiers-Ordre, ainsi que l'affirme un témoin contemporain, le greffier de l'Hôtel-de-Ville de La Rochelle :

« Elle avait, écrit-il, pourpoint noir, chausses attachées, robe courte de gros gris noir, cheveux ronds et noirs et un chaperon noir sur la tête. »

Matthieu Thomassin, dans sa Chronique, décrit le costume de Jeanne en termes à peu près semblables :

« La Pucelle avait courts les cheveux et ung chaperon de layne sur la teste et portait petits draps, qu'on appelle communément des brayes, comme les hommes de bien simple manière », dit-il.

Ce vêtement, c'était celui dont les bonnes gens de Vaucouleurs avaient équipé Jeanne, sur l'avis exprès de Gerson. Aussi l'héroïne à Rouen ne chargeait-elle point homme vivant au sujet de son habit masculin, qu'elle ne savait point comment quitter, puisque Gerson était mort avant qu'elle fût prise, en espérant qu'elle triompherait.

Ce vêtement, et surtout cette coupe masculine des cheveux, c'était son signe particulier ; elle y tenait, parce qu'elle savait sa sœur trop coquette pour consentir jamais à sacrifier sa splendide chevelure qui l'avait fait comparer, à la cour de Lorraine, à la célèbre Mme d'Or [63].

L'Inspirée rusait avec la Guerrière.

Jeanne ne permettait pas à l'imprudente Claude de s'identifier complètement avec elle.

Sa coiffure et son habit masculins étaient la livrée de la messagère occulte des Discrètes ; les gens supérieurs à qui elle eut affaire ne s'y trompèrent pas.

Claude pouvait batailler avec les hommes d'armes ; son caractère le lui permettait ; les femmes guerrières n'étaient point rares en ces époques tourmentées.

Mais il fallait toute la présence d'esprit, toute la sagacité de Jeanne pour ne se point laisser abuser ou trahir.

À la rigueur, on eût pu assez facilement remplacer Claude, mais on n'eût peut-être pas trouvé une seconde Jeanne, une seconde sainte pour mener à bien sa scabreuse mission.

Aussi toutes les précautions furent-elles prises pour que rien n'entravât l'action différente, mais convergeant au même but, que devaient mener simultanément les deux sœurs.

Lorsqu'elles partirent enfin de Vaucouleurs, le 23 février 1429, elles ne suivirent pas le même chemin pour se rendre à Chinon, auprès du Dauphin.

Jeanne, accompagnée de Jean de Novelompont, de Bertrand de Poulengi et de quelques autres hommes d'armes sérieux et expérimentés, passa par la Champagne sur l'ordre de ses *Saintes* qui lui avaient assuré qu'elle traverserait, sans accident, tous les pays encombrés d'Anglais.

Claude, sous l'escorte de ses deux frères et de quelques compagnons du capitaine de Vaucouleurs, se dirigea vers Chinon par la route de Bourges [64], parce qu'ainsi elle n'avait à traverser que des pays français ou bourguignons.

Robert de Baudricourt avait tracé cet itinéraire comme étant le plus sûr ; mais rien n'avait pu déterminer Jeanne à ne pas se conformer à l'ordre formel de ses *voix*.

En lui remettant la lettre d'introduction qu'il avait rédigée pour le Roi, le gouverneur de Vaucouleurs dit donc avec quelque inquiétude à Jeanne la tertiaire : « Va maintenant et advienne que pourra !

– J'ai la voie ouverte ! » lui répondit joyeusement Jeanne en serrant sur sa poitrine le message du Gouverneur comme pour lui montrer qu'en son sein elle cachait d'autres missives plus secrètes et plus importantes encore.

Et tandis que Claude, chevauchant le superbe coursier noir dont lui avait fait présent le duc de Lorraine, saluait la foule de son épée en signe d'adieu, Jeanne, montée sur le roussin acheté pour elle par les bonnes gens de Vaucouleurs, répondait doucement aux tertiaires qui lui manifestaient leurs craintes au sujet de sa personne : « C'est pour cela que je suis née ! »

Peut-être alors entrevoyait-elle les flammes du bûcher de Rouen éclipsant l'éclat des cierges de Reims.

Quoi qu'il en soit, elle marchait confiante, se souciant peu du martyre, pourvu que la France fût sauvée et que *Messire Roi du Ciel* triomphât.

VIII

ARRIVÉE DES DEUX SŒURS AUPRÈS DU DAUPHIN

Nous devons signaler ici une erreur historique que poètes et romanciers ont accréditée à l'envi. Cette erreur consiste à faire vaincre les hésitations de Charles VII et à introduire, malgré l'hostilité des favoris, Jeanne d'Arc à la Cour du Dauphin, grâce à l'intervention toute-puissante d'Agnès Sorel.

Or, même en suivant les systèmes les plus favorables à la longue durée du crédit matériel et moral de la Dame de Beauté auprès du Roi, il est impossible d'en faire remonter l'origine avant la fin de l'année 1431.

En cette année-là, René d'Anjou, ayant été fait prisonnier à la bataille de Bullegneville par Antoine de Vaudemont, allié du duc de Bourgogne, Isabelle de Lorraine, épouse de René, vint solliciter l'appui du Roi de France pour obtenir la libération de son mari. Isabelle avait amené avec elle Agnès, quelle considérait comme sa meilleure amie et dont elle avait fait sa première dame d'honneur.

En admettant que la radieuse beauté de la jeune fille ait, dès l'abord, frappé le Roi, la grande passion qui eut une si importante influence sur son règne, ne datant que de cette première entrevue, ne fut pour rien dans ses décisions au sujet de Jeanne d'Arc qui était morte avant l'arrivée d'Agnès à la Cour.

Comment donc les poètes, les romanciers et même quelques historiens ont-ils pu admettre et propager un tel anachronisme ?

À notre avis, cela tient à l'oubli que tous ont fait de l'existence et de l'action de Claude d'Arc. Ayant trouvé dans les vieilles chroniques du temps la trace indéniable de deux influences féminines simultanées, les historiographes de la Pucelle en ont attribué une à Agnès Sorel sans réfléchir que son crédit officiel ne date que de 1435.

Dans les récits fantaisistes des poètes et des romanciers se trouve évidemment un fond de vérité et cette vérité apparaît lumineuse dès qu'on fait surgir des dessous de l'Histoire la figure oubliée de Claude.

Une vieille tapisserie en laine qui date du XVe siècle et représente l'entrevue de Jeanne d'Arc et de Charles VII peint admirablement l'idée que les contemporains se faisaient du double aspect sous lequel parut la Pucelle à son arrivée auprès du Dauphin [65].

D'un côté, on voit le château de Chinon d'où sort le roi Charles VII qui s'avance sur le pont-levis. En face de lui arrive un cortège de cavaliers qui, chose singulière, ont tous, d'une façon très marquée, le type féminin.

En tête se trouve la Pucelle guerrière, couverte d'une armure, munie d'une grande épée sur le pommeau de laquelle s'appuie sa main gauche. L'index levé de sa main droite semble montrer au roi étonné le ciel semé de soleils et de fleurs.

Les figures très soignées de ces soleils ont une physionomie inquiète, fort curieuse à observer.

Au second plan, derrière cette Pucelle militaire, se tient la douce Pucelle qui porte l'étendard.

Elle est vêtue d'un costume vulgaire, mais son coursier est complètement caparaçonné de solcils présentant la même physionomie anxieuse que ceux dont le ciel est semé.

Elle-même a une attitude attentive ; elle semble écouter avec une certaine angoisse ce que dit la guerrière au Roi.

À sa droite, chevauche un page qui se tourne vers elle en souriant.

Portant, en sa main, de façon très ostensible, un arc détendu, il se trouve placé entre les deux jeunes filles.

Chacune d'elles a sur l'épaule son signe particulier, la première une rose épanouie [66], la seconde un soleil rayonnant et à face humaine.

Claude la guerrière, Jeanne l'inspirée, sont sorties toutes deux de la famille d'Arc dont on porte, entre elles, les *armes parlantes*.

L'émissaire des Fées et l'Élue des Discrètes se trouvent là simultanément en jeu en présence du Roi qui doit être prévenu et qui les attend.

Charles VII les attendait, en effet, ces envoyées d'un pouvoir protecteur. Prévenu par la lettre de Baudricourt, que Jeanne lui avait envoyée de Fierbois, où elle s'était arrêtée avec son escorte, tandis que Claude, suivant une autre route, devait être près de Bourges, le Roi savait le secours inespéré qu'on lui offrait.

Mais ce n'était pas pour lui petite affaire que d'accepter le concours d'une puissance supérieure.

Charles VII était à la merci absolue de ceux qui se disaient ses conseillers tout en étant réellement ses maîtres. Pour comprendre l'action de Jeanne d'Arc à Chinon, il est indispensable de pénétrer, avant elle, dans ce palais et d'examiner soigneusement quelles sont les influences qui se disputent l'exploitation du Roi. Disons d'abord que ces influences sont de deux sortes et inspirées par les deux esprits qui luttent avec acharnement pour et contre l'Église, pour et contre la France.

Aux patriotes chrétiens qui veulent le règne du Christ et le triomphe suprême de la Nation s'opposent les agents officieux des Anglais et les affidés soldés des Templiers. Ces derniers, au moment de l'arrivée de Jeanne, sont d'autant plus puissants qu'ils sont hypocrites. Ils jouissent d'un crédit d'autant plus grand qu'il est plus difficile de les démasquer, parce qu'ils appartiennent au parti armagnac qui est censé incarner en soi l'âme même de la résistance et les dernières forces vives de la Royauté aux abois.

C'est peut-être l'un des dessous les moins connus de notre Histoire que le véritable rôle joué en toute cette noire période par les Armagnacs qui furent, moins ostensiblement sans doute, mais d'une façon beaucoup plus constante et plus habile, les agents de l'Angleterre mercantile qui les payait à beaux deniers comptants.

Bernard d'Armagnac, ce sombre instrument des vengeances froides et terribles des moines du Temple, agit toute sa vie avec autant d'énergie que d'astuce pour entraîner la France dans le tombeau que ses ennemis avaient creusé d'avance avec l'espoir qu'une fois murée dedans elle n'en sortirait pas.

Bernard d'Armagnac, sous son apparence de chrétien austère, cachait toute la férocité cruelle d'un conspirateur albigeois. Il n'avait point oublié que la bande blanche qu'il donnait à tous ses partisans comme signe de ralliement avait jadis été imposée, comme stigmate infamant, à ses aïeux, par le Souverain Pontife. Il voulait venger sur l'Église et la France la tare officielle que ses ancêtres avaient subie sans pardonner l'injure reçue et sans oublier l'affront public dont ils avaient longtemps souffert.

Extérieurement fidèle à la foi du Christ, affectant pour notre Patrie un amour ardent, Bernard d'Armagnac était, au fond de l'âme, le pire des renégats et des conspirateurs.

Il s'était vendu corps et âme à l'Angleterre des Lancastre, il était le meilleur agent du grand Maître des Templiers. Il serait trop long de citer ici toutes ses trahisons envers Dieu, l'Église et la France.

La Providence veillait et elle fit soudain frapper à mort, par le Peuple, le Judas dont on n'a pas encore soupçonné tous les crimes, au moment où il allait commettre le plus lucratif de ses forfaits, celui de livrer Paris aux Anglais après avoir fait massacrer tous les habitants qui n'auraient point, comme sauvegarde, la médaille estampillée de l'héraldique léopard d'Albion.

Bernard mort, sa politique survécut. D'autres agents consentirent à servir les intérêts de l'Angleterre et les revanches des Templiers. Le président Louvet, Pierre de Giac, La Trémoïlle, se chargèrent successivement de tenir Charles VII sous le joug, en flattant ses mauvais instincts, en nourrissant sa volupté. Tous les favoris du Roi gouvernèrent par les favorites qui combattirent l'influence bienfaisante et patriotique de la reine Marie d'Anjou et de sa mère Yolande d'Aragon.

Ce fut d'abord Jehanne la Louvette, femme du duc de Joyeuse et fille du président Louvet, qui accepta la mission lucrative de capter les faveurs du fils de Charles VI.

Louvet fut un des pires conseillers de Charles VII en sa jeunesse. Homme politique sans foi ni loi, sans capacité personnelle comme sans scrupule, il était l'âme damnée du parti armagnac, le docile agent de toutes les visées les plus malfaisantes de nos ennemis.

Par ses filles, les Anglais croyaient tenir la France, car tandis que l'une d'elles captivait Charles VII, l'autre avait épousé Dunois. Mais cette dernière, ayant heureusement échappé à l'influence paternelle, appartenait secrètement au parti de la Reine, d'Yolande d'Aragon, de Marguerite de Bourgogne et de Colette de Corbie. Aussi, loin de détourner, comme on l'espérait, son mari de la voie droite et noble en l'amenant à toutes les trahisons, elle sut le doubler à merveille dans ses hautes et patriotiques visées. Dunois fut peut-être le seul capitaine qui connut et comprit absolument Jeanne d'Arc parce que sa femme lui avait révélé ce qu'elle venait faire et ce qu'elle voulait.

Lorsque, anéanti par une intrigue de cour et par la lassitude du Roi, le crédit de Jehanne la Louvette sombra, son père fut exporté en Provence, mais son influence, déjà si néfaste, fut remplacée par une influence plus déplorable et plus dangereuse encore.

Pierre de Giac prit le gouvernement du palais et sa femme celui de Charles VII. Catherine de l'Île Bouchard a joué dans toute cette époque un rôle si désastreux pour la France que l'on ne saurait trop vouer sa mémoire aux plus implacables jugements de l'Histoire. Ce fut elle, cette femme maudite, l'une des plus belles, des plus galantes et des plus subtiles du XVe siècle, qui jeta notre Patrie, pieds et poings liés, comme esclave aux mains d'Henry V, en faisant tuer à Montereau le duc Jean à l'heure où son alliance définitive avec le Dauphin Charles allait enfin assurer la paix.

Ce fut elle encore qui fit livrer Jeanne d'Arc au cardinal de Winchester comme gage de la transaction maladroite et coupable, que Charles VII conclut à son instigation.

Catherine de l'Île Bouchard et Bernard d'Armagnac : voilà les deux plus sinistres figures de cette lugubre période d'intrigues et de trahisons.

La froide et mathématique cruauté de l'un n'a d'égale que la cynique férocité de l'autre.

Le malheur de la France voulut que la courtisane éhontée continuât la tâche de l'homme d'État hypocrite. L'Angleterre eut dans cet homme et dans cette femme les deux plus habiles auxiliaires de sa politique malfaisante et, pendant plus d'un quart de siècle, de 1407 à 1435, de la mort du duc d'Orléans à la naissance du crédit matériel et moral d'Agnès Sorel, rien, pas même l'action merveilleuse de Jeanne d'Arc, ne put faire obstacle aux agents du Temple dans la cour du Roi.

En vain, Richemont, après avoir épousé Mme de Guyenne, veuve du Dauphin Louis et fille de Jean sans Peur, exécuta-t-il Pierre de Giac. Il réussit à lui faire avouer sa participation au crime dont la duchesse Marguerite de Bourgogne et ses filles n'ignoraient pas les vrais auteurs ; il fut impuissant à enrayer les intrigues néfastes de Catherine de l'Île Bouchard. Veuve de Pierre de Giac, cette grande Maîtresse Templière épousa le sire de La Trémoïlle que Richemont lui-même avait placé auprès du *Roi de Bourges*.

Celui-ci n'était point content du choix qu'avait fait le Connétable du nouveau conseiller destiné à remplir le rôle de favori.

« Vous me le donnez, mon cousin, avait-il dit, mais vous vous en repentirez, je le connais mieux que vous. »

Charles VII, malgré sa frivolité apparente, ne manquait ni de finesse, ni de bon sens.

« Il était, dit Georges Chastelain, historiographe bourguignon, sobre à table, beau raconteur, bon latiniste et bien sage en conseil. Mais de nul ne pouvait être regardé sans perdre aussitôt contenance. Depuis la mort du duc Jean, il n'était nulle part sûr, nulle part fort ; il craignait toujours de mourir par le glaive, ne s'osait loger sur un plancher ni passer sur un pont de bois à cheval, tant fut bon. De sa personne, du reste, n'était pas homme belliqueux, ni robuste, ni animeux pour faire de main propre, mais se souffrait conduire et cependant s'espouvantait, entre cent mille, d'un seul homme non connu. »

Évidemment le fils d'Isabeau de Bavière, le plus jeune des quatre Dauphins, avait été, dès l'enfance, terrifié, menacé, annihilé moralement par les conspirateurs occultes qui méditaient la perte de la France et la ruine de la Royauté.

Cependant, comme la Providence veillait et que les vrais patriotes surveillaient tous les agissements de leurs adversaires, d'autres influences bienfaisantes contrebalançaient, en cet esprit malléable et bon, le crédit néfaste des méchants.

Charles avait des élans de piété touchante, de mansuétude charitable et parfois aussi d'intuition étonnante.

Mais ce n'étaient que feux de paille qui manquaient de vigueur, de durée, d'aliment.

La crainte qui avait dominé sa mère l'hypnotisait aussi. Il avait peur de tout, de tous et de lui-même. C'était par la terreur qu'elle lui inspirait que Catherine de l'Île Bouchard le maîtrisait et gouvernait.

Ce qu'avait été pour Isabeau la *haulte et crueuse dame* [67], Marguerite de Flandre, Catherine de l'Île Bouchard l'était pour Charles VII.

Pour oublier ses appréhensions et ses angoisses, le fils devenait, comme sa mère, frivole, voluptueux, incapable. Ce n'était pas comme elle dans les orgies qu'il noyait ses tristesses ; ses plaisirs avaient une allure plus lugubre. Il s'amusait sans entrain, rougissant de ses faiblesses, presque honteux des excès qui l'usaient sans réussir à le distraire de ses obsédantes préoccupations.

Doué d'une sensibilité délicate, ce prince souffrait secrètement de la corruption dont on lui avait fait une habitude. Ses aspirations naturelles, son langage, ses goûts étaient ceux d'un esprit cultivé, ses mœurs seules étaient vulgaires et cela tenait presque autant à la nature de son milieu qu'à son caractère personnel.

La reine Marie d'Anjou possédait des qualités fort estimables. Elle était sensée et habile, elle avait l'esprit droit et elle sut montrer dans la mauvaise fortune une grande constance et un dévouement sans bornes à la France et à son époux. Sa libéralité, sa douceur, sa bonté, ses vertus domestiques sont au-dessus de tout éloge. Son esprit n'était ni sans agrément, ni sans culture. Elle aimait même les lettres et les arts ; mais, esclave du devoir et chrétienne parfaite dans sa vie privée, elle ne sut pas avoir assez de fermeté, de dignité et d'énergie comme souveraine.

Adorant son mari, elle fut d'une indulgence inouïe pour ses faiblesses et ne sut pas imposer son influence à ce caractère indolent. Elle gouverna admirablement sa maison, mais elle ne sut gouverner ni le Roi ni le Royaume. Épouse dévouée jusqu'à l'abnégation, elle ne fut pas assez forte pour réconforter l'esprit craintif et hésitant de son mari.

Sa situation, du reste, n'était point facile. Mariée très jeune, dépourvue de beauté, elle pouvait être l'amie, la confidente des douleurs, elle n'avait ni l'allure ni le tempérament de l'amante qui fixe les sens et fait vibrer les instincts.

Charles VII la traitait bien plus en camarade qu'en conseillère. Son égalité d'humeur le délassait de toutes les intrigues de la Cour. Il se reposait près de la Reine, mais il ne s'y distrayait pas. Il trouvait en elle une femme douce, une bonne ménagère, d'humeur facile et indulgente, mais il ne rencontrait pas le complément de sa nature indolente et frivole.

Pas plus que lui la Reine ne savait vouloir. Elle subissait l'influence bienfaisante des gens sages et patriotes dont elle aimait à s'entourer, mais elle ignorait l'art de répercuter utilement leurs avis dans l'âme du Roi. Elle était un peu comme ces surfaces planes et bien unies qui reçoivent la lumière sans la réfléchir.

Charles VII n'avait donc pas en elle un guide.

Les âmes douces et molles sont sans prise sur leurs pareilles ; l'union de deux faiblesses ne fait pas une force.

Marie d'Anjou était trop foncièrement bonne pour inspirer autour d'elle une crainte salutaire ; on s'en servait, on ne la servait pas.

D'un tout autre caractère était sa mère Yolande d'Aragon, veuve de Louis d'Anjou. Tous les historiens sont d'accord pour reconnaître la supériorité réelle de cette femme d'élite. Une seule passion semble avoir été l'âme de sa vie : l'amour de la France, qu'elle confondait avec celui de ses enfants.

Violante d'Aragon, comme la nommaient par raillerie les mauvais politiques qu'elle contrecarrait sans cesse, avait autant d'énergie, de ténacité, de volonté que sa fille en avait peu. Mais il lui fallait conduire des affaires si multiples et si compliquées qu'elle n'avait guère le temps de bercer Charles VII comme un grand enfant qu'il faut rassurer contre tout et contre tous.

Elle-même avait fort à faire pour se défendre des hommes qu'elle méprisait profondément, les sachant vendus aux pires ennemis de la France et du Christ, mais quelle devait supporter, ne pouvant seule contrecarrer la politique étroite, si contraire à la sienne, que les Louvet, les Giac, les La Trémoïlle incarnaient et défendaient.

Tous ces hommes, qui se disaient hautement Armagnacs, continuaient la politique d'astuce et de duplicité de leur chef Bernard.

Le souvenir de cet être froid et retors planait comme un cauchemar sur Charles VII, qui le revoyait sans cesse inexorablement cruel, abattant tout pour faire place nette comme l'eût fait un Attila. Contre ce souvenir, âme muette et rigide du parti qui semblait rester seul fidèle au *Roi de Bourges* en sa détresse, Yolande était d'autant plus impuissante que tous ses efforts auprès de son gendre étaient paralysés par l'influence néfaste de Catherine de l'Île Bouchard. Cette intrigante, successivement épouse de Pierre de Giac et de La Trémoïlle, gouverna par les deux favoris qui servirent de maires du palais à ce roi fainéant et incapable de suivre la grande politique nationale que sa belle-mère lui indiquait comme le devoir et le salut.

La France a compté peu d'hommes d'État aussi méprisables que La Trémoïlle. Audacieux, dissimulé, profondément habile, dépouillé de toute conscience morale, dévoré d'ambition et de convoitise, ingrat et jaloux, envieux de toute supériorité et de toute grandeur, il réunit tous les vices et toutes les bassesses sans l'ombre d'un mérite et d'une vertu. Vénal et prévaricateur, il ne laissa échapper aucune occasion d'emplir ses coffres, d'arrondir ses domaines. Il prêtait au Roi à la petite semaine, et le menaçait sans cesse de la faillite et du déshonneur. C'était le digne époux de Catherine de Giac. *Arcades ambo.* Les deux faisaient la paire, Bernard d'Armagnac était bien remplacé.

Catherine avait vendu aux Anglais le sang du duc de Bourgogne en leur livrant la France par-dessus le marché. La Trémoïlle, secondé par sa terrible épouse, ne négligera rien pour faire avorter le grand mouvement national personnifié par la Pucelle. Il sèmera tous les obstacles possibles sous les pas de l'héroïne, il essaiera même de l'empêcher d'arriver jusqu'au Roi en lui tendant sur la route de Fierbois à Chinon un infâme guet-apens.

Ayant échoué, il luttera sourdement contre la mission sublime qu'elle accomplit avec une invincible audace et une si intelligente ténacité. Vaincu par la diplomate comme nous allons le voir, il s'appliquera un moment à lui opposer Claude la guerrière pour éviter l'alliance précieuse que Jeanne veut conclure avec Richemont.

Mais l'Inspirée est sur ses gardes ; les Reines l'ont instruite. Dieu l'éclaire et, malgré tous et même malgré Claude, elle opère l'union des forces du Connétable à celle de son *ost* et la France est sauvée ! Orléans, Patay, Jargeau, toutes les victoires triomphales de cette superbe campagne de la Loire qui n'a peut être pas d'égale dans les fastes historiques de notre Patrie, sont les fruits merveilleux de l'initiative hardie de Jeanne d'Arc s'imposant à tous comme généralissime après avoir admirablement rempli la mission diplomatique qu'elle avait acceptée.

Catherine et La Trémoïlle subissent sans rien dire ce qu'ils n'ont pu empêcher. Le *Roi du Ciel* a vaincu le Grand Maître du Temple. Charles VII est sacré, mais Jeanne paiera cher sa vaillance, Catherine et La Trémoïlle la guettent comme une proie dans l'ombre ; nous verrons bientôt comment ils la livrèrent, désarmée, aux Anglais. Auparavant il nous faut étudier encore les autres ennemis de Jeanne à Chinon.

À côté de La Trémoïlle, Jeanne devait rencontrer près du Roi un autre adversaire non moins implacable mais plus doucereux : c'était le chancelier de France Regnault de Chartres, archevêque de Reims.

Ambitieux, souple, habile, capable de tout feindre et de tout dissimuler, vaniteux et ingrat, rampant devant les puissants et superbe vis-à-vis des faibles, prêtre sans foi, diplomate sans scrupules, Regnault de Chartres haït Jeanne d'Arc, mais il eut peur de sa pénétration, de sa franchise et surtout de son habileté.

Dès l'abord, il comprit que cette jeune fille en savait beaucoup plus qu'elle ne voulait en dire et, au lieu de lutter franchement contre elle, il essaya de ruser.

Mal lui en prit pour la cause de ses maîtres, car l'héroïsme et l'intelligence de l'envoyée du *Roi du Ciel* dépassaient tellement son esprit étroit et méthodique, sa petite âme mesquine et vaniteuse, que toutes ses ruses aboutirent au triomphe de celle qu'il avait cru troubler et démonter.

Comme La Trémoïlle il dut subir Jeanne, mais il ne lui pardonna pas. Il se réjouit même publiquement de sa prise qu'il avait lentement préparée en négociant avec Winchester le traité secret qui annulait toutes les conséquences heureuses de celui que nous allons voir maintenant conclure dans la grande salle du château de Chinon.

Charles VII, constamment ballotté entre deux influences contraires, celle des reines et celle des courtisans, ne savait généralement que résoudre et que conclure dès qu'une affaire nouvelle se présentait. Lorsqu'il reçut, expédiée de Fierbois par Jeanne, la lettre de Robert de Baudricourt, il hésita à répondre et prit conseil.

Naturellement, La Trémoïlle et ses partisans dissuadèrent le Roi de recevoir la Pucelle, fille folle et aventurière sans mission, disaient-ils.

Yolande d'Aragon fut d'un avis contraire.

– Pouvez-vous, dit-elle à son trop faible gendre, refuser de voir au moins cette messagère qui promet si grandes choses au nom du *Roi du Ciel* ?

– Eh quoi ! dit Gérard Machet, confesseur du Roi et véritable ami de la France, cette jeune fille est porteuse d'une lettre de crédit du brave Robert de Baudricourt, vaillant et prudent capitaine, elle a traversé sans encombre tous les pays dont l'ennemi est maître et le conseil du Roi l'enverrait sans l'entendre, cela serait vraiment folie et trahison !

Que répondre à cela ? Les railleurs ne le surent et se rangèrent à l'avis d'appeler d'abord à Chinon les chefs de l'escorte, amis et compagnons du capitaine de Vaucouleurs.

Jean de Novelompont et Bertrand de Poulengi, requis par le Roi, vinrent donc ; ils exposèrent avec tant de conviction et d'enthousiasme leur confiance absolue au pouvoir réel de la Pucelle et en la vérité de sa noble mission qu'ils obtinrent pour elle l'audience sollicitée. Ils y furent aidés, du reste, d'une façon assez singulière et qui les surprit beaucoup.

Charles VII était plus sensé que son père en bien des points, mais cependant il avait hérité de ses superstitieuses terreurs et quoique pût dire son Conseil, il ne décidait rien, sans consulter, en dernier ressort, ses astrologues.

Il en avait alors un pour lequel il professait une grande estime et qui était natif d'Orléans. Cet homme se nommait Jean Colleman, d'aucuns disaient qu'il était juif, mais, de cela, nul ne savait rien de certain.

Le Roi avait aussi près de lui un très célèbre docteur en médecine et grand astrologien genevois dont parle Simon de Phares, lequel fut élevé à Chateaudun avec les enfants de Dunois et qui, par conséquent, fut à même de savoir ce qui se passa réellement à Chinon.

« Cestuy avait nom maistre Guillaume Barbin et, consulté par le Roy, presdit l'exil des Anglais et relievement du Roy de France au moîen d'une simple Pucelle, et ung nommé Maistre *Rollandus Scriptoris* qui faisait les almanachs à l'usage de l'Université bailla l'élection pour ce faire en ces termes : "Bien est ascendant le XVIe degré de libra (la balance qui correspond au mois de septembre) et une estoile fixe nommée spica (l'aspic) est en l'ascendant Vénus, Mercure et le Soleil ou mi-ciel [68]." »

De cette rédaction, assez peu claire, Jean Colleman tira une conséquence favorable dans l'espoir, sans doute, d'engager le Roi à secourir Orléans sa ville natale.

S'il était juif, comme on le prétend, Colleman n'ignorait certes pas la décision prise en faveur de Claude par la *Loge-les-Dames* du Bois Chenu. D'autre part, cet homme pouvait fort bien être simplement l'agent secret de la reine Yolande qui savait, par les Tertiaires, la vraie mission dont Jeanne était chargée.

Quoi qu'il en soit du mobile qui le fit agir, Jean Colleman déclara verbalement au Roi, car il écrivait fort peu, ce qui prouve qu'il était homme de sens très pratique, que toutes les conjonctures et conjectures astrales annonçaient le triomphe certain de la Pucelle avant le mois de septembre suivant.

Cette affirmation similaire de trois astrologues décida plus vite Charles VII à accueillir Jeanne d'Arc que toutes les instances de sa belle-mère et de son confesseur.

Jean de Novelompont et Bertrand de Poulengi s'inquiétaient sans doute assez peu de la marche des astres, mais ils furent enchantés cependant que l'avis des astrologues du Roi concordât si bien avec leurs désirs.

Jeanne et Claude s'étaient réunies en une hôtellerie voisine de Chinon et elles y attendaient avec anxiété l'issue du Conseil du Roi.

Dès qu'elles surent qu'elles seraient reçues, elles se disposèrent pour cette démarche décisive.

Claude, revêtue de son armure guerrière, prit la tête du cortège ; Jeanne, en costume laïque de tertiaire, s'avançait derrière comme écuyer servant.

« Le Roy et son Conseil, raconte la Chronique de Lorraine, avaient envoyé trois bandes au devant de la Pucelle. En la première un semblable au Roy commandait ; en la seconde un pareil ; en la troisième estait le Roy. Vinrent les uns après les autres vers la Pucelle ; chacun la regardait. Elle dict ainsy : « Ici n'est pas le Roy ; ne ici aussi. » Mais quand ça veint à la troisième bande elle congneut le Roy : dont tous esbahis firent. »

« Dieu vous donne bonne vie, gentil Prince, dit Claude, en saluant Charles VII à la porte du chasteau de Chinon.

« Je ne suis pas le Roy, objecta sérieusement le fils de Charles VI.

– En nom Dieu, gentil Dauphin, repartit Claude, vous l'êtes et non ung autre. Puis elle dict : "Faites que tous vos gens d'armes soient à moy et leur faictes promectre que nul déshonneur ne me requerront."

« Le Roy dict incontinent à tous que, sur leurs vies, ils ne fissent, ne dient chose à la fille pucelle par quoy ils lui despleisissent et il la recommanda moult affectueusement ès plus grands seigneurs.

« La Pucelle leur dit : "Messeigneurs, diligentons en aller. Il me targe que je ne suy desjay devant Orléans. Je vous promest que je vous feray tous gens de bien ; j'ay bon vouloir bien charger sur ces Angloys qu'en ce royaulme font grands maulx.

« Plaise donc au gentil Dauphin me bailler hommes d'armes car c'est le plaisir de Dieu que, Orléans délivré, la Pucelle le mène sacrer à Reims et que les Anglais s'en aillent en leur pays, et s'ils ne le veulent, il leur mescherra. »

La scène que raconte ainsi la Chronique de Lorraine est bien celle que les contemporains des filles de Jacques d'Arc ont représentée sur la vieille tapisserie décrite plus haut.

« Après ces choses ainsi faites et dites, on fit ramener la fille en son logis et le Roy assembla son Conseil pour savoir ce qu'il avait à faire ; là étaient l'archevesque de Reims, son chancelier et plusieurs prélats, gens d'église et laïques [69].

« Le confesseur du Roy et d'autres conseillèrent à Charles VII de parler en secret à Jeanne et de lui demander s'il pouvait croire certainement que Dieu l'avait envoyée devers lui afin que, si l'on pouvait ajouter foi à ses paroles et se fier à elle, on la pût faire examiner par docteurs, canonistes et légistes pour bien savoir ce qu'était de son fait. »

Dès le soir même, le Roy fit quérir Jeanne. Cette entrevue était décisive ; aussi eut-on soin d'y faire venir l'élue des Discrètes et non l'émissaire des Fées. Claude resta en son hôtellerie ; son rôle public était joué ; et sa sœur seule était capable d'affronter l'examen des clercs et des politiques sérieux.

« Lors icelle Jeanne, venue devant le Roy, fit les inclinations et révérences accoutumées de faire aux Roys ainsi que si elle eust été nourrie en la Cour et, la salutation faite, attendit que le Prince lui adressât paroles. »

La salle, où se passait cette scène si différente de celle qui avait eu lieu aux portes de Chinon, est située au premier étage du château, longue de quatre-vingt-dix pieds et large de cinquante. Elle était alors vivement éclairée par cinquante flambeaux et il s'y trouvait plus de trois cents soldats [70].

Le seigneur de Trèves [71], Christofle de Harcourt, maistre Gérard Machet, confesseur du Roi, le sire de La Trémoïlle, Raoul de Gaucourt et quelques autres seigneurs en qui Charles VII avait alors confiance, étaient présents [72].

Décontenancé par la double intervention des deux sœurs qu'il ne s'expliquait pas, le Roi ne savait trop que penser, ni que dire.

– Qui êtes-vous ? demanda-t-il enfin.

– Gentil Dauphin, répartit Jeanne avec résolution, j'ai nom Jeanne la Pucelle et par moi vous mande le *Roi du Ciel*, mon droicturier et souverain Seigneur, que vous preniez courage ; car, en dépit de vos ennemis, vous serez tôt sacré et couronné à Reims et recouvrerez le royaume que Messire le *Roi du Ciel*, qui est seul roi de France, vous veut bailler en commende pour le régir et le gouverner. »

Tous les assistants étaient muets d'étonnement en entendant ces paroles, prononcées d'une voix douce et ferme, sans embarras et sans timidité, par cette jeune fille, vêtue d'un costume très simple, mais qu'elle portait avec tant d'aisance, de grâce et de distinction.

– Gentil Dauphin, ajouta Jeanne, ce que j'ai à vous communiquer est de trop d'importance pour se pouvoir dire ici : mes voix m'ont révélé des secrets fort graves et que je ne dois faire connaître qu'à vous.

Sans répondre encore, Charles VII se dirigea vers l'embrasure d'une croisée. Jeanne l'y suivit. Instinctivement les courtisans s'écartèrent et Jeanne put parler seule au Roi.

« Je vois, gentil Dauphin, dit-elle, que vous ne me croyez pas. Cependant, je vous l'assure, Dieu a pitié du Peuple et du Royaume car Saint Louis et Charlemagne sont à genoux, devant Lui, faisant prière pour vous au Ciel, tandis que, sur terre, vos communiers fidèles s'arment en secret pour vous venir en aide, après s'être assurés l'alliance tacite du grand Conseil des barons anglais.

– Dites-vous vrai, Jeanne ? interrogea vivement Charles VII, puis-je espérer un tel secours ?

– Lisez, gentil Dauphin, lisez cette missive quand vous serez seul, ce soir, et vous verrez que je puis faire ce que je vous promets, répliqua Jeanne, mettant un genou en terre devant le Roi et déposant en ses mains un message scellé qui devait provenir de ses inspirateurs.

De plus en plus étonné, Charles VII prit la lettre que lui tendait la Pucelle et la serra dans son pourpoint.

– Gentil Dauphin, reprit Jeanne, voyant que Charles VII ne disait mot, Messire le *Roi du Ciel* vous demande trois choses pour vous prêter aide et secours : la première est de vous démettre de votre royaume, d'y renoncer et de le rendre à Dieu de qui vous le tenez ; la seconde est de pardonner à tous ceux des vôtres qui ont été contre vous et vous ont fait peine ; la troisième est que vous vous humiliiez assez pour que tous ceux qui viendront à vous, pauvres ou riches, et vous demanderont grâces, vous les receviez, *soit amis*, SOIT ENNEMIS [73]. »

– Je le promets, dit Charles VII.

– Eh bien, avant de vous quitter, je vous veux dire telle chose qui vous montrera clairement que mes *voix* savent choses fort secrètes et qu'elles ne vous tromperont point.

– Qu'est-ce ? interrogea le Roi.

– N'avez-vous pas bien mémoire que le jour de la Toussaint dernière, vous estant en la chapelle du chasteau de Loches, en vostre oratoire, tout seul, vous feistes trois requestes à Dieu ?

Le Roy respondit qu'il était bien mémoratif de lui avoir faict aucunes requestes.

Alors la Pucelle luy demanda si jamais il avait dict et révélé les dictes requestes à son confesseur ni à d'autres.

– Non, respondist le Roy.

– Et si je vous dist les trois requestes que vous feistes, croirez-vous bien en mes paroles ?

Le Roy dist que ouy.

Adonc la Pucelle lui dist : « Sire, la première requeste que feistes à Dieu fut que vous priastes que si vous n'estiez vray hoir du Royaume de France, que ce fust son plaisir vous oster le courage de le poursuivre affin que vous ne fussiez plus cause de faire et soustenir la guerre dont procèdent tant de maulx, pour recouvrer ledit royaume.

La seconde fust que vous luy priastes que si les grandes adversités et tribulacions que le pauvre peuple de France souffrait et avait souffert si longtemps procédaient de vostre péché et que vous en fussiez cause, que ce fust son plaisir en relever le Peuple et que vous seul en fussiez pugny et portassiez la pénitence, soit par mort ou telle autre peine qu'il lui plairait.

La tierce fut que si le péché du Peuple estait cause desdites adversités, que ce fust son plaisir pardonner audit Peuple et appaisser son ire et mectre le Royaulme hors des tribulations es quelles il estait, jà avait douze ans et plus [74].

– C'est vrai, j'ai dit cela ! murmura Charles VII de plus en plus stupéfait.

– Eh bien, ajouta Jeanne assez haut pour être entendue des assistants, gentil Dauphin, je te dis, de la part de Messire, que tu es vrai héritier du royaume et fils du Roi et je suis envoyée spécialement vers toi pour te conduire à Reims pour que tu y reçoives beau sacre, si tu veux.

Puis l'entretien à voix basse reprit entre la Pucelle et son royal interlocuteur.

Que lui dit encore Jeanne ? Sans doute ce qu'elle avait appris par Marguerite de Bavière : les terreurs et les craintes de la reine Isabeau et le mensonge fait par elle, à Troyes, pour sauver la vie de sa fille Catherine [75].

À mesure qu'elle parlait, le froid visage de Charles VII prenait une expression radieuse qui frappait tous les courtisans.

Enfin, Jeanne, ayant exposé cette première partie de son secret, demanda licence au Roi de prendre congé de lui, le priant de lire sa lettre pour lai en donner avis le lendemain.

Charles VII le promit et reconduisit la Pucelle avec toutes les marques de la déférence la plus grande jusqu'à la porte de l'appartement.

Elle en sortit suivie des hommes d'armes qui l'avaient escortée.

Après son départ le *roi de Bourges* fit comprendre à tous les courtisans qu'il voulait être seul pour méditer sur le plaisir de Dieu.

Chacun se retira dans des dispositions d'esprit particulières. La Trémoïlle était furieux, Regnault de Chartres inquiet, Robert le Maçon et Raoul de Gaucourt hésitants, maître Gérard Machet, confesseur du Roi, se réjouissait en silence et la reine Yolande était enchantée.

IX

LE MYSTÈRE DE CHINON

Le lendemain Jeanne fut admise à la messe du Roi. À l'issue de l'office, Charles VII la prit à part afin de se faire expliquer les termes de la lettre qu'il n'avait pas très bien comprise et dont voici le texte :

« Une jeune vierge, revêtue du costume d'homme, sur la monition de Dieu, s'appareille pour relever le sceptre aux lys qui gît par terre ainsi que le Roi. Elle vient détruire ses ennemis maudits, principalement ceux qui se tiennent devant Orléans et l'épouvantent des horreurs d'un siège.

« Si les hommes ont l'idée assez haute pour se rallier en cette guerre et suivre les armes que prépare maintenant la *douce Pucelle* et qu'ils aient foi que les Anglais trompeurs seront frappés de mort pendant que les gens de Gaule combattront de toutes leurs forces sous la conduite de la *Pucelle guerrière*, alors adviendra la fin du combat.

« Les anciens pactes, l'amour et la piété et tous les autres *droits jurés* reviendront. Les hommes combattront pour la paix et tous, dans un élan spontané, se rangeront autour du Roi qui leur fera bon poids dans la balance de Justice et les ranimera aux feux de la belle paix. Et, par suite, nul ennemi, venu d'Angleterre sous le drapeau du léopard, n'aura la présomption de se dire roi des Francs. »

Jeanne révéla clairement à Charles VII la mission double et simultanée dont elle et sa sœur étaient investies. Elle lui fit comprendre que Claude, dans l'action, jouerait le rôle que, dans la Bible, avait rempli Jahel sous les ordres de Débora, qu'elle seule devait incarner.

« Ma sœur est le bras, je suis la tête. La *Pucelle guerrière*, c'est Claude, et la *douce Pucelle*, c'est moi, dit-elle. Claude entraînera les hommes d'armes et, à sa suite, les Gaulois auront raison et victoire. Moi seule possède les plans stratégiques de la lutte et je saurai faire triompher le double étendard des moines de France et des barons anglais qui vous demandent votre alliance en vous assurant, par moi, de leur concours contre l'ennemi commun : l'usurpateur Lancastre qui les menace autant que vous. »

Charles VII ne pouvait se lasser de l'entendre, car elle lui révélait des choses qu'on ne lui avait jamais dites et, dans son bon sens d'homme pratique, il sentait bien qu'elle seule avait l'audace et le courage de lui apprendre enfin toute la vérité.

En ce moment, le duc d'Alençon, ayant appris à saint Florent-lez-Saumur où il chassait aux Cailles l'arrivée, à Chinon, de la Pucelle Jeanne dont il avait déjà ouï parler par la duchesse sa femme, arrivait à franc étrier pour juger par lui-même ce qu'était réellement la mystérieuse envoyée du *roi du Ciel*.

Comme il passait auprès du Roi, il arrêta brusquement sa monture et mit pied à terre pour rendre ses hommages à son royal cousin.

Charles VII l'invita à entrer avec lui au château. Le duc d'Alençon s'excusa, en alléguant le négligé de son costume de voyage.

– Qu'importe, beau cousin, dit joyeusement le Roi. Venez toujours, car nous avons heureuses nouvelles à vous apprendre. Et, désignant le jeune duc à Jeanne : C'est mon cousin le duc d'Alençon. ajouta-t-il.

– Vous, soyez le très bien venu, répondit gracieusement la Pucelle sans s'émouvoir. Plus on sera ensemble du sang royal de France, mieux cela sera [76] ! »

En entrant au château, on trouva La Trémoïlle que le Roi invita à se joindre à leur groupe.

Le favori n'osa refuser et tous quatre pénétrèrent dans une salle basse où le Roi, sur le conseil sans doute de sa belle-mère ou de son confesseur, avait donné rendez-vous à quatre de ses secrétaires officiels, chargés habituellement de la rédaction des contrats de la Cour.

« Gentil Dauphin, dit alors Jeanne, je vous en prie, faites-moi un présent. Donnez-moi, devant Messeigneurs, le noble royaume de France.

– Je le veux bien, Jeanne ma mie, répliqua Charles VII avec quelque embarras, car il craignait un peu les railleries de La Trémoïlle et de son cousin d'Alençon en semblant se prêter à l'étrange caprice que la singulière jeune fille lui avait déjà exposé la veille au soir.

– Oh ! n'ayez crainte, dit-elle souriant, je n'en ferai point un mauvais usage. Écrivez, Messieurs les notaires, en bonne et due forme la donation que me fait à moi, Jeanne la Pucelle, Charles de Valois du Royaume de France.

Séance tenante, la charte fut rédigée puis récitée à haute voix en présence du duc d'Alençon et de La Trémoïlle ébahis.

– Voilà, dit ensuite Jeanne en désignant de la main Charles VII, voilà, Messeigneurs, le plus pauvre chevalier du Royaume. Mais à Dieu ne plaise que je garde pour moi si beau don ; je ne suis que la mandataire de Messire le *Roi du Ciel* et très volontiers je remets le royaume en les mains du Tout-Puissant, Très-Haut, Roi des rois, Maître des Empires et Seigneur des Seigneurs. Écrivez encore messieurs les notaires ! » Docilement les quatre secrétaires royaux rédigèrent, sous sa dictée, la clause nouvelle.

Lorsqu'ils eurent fini de lire la rédaction, Jeanne se mit à genoux et pria longuement. Puis se relevant et s'avançant vers le Roi : « Au nom du Dieu Très-Haut, au nom de Messire *Roi du Ciel*, mon droicturier et souverain Seigneur, dont je suis l'humble messagère, moi, Jeanne la Pucelle, j'investis Charles de Valois, fils légitime de feu Charles sixième du nom, du Royaume de France, pour le tenir en commende comme usufruitier et bon sergent du *Roi du Ciel*, seul maître, seigneur et possesseur dudit Royaume. Écrivez ceci, messieurs les notaires, et faites apposer, au bas de l'acte, les signatures légales du Roi, de Messeigneurs, qui sont témoins, avant que je signe moi-même. »

Quand toutes ces formalités diverses furent achevées, en bonne et due forme, Jeanne se fit délivrer deux des copies de l'acte, laissant les deux autres au Roi. Puis, tandis qu'elle les serrait dans son pourpoint, elle dit joyeusement à Charles VII :

« Gentil Dauphin, n'ayez mie souci de votre Royaume, vous le tenez maintenant de trop bonne part, pour ne le point recouvrer tout entier. »

Cet épisode est un des plus solennels et des moins connus, peut-être, de la vie si étrange de Jeanne d'Arc.

Il eut pour les destinées de la France une importance capitale.

Immédiatement après avoir quitté le roi, Jeanne expédia deux courriers : l'un à Lyon, l'autre à Bordeaux.

Ces deux courriers étaient porteurs des copies de la charte de donation. Ils devaient, au péril de leur vie, remettre ces copies en mains propres : l'une à Gerson comme chef visible des moines de France et l'autre au délégué officiel des hauts barons anglais.

Celui-ci attendait à Bordeaux l'issue de la négociation première de la Pucelle.

Dès qu'il eut reçu le pli scellé des cinq croix mystérieuses qui étaient le signe distinctif de Jeanne et qu'il eut pris connaissance de son contenu, le brenn mystérieux de l'Angleterre druidique fit seller son blanc coursier et s'élança, l'épée nue en main, sur la route qui mène de Bordeaux à Chinon.

Il marchait au triple galop de sa très rapide monture, dont les sabots jetaient des flammes en frappant les cailloux des chemins.

« Il courait de si grand randon, disent les vieilles chroniques du temps, que, sur son passage, tout semblait embrasé et qu'on eût dit vraiment que son coursier volait. »

En Saintonge, en Poitou, en Touraine, chacun s'effrayait en le voyant passer. Mais lui, sans s'arrêter plus que s'il eût été ange du Ciel, criait aux bonnes gens ébahis : « Ne vous esmayez ! n'ayez crainte ! » Et il avait disparu quand ces mots frappaient les oreilles de ceux qui le voyaient passer comme une apparition féerique, se demandant vraiment si leurs yeux étaient bien ouverts et s'ils n'avaient pas rêvé.

Cette course vertigineuse pourrait sembler une fable, si elle n'était appuyée sur des documents sérieux, sur les dépositions précises de trois hommes raisonnables et dignes de foi. L'évêque de Luçon et deux gentilshommes poitevins ont certifié, sous la foi du serment, cette chose à Guillaume Goyon, conseiller de la cour de Charles VII.

Jusqu'ici on n'a vu, en leur récit, qu'une légende sans consistance et sans portée.

Mais pour nous qui scrutons avec calme les dessous de l'Histoire, nous comprenons la rapidité du voyage du délégué des landlords quand nous songeons à ce qu'il venait faire et à l'anxiété si grande avec laquelle Jeanne attendait sa venue pour fournir, au Roi et à son Conseil, le signe palpable de sa haute mission.

Oui, elle l'attendait cet envoyé en priant Dieu de le protéger et de le secourir. Prosternée pendant de longues heures dans la chapelle du château de Chinon, elle méditait, implorait, se souvenait ! Tous les plus simples détails des instructions si graves qu'elle avait reçues passaient et repassaient en sa mémoire. Elle ne doutait ni de Dieu, ni des hommes ; mais elle redoutait qu'un accident imprévu retardât ou retînt l'envoyé des barons.

« Un jour, raconte-t-elle à ses juges de Rouen, j'étais dans mon logis, en la maison d'une digne femme, près du château de Chinon, lorsque l'*Ange* (c'est-à-dire l'envoyé, l'ambassadeur) vint. Immédiatement lui et moi nous allâmes ensemble vers le Roi. »

Depuis que Charles VII l'avait accueillie avec bienveillance et qu'elle avait victorieusement répondu aux premiers interrogatoires des clercs, Jeanne avait ses entrées à toute heure au château.

Ayant compris que le délégué du Grand Conseil fédéral d'Angleterre désirait être reçu tout de suite à la Cour, Jeanne se dirigea, sans hésiter, vers la salle où elle savait trouver le Roi.

« Je marchai devant l'Ange par l'escalier, continue-t-elle, jusqu'à la chambre du Roi ; l'Ange entra d'abord et moi ensuite. L'Ange marcha depuis la porte jusqu'à l'endroit où se tenait le gentil Dauphin, l'espace, autant que je peux croire, étant à peu près de la longueur d'une lance ; puis il s'inclina, faisant révérence au Roi. Alors je dis : "Monseigneur, voilà votre signe, je vous en prie, recevez-le." »

« Il y avait, en la chambre : l'archevêque de Reims, les seigneurs d'Alençon et de La Trémoïlle, Charles de Bourbon et plusieurs autres.

« L'*Ange* venait pour une grosse affaire et j'eus espoir que mon Roi, ayant croyance en ce signe, les clercs cesseraient d'argumenter contre moi.

« L'*Ange* parlait au gentil Dauphin, rappelant à sa mémoire la noble patience qu'il avait montrée au milieu des grandes tribulations qui étaient venues l'éprouver [77]. »

Il se passa en ce moment une scène indescriptible dont les détails historiques nous manquent, mais que, par la pensée, nous pouvons reconstituer.

De même que, vers la fin de l'année 1215, le maréchal de l'*armée de Dieu*, Robert Fitz Walter, était venu à Paris, muni des lettres scellées du grand sceau officiel des barons anglais pour négocier avec Philippe Auguste une alliance secrète contre Jean sans Terre, de même l'envoyé spécial du *Roi du Ciel* venait à

Chinon, en 1429, pour confirmer la vérité des paroles de Jeanne d'Arc et offrir à Charles VII leur concours contre les Anglais des Lancastre, agents soldés des Templiers.

En échange de cette alliance, l'ambassadeur des lords demandait uniquement au fils de Charles VI de reprendre courageusement la politique de son aïeul Charles le Sage et de débarrasser l'Europe des routiers qui mettaient, sans cesse, les campagnes à feu et à sang. En les expédiant en Terre Sainte sous les ordres de la Pucelle guerrière après le sacre solennel de Reims, on en purgerait le continent.

Ils travaillaient pour la paix générale de l'Occident, ces grands seigneurs anglais et ces moines celtiques qui unissaient secrètement leurs efforts pour terminer, au plus vite, cette trop longue guerre de Cent Ans dans l'espoir d'en éviter bien d'autres contenues en germe dans celle-là.

Le brenn blanc de l'Angleterre druidique qui avait traversé si vite tous les pays de l'Ouest pour rejoindre Jeanne à Chinon venait montrer à Charles VII que s'il avait l'âme assez haute pour comprendre le noble rôle qu'on lui demandait de jouer, les anciens pactes, les anciens serments d'alliance entre la France celtique et l'Angleterre gauloise seraient remis en vigueur.

Ces pactes étaient ceux qui, autrefois, réunissaient spontanément en une même ligne défensive, contre l'ennemi commun de leurs libertés imprescriptibles, les fédérations des Celtes éparses à travers les Nations.

Ces liens secrets d'entente universelle avaient été rompus par suite des malfaisantes combinaisons politiques de souverains servant d'esclaves ou de jouets aux pouvoirs occultes qui divisaient les peuples pour régner plus sûrement et plus despotiquement sur eux.

En opposant les intérêts des uns aux instincts cupides des autres et les ambitions malsaines de ceux-ci aux folles visées de domination absolue de ceux-là, ces pouvoirs, ennemis du Christ et de l'Église, croyaient avoir, à tout jamais, brisé et anéanti les liens politiques des Celtes entre eux.

Et voilà que soudain ces liens tendaient à se reformer, ces pactes allaient peut-être se reconstituer.

La couronne gauloise dominant, enserrant le globe du Monde, c'eût été le triomphe suprême de la Croix, la victoire décisive de la Femme.

Jeanne d'Arc, dont la mission superbe ne fut que vaguement esquissée, devait d'abord sauver la France et délivrer en même temps l'Angleterre territoriale, l'Angleterre druidique des griffes du léopard financier, mercantile et industriel qui l'étreignait depuis un siècle.

Elle devait aussi, la sage diplomate, vaincre les ennemis fonciers de l'Église, les Lollards de Wickleff, les Taborites de Jean Ziska, les affiliés secrets de la puissante politique du Temple qui ne combattaient notre France que pour enlever à l'Église chrétienne son dernier espoir et son dernier soutien.

Aussi Christine de Pisan, traçant d'avance l'histoire probable de la Pucelle, s'exprime-t-elle en termes très clairs et très précis :

> « C'est la moindre affaire qu'elle ait
> Que destruire l'Englescherie,
> Car elle a ailleurs plus hauthait
> C'est que la foi ne soit périe. »
> « En Chrestienté et en l'Église
> Sera par elle mis concorde ;
> Les mécréants dont on devise
> Et les hérétiques de vie orde
> Destruira, car ainsi l'acorde
> Prophétie qui l'a prédit. »

Voilà bien la vraie mission de Jeanne. Christine de Pisan, barde autorisé des Fées et des Discrètes, chantait d'avance les gloires de la *douce Pucelle* qui détruirait hérétiques et mécréants.

Ensuite elle exaltait, avec un égal enthousiasme, les triomphes de la Pucelle guerrière qui devait, pendant ce temps-là, combattre et vaincre Turcs et Mahométans.

Continuant son cantique d'allégresse elle dit en effet :

« Des Sarrazins fera essart (moisson)
En conquérant la Sainte Terre.
La mènera Charles que Dieu guard !
Avant qu'il meure fera tel erre ; (voyage)
Il est cil qui la doit conquerre
Et l'un et l'autre gloire acquerre
Là sera leur chose assovie (accomplie). »

La douce Pucelle combat les hérétiques, la Pucelle militaire moissonnera les Sarrazins. Jeanne combat pour la Foi, Claude lutte pour la gloire.

Voilà, en quelques mots, la double mission des deux sœurs telle qu'elle fut expliquée clairement à Charles VII, par Jeanne d'Arc d'abord, par l'ambassadeur des hauts barons anglais et enfin par les moines émissaires de Gerson au château de Chinon.

« S'il arrivait, disait le grand docteur de l'Église celtique, en sa patriotique missive au Roi, s'il arrivait que la Pucelle ne remplît pas toute son attente et la nôtre, il n'en faudrait pas conclure que les choses qui ont été faites soient l'œuvre de l'esprit malin plutôt que Dieu ; car il pourrait arriver (ce qu'à Dieu ne plaise !) que nous soyons trompés dans notre attente à cause de l'ingratitude des hommes, de leurs trahisons ou de leurs blasphèmes. »

Hélas ! elles furent prophétiques ces paroles de l'éminent champion du concile de Constance ! L'ingratitude, la trahison étaient à l'œuvre ! Il y avait au château de Chinon des êtres voués à l'ennemi qui allaient travailler dans l'ombre, à vaincre Jeanne d'Arc et *à faire mentir Dieu.*

Catherine de l'Île Bouchard, Regnault de Chartres et La Trémoïlle, trinité maudite du Temple antichrétien, empêcheront

Charles VII de comprendre et d'accomplir son rôle d'arbitre souverain entre tous les peuples celtiques. Ils empêcheront le roi des Gaules de faire, à tous les Celtes, bon poids dans la balance de justice.

Aussi, en cessant d'être le *roi de Bourges*, Charles VII, tout en étant reconnu ROI DES GAULES, ne sera pas réellement *roi de France*.

Le roi des Gaules (*rex Galliarum !*), c'est ainsi en effet que dans toutes les pièces diplomatiques les héritiers du trône de Clovis sont désignés. Sait-on cela ? Sait-on que, depuis le traité de Troyes jusqu'à nos jours, les rois d'Angleterre gardent, dans tous les traités de paix ou d'alliance, qu'ils soient rédigés en anglais, en français, en latin ou en allemand, le titre officiel de *rois de France* ?

Ce n'est pourtant pas le côté le moins étonnant de cette singulière guerre de Cent Ans que ce maintien diplomatique des souverains anglais sur le trône de notre Patrie.

Pendant plus d'un siècle, on a ostensiblement bataillé pour un titre que le vaincu conserve encore et que le vainqueur, malgré l'intervention victorieuse de Jeanne d'Arc, renoncera à revendiquer.

Cela paraît invraisemblable et cependant rien n'est plus vrai.

Ainsi, pour n'en prendre qu'un exemple entre beaucoup d'autres, lors du traité d'Utrecht, signé par Louis XIV, la reine Anne s'appelle dans les pleins pouvoirs : « *Anna Dei gratia Brittaniæ, FRANCIÆ et Hybernia Regina.* »

Et les pièces publiées par le gouvernement français lui maintiennent ces titres sans que personne, dans le monde des chancelleries, ait élevé une observation.

Louis XIV, alors roi réel de France, ne porte jamais son titre territorial, il est désigné sous celui de *roi très-chrétien* ou de ROI DES GAULES.

De plus, lorsque, dans un article, il est indispensable d'établir respectivement les droits, privilèges ou revendications des puissances contractantes, on se sert, pour désigner celle du vrai souverain de la France, de ces mots : CORONA GALLICA, la *couronne gauloise*.

Donc, diplomatiquement, les Valois et les Bourbons, héritiers de Saint Louis, ne furent point rois de France, ils furent rois très chrétiens des Gaules ; ils avaient, au front, la couronne gauloise.

Et c'est cette couronne « qu'orfèvre au monde ne pourrait faire moult plus riche ou plus belle car on ne saurait en nombrer la richesse » que Jeanne d'Arc fit montrer à Charles VII par un ambassadeur qui venait de haut, suivant son expression si catégorique.

Oui, certes, il venait de très haut l'envoyé qui apportait secrètement, au *roi de Bourges*, l'investiture de son véritable Royaume et lui révélait que la Celtique entière attendait alors de lui la renaissance chrétienne des anciens droits Gaulois.

Si le roi des Gaules eût possédé une intelligence assez haute, un esprit assez clairvoyant pour suivre la politique des lords et des moines, l'ère moderne eût pris un tout autre aspect.

Constantinople ne fût pas devenue la métropole des Turcs.

Les Croisades auraient eu un résultat superbe : la reconstitution, en mode chrétien, de toutes les républiques gauloises.

Charles VII serait devenu suzerain, au nom du Christ, de toutes les anciennes fédérations celtiques.

Gaule cisalpine, Bohême, Galatie, Galilée, Galice, Portugal, pays de Galles, Écosse, Angleterre druidique, France bourgeoise, etc., se fussent, à l'envi, groupés autour du *lilistrum* que Jeanne d'Arc trouvait gisant à terre et qu'elle relevait vaillamment, comme eût pu le faire une Druidesse inspirée des anciens âges, une Débora de la Gaule héroïque !

Charles VII, roi de France et des Gaules, eût reconstitué, d'un même coup, son domaine et son empire.

La Pucelle était chargée de le guider dans cette tâche superbe.

Et la Pucelle, ne l'oublions pas, c'était à la fois le brenn des Fées et la druidesse des Discrètes, c'était Jahel et Débora, c'était Claude et Jeanne d'Arc synthétisées en un type unique : celui de la Femme pure et brave, combattant pour la Foi et pour la Liberté.

Messagères de la Celtique chrétienne et de la Celtique guerrière, les deux sœurs devaient lutter simultanément avec des armes différentes contre la coalition des infidèles et des hérétiques, des Turcs et des mauvais chrétiens.

Après la délivrance première de la France, après avoir bouté l'Anglais trompeur hors du territoire national, Claude devait emmener avec elle tous les routiers, tous les aventuriers, tous les capitaines, tous les féodaux remuants et ambitieux vers l'Orient, vers l'Asie, ce centre de conspirations malfaisantes qu'il fallait vaincre pour assurer la paix.

Jeanne avait peut-être, qui sait ? une mission plus grande encore, une mission plus belle que l'envoyé des barons anglais dut exposer à Charles VII et qui constitue le vrai secret du Roi.

Jeanne a dit, en son procès, que cet ambassadeur avait donné au Dauphin et montré aux assistants un signe palpable de l'alliance occulte qu'il lui proposait au nom du *roi du Ciel*.

Ce signe, je l'ai dit, c'était la couronne gauloise enserrant le globe du Monde, de ce Monde visible et invisible, connu et inconnu dont l'envoyé des barons révélait l'importance à Charles VII et à ceux qu'il fallait intéresser à l'entreprise pour qu'elle fût menée à bien.

Il venait pour *grande affaire* cet ambassadeur mystérieux.

Les moines celtiques n'ignoraient point que la race de Gaule avait, dans un passé perdu dans la nuit des temps héroïques, possédé une grande partie de l'Asie, la puissance souveraine en

Afrique et, de plus, un continent dont on avait, depuis, oublié l'existence.

Les cartes nautiques que l'on devait, quelques années plus tard, confier à Christophe Colomb pour lui indiquer le chemin d'Amérique, étaient des reliques précieuses gardées par les Franciscains, ces agents ostensibles du secret conseil des Druides chrétiens.

On n'attendait qu'une heure favorable pour envoyer les hommes d'Europe retrouver leurs frères et leur apprendre la *bonne nouvelle* du Royaume de Dieu et de la restauration chrétienne du glorieux empire gaulois.

Cette heure aurait sonné à l'horloge éternelle du vivant de Jeanne d'Arc si elle n'eût pas été trahie.

Le monde entier n'eût pas été trop vaste pour les ailes de ce jeune aigle si, par ruse et par cautèle, on ne les eût pas brisées.

Charles VII le savait. Le signe de la mission suprême des deux Élues de la Celtique (la Celtique des Fées et la Celtique des Saintes) lui avait été montré.

Le fils de Charles VI avait tenu en main les cartes nautiques dont nous venons de parler ; il avait eu sous les yeux le planisphère de l'Empire universel des Gaules.

Il avait vu que le chemin à suivre pour vaincre sûrement les conspirateurs orientaux était celui d'Afrique. On lui avait montré que la maîtrise du Monde appartiendrait à la Race qui saurait garder la clé des grands lacs africains et réorganiser le régime des eaux de cette partie du Globe qui, par sa situation topographique, se trouve être le cœur organique de la Terre.

Grâce aux moines et aux barons réunis autour de Jeanne d'Arc à Chinon, grâce à ces *Anges*, à ces messagers du *Roi du Ciel*, dont les uns, suivant la spirituelle description de l'héroïne, portaient des *couronnes* et les autres des *plumes* [78], Charles VII avait entrevu les sentinelles vigilantes posées sur les routes stratégiques que le *Roi des Gaules* devait successivement parcourir pour recomposer, sous l'égide de l'Église catholique, les fédérations celtiques, non seulement en Europe, mais dans tout l'Univers.

On le lui avait dit à ce Dauphin sauvé du massacre de sa famille, absolument comme un nouveau Joas, que les descendants des enthousiastes adolescents français qui avaient fait, au XIIe siècle, la Croisade d'enfants, gardaient et garderaient, à travers les siècles, envers et contre tous les industriels et les mercantis d'Albion, le chemin des grands Lacs d'Afrique [79].

On lui avait expliqué minutieusement aussi que beaucoup d'indigènes du continent, dont les Européens avaient oublié l'existence bien que, vers 1170, un certain Madoc, gallois d'origine, y eût fait un voyage dans le but d'y nouer la grande politique dont Saint Louis devait, au XIIIe siècle, être le centre, avaient conservé des traditions celtiques. On lui avait fait comprendre que ces Gaulois d'outre-Océan se tenaient prêts à livrer aux Français les passages conduisant aux sources des grands fleuves des Indes occidentales, que ces passages, ils les défendaient contre d'autres indigènes, entraînés par instinct et par atavisme de race, à d'autres visées et à des sympathies contraires.

Rien n'avait été négligé pour démontrer à l'héritier des Valois que la mission qu'on lui offrait était celle à laquelle son aïeul Louis IX avait voué sa vie et que les alliances jurées au fils de Blanche de Castille le seraient, de nouveau, au fils d'Isabeau de Bavière, s'il consentait à accepter franchement les obligations, les gloires et aussi les périls de la tâche.

Les Mogols et les Tartares avaient envoyé des ambassades pacifiques à Saint Louis, les hauts barons d'Angleterre l'avaient accepté pour arbitre, les Africains du Tchad l'avaient appelé et, sans les influences néfastes qui obligèrent le fils de Louis VIII à quitter l'Orient pour revenir pacifier la France, sans les trahisons qui aboutirent à sa mort prématurée, dès le XIIIe siècle la grande politique chrétienne eût triomphé.

À Chinon, les mêmes auxiliaires furent offerts à Charles VII. Jeanne d'Arc, comme élue suprême des Franciscaines de la *Stricte Observance*, sa sœur Claude, comme porte-glaive des Fées de toutes les Loges secrètes des Celtes et des Saliens, étaient munies de tous les signes occultes nécessaires pour grouper autour du *Roi des Gaules* les civilisés et les barbares, les Grecs et les Latins, les hommes et les femmes, les riches et les pauvres que Gerson avait rêvé d'appeler à Constance pour les placer sous la houlette évangélique des successeurs de Pierre, ce Galiléen choisi comme Pasteur universel de son Peuple par Jésus-Christ.

Bien que cette mission superbe de la Pucelle ait avorté à cause des trahisons que la suite de ce récit montrera, nous en trouvons des traces indéniables dans les écrits de divers auteurs du temps.

L'immense attente des peuples et des princes est attestée non seulement par la démarche significative de Bonne de Visconti faisant supplier la Pucelle de la rétablir en sa seigneurie, non seulement par les ambassades envoyées à Charles VII par les Vénitiens [80] mais encore par beaucoup d'autres témoignages qu'il serait trop long de rapporter ici, mais dont nous extrayons le suivant comme très péremptoire et caractéristique :

Bertrandon de la Broquière, gentilhomme aquitain, seigneur de Vieil Castel, conseiller et premier écuyer tranchant du duc de Bourgogne, dans la relation d'un voyage qu'il fit en Orient en 1433, raconte ainsi son passage à Constantinople :

« Le marchand cathelan chez qui j'estaye logié dist à ung des gens de l'empereur [81] que j'estoye à Monseigneur de Bourgoingne. Iceluy empereur me fist demander s'il estait vray que le duc de Bourgoingne eust prins la Pucelle, *car il samblait aux Grecz que c'estait impossible*. Je leur en dis la vérité tout ainsi que la chose avait esté ; de quoy ils furent bien esmerveilliez et esbahis [82]. »

Les Grecs savaient, à n'en pas douter, l'existence et la mission de la Pucelle et ils comptaient, probablement, sur son intervention pour vaincre leurs ennemis, les Turcs, qui menaçaient de prendre

Constantinople et qui prirent, en effet, cette ville à cause de l'impardonnable faiblesse de Charles VII.

Ce prince indécis, indolent, n'eut pas foi que la création de l'Empire superbe qu'on lui avait montrée comme réalisable fût possible.

Après un premier mouvement d'enthousiasme, qui l'avait porté à accepter les alliances offertes par les moines et les lords, il fut effrayé du poids de cette gloire pour laquelle ses épaules étaient trop faibles, son crâne trop étroit, son cerveau trop petit.

Il était, du reste, surveillé par de vigilants Argus.

Le mystère de Chinon n'avait pu échapper entièrement, malgré les précautions prises, à la perspicacité de La Trémoïlle et à celle, mille fois plus subtile, de Catherine de l'Île Bouchard.

Instinctivement, cette femme détestait Jeanne qu'elle sentait trop pure pour être corrompue ; mais elle espérait prendre Claude qu'elle voyait coquette, exubérante et vaniteuse.

Dès l'abord, elle avait essayé de flatter la guerrière, croyant l'amener à lui révéler les secrets de sa sœur.

Mais Claude ne pouvait trahir Jeanne parce qu'elle ignorait absolument les armes dont elle avait le pouvoir d'user et, quant à la conspiration des Fées dont elle possédait fort bien les instructions et les ordres, elle ne l'eût pas livrée pour tous les trésors du monde, parce qu'elle eût payé certainement de sa vie la plus légère indiscrétion.

Catherine de l'Île Bouchard en fut donc pour ses frais de cajoleries et de prévenances. Mais elle ne se découragea pas pour si peu.

Ne pouvant faire parler Claude et n'osant s'adresser à Jeanne dont elle se sentait observée, elle effraya Charles VII, ce qui n'était pas difficile.

Sous l'empire de la crainte et des méfiances que lui suggérait sans cesse Catherine, il finit par attribuer presque complètement à une ruse de l'Ennemi [83] les propositions qui lui avaient été faites.

De jour en jour, malgré les succès éclatants de ses armes, il dédaigna de plus en plus les secours mystérieux que lui avaient apportés l'intervention de la douce Pucelle et il chercha insensiblement des alliés qui lui semblaient plus sûrs.

Sous l'instigation de ses conseillers, et surtout de sa terrible conseillère, le Roi lâcha la proie pour l'ombre.

L'astucieux cardinal de Winchester lui promettant de lui laisser reprendre quelques provinces, il traita secrètement avec lui et lui abandonna Jeanne d'Arc, rompant ainsi la foi jurée à Chinon aux émissaires des moines et à l'ambassadeur des hauts barons anglais.

Dès lors, plus d'empire gaulois, plus de politique celtique, plus de propagande chrétienne, plus de conquête pacifique des Indes occidentales.

Loin de se réchauffer aux feux de la belle paix, les hommes allumèrent partout l'incendie inextinguible des guerres civiles et des guerres étrangères.

Les étincelles du bûcher de Rouen jaillirent en pluie brûlante sur l'Europe : la guerre des Deux Roses, les guerres d'Italie, puis les fratricides guerres de Religion qui, sous des noms divers, ensanglantent l'Histoire depuis Luther jusqu'à nos jours, éclatèrent successivement.

La Paix ne reviendra sur terre que lorsque les Français et tous les disciples du Christ auront enfin compris la vraie mission de Jeanne d'Arc et le sens profond du mystère de Chinon.

X

JEANNE D'ARC À POITIERS

La veille de Pâques fleuries, le 19 mars 1429, la bonne ville de Poitiers était en fort grand émoi. On attendait le jeune roi Charles VII, la reine Marie d'Anjou et Madame Yolande qui amenaient devant le concile provincial, réuni en la capitale du Poitou, la gente Pucelle Jeanne.

Il s'agissait de faire soigneusement examiner, par les clercs et Messieurs de l'Université, la doctrine et les mœurs de l'Inspirée, qui se disait hautement la messagère directe de Messire *Roi du Ciel*. Depuis huit jours déjà, les théologiens et les plus sages docteurs affluaient à Poitiers. Ils étaient appelés, spécialement, par Regnault de Chartres, archevêque de Reims et chancelier de France, à seule fin de dire si, suivant leur avis, le roi pouvait licitement accepter les services de la Pucelle et lui confier des hommes d'armes pour se rendre à Orléans.

Maître Jean Lombart, professeur de théologie sacrée à l'Université de Paris, Guillaume Aimery, Pierre Turrelure, savants clercs de l'Ordre de Saint Dominique, frère Seguin, Jacques Madelon, Messire Pierre de Versailles, alors abbé de Talmont, depuis évoque de Meaux, Matthieu Mesnage, Guillaume Le Marié, bacheliers en théologie, en compagnie de plusieurs conseillers au Parlement du Roi, tous licenciés en droit civil ou en droit canon, se réunissaient dans la maison d'une dame La Macée. L'on tenait conseil pour préparer les décisions à prendre.

On ne devait point admettre à la légère le concours merveilleux offert au nom de Dieu par une jeune fille inexpérimentée, croyait-on, en les choses de la guerre ; cependant il eût été à la fois téméraire et dangereux de repousser l'appui d'en haut.

D'autant plus que les affaires du Roi allaient fort mal. Les finances étaient épuisées ; le fils de Charles VI était réduit à vendre les bijoux de la Reine pour faire face aux dépenses les plus indispensables de la vie quotidienne.

On ne savait comment pourvoir aux exigences, cependant fort modestes, des capitaines et des hommes d'armes.

Orléans était le dernier rempart de la France en détresse. Si les Anglais se rendaient maîtres de cette place, c'en était fait de la Nation, c'en était fait de la Patrie.

Les fidèles seigneurs de la province de Poitou dont Charles VII était comte, les membres de la célèbre Université de Poitiers qui étaient fort jaloux de leur indépendance, les Bourgeois de la Ville qui n'entendaient point perdre tout à coup les précieux privilèges que leur avaient concédés les derniers Capétiens et les premiers Valois, étaient résolus à tout subir plutôt que d'accepter la domination anglaise.

Les Poitevins, du reste, avaient toujours eu en horreur le joug de nos terribles voisins d'outre-Manche.

Lorsque le divorce de Louis VII et d'Éléonore d'Aquitaine avaient mis leur province au pouvoir des Plantagenets d'Angleterre, les descendants des anciens Pictes s'étaient fort mal accommodés de la suzeraineté d'un prince étranger.

Les chants guerriers des troubadours excitaient constamment les hommes de toutes castes à se débattre sous l'étreinte des maîtres odieux de leurs « *beaux chasteaux d'or* ».

Les armes les plus anciennes de Poitiers étaient, en effet, trois chasteaux d'or. Le sceau de la ville portait, d'un côté, un homme à cheval, l'épée à la main et de l'autre trois tours, à la herse demi-tombée avec cette devise « *Sigillum majores communis Pictavis* ».

« La ville de Poitiers s'enorgueillissait d'avoir été comptée au nombre des plus anciennes communes de France : elle avait devancé le XIIIe siècle dans cette voie de l'émancipation. Il lui est facile de montrer encore aujourd'hui la liste nominative des maires qui, depuis cette époque reculée, ont veillé, avec une religieuse vigilance, avec un soin jaloux, à la conservation de ses immunités, tâche difficile pour l'accomplissement de laquelle ils pouvaient toujours compter sur l'inébranlable appui des échevins et des bourgeois.

« L'attachement que cette magistrature civile témoigna, en mille occasions, à la couronne de France, lui valut de l'un de nos plus sages monarques une distinction mesurée à la constance et à la grandeur de son dévouement.

« Lorsque Poitiers, fatigué du joug oppresseur de l'Anglais mit sa destinée sous la sauvegarde de l'épée du bon connétable Bertrand Duguesclin, Charles V n'oublia point que la France avait été sauvée par l'attitude hostile et énergique des habitants de cette ville et le soin qu'ils avaient pris de fermer leurs portes devant le Prince Noir, après la malheureuse bataille perdue par le roi Jean II à Mauperthuis, dans les champs voisins de l'abbaye de Nouaillé, à deux lieues à peine de la cité.

« Pour mettre en sûreté son immense butin et éviter le retour offensif des garnisons occupant les châteaux et places de guerre qui hérissaient le pays, le fils d'Édouard III avait dû gagner en toute hâte la Guyenne, ce qu'il n'eût point fait si Poitiers s'était soumis à sa domination [84]. »

Aussi Charles V, à qui cette retraite inespérée avait permis de réorganiser la défense du Royaume, octroya-t-il des lettres patentes « qui anoblissaient dans leurs personnes et dans leurs descendants le maire et les échevins pour jouir de tous privilèges, immunités et franchises comme sont accoutumés de faire chevaliers, écuyers et autres nobles dudict pays de Poictou ».

Poitiers n'eut garde de laisser perdre le souvenir flatteur pour la Cité de cette grâce royale. Nous trouvons la preuve du prix qu'on y attacha dans les œuvres de ses historiens qui ont scrupuleusement enregistré tous les blasons de l'échevinage et qui nous ont conservé la constitution municipale de cette commune, copiée exactement, du reste, sur celle de Rouen, l'une des rares villes de France qui avaient précédé la capitale du Poitou dans la voie de l'émancipation.

On comprend l'anxiété profonde qui s'était emparée des cœurs de tous les bourgeois de la Ville, à qui le droit d'élection permettait d'aspirer aux honneurs et prérogatives qu'entraînait le titre de maire, lorsque le municipe poitevin se trouva menacé de sombrer, avec la France, dans la terrible crise traversée par la Patrie, après la défaite d'Azincourt.

On sent combien puissant était, en 1429, l'intérêt excité dans les différentes classes de la société poitevine par le concile provincial réuni, sur l'ordre exprès de Charles VII, dans la cité où résidaient, depuis le funeste traité de Troyes, les membres restés fidèles du souverain Parlement de Paris.

Il reste fort peu de documents sur cette époque si importante de la vie de Jeanne d'Arc, sur cette quinzaine de Pâques de l'année 1429 qui fut décisive pour la mise en œuvre de la Pucelle.

Mais on sent fort bien, en lisant attentivement les quelques pièces parvenues jusqu'à nous, qu'on a dû à Poitiers beaucoup parler et peu écrire.

« *Verba volant, scripta manent !* »

Les affaires qui se traitèrent alors secrètement en la vieille cité des Pictons étaient trop sérieuses et trop graves pour qu'on en confiât le détail au papier. Les intérêts en jeu étaient fort multiples, d'ordres très divers et de nature assez compliquée.

« Je sais que j'aurai beaucoup à faire là, avait dit Jeanne, en apprenant après le départ de l'envoyé des hauts barons qu'il fallait se rendre au concile de Poitiers, mais Messire m'aidera, or allons de par Dieu ! »

Jeanne était trop fine, trop perspicace et trop française pour s'y tromper.

Elle comprenait fort bien que l'examen des clercs devait masquer l'appel suprême fait à la générosité des fidèles du roi.

Pour continuer la lutte contre les Anglais de Bedford il fallait, non seulement des hommes et du courage, mais encore et surtout de l'argent indispensable nerf de toutes les guerres. Où en prendre ? Comment décider les cœurs à battre et les bourses à se délier ?

On se le demandait déjà avec anxiété à la Cour lorsque Jeanne d'Arc vint à Chinon offrir à Charles VII le concours inattendu, inespéré du *Roi du Ciel*.

L'arrivée de la messagère d'en haut avait modifié la situation du Roi au point de vue moral ; les politiciens comprirent qu'elle pouvait assurer le crédit matériel du fils de Charles VI.

L'émissaire des barons avait promis l'aide tacite du grand Conseil fédéral d'Angleterre, mais il ne pouvait offrir aucun subside. Ruinés par une longue guerre et par les empiètements constants de l'industrie sur l'agriculture, les landlords n'avaient point d'argent disponible. Leur concours n'en était pas moins précieux, car il assura, comme nous le verrons, la victoire à l'armée qui allait se mettre en marche dès qu'on lui pourrait fournir des chevaux et des munitions.

Les seigneurs et les bourgeois du Poitou n'avaient point été trop maltraités par la guerre ; ils pouvaient donc puissamment aider, de leurs deniers, à reconstituer les finances royales.

Le tout était de les y décider. Les Poitevins sont ainsi faits. Inertes par nature, peu faciles à émouvoir et à mettre en mouvement, ils ne s'arrêtent plus devant aucun obstacle dès qu'ils ont résolu d'agir. Aussi, tandis que Claude d'Arc partait, avec ses frères et quelques hommes d'armes, au Puy-en-Velay pour y rejoindre sa mère et Colette de Corbie afin d'opérer le ralliement des Communiers français venus au pèlerinage solennel du Vendredi Saint, Jeanne fut-elle chargée de captiver les cœurs et la confiance des Poitevins afin que, généreusement, ils assurassent la subsistance, pendant de long mois, des troupes royales qui devaient traverser, sans pillage, tous les pays situés sur le chemin de Reims, ville seule destinée aux sacres de nos Rois.

Les deux sœurs se doublaient merveilleusement en se dédoublant ainsi. Elles accomplissaient chacune une mission particulière : Claude sa mission de guerrière et Jeanne sa mission de négociatrice inspirée.

Celle-ci était bien plus compliquée et plus difficile que l'autre.

Le premier moment d'enthousiasme passé, Charles VII était retombé dans ses craintes et ses incertitudes.

Sous l'inspiration néfaste de La Trémoïlle et de sa femme, Catherine de l'Île Bouchard, il s'était pris à douter de la vraie mission de Jeanne.

Les membres du Conseil et les clercs présents à l'entrevue solennelle où l'ambassadeur anglais avait expliqué, pièces en main et avec cartes à l'appui, tout le plan superbe des barons et des moines, demandaient maintenant à être *acertenés qu'ils n'étaient point dupes d'une ruse de l'Ennemi.*

Cette alliance semblait chose si singulière ! Regnault de Chartres insinuait même que ce pourrait bien n'être que trahison.

Pour faire cesser ces doutes et vaincre ces scrupules, les voix de Jeanne lui conseillèrent de se rendre en toute confiance au concile provincial de Poitiers. Les moines avaient ménagé là des alliés à la Pucelle.

On sent fort bien, en lisant l'intéressant mémoire présenté au concile par Monseigneur Jacques Gélu, alors archevêque d'Embrun et précédemment archevêque de Tours, que la préoccupation foncière du prélat dans son chaleureux appel à la générosité pécuniaire des partisans du Roi est de résumer la situation politique, morale et financière de la France du XVe siècle pour en faire bien sentir l'état déplorable aux gens capables de les modifier.

Voici du reste la traduction de cette pièce importante citée en latin par Quicherat dans son travail sur Jeanne d'Arc :

« Pour que rien de ce qui se rapporte au passé ne soit ignoré et que le commencement du sujet apparaisse clairement à tous, nous devons rattacher l'affaire au roi Jean de bonne mémoire. »

L'archevêque rapporteur n'oublie pas qu'il parle à des Poitevins et il leur rappelle, avec une finesse très sagace, l'origine même des prérogatives accordées à leur ville par le descendant de Jean II.

« Le roi Jean eut quatre fils : Charles V, premier Dauphin de Vienne, Louis, duc d'Anjou, roi de Sicile, Jean, duc de Berry et Philippe duc de Bourgogne, lequel eut Jean, également duc de Bourgogne, père du duc actuel.

« Charles V eut Charles VI, doux et pieux, mais empêché de gouverner par la maladie qui le rendait incapable de tenir en main les rênes du royaume ; et Louis, duc d'Orléans, homme de sens élevé.

« Charles VI engendra Charles, Dauphin mort en bas âge, auquel succéda Louis, duc d'Aquitaine, Dauphin d'un esprit pénétrant, mort dans l'âge de l'adolescence.

« À celui-ci succéda Jean, comte de Ponthieu, dit de Hainaut, qui épousa la fille du comte de Hainaut, mais ce Dauphin vécut peu de temps.

« Enfin notre seigneur roi actuel, Charles VII, devint Dauphin et il eut le Royaume.

« Mais, pour se rendre compte de ce qu'il y a à dire à ce sujet, il faut savoir que, du vivant de Louis d'Orléans et de Philippe de Bourgogne, il s'éleva entre ces deux personnages, à l'occasion de la direction du Royaume, de grandes dissensions qui, par Jean de Bourgogne, se continuèrent après la mort de son père, si bien que le susdit Jean fit assassiner le duc d'Orléans.

« Par suite, une infinité de maux advint, parce que les seigneurs de l'illustre maison de France se divisèrent : les uns favorisant le parti d'Orléans, les autres celui de Bourgogne.

« Le peuple aussi se divisa. De là de cruels massacres et de sanglantes séditions, pendant lesquelles, sous couleur du parti bourguignon, beaucoup de gens notables de Paris et d'ailleurs furent mis à mort.

« Mais, les Anglais, voyant la division du royaume, l'envahirent et, en peu de temps, plusieurs *patries*, cités et châteaux, par la force ou par stratagème et aussi avec l'aide du parti de Bourgogne, tombèrent en leur pouvoir. Ils affaiblirent beaucoup, par leurs guerres en rase campagne, le parti d'Orléans que le Seigneur Roi favorisait comme étant sien ; le parti de Bourgogne s'allia au Roi d'Angleterre et, avec son aide, les Anglais obtinrent d'occuper la *France* [85], la Brie, la Champagne, la Picardie, la Normandie et le royaume jusqu'à la Loire.

« Ils s'emparèrent, de plus, de Charles VI et de la Reine, son épouse, lesquels étant en leur pouvoir, furent amenés en dehors de tout droit licite à déshériter le Seigneur Roi et à instituer comme héritier le Roi d'Angleterre, en conséquence de quoi les Anglais, avec l'aide du parti de Bourgogne, s'approprièrent la plus grande part du Royaume et ils terrifièrent ceux qui tenaient le parti du Roi : princes, nobles ou autres.

« Quelques-uns des princes du sang royal prêtèrent même hommage aux Anglais ; les autres s'emparèrent du domaine du Roi en renonçant à ses couleurs ; d'autres spolièrent les finances et se saisirent des richesses.

« Quelques-uns semèrent de faux bruits parmi le Peuple, comme si le Roi n'existait plus. Tout n'était que trouble dans le Royaume et il y eut alors tant de malversations que bien peu de gens consentirent à rester fidèles au Roi.

« Aussi, beaucoup de nobles et de princes, désespérant du salut du pays, abandonnèrent le Seigneur Roi et se retirèrent dans leurs propres domaines, répandant le bruit qu'il était permis à chacun de prendre du Royaume tout ce qu'il en pourrait occuper.

« Par suite, le Roi, très en souffrance, fut appauvri et à peine a-t-il de quoi entretenir sa maison et le nécessaire pour lui-même et la Reine. Les choses en sont arrivées au point qu'il paraît impossible que, par secours humain, le Roi recouvre ses domaines, le Pouvoir de ses ennemis et de ceux qui n'obéissent plus, augmentant toujours par l'abandon de ceux qui le devraient assister.

« Le Roi, par lui-même, ne peut rétablir ses finances, et tout ce qui lui arrive par ceux qui lui sont demeurés soumis est dépensé d'avance.

« Le Roi est démuni de tout apparat royal et il ne voit nullement d'où lui pourra venir quelque secours. Il supporte cependant toute cette épreuve avec patience. Appauvri par l'avarice des siens, dépourvu de toute assistance, nous l'avons entendu dire qu'il mettait toute son espérance en Dieu, à qui il a recours sans cesse par des prières et des aumônes provenant de la vente des quelques joyaux qui lui restent.

« Par cela, Dieu apaisé et miséricordieux, touché par cette ardeur de charité, tourne vers lui ses pensées les plus profondes, inclinant par pitié vers nous sa Majesté souveraine et répandant sur le Roi et le Royaume des idées de paix, de restauration et de justice.

« Ainsi il plaît au Très-Haut sur la cuisse duquel est écrite cette devise : "Roi des Rois et Seigneur des Seigneurs" de porter secours au Roi par une jeune fille non revêtue de la robe du magistrat, non versée dans la science du légiste, non remplie de l'instruction des docteurs, mais portant l'habit d'homme comme chef de l'armée royale pour dompter les rebelles, expulser les ennemis du Roi et le rétablir dans ses domaines.

« Cette chose, considérée en elle-même, semble extraordinaire parce qu'on n'imagine guère qu'une femme, jeune et vierge, vu la fragilité et la pudeur inhérentes à son sexe, soit à sa place comme chef d'armée et se mêle aux hommes d'armes pour réussir à vaincre des guerriers robustes et exercés à être la terreur de tout le monde.

« Cependant, au regard de la puissance de Dieu, rien ne nous doit étonner en cette affaire parce qu'en peu comme en beaucoup de choses le sexe féminin peut, avec l'aide d'en haut, par son intervention, assurer la victoire, comme on le voit par Débora.

« Rien ne saurait résister à la volonté de Dieu quand tout est remis à sa discrétion.

« En l'occurrence présente, humainement, rien n'est possible à moins que le Seigneur n'opère parce que tout pouvoir vient de lui.

« La présomption humaine est condamnable de se lever contre la justice souveraine de Dieu qui choisit les faibles pour défendre les forts.

« Si donc nous portons notre attention sur la présente affaire soumise à notre jugement, beaucoup de considérations nous permettent de croire que la clémence divine est inclinée miséricordieusement vers nous.

« Pour militer en notre faveur, devant Dieu, d'abord se présentent :

« 1° le bon droit du Roi, fils unique de Charles VI de bonne mémoire, né légitimement d'un mariage authentique, quoi qu'en aient pu dire ceux qui l'ont déshérité de fait en instituant comme héritier le Roi d'Angleterre contre tout droit naturel, divin et humain ;

« 2° les mérites glorieux de ses prédécesseurs qui, depuis qu'ils ont accepté la foi catholique, n'ont jamais erré, mais ont honoré Dieu, propagé la foi et défendu l'Église, en sorte qu'on a pu dire que la France seule avait manqué de prévaricateurs.

« 3° l'insatiable cupidité de cette Nation ennemie qui, dans ses actes, n'admet aucune pitié. Par elle, la Chrétienté, dans tout l'univers, a été mise en trouble. Les ennemis de la Croix du Christ ont été glorifiés par la division jetée et entretenue entre les chrétiens. Si cette division n'était réfrénée, elle amènerait bientôt notre entière destruction. Mais tout cela n'a été fait que pour la correction de nos fautes ; il faut donc nous réfugier maintenant dans le Seigneur, car le remède n'agit que dans le patient bien disposé. »

Ce discours produisit un effet formidable, car Jacques Gélu était un prélat vénérable et fort respecté.

L'enquête, faite par les Frères Mineurs à Domrémy, fut aussi extrêmement favorable.

De plus, la reine Marie d'Anjou, Mme Yolande et Mme de Guyenne unirent leurs efforts pour persuader aux femmes des seigneurs poitevins que Jeanne était vraiment investie des pouvoirs dont elle arguait avec tant de calme, d'énergie et de conviction.

Quand on pense à ce qu'était réellement à la fin du Moyen Âge ce Poitiers construit sur les ruines encore visibles de la Lémone celtique, cet *oppidum* sacré des vieux Druides, ce camp de réunion des braves au collier d'or, on sent que le nœud de l'épopée de Jeanne, comme celui de notre Histoire nationale tout entière, est peut-être en ces grottes sauvages d'où suinte goutte à goutte le ciment calcaire dont la masse, lentement formée, a dû sceller nos plus anciennes traditions.

Lémone fut à la fois ville sacerdotale et guerrière ; Poitiers est demeurée, à travers les siècles, la forteresse inexpugnable de la Patrie et de la Religion.

À Poitiers existait encore au XVe siècle cette curieuse abbaye de Saint-Hilaire le Grand dont le roi de France seul nominalement fut toujours l'Abbé et qui, relevant directement du Pape, jouissait de privilèges tout à fait spéciaux !

Le chapitre tenait, comme autrefois les Druides le faisaient en Gaule, ses assises judiciaires une fois par semaine dans le bourg et dans ses domaines. Il avait le droit, le cas échéant, d'appeler directement de ses causes au Parlement et à l'hôtel des requestes du Roi quand il craignait quelque déni de justice devant le sénéchal du Poitou. Les armes des chanoines étaient mi-partie de France, mi-partie du Saint Siège ; aussi en matière de juridiction ecclésiastique l'abbaye de Saint-Hilaire primait-elle toutes les autres parce qu'elle était placée sous la protection exclusive du Pape.

Cette considération jette un jour fort nouveau sur la portée de la venue de Jeanne d'Arc à Poitiers.

Nul doute que, dans les nombreuses réunions de docteurs, de théologiens et de clercs qui eurent lieu tantôt en la belle salle des gardes de Charles VII, aujourd'hui salle des Pas Perdus du Palais de Justice, tantôt en la maison de la dame La Macé, tantôt en celle de Maître Jean Rabateau, avocat du Roi au Parlement, Messieurs de Saint-Hilaire ne soient intervenus.

Et, s'ils ont donné un avis favorable (ce qui n'est pas douteux puisqu'on n'aurait guère pu agir contre leur assentiment), il est indéniable que Jeanne d'Arc reçut, à Poitiers, la même mission dont jadis avaient été investis ses compatriotes Clovis et Charles Martel : celle de courir sus aux ennemis du Souverain Pontife et de la France, fille aînée de l'Église, soldat de Dieu.

Quand on se rappelle que Martin V, appelé à diriger la Barque de Saint-Pierre en 1417, avait été, au concile de Constance, en fréquents rapports avec Gerson dont il partageait les vues politiques, on ne doute pas que les patriotes chanoines de Saint-Hilaire n'aient été les échos fidèles de la pensée du Pape en autorisant Jeanne d'Arc à arborer fièrement l'étendard symbolique qui devait repousser les téméraires, menaçant l'Église de Gaule et la Nation entière du bon sergent du Christ.

« Pourquoi êtes-vous venue ? » demandait à Jeanne maître Jean Lombart, envoyé avec d'autres docteurs au logis de Jean Rabateau où la pieuse fille avait été placée sous la garde de l'honnête dame, épouse de l'avocat du Roi.

Elle répondit de grande manière « Une *voix* m'est apparue. Cette *voix* m'a dit : Dieu a pitié du Peuple de France.

> « Dieu vous aime et marche avec vous.
> L'Anglais doit ployer les genoux
> Et d'Orléans quitter la place
> Quand vous l'aurez vu face à face.
> Vous mènerez sacrer le Roi
> Mis par vous hors de tout émoi [86]. »

– Qui est et où est votre père ? interrogea un autre théologien.

> « Quant est de l'estat de mon père
> Il est, en pays de Barrois,
> Gentilhomme et de noble affaire
> Honneste et loyal françois. »

Maître Guillaume Aimery, l'ayant prise à partie, en disant : « Si Dieu veut délivrer le peuple de France par vous, il n'est pas nécessaire d'avoir des gens d'armes.

– En nom Dieu, répartit Jeanne, les hommes d'armes batailleront et Dieu leur donnera la victoire. »

Vive, spirituelle, alerte et gaie, Jeanne d'Arc avait réponse à tout.

– Quel idiome parlait votre voix ? demanda frère Seguin.

– Meilleur que le vôtre, répliqua-t-elle en souriant.
– En effet, je parle limousin, observe finement Seguin, qui nous a lui-même conservé ce récit.

Pendant son séjour à Poitiers, Jeanne causa souvent et familièrement avec les dames de la ville. Toutes furent charmées de son aspect, de son accueil gracieux, de son attitude recueillie, de sa piété sincère.

L'épouse de Jean Rabateau contait volontiers que chaque jour, après le dîner, Jeanne se tenait à genoux un long espace de temps, qu'elle faisait de même la nuit et que, souvent, elle entrait dans un petit oratoire de la maison pour y prier dévotement.

> « En elle toute bonté est
> Autre chose n'en pourrais dire. »

Tel était l'avis unanime de tous ceux qui l'approchaient.

Maints clercs et des plus grands venaient visiter Jeanne et l'interrogeaient à toute heure.

Elle répondait toujours avec grande sagesse, esprit et affabilité. Aussi étaient-ils tous, comme l'affirme l'avocat Barbin, émerveillés de ses propos et croyaient-ils fermement qu'il y avait, en son fait, quelque chose de divin, étant donné sa vie et ses comportements.

Entre les autres, un bien notable homme, Simon Charles, maistre des requestes de l'hôtel du Roy (que Charles VII avait envoyé récemment en ambassade à Venise et qui en était revenu juste au moment de l'arrivée de la Pucelle à Chinon), luy dist un jour : « Jeanne, on veult que vous essayiez à mectre des vivres dedans Orléans ; mais il semble que ce sera forte chose, vu les bastilles qui sont devant et où les Anglais sont forts et puissants.

– En nom Dieu, respondist Jeanne, nous les mettrons (ces vivres) dedans Orléans à nostre aise ; et n'y aura Anglais qui saille ni qui fasse semblant de l'empescher, je vous en responds [87]. »

Finalement, il fut conclu, après force examens et questions, qu'il n'y avait en elle aucun mal ni rien de contraire à la foi catholique et que, vu la nécessité où étaient alors le Roi et le Royaume, prince et sujets, étant en désespoir et sans aide sur qui compter hors de la part de Dieu, le Roi pouvait s'aider de Jeanne.

La pièce latine qui constitue le procès-verbal de cette sentence, rendue après l'audition des différents rapports présentés par les clercs et des récits résultant de l'enquête faite à Domrémy par les Frères Mineurs, est fort curieuse. Il serait trop long de la citer et de la commenter ici.

Qu'il nous suffise de dire qu'on sent en la lisant que c'est un autre appel suprême à la générosité des fidèles du Roi.

Cet appel fut certainement entendu. Les cœurs avaient vibré, les bourses se délièrent ; l'argent redevint le nerf de la guerre et les patriotes poitevins surent seuls ce que l'armement de Jeanne et de son ost leur avait coûté.

« Quand vous faites l'aumône, a dit Jésus, que votre main gauche ignore ce que donne votre main droite, et le Père céleste, qui voit ce que l'on fait pour lui dans le secret, saura vous donner votre récompense. »

Les Poitevins du XVe siècle ont si merveilleusement pratiqué le sublime conseil de l'Évangile que l'on ne peut que soupçonner le dévouement héroïque qui leur fit sauver la France en 1429 comme ils l'avaient déjà sauvée sous Jean II.

Du passage de Jeanne en leur ville, il ne leur reste hélas matériellement qu'un souvenir : la pierre qui servit d'*avantage* à l'héroïne pour monter à cheval revêtue de la blanche armure dont les bourgeois lui avaient fait présent et qu'elle substitua au costume de tertiaire franciscain que lui avaient donné à son départ les bonnes gens de Vaucouleurs. Cette pierre était au coin de la rue Saint-Étienne, non loin de la maison où se trouvait « *l'hostellerie de la Rose* où Jeanne avait logé avant d'être mise sous la sauvegarde de dame Jean Rabateau [88] ». Elle est aujourd'hui au musée de la Ville.

Jeanne fit faire à Poitiers son écu personnel que décrit ainsi un contemporain, le Greffier de la Rochelle : « sur champ d'azur où s'esbattait un coulon (pigeon) blanc tenant en son bec un rôle avec ces mots : *De par le Roy du Ciel !* »

Ce fut aussi à Poitiers que le Mercredi saint, 22 mars 1429, Jeanne dicta à Maître Jean Érault ses quatre lettres aux Anglais, sommation héroïque aux chefs les plus autorisés des mercantiles trafiquants d'outre-Manche : le Roy Henri VI, le duc de Bedford régent de France, puis William de la Pole, fils anobli d'un des tisserands de Bruges recrutés par Édouard III, et d'autres semblables, enfin aux archers et hommes d'armes tenant le Siège d'Orléans [89].

De ces sommations, les commandités du Temple se moquèrent comme autrefois Jean II, à Mauperthuis, avait follement raillé l'avertissement du légat du Pape et s'était ri du mystérieux signal fourni par le phare du clocher de Saint-Hilaire le Grand.

Raillerie vaine ! Inutile moquerie ! Les plus noirs pouvoirs occultes ne peuvent rien contre les décisions du *Roi du Ciel* et l'initiative de ses serviteurs quand l'union de ceux-ci fait leur force.

« L'examen de Poitiers fini, dit en sa pittoresque déposition pour le procès de réhabilitation en 1455, le gentil duc d'Alençon, on relata au Conseil du Roi que les examinateurs de Jeanne n'avaient rien trouvé en elle de contraire à la foi catholique et, qu'attendu la nécessité où l'on était, le Roi pouvait s'aider d'elle.

« Là-dessus le Roi m'envoya vers la reine de Sicile (Yolande d'Aragon qui avait quitté Poitiers quelques jours auparavant), afin de m'occuper des préparatifs d'un convoi de vivres pour l'armée qui devait être dirigé sur Orléans.

« Je trouvai près de la Reine le seigneur Ambroise de Loré et le seigneur Louis, dont je ne me rappelle pas l'autre nom, qui préparaient le convoi.

« Mais l'argent manquait. Pour en avoir et payer les vivres, je revins à Poitiers vers le Roi. Je lui appris comme quoi les vivres étaient prêts et qu'il ne restait qu'à avoir de quoi les solder ainsi que les hommes d'armes. Le Roi envoya des gens qui délivrèrent les sommes nécessaires, si bien qu'hommes et vivres, tout fut prêt pour se diriger sur Orléans et tenter si on pouvait faire lever le siège.

« Jeanne, à qui le Roi avait fait faire une armure et des armes, fut envoyée avec l'armée et on partit. »

Ce passage de la déposition du duc est significatif et confirme bien ce que j'ai dit des Poitevins comme argentiers de Jeanne d'Arc.

Ce ne fut que le 21 avril que les arrhes de l'entrée en campagne purent être remis aux hommes d'armes.

Il avait fallu un mois pour centraliser à Poitiers les fonds nécessaires à ce suprême effort de la France en détresse.

Pendant ce temps l'*ost* des communiers avait pu se réunir au pied de l'autel séculaire de Notre-Dame-du-Puy et, sous l'inspiration de cette *Vierge noire*[90] dont l'image symbolisait autrefois pour les Celtes l'autonomie, la Liberté, tous les francs archers des bourgs, tous les volontaires des Communes s'étaient mis en marche vers la Loire, prêts à combattre et bien résolus à vaincre ou à mourir.

Claude et ses frères revinrent avec eux du Puy et s'arrêtèrent à Blois pour y attendre Jeanne.

Celle-ci quitta le Roi le 22 avril. Elle était radieuse et confiante en l'avenir.

Charles VII, à genoux, les mains jointes, la regardait s'éloigner avec crainte.

Lorsqu'elle disparut, chevauchant sur la route de Poitiers à Tours, il leva les yeux vers le Ciel en s'écriant suivant le pathétique récit du *Mystère d'Orléans* :

« Ô Dieu du Ciel ! par la vôtre puissance,
Conduisez donc la très noble Pucelle
Qui va pour moi porter harnais et lance
En soutenant de France la querelle.
Or, n'ai-je plus fiance qu'en icelle,
Ni en autrui plus secours je n'attends !
Mon très doux Dieu, gardez la jouvencelle
De mort, péril et d'inconvénient. »

Nul doute que tous les Poitevins de la ville et des environs, en assistant à cette scène émouvante, n'aient senti tressaillir leurs cœurs d'une joie intime et d'une douce espérance, eux dont le généreux concours avait permis au Roi d'armer Jeanne et de solder les frais du convoi d'Orléans.

Les triomphes de la Pucelle devaient être l'unique paiement de la dette que notre Patrie contractait envers eux.

Aussi la municipalité poitevine suivit-elle avec anxiété le résultat de ses généreux efforts en faveur de la libératrice de la France.

La comptabilité de la Ville témoigne, mieux que n'importe quelle considération, du puissant intérêt que prenait l'échevinage au succès de Jeanne et du Roi.

Les trois pièces suivantes, relevées sur les registres officiels du temps, permettent d'affirmer que l'on attendait, avec impatience à Poitiers, les nouvelles et qu'on y était assez rapidement instruit des heureux évènements qui mettaient en liesse tous les cœurs vraiment français :

« 1429, 15 juin. Quittance de deux écus d'or valant huit livres [91] payés à Jean Gantellet, chevaucheur du Roi, pour avoir apporté des nouvelles comme ceux de Jargeau s'étaient rendus à la Pucelle.

« 1429, 25 juin. Quittance de deux écus d'or valant huit livres, payés à Guillaume le Moirant pour avoir apporté la nouvelle de la journée que le Roi avait eue sur les Anglais à Patay et de la délivrance de Jargeau et de Beaugency.

« 1429, 28 juillet. Quittance de même somme payée à Guillemin Guillaume chevaucheur, pour avoir apporté *lettres closes* de la Reine annonçant que le Roi était sacré et couronné. »

Ces lettres closes avaient évidemment trait aux combinaisons secrètes qui avaient été faites à Poitiers pendant cette quinzaine de Pâques où s'étaient discutés tant d'intérêts divers. Pour que la reine Marie d'Anjou, qui a joué en toutes ces affaires un rôle si effacé, si peu connu ait pris l'initiative d'envoyer elle-même des lettres closes relatant le Sacre de Reims, il fallait qu'elle eût une raison sérieuse de le faire.

Quel dommage que ces lettres aient disparu comme les autres écrits auxquels Jeanne, en son procès de Rouen, a fait si souvent allusion en renvoyant ses juges au *Livre de Poitiers.*

Lettres et livres auraient permis, sans nul doute, d'établir de façon certaine le rôle patriotique du clergé, de la noblesse, de la bourgeoisie et du peuple poitevins en la superbe épopée de Jeanne d'Arc.

Peut-être Messieurs de Saint-Hilaire en ont-ils jadis transmis quelques échos au Saint-Siège dont ils portaient si vaillamment les armes.

En cette occurrence, les enfants du Poitou n'auraient rien perdu pour attendre. Leurs noms se trouveraient glorieusement mêlés au procès en cours pour la canonisation de Jeanne.

Les Pictons recevraient alors moralement au centuple le remboursement de la créance qu'ils ont acceptée de la France, à valoir dans l'éternité.

Quoi qu'il en soit, il n'en reste pas moins acquis à l'Histoire qu'on sut à Poitiers trouver les arguments irrésistibles qui déterminèrent la Cour et Charles VII à accepter enfin l'appui et le concours de l'envoyée du *Roi des Cieux*.

Les argentiers poitevins ont ouvert devant Jeanne la voie du triomphe puisque, pour elle, partir c'était vaincre, ainsi que ses *voix* l'en avaient assurée !

XI

À ORLÉANS

Nous arrivons au point capital et, cependant, fort délicat de notre thèse : il nous faut montrer, dans l'action militaire, le dédoublement des deux sœurs, afin de faire bien comprendre la tactique merveilleuse qu'avaient imaginée, en leurs secrets conseils, d'une part, les Fées des Loges-les-Dames et les Discrètes du Tiers-Ordre franciscain et, d'autre part, les moines Celtiques et les lords d'Angleterre, pour tromper et vaincre sûrement les Anglais des Lancastre et les suppôts français des Templiers.

On n'a pas assez vu jusqu'ici comment Jeanne, généralissime invisible de l'Armée, opéra. On n'a étudié que le jeu superficiel de Claude, ne supposant pas que la brillante guerrière avait surtout, pour mission, de masquer beaucoup l'Inspirée.

Cette dernière possédait seule le plan stratégique de la lutte. Ce plan, elle l'avait minutieusement étudié, longuement médité et parfaitement retenu. Pas un détail n'avait échappé à sa mémoire méthodique, rationnelle et pratique.

« L'esprit de Dieu qui souffle ou il veut avait certes jeté dans cette âme d'élite de grandes aptitudes qu'il soutenait et appuyait à tout moment de ses inspirations surnaturelles. » Mais cependant la grande habileté qui fit de Jeanne une tacticienne de premier ordre prouve bien que, si elle fut élue de Dieu, elle fut aussi voulue par les hommes.

Le plan de la magnifique campagne de la Loire, où pour les Français, les triomphes succédèrent aux victoires, avait été évidemment conçu par des politiques connaissant, de façon admirable, le fort et le faible de l'armée anglaise et n'ignorant pas le parti immense que Jeanne pouvait tirer des dissensions intestines de cette armée, bien plus artificiellement unie que réellement homogène. Elle était composée, en effet, de deux éléments distincts :

1º Les archers, soldats et seigneurs partisans avérés des Lancastre ;

2º Les milices féodales, levées par les landlords en leurs domaines fonciers et mobilisées par Ordre du Roi, leur suzerain commun.

L'hostilité séculaire des barons terriens et des barons industriels, se répercutant naturellement parmi leurs hommes d'armes, créait entre ceux-ci une division tacite et instinctive qui contribuait beaucoup à maintenir entièrement les uns et les autres à la disposition de leurs chefs respectifs.

Tous les féaux, vassaux, hommes-liges ou soudoyers des landlords d'Angleterre suivaient, dans le combat, non la bannière royale, mais la bannière de leur seigneur. Que celui-ci abandonnât la lutte, aussitôt tout son *ost* lâchait pied, sans s'occuper des ordres donnés par le Roi ou ses capitaines. Les hauts barons anglais avaient adhéré à la Ligue secrète des moines celtiques contre la puissance menaçante des mercantiles trafiquants d'Albion, soutiens occultes des théories anticatholiques de Wikleff et de Jean Huss et détenteurs du pouvoir financier qui impulsait les Lancastre contre la France pour atteindre plus sûrement l'Angleterre foncière et l'Église du Christ. Les moines étaient donc assurés que les milices féodales, enrôlées sous la bannière des landlords, fuiraient devant l'étendard symbolique que Jeanne arborerait au nom du *Roi du Ciel*, chef mystérieux de leur conspiration.

De plus, la présence dans l'armée anglaise de nombreux adeptes du Tiers-Ordre franciscain devait favoriser les succès foudroyants de la Pucelle, élue des *Discrètes* et des dames *damées* composant le Conseil suprême et central des *Fraternités*.

Ces *fraternités*, nous l'avons vu [92], avaient été formées soigneusement, depuis des siècles, de tous les éléments gaulois épars à travers les Nations, et constituaient, en réalité, un Peuple international vivant secrètement parmi les peuples et possédant des signes particuliers pour se reconnaître.

Contre ces signes, avons-nous dit, aucun membre du Tiers-Ordre de Saint François n'aurait consenti à marcher, quelle que fût, du reste, la nationalité du tertiaire.

Les franciscains s'étant faits français, tous les affiliés anglais du Tiers-Ordre reculèrent devant le signe général des *fraternités* : la Colombe blanche, l'héraldique *Jona* des Druides, que Jeanne avait fait peindre sur son écu personnel avec ces simples mots : « *De par le Roy du Ciel !* »

La tactique de Jeanne consistait à discerner, en chaque rencontre, sur quels alliés elle pouvait compter dans les rangs de l'armée ennemie et à arborer la bannière dont la vue ferait reculer soit les milices baronniales, soit les tertiaires franciscains.

Jeanne avait, comme armes, deux étendards : celui de l'armée et celui des moines.

Sur l'un, fait de boucassin blanc (tissu de fil fin et transparent maintenant appelé linon) étaient représentés : d'un côté une Annonciation (c'est l'image de Nostre Dame ayant devant elle un ange lui présentant ung lys) et de l'autre le *Roi du Ciel* tenant en main le globe du monde et accompaigné de deux anges portant l'escu de France [93] ; le champ était semé de lys, symboles héraldiques de la puissance matérielle du Roi des Gaules.

Sur l'autre était peint le Christ en croix ; au pied de cette croix, se tenaient la Vierge et Saint Jean [94] ; au-dessus se voyait une colombe portant un rôle avec ces mots : *Jhésus, Maria !*

Le premier de ces étendards devait à la fois entraîner les hommes d'armes français et faire fuir les partisans, vassaux et hommes liges des hauts barons d'Angleterre.

Le second était destiné à rallier l'*ost* des Communiers de France et à faire reculer les tertiaires anglais et tous les aristocratiques chevaliers de l'Hôpital ou de Saint-Jean de Jérusalem successivement connus dans l'Histoire sous le nom de chevaliers de Rhodes et de chevaliers de Malte.

De même qu'il y avait ainsi en jeu deux étendards, il y avait également, pour diriger la lutte, deux femmes de caractère et d'allures non semblables : Claude la guerrière, qui marchait bravement à la tête des vaillants Gaulois, et Jeanne l'Inspirée, dont la mission consistait à rallier tous les amis de la Justice, tous les partisans du Christ en une même ligue contre les ennemis.

Par suite de cette tactique habile, les succès devinrent foudroyants et, comme le dit Gerson qui, certainement, connaissait tout le plan secret de cette campagne, « *les ennemis cachés, même les plus grands par leur situation, furent assaillis de terreurs variées et frappés jusqu'au tréfonds de leur substance de langueurs anéantissantes* ».

En voyant fuir les milices féodales des landlords, saisies en apparence d'une irrésistible panique qui se communiquait insensiblement à leurs meilleurs soldats, les Templiers comprirent qu'ils avaient été vus et devinés.

Ils sentirent que la peur des hommes, groupés sous les différentes bannières des barons, était voulue ou feinte et n'avait pour but que de rompre la discipline des troupes royales d'Henry VI et de Bedford.

Il existait donc en ce monde une puissance occulte assez forte et assez hardie pour provoquer, combattre et vaincre les industriels du Temple. Cette puissance était celle du *Roi du Ciel*, on n'en pouvait douter, mais les Templiers ne savaient qui était réellement ce personnage mystérieux.

Leurs chefs eurent peur ; leurs soldats s'affolèrent, car la trahison les enveloppait, ils en étaient sûrs ; et cependant cette trahison était si subtile, si extraordinaire et si insaisissable qu'impossible il était d'en déterminer la nature, de la comprendre et de la signaler.

La gloire de la Pucelle militaire avait quelque chose de vertigineux, de fantastique et de démoralisant pour ses adversaires.

La marche de son action victorieuse était d'une rapidité effrayante. Talbot, Suffolk, Glansdale n'avaient le temps ni de se concerter, ni de se reconnaître. La *furia* française bousculait leurs hommes ; la ruse diplomatique des landlords bouleversait leurs plans.

La terreur des capitaines anglais fut à son comble quand ils s'aperçurent que, non seulement les milices baronniales fuyaient systématiquement devant Jeanne, mais que la Pucelle faisait reculer également les plus hardis *leaders* de la noblesse créée par les Lancastre pour contrebalancer dans leur Grand Conseil et dans les Parlements l'influence des seigneurs terriens.

Talbot lui-même, le brave Talbot, tout en enrageant ferme, se voyait contraint, par une force qui déconcertait tous ses compagnons d'armes, d'obéir aux injonctions de cette Guerrière qu'il maudissait.

Une anecdote relatée dans la *Chronique de la Pucelle* montre l'influence singulière de *cette chose en forme de femme* ainsi que la nomme en son Journal le Prétendu Bourgeois de Paris.

« Les Anglais ayant retenu prisonniers les héraults porteurs des lettres de Claude et de Jeanne, Dunois leur fit savoir que s'ils ne les renvoyaient sur-le-champ, il ferait mourir tous les captifs anglais qui se trouvaient à Orléans. »

Sur cette menace, les Anglais renvoyèrent un des héraults, mais ils gardèrent l'autre.

Dès que l'homme fut revenu, la Pucelle, nous supposons que ce fut Claude [95], lui demanda : « Que dit Talbot ? »

Le hérault respondit que lui et tous les autres Anglais disaient d'elle tous les maulx qu'ils pouvaient, en l'injuriant, et que s'ils la tenaient ils la feraient ardoir.

« Or, t'en retourne, dit la pétulante Claude, et ne fais doubte que tu ramèneras ton compagnon. Et dis à Talbot que s'il s'arme, je m'armerai aussi, et qu'il se trouve en place devant la ville ; s'il me peut prendre, qu'il me fasse ardoir, mais si je le desconfis, qu'il fasse lever les sièges et s'en aille en son pays. »

Le hérault y alla, fit ce qu'elle lui avait commandé et ramena son compagnon.

Le plus curieux de l'affaire, c'est que non seulement Talbot ne bougea pas pour secourir Glansdale assiégé au fort des Tournelles concurremment par Claude et Jeanne, mais qu'après la prise de cette bastille et du pont par la Pucelle, il obéit à l'autoritaire injonction que le hérault lui avait transmise et, sans coup férir, dès le lendemain matin, réunit son *ost* et leva le siège.

De son côté, Falstaff fit de même, mais sans mêler ses troupes à celles de Talbot parce qu'il obéissait non aux signes particuliers de Claude, mais aux signes secrets de Jeanne et qu'il était, comme nous le verrons plus loin, l'agent des landlords et de Mme de Bedford.

Claude, messagère des Fées et peut-être aussi de certains Juifs, en voulait surtout aux financiers et aux trafiquants enrichis ; Jeanne, envoyée des tertiaires et des moines, s'attaquait surtout aux hypocrites qui cachaient leurs doctrines funestes sous les dehors trompeurs de la plus pharisaïque dévotion.

« La Pucelle, dit le chansonnier populaire anglais Thomas Dibdin, jura de faire danser *les gens de William de la Pole* et de le rosser lui-même comme un sac. De la Pole trouva cela si drôle qu'il en rit, *le Suffolk*, à s'en briser les côtes. Mais, quand elle se mit à bossuer son armure, le général déclara qu'il n'y avait plus de quoi rire et il ne sut de quels noms baptiser une fille si mal apprise quand, en dépit de sa large épée, elle le fit prisonnier [96]. »

À ce William de la Pole, comte de Suffolk, ainsi qu'à ses associés, lieutenants comme lui du Duc de Bedford, Claude et Jeanne avaient adressé, chacune de leur côté, des lettres de sommation au nom du *Roi du Ciel*.

Jeanne avait fait écrire les siennes à Poitiers par maître Jean Érault, le 22 mars 1429.

Claude, séjournant à Blois [97] en attendant la compaignée qui la devait mener à Orléans, escrivit et envoya par un hérault aux chefs de guerre une lettre dont la teneur s'en suit et est telle :

« Roy d'Angleterre, faictes raison au roy du Ciel de son sang royal. Rendez les clefz à la Pucelle de toutes les bonnes villes que vous avez enforcées. Elle est venue, de par Dieu, pour réclamer le sang royal et est preste de faire paix, si vous voulez faire raison *et payer ce que vous l'avez tenue.*

« Roy d'Angleterre, si ainsi ne le faictes, JE SUIS CHIEF DE GUERRE ; en quelque lieu que je atteindrai vos gens en France, s'ils ne veulent obéir, je les ferai yssir (sortir), veuillent ou non, et s'ils veulent obéir je les prendrai à mercy. *Croyez que s'ils ne veulent obéir, la Pucelle vient pour les occire.* Elle vient, corps pour corps, vous bouter hors de France et vous promet et certifie, la Pucelle, que elle fera si gros hahay que encore a mil ans en France ne fut vu si grand, si vous ne lui faites raison.

« Et croyez fermement que le Roy du Ciel lui envoiera plus de force que ne sarez mener de tous assaulz à elle et à ses bonnes gens d'armes. »

S'adressant ensuite aux soldats qui assiégeaient Orléans, Claude disait :

« Entre vous archiers compagnons d'armes, gentilz et vaillans, qui estes devant Orléans, alez vous en en vostre païs, de par Dieu. Et si ainsi ne le faictes, *donnez-vous garde de la Pucelle* et de vos dommages vous souviennent.

« Ne prenez mie votre opinion que vous ne tenrez mie France du Roy du Ciel, *le filz Sainte-Marie* [98] ; mais le tendra le roy Charles, vray héritier, à qui Dieu l'a donnée, qui entrera à Paris en belle compaignée. Si vous ne créez les nouvelles de Dieu et de la Pucelle en quelque lieu que nous vous trouverons, vous ferons dedens à horions et si verrons lesquels meilleurs droits auront. »

Puis la sommation s'adresse aux chefs :

« Guillaume de la Poule, comte de Suffort, Jehan de Talbot et Thomas, sire de Scales, lieuxtenants du duc de Bedford, soy disant Régent du royaume de France pour le roy d'Angleterre, faictes responce si vous voulez faire paix à la cité d'Orléans. Si ainsi ne le faites de vos dommages vous souviennent briefment [99]. »

Enfin une sommation semblable, mais beaucoup moins agressive que les précédentes, fut transmise au duc de Bedford ; en voici la teneur :

« Duc de Bedford qui vous dites Régent de France pour le Roy d'Angleterre, *la Pucelle vous prie* et requiert que vous ne vous faictes mie destruire. Si vous ne lui faictes raison, elle fera que les Français feront le plus beau fait qui oncques fust faist en la Chrétienté. » Escript le mercredy de la grande semaine.

Sur le dos estait escrit : « Entendez les nouvelles de Dieu et de la Pucelle » et le pli portait comme suscription : « Au duc de Bedford qui se dit Régent du Royaulme de France pour le Roy d'Angleterre. »

Le ton tout à fait différent de la lettre envoyée à Bedford ainsi que la date qu'elle porte, *le Mercredy de la grande Semaine*, c'est-à-dire celle du jour où Jeanne dicta à Poitiers ses différentes missives, montre que cette épître n'émane ni du même cœur, ni du même esprit.

Cette dernière lettre de sommation, à notre avis, a seule été l'œuvre de Jeanne ; les trois autres sont trop empreintes du caractère exclusivement guerrier pour émaner de la martyre de Rouen.

Écrivant au mari de Mme de Bedford, Jeanne le prie presque respectueusement de ne se faire mie destruire et, en cas de résistance, elle ne le menace que d'une chose, c'est de l'exclure du beau fait d'armes que les Français opéreront en faveur de la Chrétienté. Quelle différence avec les vitupérations de Claude !

D'après son propre dire, Jeanne avait envoyé aux Anglais pour les sommer de se retirer une lettre *distincte* de celle qu'on vient de lire ; malheureusement il ne reste aucune trace de cette lettre [100] qu'il serait bien curieux de comparer avec celle expédiée, de Blois, aux assiégeants d'Orléans par Claude.

En son procès, lorsqu'on lui donna lecture complète de la sommation que nous avons citée plus haut, Jeanne affirma, sous la foi du serment, que tel n'était pas le texte exact de *sa lettre à elle*, qu'elle n'avait jamais écrit ni fait écrire « *Je suis chef de guerre* » pour menacer les ennemis de mort et qu'elle ne fit pas mettre « *Rendez à la Pucelle les villes*, etc. », mais « *Rendez-les au Roi* [101] ».

Nous avons cru devoir insister sur ce point important pour bien montrer le jeu différent des deux sœurs et le caractère particulier de chacune d'elles.

Quoi qu'il en soit, du reste, il est certain que Suffolk-La Pole, le petit-fils du banquier d'Édouard III, rit de bon cœur en recevant le double message que lui apportaient le héraut Guyenne de la part de Claude et un autre héraut émissaire de Jeanne.

Mais, ainsi que le dit fort bien Thomas Dibdin, il ne devait pas rire longtemps.

Claude et Jeanne, s'étant réunies à Blois, s'avançaient vers Orléans, avec dix ou douze mille hommes.

Jeanne n'avait oublié aucune des instructions stratégiques de ses *voix*. Pas un détail géographique du plan qu'elle avait étudié avec tant de soin n'avait échappé à l'étonnante jeune fille.

Aussi, lorsque Dunois, qui était venu à la rencontre du secours inespéré que le Roi envoyait aux gens d'Orléans, fit, à l'insu de

Jeanne, prendre à l'armée la rive gauche de la Loire passant par la Sologne afin d'éviter une grosse bastille que les Anglais avaient construite dans une forêt proche de la ville [102], Jeanne, que la fatigue avait un instant abattue, s'apercevant, par la topographie même du terrain, de la faute commise, alla sans hésitation trouver Dunois.

« Est-ce vous qui êtes le bâtard d'Orléans ? demanda-t-elle.

– Oui, répliqua-t-il, et je me réjouis de vous voir avec nous, car je sais ce que vous venez faire.

– C'est vous qui avez conseillé de m'amener par ici au lieu de me conduire tout droit vers Talbot et les Anglais ?

– Je l'ai fait parce que j'ai jugé, ainsi que beaucoup d'hommes sages, que cette voie est plus sûre, répondit-il.

– En nom Dieu ! s'écria Jeanne, le conseil de *Messire* est plus sûr et plus sage que le vôtre. Vous m'avez cuidé décevoir et vous vous êtes déçus vous-mêmes. Ne savez-vous donc pas que je vous amène le meilleur secours que eut oncques chevalier, ville ou cité : c'est le secours du *Roi du Ciel*. Le plaisir de Dieu, non mie pour l'amour de moi, mais pour celui de *Sainct Loys* et de *Sainct Charles le Grand* [103] est d'avoir pitié de la ville d'Orléans, car MESSIRE ne peut souffrir que les ennemis tiennent en même temps le corps du Duc et sa bonne ville. » Dunois, saisi par le ton inspiré de la douce Pucelle, fut stupéfait de la justesse de ses observations lorsqu'elle lui exposa que, faute d'avoir suivi l'itinéraire qu'elle avait tracé, l'armée était dans l'obligation absolue de rebrousser chemin et de revenir à Blois, son point de départ, la Loire n'ayant pas, avant cette ville, de pont sur lequel on pût faire passer les troupes et les munitions.

Qui donc, se demandait Dunois, a instruit cette jeune fille de ces détails topographiques que moi-même j'avais oubliés ?

Une vive inquiétude s'était emparé de l'esprit du brave capitaine en constatant que Jeanne avait prévu juste et qu'on avait eu le plus grand tort de ne pas suivre ponctuellement la route qu'elle avait tout d'abord indiquée.

Que penseraient les Orléanais en voyant s'éloigner, de leur ville, l'armée de secours ?

Jeanne devina, sans doute, la perplexité du comte car, tandis qu'un vent violent empêchait les bateaux de remonter le fleuve et de porter dans Orléans le premier convoi de vivres, elle dit avec douceur à Dunois : « Soyez sans crainte, le vent va changer et tout se passera bien. »

Comme si l'Inspirée eut possédé le pouvoir de commander aux éléments et de s'en faire mieux obéir que des hommes, le vent effectivement changea de direction et le fleuve devint navigable.

Cependant, il n'était guère facile de traverser les lignes anglaises pour se jeter dans Orléans. L'armée ennemie était considérable, très fortement installée et d'autant plus sur ses gardes que les sommations de Jeanne et de Claude à William de la Pole avait averti celui-ci de l'envoi prochain d'un secours aux assiégés.

Dans ces circonstances, le dédoublement des deux sœurs présentait un précieux avantage.

La faute stratégique commise par Dunois et les chefs eût été presque irréparable sans l'ingénieuse précaution des inspirateurs de la Pucelle et *des gens qui, se ralliant aux plus hautes visées de la politique chrétienne, ne négligeaient pas*, comme l'observe Gerson, « *les lois de la prudence humaine, ne s'en rapportant pas plus à Dieu qu'il n'était utile dans le moment où ils devaient agir* ».

Pour n'avoir point suivi la rive droite de la Loire, comme Jeanne, en partant de Blois, en avait donné l'ordre, l'armée devait retourner sur ses pas, après avoir signalé sa présence et son importance aux Anglais.

Ce voyage inutile avait un triple inconvénient : il faisait perdre du temps ; il pouvait décourager les Orléanais en ajournant leur délivrance et démoraliser l'armée en lui montrant l'imprévoyante ignorance de ses chefs.

De plus, il pouvait coaliser toutes les forces anglaises contre cet *ost* de renfort et causer l'écrasement des derniers défenseurs de la France dans une défaite suprême, suite et répétition d'Azincourt et de Verneuil.

Dunois le craignait ; mais heureusement Jeanne, sûre de ses alliances, connaissait admirablement la seule stratégie pratique et l'unique tactique infaillible.

Laissant à Claude toute la partie extérieure de l'action, elle encouragea sa sœur à parader chaque jour devant l'armée royale, se chargeant elle-même de faire engager par l'*ost* des Communiers quelques escarmouches destinées à occuper utilement les Anglais dans des endroits assez éloignés de la ville. Elle détourna ainsi l'attention des capitaines ennemis qu'elle savait lui être hostile ; elle trompa la vigilance des Lancastriens et les abusa sur le plan hardi qu'elle avait combiné avec ses alliés secrets pour réparer la faute des capitaines français. Grâce à une de ces diversions opérées par Jeanne et les francs-archers groupés sous sa bannière, Claude put, un soir, à six heures, traverser le fleuve, accompagnée de Dunois et de deux cents hommes d'armes, et pénétrer dans Orléans tenant en main l'étendard guerrier portant l'image du *Roi du Ciel*. Jeanne, à qui son costume assez simple permettait de passer inaperçue, sachant que la vue de sa sœur rassurerait assez les Orléanais et que rien ne serait entrepris néanmoins avant son retour, s'en alla avec Jean Pasquerel, les prêtres, l'*ost* des Communiers et toute l'armée des moines pour reprendre le chemin de Beauce qu'on aurait dû suivre d'abord [104].

L'entrée de Claude à Orléans fut un véritable triomphe.

« Noël ! Noël ! Bénie soit celle qui vient au nom du Seigneur ! » criaient avec enthousiasme les habitants, lorsque le 29 avril 1429, à la nuit tombante, la fille de Jacques d'Arc, armée de toutes pièces et montée sur un superbe cheval blanc, parcourut les rues de la ville.

Dunois qui chevauchait à son côté senestre, dit la Chronique du Siège, cherchait à tenir le peuple à une distance respectueuse.

Le bâtard d'Orléans n'ignorait pas que Claude n'était que la guerrière et que, pour agir, il lui faudrait attendre l'arrivée de Jeanne l'Inspirée. Aussi essayait-il de modérer les transports de la foule.

Mais une véritable ivresse s'était emparée de la multitude qui avait tant souffert.

« Voici venir le Grand Secours ! » criait-on de toutes parts, et les fanatiques baisaient les traces laissées par les sabots du coursier de Claude, ne se doutant guère que la belle et vigoureuse fille n'était que l'instrument de la mission de sa sœur.

Hommes, femmes et enfants s'approchaient, malgré les efforts de Dunois, pour modérer un peu leur ardeur et leur zèle ; à un moment, les porteurs de torches ardentes qui environnaient Claude, étant bousculés par la foule qui voulait voir de près et toucher la Libératrice, mirent involontairement le feu à l'étendard qu'elle portait avec orgueil.

Louis de Contes, son page, d'Aulon, son écuyer, étaient près d'elle. Ils poussèrent un cri. Claude était femme de tête, elle avait autant d'énergie que de promptitude dans la décision. Roulant son étendard elle étouffa la flamme et « esteignit le feu comme si eust longuement suivi les guerres : ce que les gens d'armes tinrent à grandes merveilles et les bourgeois d'Orléans, en lui faisant moult grande chière et grand honneur, la conduisirent jusqu'en la principale église où elle descendit pour prier ».

Cette entrée solennelle et bruyante avait donné le change aux capitaines anglais.

Voyant repartir l'armée principale vers Blois, ils supposèrent qu'elle n'avait eu pour mission que d'assurer le passage de la Pucelle guerrière dans Orléans.

Ils en furent d'autant plus convaincus que, dès le lendemain, Claude, d'après les instructions très précises que lui avait données sa sœur Jeanne, envoya la seconde sommation aux lieutenants du Régent d'Angleterre par l'intermédiaire de deux nouveaux hérauts.

« C'est la ribaude des Armagnacs qui nous annonce encore nouvelles », dirent-ils en riant comme la première fois de ce message singulier.

De leurs bastilles, ils avaient pu voir l'arrivée triomphale de Claude et, furieux de s'être laissés jouer par elle, ils retinrent, au mépris de tous droits, les hérauts prisonniers en les menaçant de les faire juger et brûler comme hérétiques.

Claude, ne voyant pas revenir ses hérauts, fut saisie d'une violente indignation et, du haut du boulevard qu'on avait construit sur le pont d'Orléans à portée de voix de la bastille anglaise des Tournelles, elle somma les lieutenants du duc de Bedford de lui renvoyer ses messagers à délai bien bref.

Le commandant des Tournelles, Glansdale, répondit par de brutales injures. Claude lui cria avec colère qu'il mentait et *« qu'aux horions on verrait bientôt qui avait bon droit »*.

Le lendemain, 2 mai, elle sortit, dans la plaine, et chevaucha tout le long des bastilles, des parcs et des boulevards anglais, « du côté de vers Beauce », portant en main l'étendard fleurdelysé et examinant les positions ennemies.

Le peuple l'avait suivie en foule ; les Anglais ne tentèrent même pas d'entraver cette audacieuse reconnaissance, ni de charger cette multitude désordonnée.

Ces hommes intrépides, dit Alain Chartier, semblaient changés en femmes, tandis que les femmes se changeaient en héros contre eux : « *On eût dit qu'ils avaient tous les mains liées.* »

En effet, les milices féodales des landlords avaient ordre absolu de ne pas bouger quand paraissait l'étendard fleurdelysé de la Pucelle ; leur inertie, que les autres soldats anglais attribuaient à une superstitieuse terreur, glaçait ces derniers d'un véritable effroi. De plus, Claude, possédant tous les signes particuliers des chevaliers de Rose-Croix, fort nombreux dans l'armée anglaise, paralysait l'action des affiliés de ces secrètes sociétés de conspirations galantes et politiques.

Avant que la Pucelle arrivât, raconte Dunois en sa déposition au procès de 1455, deux cents Anglais chassaient aux escarmouches huit cents hommes de l'armée du Roi et, depuis sa venue, quatre ou cinq cents Français pouvaient défier toute la puissance anglaise et contraindre les capitaines à se renfermer dans leurs refuges, à se cacher dans leurs bastilles.

Ce surprenant résultat ne se peut expliquer que par la double cause que nous avons indiquée.

L'effet moral de l'arrivée de Claude fut immense sur les assiégés, mais celui de sa reconnaissance des bastilles anglaises fut démoralisant pour les assiégeants.

Claude seule, remarquons-le, devait être *ostensiblement* chef de l'armée royale à Orléans. La plupart des gens de la ville ne virent qu'elle. Aussi ne firent-ils aucune difficulté de la reconnaître lorsqu'en 1436, devenue l'épouse de Robert des Armoises, elle revint en leur ville avec ses frères Pierre et Jean.

Mais Dunois, qui avait été prévenu et savait à quoi s'en tenir, tout en rendant à Claude les plus grands honneurs, ne voulut rien tenter avant l'arrivée de Jeanne et de l'*ost* religieux et bourgeois qu'elle amenait.

« Ung de nous vaudra mieux que cent
Souhs l'étendard de la Pucelle »

dit-il, mais je ne combats pas sans l'armée de renfort. Puisqu'elle tarde à venir ; il faut l'aller chercher.

En effet, le dimanche 1er mai, le duc d'Alençon, l'écuyer Jean d'Aulon, Boussac et quelques autres qui étaient dans le secret de la double mission des deux sœurs, partirent pour aller au devant de l'armée de Blois.

Le mercredi 4 mai, Claude sortit d'Orléans dès le matin avec La Hire, Florent d'Iliers, Villars, James du Thilloys et environ cinq cents hommes.

À une lieue de la ville, elle rencontra l'armée de secours et l'on vit alors cette chose singulière : l'*ost* entier (près de douze mille hommes) « conduisant grande foison de vivres tant de grains que de bestial » passer, sans coup férir, devant les bastilles anglaises, nul n'essayant de l'arrêter.

Les prêtres chantaient des cantiques, Jeanne, portant l'étendard religieux où était peinte l'image de Jésus crucifié et revêtue d'un costume simple, marchait en tête des troupes, tandis que Claude, tenant d'une main l'étendard fleurdelysé et de l'autre sa lance, regardait défiler l'armée, semblant protéger sa marche et entourée, comme d'un état-major, de La Hire et des plus braves capitaines français.

Les Anglais semblaient paralysés en leurs bastilles. Immobiles, ils laissaient rentrer dans Orléans : soldats, vivres et munitions.

Cette conduite serait vraiment inexplicable si l'on n'y voyait la preuve indéniable que beaucoup d'entre les assiégeants avaient reconnu, sur les bannières mystérieuses tenues par chacune des deux sœurs, les signes distinctifs des *fraternités* franciscaines et ceux du grand Conseil fédéral des landlords.

C'est ici le moment de faire ressortir l'utilité de la double action de Jeanne et de Claude.

On s'imagine trop souvent que les Orléanais étaient restés presque impassibles, se contentant de résister par l'inertie aux Anglais.

C'est une très grande erreur ; les vaillants défenseurs de la Cité avaient montré un courage et une intelligence vraiment remarquables dans la résistance qu'ils avaient organisée, sans marchander ni les sacrifices, ni les dévouements.

Dès le début, ils avaient abattu, démoli, anéanti tous les faubourgs qui renfermaient de fort précieux et antiques monuments afin que les Anglais ne s'y pussent loger parce que cela eût été très préjudiciable à la Ville.

Ensuite il n'était pas de vaillantises et de témérités qu'ils ne tentassent pour se ravitailler ou couper les convois de vivres envoyés à leurs ennemis.

On est stupéfait lorsqu'on lit la Chronique du Siège de voir les assiégés réussir à rentrer dans la ville le matin *aux portes deffremans* (c'est-à-dire à l'ouverture des portes) tantôt *quarante chefs d'aumailles* [105] et deux cent pourceaux, tantôt six cents porcs, tantôt un nombre aussi considérable de moutons et d'autres fois des grains et autres provisions amenées sur des charrettes.

D'autre part, on est émerveillé de toutes les prouesses des chevaliers, mais aussi et surtout de la constance et de la bravoure des Bourgeois et du Peuple de la ville.

On est tout étonné également des batailles constantes qui se livrèrent sur le fleuve entre les bateaux chargés de canonniers et que Jehan le Lorrain commandait avec tant d'intelligence et d'intrépidité du côté des Français.

La lecture attentive de ces vieilles chroniques change absolument la physionomie de l'époque et l'on voit infiniment mieux jouer Jeanne et Claude au milieu de ces hommes intrépides, industrieux et capables de faire beaucoup avec presque rien.

Le grand mérite de Jeanne fut d'avoir su conglomérer, grouper, discipliner tous ces héroïsmes individuels et surtout d'avoir réussi, par l'influence qu'elle exerça sur Claude, à réunir les deux forces qui, divisées, causaient les défaites constantes et désastreuses des Français.

Ces deux forces étaient, politiquement parlant, le Peuple et la Noblesse, mais c'étaient aussi, de façon plus cachée mais non moins dangereuse : la puissance franciscaine et le pouvoir mystérieux des *Rose-Croix* qui, l'un comme l'autre, recrutaient des fidèles et des adeptes dans tous les rangs, dans toutes les classes de la Société.

Jusqu'à l'arrivée des filles de Jacques d'Arc, ces forces vives de la Nation, les forces ostensibles comme les forces occultes se combattaient entre elles avec un acharnement égal, sinon supérieur, à celui que l'on montrait, de part et d'autre, contre les Anglais.

Ainsi, pour ne citer qu'un exemple typique de cette division néfaste des armées de Charles VII, prenons la malheureuse escarmouche de Janville, dite Journée des Harengs, dont Jeanne annonça la fatale issue à Robert de Baudricourt.

Ce jour-là, douzième de février (1429), veille des Brandons, raconte la Chronique du Siège, messire Jean Falsfaff, accompagné de quinze cents combattants anglais, picards et normands, amenait environ trois cents chariots et charrettes chargés de vivres et d'habillements de guerre comme : canons, arcs, trousses, traits, etc., aux Anglais qui tenaient le siège. Ils surent, par leurs espions, que les Français devaient les assaillir : ils s'enclorent en un parc fait de leur charroy et de pieux aigus, ne laissant qu'une entrée très étroite par où seulement pouvaient passer ceux qui les voudraient assaillir. Puis ils se mirent en belle ordonnance de bataille, attendant là à vivre ou à mourir, n'ayant guère espoir d'échapper à cause de leur petit nombre et de la multitude des Français.

La Hire, Poton, Saulton, Canède et plusieurs autres capitaines, venant d'Orléans, s'apprêtaient à attaquer, lorsque le comte de Clermont envoya message sur message, pour dire qu'on ne fît aucun assault avant sa venue, car il amenait trois à quatre mille combattants. Pour l'amour et honneur du comte, La Hire et ses amis laissèrent leur entreprise, à leur très grand regret.

Mais le connétable d'Écosse, Jehan Stuart, parent de celui qui mourut à Verneuil, et qui était venu là avec quatre cents hommes, ne voulut tenir aucun compte de l'avis de Monsieur de Clermont et se mit à attaquer les Anglais sans plus attendre, aidé, du reste, par Dunois et un certain nombre de chevaliers français.

Peu leur valut, car les Anglais, voyant que la grande bataille du comte de Clermont était encore loin et que La Hire et les autres avaient renoncé à l'escarmouche, et ne se joignaient pas avec le Connétable et les hommes de pied, saillirent hâtivement de leur parc et mirent les Français en désarroi et en fuite, non sans grande tuerie.

Puis, les Anglais se mirent aux champs, chassant les gens de pied tellement qu'on voyait bien douze de leurs étendards à moins d'un trait d'arbalète de la place où avait été la déconfiture.

La Hire, Poton et plusieurs autres, voyant cela, rassemblèrent les combattants qui s'étaient retirés, frappèrent sur les Anglais et en tuèrent plusieurs. Si tous les Français fussent ainsi retournés, l'honneur et le profit de la journée leur fussent demeurés.

Mais le comte de Clermont et sa grosse bataille ne firent oncques semblant de secourir les compagnons, tant parce qu'ils avaient attaqué contre leur avis que parce qu'ils les virent presque tous tués ou blessés lorsqu'ils arrivèrent sur le champ de bataille.

S'apercevant que les Anglais en étaient maîtres, les gens de Monsieur de Clermont se mirent, sans s'arrêter, en chemin vers Orléans, et les Anglais ne les poursuivirent pas.

« Cestuy propre jour, ajoute la Chronique, Jehanne la Pucelle sceut, par grâce divine, ceste desconfiture et dist à Messire Robert de Baudricourt que *le Roy avait eu grand dommage devant Orléans et en aurait encore plus si elle n'estuit menée devers luy.*

Jeanne n'ignorait pas la cause secrète de ce revers et elle savait bien, par ses *voix*, que sa présence pouvait seule en éviter la répétition.

Le comte de Clermont, en sa double qualité de franciscain et de Français, avait hésité à compromettre les troupes précieuses du *roi de Bourges* dans une escarmouche voulue surtout par le connétable Jehan Stuart qu'il savait étranger et qu'il soupçonnait d'être affilié aux Rose-Croix d'Écosse, ce qui éveillait naturellement ses défiances de patriote et de chrétien.

De plus, l'époux d'Agnès de Bourgogne se demanda sans doute s'il n'était pas tombé dans quelque embuscade (la défaite des Français et le parc si bien construit par leurs adversaires ne lui semblant pas choses très rassurantes), quand, à son arrivée, il s'aperçut du désastre résultant de ce qu'on avait enfreint ses ordres et méprisé ses sages avis.

Jeanne seule était capable de rassurer les derniers patriotes, fidèles à Charles VII comme bon sergent du Christ, sur les intentions des auxiliaires étrangers que le *roi de Bourges* pouvait employer.

Aussi pressa-t-elle Baudricourt de l'envoyer à Chinon au plus vite, sûre qu'elle était de ses alliances et croyant aussi pouvoir compter beaucoup sur les influences de sa sœur.

Ce qu'il y a d'admirable dans l'action héroïque de Jeanne d'Arc, c'est qu'elle sut toujours, avec abnégation, s'effacer pour laisser à Claude toutes les gloires, ne se réservant à elle-même que les embarras et les difficultés.

Nous la verrons à Rouen ne trahissant ni sa sœur ni ses saintes ; si parfois elle nie énergiquement certains faits trop compromettants, jamais elle ne laisse entrevoir la cause réelle de ses dénégations, ni ne permet à ses juges de soupçonner l'intervention de Claude dans l'épopée dont elle assume seule toute la responsabilité.

Il faudrait étudier en détail les faits et gestes des deux filles de Jacques d'Arc à Orléans pour bien comprendre l'intelligence et le grand sens pratique de Jeanne.

Mais cette étude minutieuse nous entraînerait à des développements considérables ; aussi, au lieu de suivre les deux sœurs en cette phase de leur vie dont tout le monde connaît les faits, nous bornerons-nous à citer quelques traits caractéristiques qui montrent leur manière d'agir.

Écoutons d'abord Jean d'Aulon que sa grande réputation de prudence et de sagesse avait fait choisir comme écuyer de la Pucelle.

Un jour que j'étais fort las, raconte-t-il en sa déposition pour le procès de 1455, je m'étais étendu sur un lit et je commençais à reposer quand soudain la Pucelle, en faisant grand bruit, m'esveilla.

« Je lui demandai ce qu'elle voulait.

« En nom Dé, me répondit-elle, *mon conseil* m'a dit que j'aille contre les Anglais, mais je ne sais si je dois aller à leurs bastilles ou contre Falstaff qui les doit avitailler. »

« Sur quoi, elle se fit armer par moi.

« Tandis que je l'armais on ouït de grands cris que faisaient les gens de la cité disant que les ennemis portaient grand dommage aux Français.

« Je me fis donc armer aussi. Mais, pendant ce temps, la Pucelle, sans que je la visse faire, sortit de la chambre, issit en la rue où elle trouva un page monté sur un cheval.

« Elle le fit descendre, et incontinent, montant dessus, tira son chemin le plus diligemment qu'elle put droit à la porte de Bourgogne où je ne pus arriver qu'après elle et il me fut avis que oncques je n'avais vu tant de gens d'armes de notre parti que je ne fis alors. »

Ce page, que la Pucelle guerrière rencontrait si bien à point sur sa route, c'était Jeanne à qui son costume vulgaire permettait de passer inaperçue.

Claude, depuis son voyage à la cour de Lorraine et les négociations de sa sœur à Chinon, était devenue beaucoup plus circonspecte.

Elle avait compris en partie la valeur de l'action de Jeanne et avait senti la nécessité de suivre son plan.

Aussi réclamait-elle l'avis de sa sœur pour savoir s'il valait mieux attaquer les bastilles anglaises ou courir sus à Falstaff qui les venait ravitailler.

Jeanne était son *conseil*, mais son conseil occulte. Peu de guerriers au camp savaient la présence des deux sœurs qui se doublaient avec une telle intelligence que toujours elles gardaient l'unité dans l'action.

Quand Jeanne devait agir ostensiblement, elle se revêtait de l'armure de Claude ; si l'une des sœurs était blessée, l'autre prenait immédiatement sa place ; de sorte que LA PUCELLE était toujours présente, au moment décisif, pour assurer le succès.

Jean d'Aulon dit encore que lorsque la Pucelle avait aucune chose à faire pour le fait de sa guerre, elle lui disait que son Conseil lui avait dit ce qu'elle devait faire. Il dit aussi qu'il interrogea la dite Pucelle pour savoir qui estait son dit conseil ; laquelle luy respondit *qu'ils étaient trois ses conseillers, desquels l'un ESTAIT TOUJOURS RÉSIDANT AVEC ELLE, l'autre allait et venait souventes fois vers elle et la visitait ; et le tiers estait celuy avec lequel les deux autres délibéraient.* Il advint qu'une fois, entre les autres, d'Aulon la pria et requit qu'elle lui voulust une fois monstrer iceluy conseil : laquelle luy répondit qu'il n'estait pas assez digne ni vertueux pour iceluy voir et sur ce, il se désista de plus avant luy en parler ni requérir.» Ce conseiller toujours résidant près de Claude, c'était Jeanne ; quant aux deux autres, il est assez difficile de les nommer, mais nous avons suffisamment indiqué ce que nous en pensons [106]. Continuons donc notre récit.

Le quatrième jour du mois de May, après disner, la Pucelle appela les capitaines et leur commanda que, eux et leurs gens, fussent armés et prêts à l'heure qu'elle ordonna : à laquelle elle fist sonner sa trompille et fut à cheval plus tost que nul des capitaines ; son *estendard* après elle, alla parmi la ville dire que chacun montast et vint faire ouvrir la porte de Bourgogne et se mist aux champs [107].

Alors, aucuns des nobles issirent d'Orléans avec grand nombre de gens de trait et de commun qui livrèrent un fier et merveilleux assaut contre les Anglais, lesquels tenaient la bastille de Saint Loup, icelle bastille ayant été grandement garnie par le sire de Talbot tant de gens, vivres, que d'habillements de guerre.

Quand arriva très hâtivement *la Pucelle armée et à étendard déployé* [108], les Anglais se retirèrent au clocher de l'église, les Français donnèrent l'assaut qui dura longuement.

Talbot fit issir ses Anglais à puissance des autres bastilles pour secourir ceux de Saint-Loup ; mais à cette même heure sortirent d'Orléans tous les chefs de guerre qui se vinrent joindre à la *Pucelle armée* et se mirent aux champs en batailles ordonnées entre la bastille assaillie et les autres bastilles anglaises. Ce voyant, Talbot fit rentrer les Anglais en leurs bastilles, délaissant en abandon ceux de la bastille Saint-Loup qui furent conquis par puissance, environ vêpres.

Et il y eut des Anglais réfugiés dans le clocher qui prirent des habillements de prêtres ou de gens d'église, lesquels on voulut tuer, mais *Jeanne les garda disant qu'on ne devait rien demander aux gens d'Église et les fit amener à Orléans.*

Jeanne la tertiaire avait reconnu en ces hommes des alliés et elle les sauvait de *l'occision qui fut nombrée à huit vingts* (160) *hommes* avant que *la bastille fut arse et démolie.*

En après, la Pucelle armée, les grands seigneurs et leur puissance rentrèrent à Orléans ; à icelle heure furent rendues grâces et louanges à Dieu par toutes les églises, en hymnes et dévotes oraisons, à son de cloches que les Anglais pouvaient bien ouïr, lesquels Anglais furent fort abaissés de puissance par cette partie et aussi de courage [109].

Talbot, premier baron d'Angleterre, avait accepté le défi à lui transmis par le héraut de Claude, il s'était armé et avait fait sortir ses hommes à grande puissance, mais LA PUCELLE, c'est-à-dire les deux sœurs, celle qui maniait la lance et celle qui portait l'étendard, s'étaient armées aussi, chacune à leur manière, et Talbot, malgré ses hommes d'armes, s'était retiré *desconfit*.

C'en fut assez pour le déterminer à obéir ponctuellement à l'injonction autoritaire de celle qui lui avait fait dire que, s'il ne la prenait à première rencontre, il eût à faire lever les sièges et à se retirer.

Talbot, le brave Talbot, depuis la prise de Saint-Loup resta immobile comme s'il eût été paralysé par une force supérieure à sa bravoure et à sa volonté. Il ne fit rien pour secourir Glansdale et, au lendemain de la prise des Tournelles, nous le verrons s'en aller à Meung en attendant qu'il essayât de violer la consigne de neutralité à lui imposée par la Pucelle et se fit battre à Patay.

Sûre de l'inaction de Talbot, Claude voulait, dès le lendemain, assaillir la bastille Saint-Laurent où se trouvaient les plus grands chefs de guerre et toute la puissance des milices baronniales des hauts barons ; mais ce n'était pas l'avis de Jeanne qui avait là ses plus secrets alliés.

Aussi, la pieuse fille argua-t-elle de la grande solennité de l'Ascension pour réclamer des capitaines français un jour de repos.

Ainsi la chose prit délai cette journée à la grande déplaisance de la Pucelle Claude, *qui s'en tint fort mal contente.*

Le lendemain, Vendredi à heures de vespres, Jeanne dit que chacun fust armé et prest et en bataulx vînt passer la rivière devers la Sologne.

Tous ne la suyrent pas comme elle cuidait.

Aussi tost comme elle fust descendue à terre et peu de gens avecques elle, elle se ala mectre devant la bastille des Augustins, *son estendart en sa main*, et fist sonner trompilles à l'assaut incontinent et, après ce, demoura guère que la place ne fust prise.

Et ce fait ceux de sa compagnie cuidaient qu'elle dust retourner gésir en la ville. Mais elle se logea en ladicte bastille, qui était moult bien garnie de vivres, et dist : « Par mon martin, je auray demain les tours de la bastille du pont et n'entreray dedans

Orléans qu'elles ne soient en la main du bon Roi Charles. Et manda à ceulx qui étaient en la ville demeurés, qu'ils fussent l'endemain bien matin devers elle. »

Ce récit de Perceval de Cagny, le chroniqueur du duc d'Alençon, c'est-à-dire du capitaine qui a le mieux observé et connu Jeanne d'Arc, est d'autant plus intéressant à recueillir qu'il se trouve en contradiction avec l'affirmation des autres chroniqueurs, comme le héraut Berri et l'auteur de la Chronique de la Pucelle par exemple, qui font passer la nuit du Vendredi au Samedi par l'héroïne dans Orléans.

Cette contradiction s'explique fort bien par la présence simultanée des deux sœurs dans l'armée. Celle qui sortit le Vendredi à deux heures, c'était Jeanne, et Perceval de Cagny dit fort bien que *tous ne la suyrent pas comme elle cuidait*. Claude était-elle restée avec les hésitants à Orléans ou bien y rentra-t-elle seulement après avoir été blessée de chausse-trappes en l'un des pieds, ainsi que le raconte le *Manuscrit des Gestes* ? Il est assez difficile de le dire, mais il est certain que Jeanne dut prendre seule avec son fidèle *ost* de Communiers la bastille des Augustins. Ce qui nous confirme dans cette conviction est le récit suivant [110] :

« L'an mille quatre cent vingt-neuf, le vendredy, sixième jour de May, Français passèrent oultre la Loire à la vue de Glacidas qui, tantôt fit désemparer et ardoir la bastille de Saint Jehan le Blanc, et fit retirer ses Anglais en la bastille des Augustins, au boulevard et aux Tournelles. Si marcha avant la Pucelle *avec ses gens de pied* (francs archers et arbalétriers des milices communales que l'on nommait ainsi pour les distinguer des chevaliers). Et à ceste heure n'estaient encore tous ses gens passés, ains y en avait grande partie en une île.

« Néanmoins, la Pucelle alla tant qu'elle approcha du boulevard et illec PLANTA SON ESTENDART à peu de gens.

« Mais survint un grand cry que les Anglais venaient à puissance du côté de Sainct Privé, pour lequel cry les gens qui estaient avec la Pucelle furent espouvantés et se prirent à retirer droict au dit passage de Loire. Dont la Pucelle fut en grant douleur et contrainte de se retirer.

« Alors les Anglais levèrent grande huée sur les Français et issirent à puissance pour poursuivre la Pucelle : et *tout soudain elle tourna contre eux et tant peu qu'elle eust de gens elle leur fit visage et marcha contre les dicts Anglais à grands pas et À ESTENDART DESPLOYÉ.* Si en furent Anglais, par la volonté de Dieu, tant espouvantés qu'ils prirent la fuite laide et honteuse.

« Alors Français retournèrent et commencèrent sur eux la chasse, en continuant jusques à leurs bastilles où Anglais se retirèrent à grande haste.

« Ce vu la Pucelle *assit son estendart* devant la bastille des Augustins, sur les fossés du boulevard. Et toujours Français allèrent croissant, en telle sorte qu'ils prirent d'assaut icelle bastille des Augustins où estaient Anglais en grand nombre lesquels illec furent occis.

« Ceste nuict, les Anglais qui étaient dedans le boulevart de Saint Privé s'en départirent et y mirent le feu, puis passèrent Loire en vaisseaux et se retirèrent en la bastille de Saint Laurent. »

Nous avons cité en entier ce curieux récit parce qu'il appuie à merveille notre thèse et montre bien les intelligences que Jeanne la tertiaire avait avec certaines milices Anglaises.

Poursuivie par les combattants du boulevard Saint Privé, Jeanne, presque seule, eût été certainement prise, si elle n'eût eu affaire aux hommes d'armes des hauts barons, ses secrets alliés.

Dès qu'elle eût reconnu, à leurs bannières, quelles étaient les troupes qui la cernaient, Jeanne n'hésita pas, se tournant, *elle leur fist visage et marcha visière levée, à grands pas et À ÉTENDARD DÉPLOYÉ.*

Aussitôt, comme par enchantement, les cris et les huées des Anglais cessèrent et les vaillants soldats firent fuite laide et honteuse ; ils abandonnèrent à Jeanne leurs compatriotes renfermés en la bastille des Augustins et, dès la nuit venue, se retirèrent du boulevard de Saint-Privé, après y avoir mis le feu.

Les hauts barons anglais, par cette manœuvre, assuraient la victoire à Jeanne leur alliée ; celle-ci, sûre de leur neutralité complète, refusa, dès lors, de rentrer dans la ville et fit savoir aux hésitants qu'ils eussent à la venir rejoindre, dès le lendemain, à l'aube, afin de prendre les Tournelles, ce qui assurait la délivrance de la cité d'Orléans.

« *En iceluy assaut des Augustins*, affirme le Manuscrit cité plus haut, *la Pucelle fut blessée de chausse-trappes en l'un des pieds et à cause qu'il ennuictait fut ramenée à Orléans.* »

Le héraut Berri dit également : « Et ce soir, après avoir pris la bastille des Augustins, lesdits français se retrahirent en ladite ville et *la dite Pucelle avec eulx.* »

Quicherat, dans une note à ce sujet, écrit : « Erreur, elle resta aux champs. »

À notre avis, tous les chroniqueurs ont dit vrai, mais ils n'ont pas parlé de la même femme. Jeanne resta auprès de la bastille des Augustins après y avoir fait bouster le feu de crainte que les Français ne fussent trop attentifs au pillage [111].

Par sa présence, elle assurait l'ordre de l'armée pour le lendemain et s'assurait en même temps de la bonne foi et des dispositions favorables de ses alliés, les hauts barons anglais.

Claude, pendant ce temps, s'employait du reste très utilement à Orléans.

Jeanne avait prévu que les capitaines hésiteraient à répondre à l'appel si pressant qu'elle leur avait fait pour le lendemain. Aussi avait-elle chargé sa sœur de vaincre, à tout prix, leurs tergiversations et d'user, au besoin, de violence pour surmonter leur résistance.

Craignant de compromettre, par une attaque trop prompte, les avantages remportés et un peu humiliés aussi de s'être laissé devancer par des manants, conduits par une femme, les capitaines du Roi tinrent, ce soir-là, un conseil secret où il fut décidé qu'on ne ferait pas de sortie le lendemain.

Tout à coup, tandis que l'on délibérait, Claude, toujours vêtue de son armure qu'elle ne quittait guère afin de permettre à sa sœur de la prendre, au besoin, sans être reconnue des indifférents, ce qui courrouçait très fort les capitaines [112], Claude heurta violemment à la porte de la salle où se tenait ce conseil secret.

En la voyant Dunois, ne pouvant guère agir autrement, lui fit part de la décision prise de ne point attaquer le lendemain les Tournelles, malgré l'ordre exprès que Jeanne avait donné.

« Vous avez été en votre conseil, répliqua Claude avec impatience, et j'ai été au mien : *le conseil des hommes* [113] périra ; car nous combattrons et nous vaincrons demain. »

Une discussion assez violente s'engagea entre la guerrière et les chefs de l'armée royale. Claude ne voulut céder devant aucune menace, devant aucune prière.

Jeanne lui avait fait comprendre qu'il était urgent d'attaquer les Tournelles au plus vite ; elle lui avait affirmé que les Anglais de la rive gauche abandonneraient sûrement pendant la nuit leur bastille de Saint-Privé et qu'on ne vaincrait les lieutenants de Bedford que par la rapidité même des coups qu'on leur porterait.

Tarder, Jeanne le savait, c'était laisser à Glansdale, à Suffolk, à Talbot, le temps de se reconnaître, c'était compromettre le fruit du concours occulte des lords et, peut-être même, dévoiler leur précieuse intervention.

Aussi, Claude, à qui l'impétuosité même de sa nature avait fait adopter, sans le discuter, le plan de sa sœur, n'hésita-t-elle point à braver la résistance des trop prudents capitaines du Roi.

Dès le point du jour, le Samedi, septième jour de may, avec l'accord et consentement des bourgeois d'Orléans, mais contre l'opinion et la volonté de tous les chefs de l'armée royale, elle monta à cheval.

Au moment où elle sautait en selle, on présenta à Jacques Boucher, son hoste, une alose ; et lors il luy dit : « Mangeons cette alose avant que ne partiez.

– En nom Dieu, répondist-elle, on n'en mangera jusques au souper que NOUS [114] repasserons par-dessus le pont et ramènerons un *godon* qui en mangera sa part. »

Claude faisait allusion au chapelain de Talbot qui, Jeanne le lui avait assuré, devait se joindre à elles ce jour même et qui, effectivement, rentra dans Orléans d'assez singulière façon [115].

Cependant, le conseil des chefs avait résolu d'empêcher, à tout prix, l'exécution du plan hardi de Jeanne, que chacun considérait comme téméraire, nul ne sachant au juste sur quelles bases l'Inspirée appuyait ses espérances, et même ses certitudes, de triomphe.

Gaucourt, bailli de la ville, avait fait fermer toutes les portes et gardait en personne celle de Bourgogne.

Lorsque Claude se présenta, il lui déclara qu'elle ne passerait point. Impatientée, la pétulante guerrière, sûre, du reste, de l'assentiment de sa sœur, ordonna au Peuple d'ouvrir la porte.

« Vous êtes un méchant homme, dit-elle, à Gaucourt, que vous le vouliez ou non, les hommes d'armes passeront ! »

Les bourgeois qui la suivaient en foule se précipitèrent à sa voix avec une telle furia que Gaucourt faillit être mis en pièces.

Le Peuple, traînant après lui canons et couleuvrines, sortit à grands flots de la Ville et les capitaines du Roi se virent contraints de soutenir le mouvement offensif qu'ils n'avaient pu empêcher.

Jeanne, pour donner le signal de l'attaque, alla *planter l'étendard*, en face du rempart de la bastille. Alors s'engagea un combat de géants.

« Glansdale avait autour de lui la fleur des meilleurs gens de guerre d'Angleterre », dit Monstrelet ; tous les fidèles des Templiers, tous les partisans des Lancastre s'étaient concentrés et massés en ce fort.

Animés par l'orgueil de leurs anciennes victoires et le dépit de leurs récentes défaites, confiants du reste dans la situation presque imprenable de leur poste et l'espoir d'être secourus par les troupes anglaises de l'autre rive, les défenseurs des Tournelles combattaient avec un courage opiniâtre et une sombre fureur. Quant aux Français, « ils se ruaient à l'assaut comme s'ils eussent cru être immortels [116] ».

Il semblait vraiment que, transportées par le génie de Jeanne dans un autre monde, les deux Nations vécussent alors dans le surnaturel, car la France se croyait guidée par le Ciel tandis que l'Angleterre se supposait combattue par l'Enfer.

Un magnifique poème épique se déroulait, joué ou plutôt vécu par les deux peuples.

C'est que la guerre de Cent ans était, depuis ses débuts, bien plus qu'une lutte d'hommes dont les souverains se disputent un trône.

C'était une GUERRE DE RELIGION.

Si la Pucelle apparaissait aux uns comme Notre-Dame armée, aux autres comme une Némésis démoniaque, c'est qu'elle ne combattait pas seulement pour le Roi, tous le savaient et le sentaient, elle combattait pour la Foi. Entre les fidèles du Christ et les affidés du Temple, la lutte était sans merci parce qu'elle était décisive : la ruine d'Orléans aurait entraîné la ruine de la France ; la mort nationale de notre Patrie eût été le signal de la défaite ultime de l'Église, ce que ni *Messire*, ni Dieu ne pouvaient laisser opérer.

Aussi, l'*ost* des Communiers qui se battait avec une bravoure indicible ne douta-t-il pas un instant du succès définitif.

Le Tiers-Ordre de la Pénitence avait, au XVe siècle, enfanté pour la France de merveilleux soldats, car ces soldats savaient non seulement obéir, souffrir et marcher sans murmure, mais le faire avec conviction et avec enthousiasme. Ils accomplissaient les ordres donnés, bravaient les dangers et les intempéries, et au lieu de piller, ils songeaient à prier.

Pour prédire sûrement la victoire à une armée en guerre, ce ne sont pas les armes qu'il faut examiner et peser, ce sont les âmes. Les armes les mieux trempées se brisent parfois, mais les âmes fortement trempées ne cèdent pas. Cela était vrai au XVe siècle, et cela est encore vrai de nos jours.

Les soldats de Jeanne furent aidés, sans doute, par les alliances secrètes conclues au bénéfice de la France, mais cependant ils ne triomphèrent pas sans peines et sans risques et, s'ils furent vainqueurs, c'est qu'ils surent d'abord se maîtriser eux-mêmes en résistant à leurs instincts pour fortifier leur volonté.

Si Jeanne put obtenir très rapidement la merveilleuse transformation qui fit des hommes de l'armée royale précédemment pillards, paillards et indisciplinés, momentanément du moins, des gens tranquilles, ne déperdant pas leurs forces dans les orgies et leur énergie dans les plaisirs, c'est que l'*ost* des capitaines turbulents et mutins se trouvait noyé, à Orléans, dans l'*ost* religieux des francs-archers bourgeois.

Avec ces derniers auxiliaires, Jeanne pouvait attaquer avec la certitude de vaincre, elle n'hésitait donc point à mépriser les tergiversations des chefs, sûre qu'elle était de triompher.

Cependant, ce jour-là, la lutte était opiniâtre.

Bien que les Anglais de la rive droite ne bougeassent pas pour secourir les Tournelles, où étaient enfermés les plus rudes champions des Lancastre et des Templiers, la victoire restait incertaine.

À travers les boulets, les flèches, les carreaux, les pierres, les Français arrachaient les palissades, comblaient les fossés, gravissaient au plus haut des fortifications, mais pour en retomber bientôt, renversés par les haches, les piques et les maillets des Anglais.

La lutte durait depuis trois grandes heures.

Claude, qui s'était tenue jusque-là sur la contrescarpe, excitant les hommes d'armes à avoir bon courage, voyant que ceux-ci, maintenant, hésitaient à recommencer leurs inutiles efforts, se précipita dans le fossé, saisit une échelle, y monta la première dans l'espoir d'entraîner encore les braves Français à donner l'assaut.

Mais, au même instant, un carreau d'arbalète la frappa au dessus du sein entre le gorgerin et la cuirasse ; elle retomba dans le fossé. On l'emmena pour la désarmer, afin de panser sa blessure qui était profonde.

Jeanne, en voyant tomber sa sœur, fut saisie d'une émotion violente et elle se sentit prête à défaillir. Mais elle reprit très vite conscience de la situation critique de l'armée.

Avec la promptitude de son génie si pratique, elle conçut, par une sorte d'inspiration divine, le seul plan possible pour prévenir la défaite qui, maintenant, semblait inévitable.

Tandis qu'on emportait Claude, elle se dirigea vers l'endroit où elle savait qu'elle serait déposée. C'était, tout auprès de la ville, le lieu où se tenaient les tertiaires chargées du pansement sommaire des blessés.

Revêtir l'armure que l'on venait d'enlever à Claude fut pour elle l'affaire d'un instant. Montant le blanc coursier de la guerrière, à bride abattue elle revint vers les assaillants dont les chefs avaient ordonné la retraite.

En voyant réapparaître LA PUCELLE qu'ils avaient vue partir blessée, les soldats qui commençaient à se démoraliser reprirent courage.

L'armure et le casque ne permettaient guère de remarquer la différence des traits des deux sœurs, elles pouvaient opérer cette substitution sans que des hommes, déjà surexcités et préoccupés par un long combat, s'en aperçussent. Jeanne, courant aux principaux capitaines qui la connaissaient, les supplia d'attendre encore avant de se retirer.

Ils ne voulaient rien entendre lorsque soudain, disent les légendes, une *colombe blanche* passa au-dessus de la tête de l'Inspirée ; elle sentit là un présage de victoire et elle comprit l'avertissement d'en haut.

Sans plus s'inquiéter du mauvais vouloir et de l'hésitation des chefs, elle saisit la bannière religieuse portant l'image du Christ en croix et la planta devant le boulevard à côté de l'étendard fleurdelysé qu'elle y avait placé au début de l'action.

« *Regardez*, dit-elle à un gentilhomme qui l'avait suivie, *quand la queue de* MON ÉTENDARD *touchera au boulevard.* »

Un moment après la pointe de la bannière des moines se trouva tournée du côté des Anglais.

« *Jeanne, la bannière touche*, cria le gentilhomme.

– *Tout est vôtre, enfants, et y entrez !* commanda-t-elle en s'élançant.

Enthousiasmés, les Communiers se précipitèrent à sa suite. Entraînés par l'exemple, les autres soldats vinrent à la rescousse. Chargeant avec l'impétuosité de l'ouragan, ils montèrent « contremont » le boulevard aussi aisément que par les degrés d'un escalier, dit la Chronique de la Pucelle, et un furieux combat, main à main, s'engagea.

Tous les tertiaires franciscains se ralliaient au signe général des FRATERNITÉS : *la Colombe blanche* ; les Anglais semblaient frappés de vertige et s'entre-tuaient.

En réalité, la lutte pour la Foi dominait en ce moment la lutte politique.

Ce n'était plus une bataille entre les champions de la France et ceux de l'Angleterre : c'était le combat, sans merci, entre les affiliés du Temple et tous les franciscains du *Roi du Ciel*.

« Rends-toi, Glansdale, rends-toi au *Roi des Cieux*. J'ai pitié de ton âme et de celle des tiens », cria Jeanne à qui le carnage faisait horreur.

L'Anglais ne répondit pas et continua de combattre, défendant chèrement sa vie.

Enfin, voyant qu'il était perdu s'il ne regagnait au plus vite la bastille, il tourna visage et s'engagea ainsi que ses plus vaillants compagnons d'armes, tels que les seigneurs de Pouvains, de Commus et autres nobles anglais, sur le pont-levis, croyant rentrer dans les Tournelles.

Mais, en ce moment, un radeau, hâtivement construit par un charpentier [117] sur l'ordre de Nicole de Giresme, vaillant chevalier de l'ordre de Rhodes [118], et chargé d'une bombarde, arrivait, conduit par iceluy frère Nicole. Le téméraire chevalier de Saint-Jean, au risque de sa vie, boutait le feu au pont-levis, coupant ainsi la retraite à Glansdale et a ses compagnons, qui périrent tous noyés [119].

Cet incident termina le combat, les Français entrèrent en vainqueurs aux Tournelles ; presque toute la garnison fut tuée ou prise et cette victoire fut décisive pour la délivrance d'Orléans.

Les chefs anglais de la rive droite tinrent conseil au bruit des cloches dont les joyeuses volées annonçaient le *Te Deum* d'actions de grâces des assiégés.

« Comme la veille, Jeanne *demeura aux champs*, ainsi que l'affirme la Chronique du Siège avec ses gens d'armes, tant pour garder les Tournelles ainsi vaillamment conquestées que pour savoir si les Anglais du costé de Saint Laurent sauldraient point, voulant secourir ou venger leurs compagnons, mais ils n'en avaient nul vouloir. »

Claude, qui avait été blessée, « *était cette nuictée retournée par dessus le pont*, dit la Chronique de la Pucelle et aussitost après son arrivée fut diligentement appareillée et pansée très bien. Si voulut seulement avoir du vin en une tasse où elle mit la moitié d'eau et s'en alla coucher et reposer ».

Ce récit contradictoire des deux Chroniqueurs ne montre-t-il pas à merveille le dédoublement des deux sœurs ?

« De ceste desconfiture, raconte le *Manuscrit des Gestes*, les Anglais furent en grande détresse et tinrent cette nuictée grand Conseil.

« Tous estaient moult espouvantés et disaient entre eux qu'ils avaient une prophétie qui contenait que une Pucelle les devait bouter hors de France et de tous points les défaire [120]. Si issirent de leurs bastilles le dimanche, huictiesme jour de may 1429, avec leurs prisonniers et tout ce qu'ils pouvaient emporter mettant en l'abandon tous leurs malades, tant prisonniers comme autres avec leurs bombardes, canons, artillerie, pouldres, pavois, habillements de guerre et tous leurs vivres et biens et s'en allèrent en belle ordonnance, *leurs étendards déployés* tout le chemin d'Orléans jusques à Meung-sur-Loire et à Jargeau.

Les milices baronniales des landlords se séparaient ostensiblement des troupes royales de Talbot ; mais les unes et les autres s'étaient trouvées d'accord pour lever le siège et se retirer.

Chefs, peuple, bourgeois et soldats d'Orléans sortirent de la ville, dès l'aube, pour les poursuivre, mais *la Pucelle* (ce ne pouvait être que Jeanne puisque Claude était blessée) les desconseilla de le faire, disant qu'on les laissât libres de partir, sans les assaillir, s'ils ne venaient contre les Français pour les combattre, mais les Anglais tournaient notablement le dos.

« Alors la Pucelle fit venir aux champs (où elle était restée à nuit) les gens d'église revestus de leurs habits sacerdotaux qui chantèrent à grande solennité hymnes, repons et oraisons dévotes, rendant grâces et louanges à Dieu.

« Si fist Jeanne apporter une table et un marbre [121] et dirent deux messes. Icelles dites elle demanda : "Or, regardez s'ils ont les visages devers vous ou le dos ?"

« Et on luy dict qu'ils s'en allaient et avaient le dos tourné.

« À quoy elle répliqua : "Laissez-les aller ; *il ne plaît pas à* MESSIRE *qu'on les combatte aujourd'huy* ; vous les aurez une autre fois. "

« Et ce fait, issit la *Commune d'Orléans* dont les gens entrèrent ès bastilles où ils trouvèrent largement vivres et autres biens [122]. »

Les Français sentirent mieux encore tout le merveilleux de leur victoire lorsqu'ils purent examiner à loisir, en les détruisant, les formidables ouvrages qu'ils avaient emportés d'assaut ou qu'on leur livrait sans combat.

Sans la connaissance des pactes secrets qui unissaient Jeanne aux landlords et des conventions tacites qui groupaient en une même ligue occulte tous les tertiaires franciscains, il serait incompréhensible que l'on eût aussi rapidement forcé, dans des positions presque inexpugnables, ces fiers Anglais habitués à disperser en plaine avec des troupes bien moins nombreuses les grandes armées de la féodalité française.

Aussi Orléans n'attribua-t-il sa délivrance qu'à LA PUCELLE.

On attribua uniquement à Dieu et à une intervention miraculeuse du Ciel ce que le plus grand pouvoir religieux de la Terre avait réussi à obtenir, qu'importait après tout !

La victoire de l'Église du Christ était effectivement presqu'aussi éclatante que celle de la France.

Notre Patrie était sauvée, mais la Chrétienté entière l'était aussi, ou du moins elle marchait dans la voie du triomphe. Pour qu'il fût complet, il fallait simplement que le Roi Charles VII n'oubliât pas ses promesses de Chinon.

XII

CAMPAGNE DE LA LOIRE

Dès le lendemain de la délivrance d'Orléans, tandis que Claude se reposait afin de guérir sa blessure, Jeanne partit pour aller elle-même porter au Dauphin la nouvelle de la noble besogne accomplie et le presser de marcher droit à Reims.

Charles VII reçut Jeanne avec grand honneur, mais elle fut peu touchée de cet accueil. Ce n'étaient pas des honneurs qu'elle demandait, c'étaient des hommes, c'était surtout la présence du Roi au milieu de ses Communiers et de ses soldats.

À cette demande de Jeanne, tous les favoris, à l'envi, se récrièrent :

« Le Roi n'a mie assez de finances pour soudoyer une armée pendant de longs mois ; ses ennemis ont trop grande puissance pour que l'on puisse espérer le succès, objectèrent-ils.

— Par mon martin ! répliqua Jeanne, je conduirai le gentil Dauphin jusques à Reims sans destourbier et là le verrez couronner, si à lui ne tient, car il faut se hâter ! »

Sentant que, malgré ses foudroyantes victoires d'Orléans et l'assurance de triomphe qu'elle donnait, on ne la voulait ni suivre, ni croire, Jeanne prit le parti d'aller, un soir, frapper à la porte de l'oratoire du Roi.

Charles VII était seul. Jeanne, se jetant à genoux devant lui, le supplia de ne point tant différer, et de n'écouter conseil que de lui-même.

Elle réussit presqu'à le convaincre et il promit de marcher sur Reims dès qu'on aurait reformé une armée, car il croyait dissous l'*ost* des Communiers. Jeanne le détrompa et lui expliqua en partie le plan de campagne qu'elle et sa sœur devaient suivre.

« Toutes les villes, dit-elle, s'ouvriront devant les troupes de Claude, dès que j'arborerai les signes des franciscains ou des landlords. Les populations sont fatiguées du joug pesant des Anglais Lancastriens, elles nous livreront les cités sans coup férir, mais il nous faut votre présence. »

Charles VII était ébranlé. Cependant il restait hésitant. Que diraient les favoris ? N'osant pas braver leurs conseils, il se retrancha derrière un faux-fuyant.

« Les Anglais ont encore trop de places sur la Loire pour qu'il soit sage de marcher vers Reims, avant de les en déloger, car nous serions peut-être pris entre deux feux.

– Qu'à cela ne tienne, reprit Jeanne. Baillez-moi des hommes d'armes et je reprendrai Meung et Jargeau. »

Pour se débarrasser d'elle, Charles VII consentit à lui accorder ce qu'elle demandait.

Les favoris maugréèrent ; mais ils ne purent rien empêcher.

Jeanne rejoignit Claude dans les premiers jours de juin près d'Orléans, amenant, de Blois, douze cents lances.

On marcha sur Jargeau où se tenait Suffolk. Jeanne, avec une justesse de vues extraordinaire, indiqua tout le plan stratégique qu'on suivit ; la puissance de sa mémoire égalait celle de son intuition.

Comme Glansdale s'était défendu aux Tournelles, Suffolk se défendit désespérément à Jargeau.

Claude semble avoir hésité à poursuivre ce siège qui « fut *à demi levé*, dit la Chronique d'Orléans, par les espovantables paroles d'aucuns qui disaient qu'on le devait entrelaisser et aller à l'encontre de Messire Jehan Falstaff et autres chefs du parti contraire, venant de Paris, et amenant vivres et artilleries avec bien deux mille combattants anglais. Et de fait, se départirent plusieurs capitaines français et si eussent fait tous les autres si Jeanne ne les y eût fait demeurer ».

Jeanne savait que courir sus à Falstaff, c'était recommencer la fatale escarmouche de Janville, car aucun franciscain de France n'eût consenti à marcher contre l'agent secret des moines et des landlords.

Aussi, en dépit de l'hésitation de Claude, à qui les loges commençaient, sans doute, à donner des ordres moins précis à l'encontre des *Rose-Croix*, incorporés dans l'armée anglaise, Jeanne insista pour qu'on deslogeast ceux de Jargeau et qu'on laissât venir Falstaff qu'elle était bien sûre d'arrêter.

Le duc Jehan d'Alençon avait été nommé, par le Roi, général en chef de l'expédition et Charles VII lui avait spécialement recommandé de se conformer, en tous points, aux ordres et conseils de Jeanne.

Le duc d'Alençon n'y manqua point ; car il avait su par sa femme, fille du duc d'Orléans et fidèle tertiaire, la vraie mission dont l'Élue des *Discrètes* était chargée.

Il n'ignorait pas non plus de quelles alliances secrètes Jeanne disposait ; et toute sa vie, il demeura fidèle à la politique de l'héroïne, ce qui lui causa, plus tard, beaucoup de vexations, de désagréments et de dangers, lorsque Charles VII eût abandonné les landlords pour traiter avec les agents des Templiers [123].

Jeanne pouvait compter sur le duc Jean d'Alençon comme sur elle-même.

Claude aussi avait à l'armée un protecteur puissant dans le fameux Gilles de Raiz, mareschal de France et grand Prince *Rose-Croix* des *loges* secrètes. Celui-ci s'adonnait à l'astrologie et aux plus ténébreuses pratiques de la *kabbale* ; il était, à la fois, l'inspirateur et le surveillant de Claude, et nous le verrons bientôt trahir indignement Jeanne devant Paris.

À Jargeau, cette dernière l'emporta sur Claude et elle réussit à préserver fort heureusement le duc d'Alençon d'un coup de veuglaire dont on croyait le tuer.

Le lendemain, le Duc se vengea de cette agression qui avait failli lui coûter la vie en indiquant à Jehan le Lorrain, le plus célèbre canonnier du temps, l'homme qui, la veille, l'avait visé.

C'était une espèce de géant que les Anglais se plaisaient à faire monter sur les remparts, armé de toutes pièces et portant sur sa tête un bassinet pour défier les Français tout comme jadis Goliath provoquait le peuple de Dieu.

« Jehan le Coulevrinier pointa vers cet homme hardy sa couleuvrine, du coup de laquelle il frappa l'Anglais en pleine poitrine et le tresbucha tout mort dedans la ville [124]. »

Après cela, descendit *la Pucelle à tout son estendart* dedans le fossé où se faisait la plus grande résistance et alla tant près du mur qu'un Anglais lui jeta une grosse pierre de fez sur la teste et l'atteignit tant qu'il la constraignit à soy asseoir par terre.

Et combien que la pierre fust de caillou très dur, toutefois elle s'esmia par pièces, sans faire guère de mal à icelle Pucelle, laquelle se releva tout incontinent, monstrant courage vertueux et criant : « Sus ! Sus ! amis ! MESSIRE a condamné les Anglais ! À cette heure ils sont tous vostres ! »

Électrisés par ces paroles, dont ils comprenaient à merveille le sens, Communiers et Tertiaires s'élancèrent, de toutes parts, avec une furie qui entraîna, dans un même mouvement enthousiaste, tous les soldats et capitaines du Roi.

Les gens des Communes massacraient entre les mains des gentilshommes français tous les prisonniers anglais que ceux-ci avaient pris à rançon.

Un frère de Suffolk fut tué à ses côtés, un autre et lui-même furent faits prisonniers et ne durent la vie qu'à l'intervention de Jeanne, qui arrêta, par un ordre formel, l'effusion du sang.

Les bourgeois et les vilains ne voulaient pas que les Anglais vaincus pussent acheter à prix d'or le droit de recommencer à désoler la France.

Au point de vue matériel, ils avaient raison, mais la sainte jeune fille qui soutenait, avant tout, la cause du Christ voyait en ses ennemis des âmes à sauver et prenait les *godons* en pitié dès qu'ils étaient vaincus et désarmés.

Il serait trop long de suivre toutes les péripéties héroïques de cette campagne dont nous avons indiqué le mécanisme et le plan.

Cependant, il nous faut montrer encore le dédoublement des deux sœurs en présence d'Arthur de Richemont, connétable de France et époux de Madame de Guyenne, cette fille de Marguerite de Bourgogne qui fut une des plus utiles chevilles ouvrières de la grande œuvre voulue par Dieu.

Après la prise de Jargeau, Jeanne était rentrée à Orléans avec le duc d'Alençon, Messire Louis de Bourbon, le comte de Vendôme et autres capitaines qui tenaient son parti.

Elle en ressortit le quinzième jour de juin pour aller assaillir Boisgenci (lisez Beaugency) que les Anglais avaient fortifié et fort bien garni d'hommes d'armes. Claude devait en même temps que sa sœur mettre le siège devant la même ville.

À ce siège, arriva Arthur, comte de Richemont, connétable de France et frère du duc de Bretagne avec lequel estaient Jacques de Dinan et d'autres grands seigneurs bretons.

« Quand il fut assez près, raconte Guillaume Gruel, frère de l'écuyer de Richemont, le connestable envoya Monseigneur de Rostrenen et Le Bourgeois demander logis à ceux du siège.

« Et tantost on lui vint dire que la Pucelle (ce devait être Claude, car nous verrons que Jeanne agit tout autrement) et ceulx du siège venaient le combattre et il respondit : "Qu'ils viennent, je les verray !"

« Toutefois La Hire, Girard de la Paglière, Monseigneur de Guitry et autres capitaines demandèrent à la Pucelle ce qu'elle voulait faire.

« Et elle leur respondit qu'il fallait aller combattre le connestable.

« Ils lui dirent que si elle y allait, elle trouverait bien à qui parler et qu'il y en avait, en la compagnie, qui seraient plutôt à lui qu'à elle et qu'ils aimeraient mieux lui et sa compagnie que toutes les Pucelles du Royaume de France.

« Cependant Monseigneur chevauchait en belle ordonnance et furent tous esbahis que si vite fust arrivé. Et vers la Maladrerie rencontra la Pucelle et plusieurs capitaines, lesquels lui firent grande chère et furent bien aises de sa venue.

« La Pucelle descendit à pied et Monseigneur aussi. »

Claude (car c'était certainement elle qui avait reçu des loges secrètes dont elle était la représentante l'ordre formel de combattre Richemont), Claude, voyant l'attitude des capitaines français favorables au connétable, et absolument hostiles à ses vues personnelles, comprit qu'elle ne gagnerait rien à s'entêter dans son dessein d'attaque.

« *Elle embrassa*, continue Guillaume Gruel, *les jambes de Monseigneur*. Lequel lui dist : "On m'a appris que vous me vouliez combattre. Je ne sais si vous êtes de par Dieu ou non. Si vous êtes de par Dieu, je ne vous crains de rien, car Dieu sait mon bon vouloir ; si vous êtes de par le Diable, je vous crains encore moins [125]."

« Lors Français tirèrent droit au siège et ne baillèrent point logis au connestable pour cette nuict. Mais prit Monseigneur à faire le guet, car vous savez que les nouveaux venus doivent le guet. Si firent le guet ceste nuict devant le chasteau et fut le plus beau guet qui eust été en France depuis longtemps. »

C'est pendant cette nuit de guet sans doute que Richemont vit enfin Jeanne.

« Et d'autant que ledit connestable, affirme *le Manuscrit des Gestes* reproduit par la Chronique de la Pucelle, estait en l'indignation du Roy et, à ceste cause tenu pour suspect, *il se mit à genoux, en toute humilité*, devant ladite Pucelle, luy suppliant que, comme le Roy luy avait donné puissance de pardonner et remettre toutes offenses commises et perpétrées contre luy et son authorité et que, pour aucuns sinistres rapports, le Roy eust conçu hayne et mal talent contre luy en telle manière qu'il avait faict faire deffense, par ses lettres, que aucun recueil, faveur ou passage ne lui fussent donnés pour venir en son armée : La Pucelle le voulust, de sa grâce, recevoir pour le Roy au service de sa couronne, pour y employer son corps, sa puissance et toute sa seigneurie, en luy pardonnant toute offense.

« Et à cette heure étaient illec le duc d'Alençon et tous les hauts seigneurs de l'*ost* qui en requirent la Pucelle ; laquelle leur octroya grâce et reçut en leur présence le serment dudit connestable de loyalement servir le Roy sans jamais faire ni dire choses qui lui doivent tourner à deplaisance. Puis lesdits seigneurs s'obligèrent à icelle Pucelle par lettres scellées de leurs sceaux. »

Si fut alors ordonné que le connestable mettrait siège du côté de la Sologne devant le pont de Beaugenci.

Mais, dès le lendemain, Vendredy dix-septiesme jour de juin, Falstaff, qui était dedans Beaugenci, fit requérir Jeanne de traiter, qui fut fait et accordé *entour minuit*, en telle manière qu'ils (les assiégés) rendraient ès mains d'Alençon et de la Pucelle pour le roy Charles de France le pont et le chastel, leurs vies sauves, l'endemain à l'heure de soleil levant et sans emporter ni mener, fors leurs chevaux et harnais avec aucuns de leurs meubles, montant pour chascun à un marc d'argent seulement ; et qu'ils s'en pourraient franchement aller ès pays de leur parti, mais ils ne se devaient armer jusques après dix jours passés.

Quand les sires de Talbot et de Scales vinrent le samedi pour secourir les Anglais de Beaugenci, ils trouvèrent les Français maîtres de la ville et de ce furent moult esbahis.

« Alors, raconte Eberhard de Windecken, trésorier de l'empereur Sigismond, dans le chapitre de l'histoire du règne de son maître relatif à Jeanne d'Arc, alors le Duc de Bretagne envoya son confesseur, qui était un moine appelé Yves Milbeau [126] à la jeune fille pour l'interroger si c'était de par Dieu qu'elle était venue secourir le Roi.

« La jeune fille répondit : "Oui."

« Alors le confesseur dit : "S'il en est ainsi, Monseigneur le Duc de Bretagne est disposé à venir pour aider le roi de son service. Il ne peut venir de son propre corps, ajouta-t-il, car il est dans un grand état d'infirmité ; mais il doit envoyer son fils aîné avec une grande armée."

« Alors la jeune fille dit au confesseur que le Duc de Bretagne envoyât, au plus vite, ses gens pour aider le Roi de leur service. »

Cette affirmation d'un chroniqueur allemand, qui a certainement écrit ce récit d'après les renseignements officiels qu'il avait recueillis à la Cour de l'Empereur dont il était trésorier, est précieuse à enregistrer, car elle montre admirablement le mouvement diplomatique dont Jeanne d'Arc était le centre.

Cette ambassade, envoyée par le Duc de Bretagne, est attestée, du reste, par les Comptes de la Ville de Nantes. Elle prouve que l'alliance de Jeanne et de Richemont aurait assuré à la France des alliés très puissants comme elle avait déjà provoqué le succès de la négociation nocturne et secrète avec Falstaff [127].

Claude avait échoué momentanément dans sa tentative de combat contre le connétable, combat qui eût amené de nouveau la division dans le camp français. Cette division faisait trop bien les affaires de La Trémoïlle et autres agents du Temple pour qu'ils ne continuassent pas à chercher à la faire naître en restant les inspirateurs de Claude en ces circonstances décisives et délicates.

Le comte de Richemont séjourna quelques jours à Beaugenci, après la bataille, attendant réponse du duc d'Alençon et de la Pucelle qui s'étaient portés forts d'apaiser le Roi. À quoi ils ne purent parvenir, car le Roi ne voulut souffrir qu'il allât par devers lui. Jeanne échouait pour la première fois auprès de Charles VII.

« En ce temps le sire de La Trémoïlle était en grand crédit ; mais il se doutait toujours être mis hors de gouvernement et craignait spécialement le Connestable, ses alliés et serviteurs.

« Par quoy, combien que ledit connestable eût bien douze cents combattants et gens de fait, ledit La Trémoïlle ne le voulut souffrir et n'y avait personne qui en eust osé parler contre iceluy La Trémoïlle. »

Aussi Richemont ayant tenté, malgré tout, d'assiéger Marchenoy, près de Blois, qui était garni de Bourguignons et d'Anglais, on lui fit signifier qu'il eût à se retirer promptement et il ne put combattre pour le Roy jusqu'au moment où il réussit enfin à exécuter La Trémoïlle et à purger le palais de Charles VII de ce traître et de sa digne compagne Catherine de l'Île Bouchard.

Mais alors Jeanne d'Arc était morte, martyre des indignes manœuvres de ce sinistre couple vendu aux Templiers.

Au lieu d'être doublé par la sainte Pucelle dans la tâche patriotique qu'il accomplit du reste avec une énergie indomptable, l'époux de Madame de Guyenne devait se doubler de l'influence d'Agnès Sorel, cette Esther du XVe siècle dont Jacques Cœur fut le Mardochée [128].

Une fois encore les intrigues des fées masquaient la politique des moines, mais, ainsi que nous le verrons, ceux-ci étaient eux-mêmes divisés depuis l'an 1430 et cette division néfaste avait causé la perte irrémédiable, irréparable de Jeanne, l'ange merveilleux du *Roi du Ciel*.

Pour terminer le rapide exposé de cette campagne de la Loire, une chose encore nous reste à dire : c'est la raison secrète de la brillante victoire de Patay, revanche éclatante de Crécy, de Poitiers et d'Azincourt.

Pendant le siège d'Orléans, Dunois invitait fort souvent Jeanne à partager sa table.

Pendant ou après le repas, il s'enquérait auprès de l'Inspirée des ordres à donner et lui communiquait les nouvelles importantes.

Un jour, il lui avait appris que Falstaff amenant hommes et vivres aux Anglais était arrivé à Janville ; Jeanne se montra fort joyeuse de cette nouvelle et dit avec une vivacité qui ne lui était pas ordinaire :

« Bâtard, bâtard, ne manquez pas de me prévenir lorsque ce Falstaff sera ici, car s'il passe sans que je le sache, je vous ferai trancher le col.

— Ne craignez rien, lui répondit fort sérieusement Dunois, vous serez avertie. »

Ces singulières paroles de l'héroïne sembleraient dépourvues de bon sens si l'on n'y découvrait la confirmation de ce que nous avons dit au sujet de l'alliance secrète des landlords avec l'élue du *Roi du Ciel*. Falstaff, Jeanne le savait, était un des messagers les plus sûrs et les plus fidèles de la duchesse de Bedford.

Sous une apparence grossière, que les ennemis de la France qu'il a servie sans en avoir l'air, ont exagérée à plaisir, Falstaff faisait exactement la même politique que le duc de Gloucester qu'on a dépeint sous les mêmes traits.

De même que Gloucester avait, en épousant Jacqueline de Hainaut, créé à son frère le Régent de France des difficultés énormes et distrait de l'alliance anglaise le duc de Bourgogne, de même Falstaff, en fuyant à Patay, avec son armée, sans combattre, assura le succès du plan si habilement conçu pour la campagne de la Loire.

La peur ne fut pour rien dans cette fuite. Falstaff refusait de combattre parce que les landlords ne voulaient pas alors qu'on combattît.

S'il partit, à bride abattue, c'était pour rendre compte à la duchesse de Bedford de son entrevue avec Jeanne aux portes de Beaugency.

Le capitaine anglais apprit à la fille de Marguerite de Bourgogne, à la sœur de Mme de Guyenne et de Mme de Clermont, à l'élève de Colette de Corbie comment l'envoyée du *Roi du Ciel* avait diplomatiquement accompli sa très difficile mission.

Par lui, Anne de Bedford sut que l'ambassadeur des barons anglais avait vu Charles VII, qu'Orléans était délivré, que la France avait triomphé à Patay et serait bientôt libérée et libre. Son cœur de Française tressaillit d'allégresse comme celui du patriote anglais battait d'espoir en la conquête prochaine de l'autonomie politique de sa Nation.

On a dit que le duc de Bedford, pour punir Falstaff de sa désertion, lui avait arraché l'insigne de l'ordre de la Jarretière que ses précédents exploits lui avaient mérité. Ce n'est pas vrai. C'est Falstaff au contraire qui jeta avec mépris en présence du Duc la marque de servilité basse que les lords avaient dû accepter d'Édouard III. Il y avait, en ce geste, beaucoup de dignité, mais beaucoup d'imprudence.

Bedford avait compris, Bedford était prévenu ! Aussi écrivit-il immédiatement à son oncle Winchester, l'orgueilleux cardinal, élève de Wickleff qui régnait en Angleterre sur une oligarchie d'évêques dont la maîtrise souveraine s'était imposée, depuis l'avènement des Lancastre, à l'aristocratie féodale et à la Royauté.

Winchester était le Pape de cette petite Église qui visait à absorber en elle tous les pouvoirs et tous les droits de l'Église universelle.

Winchester, c'était l'âme damnée du parti occulte qui convoitait la France et Rome ; Winchester, c'était le grand Maître de ces Templiers qui voulaient leur revanche éclatante contre le successeur de Clément V, et l'héritier du trône de Philippe le Bel.

Aussi, prévenu par Bedford de la conduite hardie et arrogante de Falstaff, l'autoritaire prélat comprit-il qu'une guerre sourde et impitoyable était déclarée au Temple.

Il sentit instinctivement en Jeanne l'alliée diplomatique des hauts barons et l'élue choisie par l'Église celtique comme champion et comme porte-étendard.

Dès lors, il n'hésita plus à intervenir personnellement dans la lutte.

Emmenant avec lui les hommes d'armes et les sommes qu'il avait levées en Angleterre sous le fallacieux prétexte d'une croisade contre les Hussites, il débarqua à Calais et, menaçant du geste la silhouette exécrée de celle qui incarnait en elle la France, l'Angleterre baronniale et l'Église, il s'écria avec colère : « Eh bien, maintenant à nous deux ! »

Elle ne l'avait point entendue, cette terrible parole de menace, la messagère du *Roi du Ciel*.

Mais ses *voix*, mais ses *saintes* en avaient recueilli tristement l'écho et, tandis que les cloches de Troyes, de Châlons et de Reims carillonnaient joyeusement pour fêter les victoires du Roy Charles VII, Madame de Bedford pleurait et Madame de Guyenne avait presque peur.

XIII

SUR LE CHEMIN DE REIMS

Patay avait été l'apogée des triomphes de Jeanne ; ce fut aussi le prototype de sa manière de triompher.

Après que les Anglais de Beaugency eurent fait, vers minuit, composition de se rendre au matin, les Français se préparèrent les uns à entrer dans la ville, et les autres à se diriger vers Meung-sur-Loire, où se trouvaient Talbot, le sire de Scales et d'autres capitaines de l'armée ennemie.

« Depuis la prise d'Orléans, raconte le pape Pie II en ses Mémoires, Talbot ne supportait pas sans un grand trouble d'esprit la défaite et l'ignominie des siens ; lui qui était le plus considéré entre les généraux anglais, se voir battu par une femme lui semblait dur !

« Ayant donc réuni quatre mille cavaliers, choisis parmi les meilleurs, il les conduisit dans la direction d'Orléans, bien décidé à en venir aux mains avec la Pucelle si elle osait lui faire front, ne doutant point que, dans ce cas, il la prendrait et la tuerait, mais il en fut tout autrement. »

Talbot comptait sans doute sur la défection de Claude qu'il savait avoir hésité à Jargeau et qu'il supposait en hostilité directe avec le connétable, ainsi que ce fût arrivé sans l'intervention directe de Jeanne, ce que Talbot ne pouvait soupçonner.

Aussi lorsque messire Jehan Falstaff et messire Thomas Rameston, ayant appris son arrivée à Janville, le vinrent trouver en son hostel, raconte Jean de Wavrin du Forestel [129], Talbot fut-il d'avis, après que les capitaines lui eurent expliqué en dînant quelle était la situation, de combattre quoi qu'il en pût advenir.

Falstaff fut d'une opinion contraire et fit maintes remontrances au seigneur de Talbot, disant que ses hommes d'armes étaient moult effrayés des récentes défaites subies à Orléans et à Jargeau et que pour cela il conseillait vivement de ne pas risquer de donner aux troupes anglaises un nouvel échec.

Talbot ne voulut rien entendre ; il dit même que si les capitaines étaient d'avis de ne rien tenter, *lui et sa gent* iraient sus aux Français avec l'aide de Dieu et de Monseigneur Saint-Georges.

Falstaff, voyant que ses paroles ne produisaient aucun effet, se leva du Conseil. Tous les capitaines suivirent son exemple et chacun se retira en son logis.

Il fut commandé aux capitaines et chefs d'escadres que le lendemain au matin tous fussent prêts à se mettre aux champs pour *aller où LEURS SOUVERAINS* [130] *leur ordonneraient*.

Ainsi se passa la nuit ; puis au matin tout le monde sortit et chaque milice arbora étendards, fanions et guidons.

Quand les troupes furent ainsi disposées au départ, Falstaff parla de nouveau à ses compagnons, les suppliant de ne pas poursuivre leur périlleux dessein, leur certifiant que si la fortune leur était contraire, tout ce que le feu Roy Henry avait conquis en France en grand labeur et à grand-peine serait en voie de perdition.

Ces remontrances irritèrent fort Talbot et les autres chefs ; Falstaff, comprenant qu'il ne gagnerait rien sur eux, commanda que TOUS LES ÉTENDARDS [131] prissent le droit chemin vers Meung. *À l'avant-garde marchait un étendard blanc* [132]. Ainsi disposé, l'ost de Falstaff suivit enfin la route de Patay comme le voulait le sire de Talbot.

De leur côté, après être entrés dans Beaugency, les Français y avaient laissé garnison. Puis, sur l'exhortation pressante de

Jeanne qui, ce jour-là, commandait l'action, ne se fiant pas à sa sœur, ils avaient pris la détermination de marcher à la rencontre des troupes ennemies.

« Si vous mettez vostre étendart aux champs, avait dit Jeanne au connétable, tout le monde suivra. » Richemont ne s'était pas fait prier et les Bretons marchaient à l'avant-garde.

Le duc d'Alençon, Dunois et quelques autres capitaines avaient demandé alors à Jeanne ce qu'elle comptait faire.

« Suivre le connestable et battre les Anglais, avait-elle répondu.

– Où les trouverons-nous ? avait interrogé l'un d'eux.

– Chevauchez hardiment, on aura bon conduict, avait-elle répliqué.

« Adonc toutes gens d'armes se mirent en bataille et en bonne ordonnance tirèrent leur chemin, mettant les plus experts gens de guerre montés sur fleurs de coursiers devant pour descouvrir les ennemis.

« Soudain les dessusdits coureurs français virent de devant eux partir un cherf [133], lequel adressa son chemin droit pour aller à la bataille des Anglais qui jà s'étaient mis *tous ensemble* à une grande demi-lieue d'un gros village nommé Patay.

« Pour la venue d'icelui cherf, qui se férit parmi icelle bataille, fut desdits Anglais eslevé un très grand cry. Pour lequel cry les dessusdits coureurs français furent acertenés que les Anglais estaient là. Adonc envoyèrent aucuns d'eux auprès des capitaines pour les avertir que, par bonne ordonnance, ils chevauchassent avant parce qu'il était l'heure de besogner.

« Lesquels capitaines chevauchèrent hardiment, se rassemblant moult bien de tous points. Les Anglais, sachant pareillement la venue des Français, se préparèrent diligemment pour les combattre [134]. »

La Pucelle, faisant sortir ses cohortes dès qu'elle aperçut l'ennemi, poussant un grand cri et faisant un choc terrible, alla à travers tous les étendards anglais (*Anglorum signa pervadit*) et, parmi tous ces Anglais, pas un ne se trouva pour résister ou seulement montrer son visage.

Une crainte subite et une terreur épouvantable les envahit tous et, bien qu'ils fussent supérieurs en nombre, ils se considérèrent comme bien moins nombreux et tinrent dès lors les troupes de la Pucelle pour innombrables.

Il y en eut parmi eux qui considéraient que les *Anges* combattaient dans le parti adverse et ne se pouvaient imaginer que, dès lors, la victoire pour eux fût possible.

Messire Falstaff, qu'on avait déjà prévenu à Beaugency qu'il était inutile de résister à la Pucelle, ne s'était point encore mis à pied pour combattre avec les gens de Talbot.

Voyant Jeanne et les Français s'approcher si près des bannières anglaises, il chevaucha rapidement vers l'avant-garde et rejoignit le chevalier qui portait l'*étendard blanc*.

« *Adont messire Jehan Falstaff*, raconte Jean de Wavrin, *connaissant tout très-mal aller eut conseil de soy sauver. Et luy fut dit, moy acteur estant présent, qu'il prenist garde à sa personne, car la bataille était perdue pour eux.* »

Falstaff hésitait encore à abandonner le champ de bataille ; mais le même avis lui fut répété de façon plus formelle. Alors avec le bâtard de Thian, beaucoup d'autres seigneurs et tous leurs gens « il suivit *le chevalier à estendart blanc* et tous se départirent en fuyant à plain cours. Chacun jetait casque et bouclier pour se rendre plus léger dans la fuite. Messire Falstaff avait pris son chemin vers Étampes et moy je le suivis comme mon capitaine auquel le duc de Bethfort m'avait commandé d'obéir ».

« Les encouragements de Talbot ne furent point écoutés ; on ne tint nul compte de ses menaces ; rien ne put arrêter la fuite ; à la Vierge, les soldats anglais ne montrèrent que le dos.

« La *Pucelle guerrière,* poursuivant les fuyards, les prit ou les tua tous à l'exception du général et d'un petit nombre des siens [135]. »

Claude, emportée par son caractère, combattit donc vaillamment malgré sa répugnance ; mais Jeanne seule, par son geste hardi de porte-étendard inspirée, sut assurer la victoire en se montrant comme unique généralissime de l'armée *française* à tout l'*ost* féodal des hauts barons anglais.

En traversant sans hésiter toutes les bannières des milices baronniales, Jeanne ne doutait pas de faire fuir immédiatement et sans combat tous ses alliés secrets. Son grand cri était un cri d'appel ; c'était un cri de paix et non un cri de guerre ; les landlords ne s'y trompèrent pas.

Aussi donnèrent-ils l'exemple de la fuite et leur départ causa la panique et la perte de tout l'*ost* de Talbot. Les grands seigneurs terriens n'étaient pas fâchés d'infliger cet affront à l'homme de guerre que la faveur des Lancastre avait fait arriver au rang de premier baron d'Angleterre.

La France profita de cette hostilité sourde des deux noblesses britanniques, de cette haine instinctive et féroce des aristocrates et des parvenus.

Jeanne n'avait accepté, du reste, l'alliance tacite des lords que par patriotisme ; elle ne les servait pas, mais ils la servaient parce qu'ils comptaient sur ses victoires pour abaisser l'orgueil des rivaux qu'ils se sentaient impuissants à dompter [136].

« Le bruit de cette victoire, dit le Pape Pie II, se répandit de proche en proche et plongea les esprits dans le plus grand étonnement.

« Le Dauphin, se fiant aux avis de la Pucelle, dont les faits avaient confirmé les paroles, décréta qu'il y aurait des prières faites à Dieu dans toutes les églises et il se résolut à prendre la couronne.

« La noblesse de tout le Royaume ayant appris les œuvres merveilleuses de la Pucelle, dès qu'elle eut connaissance des solennités qui se préparaient pour le couronnement, s'émut et, dans un indicible désir de voir la Vierge, *toute la Gaule en armes accourut.*

« Dans l'espace d'un mois, plus de trente mille cavaliers prêts à faire la guerre à leurs propres frais se rangèrent autour du Dauphin, lequel, rempli de joie, en voyant près de lui tant de troupes sous les armes, partit de Bourges où il demeurait, se mit en route tout armé, et la Pucelle *portant l'étendard royal* partit pour Reims. Nul ne résista ; partout les portes des villes s'ouvrirent et tout se soumit au Dauphin, bien que foi eût été jurée à l'Anglais et résolution prise de traiter Charles de Valois en ennemi [137]. »

« Je vous promets victoire et suis assurée de vous mener à Reims sans destourbier, mais il faut qu'on ne prenne rien aux pauvres gens. »

Éviter le pillage, telle était la consigne ; payer toutes les dépenses, tel était l'ordre formel donné par la sainte jeune fille qui combattait, au péril de sa vie, pour la paix de la France et pour la Liberté.

Encore une fois, sur cette route que Jeanne croyait si sûre, le traître La Trémoïlle faillit tout compromettre.

« Tenant sa voie droit à Reims, le Roy s'adressa en Auxerrois et, par ses hérauts, manda aux bourgeois de la cité d'Auxerre, à ceux de Gravant et de Coulanges-les-Vineuses qui, pour le Roy anglais et le Duc de Bourgogne se tenaient, que, en son obéissance, se rendissent [138]. »

« Ceux d'Auxerre alors envoyèrent vers le Roy le requérir qu'il voulût passer oultre en demandant abstinence de guerre, laquelle chose leur fut octroyée par le moyen et la requeste de La Trimouille *qui en eut deux mille escuz* ; ce dont plusieurs seigneurs et capitaines furent très mal contents et mesmement la Pucelle, à laquelle il semblait qu'on eût eu cette place aisément d'assaut.

« Toutefois ceux de la ville baillèrent et délivrèrent vivres aux gens de l'*ost* du Roy : lesquels en estaient en grande nécessité [139]. »

L'exemple d'Auxerre fut déplorable et rendit très difficile l'entrée de Troyes que Jeanne croyait avoir sans coup férir.

Quand Charles VII arriva devant cette ville, qui était alors grande et grosse, cinq à six cents combattants anglais et bourguignons saillirent vaillamment à l'arrivée des gens du Roy et il y eut dure et âpre escarmouche.

À la sommation du Dauphin, les habitants de Troyes répondirent en fermant leurs portes et firent savoir qu'ils se défendraient si on les voulait assaillir.

Les capitaines et gens d'armes de l'armée royale restèrent là sans rien obtenir pendant cinq jours, durant lesquels ceux de l'*ost* souffrirent de la faim, car il y en avait bien cinq à six mille qui furent près de huit jours sans manger de pain.

« Et, de fait, il en fust mort beaucoup de famine si n'eust été l'abondance de fèves qu'on avait semées cette année là, sur les recommandations d'un cordelier nommé frère Richard, lequel ès Avent de Noël avait prêché par les pays de France, en divers lieux, disant en chaque sermon : "Semez, bonnes gens, semez foison de fèves, car celui qui doit venir viendra bien brief [140]." »

Et en raison de cette famine et aussi parce que les Troyens ne voulaient faire nulle obéissance, les conseillers du Roy lui dirent qu'il lui fallait retourner en arrière et non passer plus oultre.

Mais tandis que cette chose se traitait en Conseil devant le Roy et que Maistre Regnault de Chartres, archevêque de Reims et chancelier de France, insistait vivement pour que l'on regagnât Gien-sur-Loire au plus vite, maistre Robert Le Masson, seigneur de Trèves, qui était homme de grande expérience et avait été autrefois chancelier, requit l'autorisation de donner son avis et remontra qu'on ne pouvait prendre une telle décision sans consulter la Pucelle, par le conseil de laquelle on avait entrepris ce voyage et sans s'enquérir si, à cette détresse de l'*ost*, Jeanne ne saurait remédier.

Tandis que Robert Le Masson parlait, Jeanne frappa fortement à l'huis de la chambre du Conseil. Son intervention opportune obligea les hésitants à la mettre au courant de la situation.

Regnault de Chartres ne put se dispenser de lui exposer les doutes des membres du Conseil relativement à la conduite à tenir en cette circonstance critique, lui remontrant du reste avec insistance que la ville de Troyes était forte, bien pourvue de vivres et garnie d'hommes d'armes, que Châlons et Reims n'ouvriraient sans doute pas plus aisément leurs portes devant le Roy et que l'*ost* entier se trouvait ainsi en péril de mourir de faim et d'être détruit, presque sans coup férir.

Jeanne écouta patiemment l'archevêque, puis quand il eut fini, se tournant vers le Roy :

« Serai-je crue, demanda-t-elle, si je vous donne un avis ?

– Oui, lui répondit Charles VII, si vous dites chose raisonnable.

– Gentil Dauphin, si vous voulez cy demeurer devant vostre ville de Troyes, elle sera en vostre obéissance, soit par force, soit par amour dans deux jours, n'en faites nul doute.

– Jeanne, repartit Regnault de Chartres, qui serait certain de l'avoir dans six attendrait bien, mais comment le croire ?

– Je n'en fais nul doute, vous dis-je ; dans deux jours le Roy sera dans icelle ville ou j'y perdrai mon nom, me croyez-vous ? »

Tout le monde fut d'avis que l'on devait attendre pour voir si la Pucelle ferait ce qu'elle disait.

À son grand regret, Regnault de Chartres dut se ranger à l'opinion générale.

Si Jeanne triomphait, la trahison de La Trémoïlle devant Auxerre n'aurait servi qu'à lui seul ; le favori aurait encaissé, sans profit, pour la cause commune des faux Français et des Lancastre, les deux mille écus d'or des Auxerrois.

Mais l'archevêque de Reims ne se tourmentait point encore, car il comptait que Jeanne échouerait.

Il en fut pour ses frais d'antipatriotisme. En cette circonstance, les deux sœurs se doublèrent à merveille et leur union assura la victoire. Tandis que Claude, montée sur un grand coursier, tenant un bâton en sa main, faisait faire en grande diligence tous les apprêts pour assaillir la ville, Jeanne, qui, quelques jours avant, avait envoyé aux habitants la lettre dont la teneur suit, se mit à négocier pour obtenir réponse.

J H S ✠ M A [141]

Très chiers et bons amis, s'il ne tient à vous, seigneurs, bourgeois et habitants de la ville de Troies, Jehanne la Pucelle vous mande et fait savoir *de par le Roy du Ciel*, son droicturier et souverain Seigneur duquel elle est chascun jour *en son service royal*, que vous fassiés vraye obéissance et recongnoissance au gentil Roy de France qui sera bien brief à Reims quy que vienne contre et en ses bonnes villes du sainct royaulme à l'aide du roy Jhesus.

Loyaulx Français venés au devant du Roy Charles et qu'il n'y ait point de faulte ; et ne doubtés de vos corps, ni de vos biens si ainsy le faictes. Et si ainsy ne le faictes pas, je vous promets et certiffie sur vos vies que nous entrerons à l'aide de Dieu *en toutes les villes quy doibvent être du sainct Royaulme* et y ferons bonne paix ferme quy que vienne contre. À Dieu vous commande, Dieu soit garde de vous, s'il lui plaist. Responce brief.

Devant la cité de Troies, escrit à Saint Fale le mardy, quatriesme de juillet.

Au dos desquelles lettres estait escrit :

« Aux scigneurs, bourgeois de la cité de Troies. »

Cette lettre, envoyée par un hérault de Jeanne, avait produit dans la ville beaucoup plus d'effet que les conseillers du Roy ne le pouvaient supposer.

« De tout ce que dessus les dits habitants de Troies avaient baillé advis aux habitants de Reims [142] en leur envoyant copie desdites lettres, mandant qu'ils étaient délibérés de bien en mieux garder leur cité en l'obéissance du Roy et du duc de Bourgogne jusques à la mort, comme ils avaient tous juré sur le précieux corps de Jésus-Christ, priant les dits habitants de Reims d'avoir pitié d'eux comme frères et loyaulx amis et d'envoyer par devers Monseigneur le Régent et le duc de Bourgogne pour les requérir et supplier de prendre pitié de leurs pauvres subjects et de les venir secourir.

Et par aultres lettres, escriptes du mesme jour à cinq heures après midy, sur les murs de ladicte ville, les habitants de Troies baillent avis à ceux de Reims comme l'*ennemi* leur avait envoyé ses lettres closes et scellées DE SON SCEL SECRET contenant ce qui est cy devant transcript. Lesquelles lettres après avoir été respondu aux hérauts qui icelles avaient apportées, sans qu'ils eussent entré en la dite ville, que les *seigneurs, chevaliers et écuyers* qui estaient en ladite ville, de par le Roy et le duc de Bourgogne, avaient juré de ne souffrir entrer dans Troies aucun qui plus fort qu'eux, sans l'exprès commandement du duc de Bourgogne : obstant lequel serment ceux qui étaient dedans ladite ville ne *l'*y [143] oseraient bouter et *pour l'excusation des habitants avait été joint à icelle réponse que, quelque vouloir qu'ils eussent, ne le pouvaient faire vu la grande multitude de gens de guerre qui estaient en la dite ville plus forts qu'eux.*

Laquelle réponse ainsi faite chacun s'était retrait en intention et volonté ferme que, si on leur faisait aucun effort, de résister jusqu'à la mort, et il leur semblait que, au plaisir de Dieu, ils rendraient bon compte de ladite cité.

Ils mandaient aussi que aucun des compagnons de ladite ville avaient pris un cordelier lequel avait reconnu, confessé et juré en paroles de prêtre et sous le vœu de sa religion, qu'il avait vu trois ou quatre bourgeois, qui se disaient estre de la ville de Reims, lesquels disaient à iceluy Dauphin qu'il allast sûrement à Reims et qu'ils se portaient forts de le mettre dans la ville. Et mandaient les dits habitants de Troies à ceux de Reims que, sur ce, ils prissent avis pour prendre garde à qui on se fiait.

« Les habitants de la ville de Châlons, ayant reçu pareil avis des habitants de Troies, touchant la venue du Dauphin, envoyèrent messagers à Reims mandant en icelle ville qu'ils avaient reçu lettres de Jehanne la Pucelle [144], par un nommé frère Richard le prescheur, qu'ils cuidaient estre un très bon prudhomme, mais qui estait venu sorcier que, de plus, les habitants de Troies, faisant forte guerre aux gens du Dauphin, ceux de Châlons avaient intention de tenir et résister de toute leur puissance à l'encontre des dits ennemis.

« Les habitants de Reims agirent avec une grande prudence au cours de cet acheminement du Dauphin vers leur ville. Afin de ne donner aucun mauvais soupçon d'eux aux chefs qui gouvernaient pour l'Anglais, ils leur baillaient avis de tout ce qu'ils entendaient dire du dit acheminement et de l'estat de la dite ville de Reims et mandaient qu'on empeschast les passages au dit Dauphin ; mais de demander du secours pour défendre et garder leur ville, pas un mot et n'en voulurent point recevoir comme il sera dit cy après. *Et faut noter que depuis Orléans jusques à Reims tout estait (en apparence) à la dévotion de l'Anglais.*

« Les habitants de la ville de Reims avaient reçu aussi des lettres du Dauphin écrites le quatriesme jour de juillet, par lesquelles il leur mandait les victoires qu'il avait plu à Dieu de lui donner sur les Anglais, SES ANCIENS ENNEMIS [145], à Orléans, Jargeau, Beaugency et Meung-sur-Loire, en chacun desquels lieux *ses ennemis* [146] avaient reçu très grand dommage. Lesquelles choses étant advenues, il s'était acheminé, par l'avis de son sang et lignage et de son grand Conseil, vers Reims pour y recevoir son sacre et couronnement. Pour quoy il leur mandait que ils se disposassent à le recevoir de la manière accoutumée envers ses prédécesseurs et sans que, pour les choses passées et pour le doute que l'on pourrait avoir que icelles il eut en sa mémoire, on n'en puisse faire aucune difficulté, leur certifiant que, s'ils se conduisaient envers lui comme chacun le doit, il les traiterait en toutes leurs affaires comme bons et loyaux sujets et que si quelqu'un de ladite ville voulait aller par devers lui avec le héraut qu'il envoyait, il en serait très content. »

Cette lettre avait été envoyée et datée de Brinon l'Archevesque.

Le seigneur de Châtillon, affidé de Jean de Luxembourg et capitaine de la ville de Reims pour les Anglais, était alors à Chasteau-Thierry ; les habitants de Reims lui dépêchèrent leur bailli Guillaume Hodierne, pour le prévenir de la réception de cette lettre de Charles de Valois, et lui dire que les bourgeois s'étaient assemblés, mais n'avaient pris encore aucune décision et que, s'il voulait venir, on le recevrait avec quarante ou cinquante chevaux, afin d'aviser sur ce qu'on devait faire.

Le seigneur de Châtillon envoya à Reims Pierre de la Vigne, porteur ordinaire de ses lettres, pour transmettre ses conditions de secours, exposées par articles et qui peuvent se résumer ainsi :

1º Obligation de recevoir et d'entretenir trois ou quatre cents hommes d'armes ;

2º Remise en ses mains à lui, Châtillon, de la garde complète de la ville et du chasteau de Porte-Mars ;

3º Assurance absolue et anticipée des provisions nécessaires à tous les gens de guerre qu'il amènerait.

« On peut facilement juger par les comportements du seigneur de Châtillon, observe très justement Jean Rogier, auteur de la vieille chronique dont nous extrayons ces curieux détails, qu'il avait reconnu que le dessein des habitants de Reims était de recevoir le Dauphin et c'est pourquoi il ne veut venir en la ville que s'il est assuré d'y être le plus fort. »

De toutes parts cependant, on écrivait aux habitants de Reims pour les engager à se maintenir en l'obéissance d'Henry VI et du duc de Bourgogne. Mais les Rémois n'en firent qu'à leur tête et, en vrais patriotes, se rallièrent au grand parti français dont Jeanne la Pucelle était l'âme.

La reddition de Troyes et de Châlons cependant était nécessaire afin que Reims pût se prononcer sans danger. Jeanne le savait bien. Troyes était la clé de la Champagne et Châlons, la première étape sur la route triomphale du sacre.

Aussi l'habile jeune fille ne négligea-t-elle rien pour réparer l'immense faute commise, de propos délibéré, par La Trémoïlle lorsqu'il avait vendu, pour deux mille écus d'or, à la ville d'Auxerre, l'indifférente neutralité de Charles, dauphin de Viennois.

Étendard en main, Jeanne, après sa sortie du Conseil Royal, s'était avancée jusqu'au pied des remparts, disant d'une voix forte : « Rendez-vous, bonnes gens, de par le *Roy du Ciel*, rendez-vous à nous tost, car si vous ne vous rendez, avant qu'il soit nuict, nous entrerons par force, veuillez ou non ! »

Les bourgeois, qui veillaient aux remparts, entendant ces paroles, coururent les rapporter à l'évêque de la ville. Celui-ci assembla en hâte son Chapitre et fit appel aux principaux religieux pour décider ce que l'on devait faire. Il fut convenu, d'un commun accord, d'envoyer le cordelier nommé frère Richard (qui était de retour de Châlons où il avait porté copie de la sommation de Jeanne) en ambassade auprès d'elle afin d'obtenir bonne paix.

Frère Richard était alors un célèbre tribun populaire ; son éloquence n'avait pas nui à la cause du Dauphin, car ce cordelier était un zélé partisan de l'unité française, mais il n'était certainement pas initié complètement à la politique complexe et délicate que Jeanne conduisait avec une habileté si admirable.

Il ne s'était jamais rencontré avec cette jeune fille d'élite, et d'après la réputation que les allures militaires, un peu superstitieuses et très originales de Claude, avait faite à la

Pucelle, il s'attendait sans doute à trouver celle-ci tout autre qu'il ne la trouva.

Jeanne, son étendard à la main, restait immobile auprès des remparts, attendant la réponse à sa sommation dernière, tandis que Claude faisait, à la hâte, entasser fagots et fascines et disposer les échelles pour l'assaut.

Frère Richard du haut des murs ayant fait comprendre qu'il était chargé d'une mission parlementaire, Jeanne prit l'initiative de lui répondre qu'elle l'attendait. Dans toutes les négociations importantes, Jeanne agissait seule, car depuis Jargeau, elle se méfiait des boutades et des hésitations intempestives de sa sœur.

En recevant l'assurance qu'il serait accueilli, le cordelier se fit ouvrir les portes et s'avança avec force saluts et révérences.

Jeanne, que toutes ces marques de servile respect horripilaient, ne put s'empêcher d'exprimer l'impatience que lui causaient ces gestes, bassement cérémonieux.

« Approchez, approchez, dit-elle, avec vivacité, n'ayez crainte, je ne m'envolerai pas ! »

Frère Richard comprit l'ironie et son amour-propre en fut blessé. Il remplit sa mission avec assez de dignité et d'intelligence ; mais il ne pardonna point à Jeanne le spirituel propos par lequel elle lui avait rappelé qu'il était moine et ministre de l'Église et qu'en cette qualité il ne devait se prosterner aussi profondément que devant Dieu ou les Anges du Ciel.

Frère Richard devint dans la suite un grand souci et un grand embarras pour l'héroïne, car, avec ses idées mesquines de prêcheur populacier, il ne sut pas pénétrer le sens de la mission supérieure mais humaine de Jeanne et prétendit lui opposer les songes et rêveries de cette visionnaire intrigante qui avait nom Catherine de La Rochelle.

L'opposition de l'*Inspirée* et de la *voyante* fut complète ; Jeanne savait trop ce qu'elle entendait par ses *voix* pour croire un instant aux visions de Catherine. Franchement, loyalement, elle voulut cependant en avoir le cœur net et tenta de voir la Dame blanche qui disait à Catherine mille célestes secrets ; puis elle écrivit son opinion à Charles VII sur cette affaire ; malheureusement, sa lettre est perdue.

Le résultat de cette franchise fut de créer à Jeanne des ennemis mortels parmi les Franciscains eux-mêmes et nous verrons bientôt comment la scission opérée entre les disciples du saint d'Assise, entre le parti de Frère Richard et celui de Colette de Corbie, causa la perte irrémédiable de la Pucelle et la fit échouer dans la partie la plus importante de sa sublime et universelle mission.

Un document qui montre bien l'hostilité entre le parti religieux qui se ralliait à Jeanne et celui qui se fiait à Catherine de La Rochelle est le suivant relevé sur le registre des Comptes et chevauchées de la ville de Tours :

« À religieux homme et honneste frère Jehan Bourget, de l'ordre de Saint Augustin, la somme de deux livres tournois qui lui sont dues pour sa peine et salaire et dépens d'avoir esté de ceste ville à Sens devers le Roy notre Sire, la reine de Sicile, Monseigneur l'évêque de Ses et Mons, de Trèves principaux conseillers du Roy nostre dit seigneur leur porter lettres faisant mention d'aucunes paroles chargeant le bien et honneur des gens d'Église, bourgeois et habitants de cette dite ville et de la ville d'Angers que avait dites et semées une femme de dévotion, nommée Katerine qui est de La Rochelle. Lesquelles paroles étaient que, en ceste dite ville, il y avait *charpentiers* qui *charpentaient*, non pas pour logis, et qui ne s'en donneraient garde, *la dite ville estant en voie de prendre briefvement un mauvais bout et que en icelle ville il y avait gens qui le savaient bien*. Lesquelles lettres il a porté et présenté et, sur ce, rapporté lettres de réponse des seigneurs dessus nommés, auxquelles les présentes sont attachées et font mention que de ce n'avaient aucunement ouy parler, ne le Roy aussi auquel ils en ont parlé que le Roy se fye bien ès dits gens d'église bourgeois et habitants de la dite Cité. Lequel voyage le dit frère a fait au moys d'Aost derrenier passé (c'est-à-dire en 1429 quand le Roy se trouvait à Sens après le sacre de Reims).

Catherine de La Rochelle, on le voit, était un élément de division, une cause de difficultés constantes entre les fidèles. Cette visionnaire fut si utile aux La Trémoïlle, aux Regnault de Chartres et consorts qu'on se demande vraiment si la fameuse Dame blanche qui la renseignait sur les prétendues trahisons des bourgeois et des gens d'Église ne fut pas tout simplement cette Catherine de l'Île Bouchard, âme damnée des Lancastre et mauvais génie de la France.

Frère Richard fut, sans doute, victime et dupe de l'infernale machination de cette femme sans scrupule qui avait fait assassiner Jean sans Peur et avait juré de perdre Jeanne d'Arc n'importe par quel moyen.

À Troyes, Frère Richard, il faut le reconnaître, remplit un rôle utile ; il avait préparé matériellement le terrain devant les armées royales et il sut patriotiquement faire abstraction de sa personnalité dans ses négociations avec Jeanne.

Par lui, les bourgeois de la Ville furent assurés qu'aucun de leurs intérêts ne serait lésé et que le Roy Charles laisserait à tous laïques ou clercs leurs charges et bénéfices.

Ils prirent donc la résolution de forcer la main aux capitaines et de rendre la ville au Dauphin malgré eux.

Afin de mettre ce projet pacifique à exécution, l'évêque sortit avec aucunes gens de bien tant de guerre comme citoyens, dit la Chronique du voyage de Reims, lesquels firent composition que les gens de guerre s'en iraient eux et leurs biens et que ceux de la ville auraient amnistie générale. Le Dauphin voulut que les gens d'église, qui tenaient des bénéfices d'Henry VI, les gardassent mais prissent de nouveaux titres de lui.

En vertu de ce traité, à l'exécution duquel les capitaines anglais et bourguignons furent impuissants à s'opposer, le Roy Charles et tous ses seigneurs, moult bien habillés, entrèrent le lendemain matin dans la ville.

Ceux de la garnison prétendaient, en s'en allant, emmener avec eux leurs prisonniers, mais Jeanne ne le voulut point souffrir. Elle obtint gain de cause, et tous les Français furent, sans payer rançon, mis immédiatement en liberté.

« Par l'admonestement de la Pucelle, qui moult le hastait, le Roy ne s'arrêta que cette journée à Troyes et, y laissant un gouverneur, s'en vint à Châlons. »

Les habitants de cette ville avaient appris par des messagers troyens la conduite de leurs compatriotes. Aussi ne firent-ils aucune difficulté de les imiter.

Quand l'*ost* arriva auprès de la Cité, on rencontra l'évêque et les membres de l'échevinage qui venaient au devant du Dauphin pour lui faire pleine obéissance.

Il en fut de même pour Reims et le Samedi seizième jour de juillet dans l'après-midi : Charles VII et son armée entraient, sans coup férir, dans la ville du sacre. Le duc de Bar René d'Anjou, gendre du duc de Lorraine ainsi que le Damoiseau Commercy venaient spontanément rejoindre le Roi.

Immédiatement on s'occupa des préparatifs nécessaires pour les cérémonies du couronnement.

Le lendemain dimanche, dès le matin, les seigneurs de Sainct-Sévère et de Roys, maréchaux de France, et le seigneur de Culan amiral, furent par le Roy, suivant l'ancienne coutume, envoyés à Saint-Rémy pour avoir la sainte ampoule.

Lesquels seigneurs firent les serments accoutumés de la conduire et reconduire sûrement. Alors l'abbé, bien dévotement et solennellement, l'apporta, étant revêtu d'habits pontificaux, jusque devant l'église de Saint-Denis.

Et là vint l'archevêque Regnault de Chartres pareillement revêtu et accompagné des chanoines pour la prendre et la porter sur le grand autel de Nostre Dame de Reims devant lequel vint le Roy, habillé comme il appartient. L'archevêque lui fit faire les serments accoutumés aux rois de France lorsqu'ils recevaient le saint sacre.

Incontinent après, Charles de Valois fut armé chevalier par le duc d'Alençon, puis l'archevêque le sacra et couronna gardant les cérémonies et prononçant les oraisons, bénédictions et exhortations contenues au Pontifical et propres à iceluy saint sacre.

C'en était fait, le *roi de Bourges* était désormais roi des Gaules. La première partie de la mission de Jeanne était accomplie.

XIV

DE REIMS À ROUEN

Après les cérémonies du sacre de Reims, la Pucelle guerrière devait être faite *comte* de la maison du Roi, ses frères recevoir des titres de noblesse et son père obtenir l'exemption de tailles et d'impôts pour lui et tous les habitants du village de Domrémy.

Ayant travaillé pour la terre, ils étaient ainsi payés par la fortune et les honneurs.

Jeanne n'avait rien demandé pour elle-même. Debout près de l'autel de Saint Rémi, elle tenait en main l'étendard symbolique qu'elle rêvait de porter victorieusement encore jusqu'à Jérusalem et de voir flotter radieux sur la Ville sainte pour remplacer le Croissant d'Islam qui avait détrôné la Croix.

Beau rêve en vérité que ce rêve d'une sainte !

Hélas ! s'il avait pris corps en l'âme de Jeanne, grisée par la fumée enivrante de l'encens, il devait s'évanouir comme cette fumée légère et mourir avec les derniers sons du *Te Deum* chanté avec tant d'enthousiasme sous les voûtes de la basilique par les moines et les guerriers français.

Ce n'était plus au Thabor que Jeanne devait marcher, c'était au Calvaire. Son cœur allait être déchiré par les épines que des mains indignes sèmeraient sur sa route.

Elle avait des ennemis, la sainte et douce fille, des ennemis terribles, puissants, implacables. Catherine de l'Île Bouchard, La Trémoïlle et Regnault de Chartres ne lui avaient pardonné ni son intervention diplomatique, ni les victoires dues à la stratégie si habile et à la rapidité vertigineuse de son action.

Ils allaient prendre leur revanche et vendre Jeanne au Grand-Maître du Temple comme autrefois Judas vendit Jésus à Caïphe, le sacerdote suprême des Hébreux.

Depuis Chinon, les trois traîtres avaient épié chez Jeanne une défaillance, mais Jeanne n'avait failli ni à son caractère, ni à sa mission.

Comment donc atteindre cet être invulnérable ?

Par quels moyens pourra-t-on la séduire ? se demandaient les favoris du Roy. Elle règne sur l'armée par son influence et l'armée cependant la connaît à peine.

Jeanne, en effet, n'était que l'humble porte-bannière de sa sœur ; seule elle dirigeait tout, mais elle restait invisible. Quelques chefs seulement comme Dunois, le duc d'Alençon, le duc de Bourbon étaient initiés au secret. Pour atteindre Jeanne, il fallait donc la compromettre et l'obliger ensuite à se manifester ostensiblement dans l'action. Les Judas qui la guettaient s'assurèrent un puissant auxiliaire en Claude qui, après le sacre, se jetant aux pieds du roi, s'écria avec émotion : « Noble sire, maintenant est exécutée la volonté de Dieu qui était que vous vinssiez à Reims recevoir votre digne sacre en montrant que vous êtes le vrai Roi et celui auquel doit appartenir le royaume de France ; permettez donc que je me retire, près de ma mère, à Domrémy. »

Jeanne avait écouté frémissante ces imprudentes paroles qu'elle n'avait point conseillées. Sa mission n'était point finie ; Claude avait aussi bien des choses à faire. Qui donc l'avait incitée à demander congé au roi et à déposer l'épée qu'elle devait porter encore pour la gloire de la France ? Jeanne se le demandait avec inquiétude.

Le geste de sa sœur n'était point spontané, il était si peu en rapport avec son caractère entreprenant et brave ! Quelqu'un avait certainement dit à Claude de parler et d'agir ainsi.

Réveillée brusquement de son rêve, Jeanne avait tressailli. Elle sentait l'inconnu se dresser menaçant pour elle et son âme était triste.

Aussi, lorsqu'après la cérémonie, son oncle Laxart, venu de Vaucouleurs tout exprès pour la voir, la félicitait d'une voix entrecoupée de larmes, lui prédisant pour la France et pour elle le plus heureux avenir :

« Ah ! dit-elle avec amertume, je ne crains que la trahison ! »

Elle les pressentait, ces douleurs poignantes, ces angoisses terribles qui allaient torturer son cœur !

« Je te pardonne volontiers, ma fille, lui dit Jacques d'Arc, car maintenant je comprends les desseins de Dieu sur toi. »

Sans rien répondre elle embrassa longuement et tendrement son père, sentant qu'elle lui donnait sans doute le baiser d'adieu.

Le père de Jeanne et ses frères ne comprenaient rien à son émotion poignante, à son angoisse en ce jour de joie.

Fiers d'admirer Claude, si belle dans son riche costume de chevalier, ils attribuaient peut-être secrètement à la jalousie la souffrance de Jeanne et ils ne cherchaient point à la consoler.

Du reste qu'auraient-ils pu lui dire ? Ils étaient loin de soupçonner ce qu'elle avait fait et ce qu'elle devait faire. Lui eussent-ils demandé la cause de sa tristesse, elle ne l'eût point révélée !

Il lui fallait désormais souffrir seule et ne se confier qu'à ses *saintes* et à Dieu.

Cependant Claude n'obtint point encore du Roi le congé qu'elle en avait sollicité sur les conseils de l'archevêque de Reims et de La Trémoïlle.

Ces deux mauvais génies de la France avaient encore trop besoin d'elle pour lui faire octroyer la licence que, du reste, elle ne désirait pas.

Claude allait être l'inconscient instrument des tortures de sa sœur et des vengeances de ses ennemis. Grisée par ses récents triomphes, la jeune fille se laissait aller aux goûts luxueux qui étaient si bien dans son caractère. Elle aimait à se vêtir de drap d'or, à rehausser l'éclat de sa radieuse beauté par la richesse de ses nouveaux costumes. Ses coursiers étaient richement caparaçonnés et insensiblement, à son exemple, les capitaines reprenaient leurs anciennes habitudes de vanité et de luxe. Le camp retrouvait son aspect des mauvais jours. Peu à peu l'austérité religieuse faisait place aux joyeusetés d'antan.

Jeanne, justement alarmée d'un tel état de choses, qui pouvait compromettre le succès futur de sa grande mission, fit à sa sœur quelques remontrances. Celle-ci les reçut fort mal.

Se sentant soutenue par La Trémoïlle, Regnault de Chartres et autres politiciens dont elle ne soupçonnait guère le but, elle ne voulut rien entendre et continua à se montrer à l'armée vêtue d'habits somptueux et entourée de la très joyeuse compagnie des jeunes seigneurs. André de Laval, Gilles de Raiz et autres faisaient grande chère à l'aimable fille et elle se compromettait, à tout instant, sans même s'en douter.

La reine Marie d'Anjou, Mme Yolande, Mme de Guyenne, Mme de Clermont et quelques autres des plus illustres *dames damées* du Royaume s'inquiétèrent des allures de la messagère guerrière des *dames faées*.

Les *saintes* dirent formellement à Jeanne que sa sœur détournant, par son funeste exemple, l'armée de la bonne voie qui avait assuré la victoire, elle devrait elle-même prendre ostensiblement le commandement militaire si Claude ne consentait pas à modifier sa conduite.

C'était ce qu'avaient espéré La Trémoïlle et les favoris.

Jeanne intervint de nouveau et sans plus de succès que la première fois.

Les mœurs de l'armée royale se relâchaient davantage à mesure que l'influence bienfaisante de Jeanne se trouvait supplantée par celle de sa sœur.

Les ribaudes avaient pris des armures guerrières pour pénétrer secrètement dans le camp et, au lieu de chanter les antiennes des moines, les soldats fredonnaient les chansons bachiques et les grivoiseries qu'ils n'avaient pas encore eu le temps d'oublier.

Inquiète et mécontente de l'aspect léger et presque irréligieux de cette armée royale, si différente de l'*ost* des Communiers, qui restait seul fidèle aux bonnes traditions parce que celles-ci faisaient partie intégrante de chacune des corporations dont il était composé, Jeanne espéra qu'un acte d'autorité de sa part ramènerait Claude à la raison.

Un jour, croyant reconnaître, causant avec sa sœur, une ribaude cachée sous un costume de page, elle lui courut sus et la frappa du plat de l'épée. Jeanne ne s'était pas trompée, c'était bien une ribaude et la pire de toutes qui s'affublait d'un vêtement masculin pour circuler plus à l'aise dans le camp.

À peine cette femme s'était-elle sentie frappée que, loin de s'enfuir, elle s'était retournée et que, d'un geste brusque et prompt comme l'éclair, saisissant le poignet de Jeanne, elle lui avait arraché son arme.

Avec rage, de ses deux mains la ribaude brisait sur son genou la lame de cette épée symbolique mais peu résistante. Puis, blême de colère, elle en jetait les débris aux pieds de Jeanne en lui disant d'une voix sifflante : « Tu veux la guerre, eh bien soit ! » Puis, sans ajouter un mot, elle s'éloigna, entraînant Claude.

Jeanne était littéralement atterrée ; et ce n'était pas la perte de son arme mystérieuse qui causait l'émoi de la jeune fille, mais bien la vue de celle qui lui avait imposé cette douleur.

Se voyant attaquée, en plein camp, par une femme déguisée en page, Jeanne naturellement l'avait regardée avec attention. Quelle n'avait pas été sa stupeur en reconnaissant Catherine de l'Île Bouchard !

Quoi ! l'épouse de La Trémoïlle, la favorite de Charles VII, pénétrait au camp sous un déguisement ! Que se tramait-il donc ?

L'épée de Fierbois brisée par cette femme que Jeanne avait toujours trouvée hostile à ses visées et à ses plans fut pour l'héroïne un signe funeste de la fin de l'action glorieuse de la France.

La menace directe que lui avait adressée la courtisane était un trait de lumière éclairant subitement aux yeux de Jeanne toute la situation.

Elle se sentait trahie déjà par la politique, incomprise par les capitaines et contrecarrée tacitement par sa sœur.

Le geste de Catherine lui dévoilait la cause des hésitations et des mauvais vouloirs du Roi.

Au lieu de marcher bravement en avant pour terminer au plus vite la guerre et commencer l'exécution du plan superbe exposé à Chinon et juré par lui, Charles VII tergiversait sans cesse.

Ballotté entre l'influence bienfaisante des deux reines et l'influence néfaste de ses favoris, il se contredisait du jour au lendemain.

En effet, La Trémoïlle, Regnault de Chartres et Raoul de Gaucourt commençaient à négocier alors ostensiblement avec le duc de Bourgogne, mais, en réalité, avec le cardinal de Winchester et le duc de Bedford.

Jeanne n'était point dupe de toutes les ruses diplomatiques de ses adversaires secrets. Elle sentait fort bien que le Roi tendait, de plus en plus, à rompre l'alliance conclue à Chinon avec les hauts barons pour se rapprocher des Lancastre. Mais elle espérait encore avec son énergie habituelle reprendre son influence et déterminer le Roi à marcher sur Paris comme elle l'avait décidé à se diriger vers Reims.

L'agression directe de Catherine de l'Île Bouchard lui montrait que désormais ses tentatives seraient vaines et que l'hostilité constante de Claude était voulue.

Que faire ? Jeanne ne le savait trop. Elle consulta ses saintes.

Comme toujours, les conseillères mystérieuses vinrent à son aide ; mais leurs conseils étaient empreints d'une telle tristesse que Jeanne tressaillit en les recevant.

Cependant elle n'hésita pas à leur obéir, quelque pénibles pour elle que fussent leurs ordres.

Il s'agissait pour Jeanne en effet d'exclure Claude entièrement de son action et de la décider à quitter l'armée au plus vite. L'Élue des Discrètes devait agir seule désormais et se poser vis à-vis de tous comme chef unique des luttes futures.

Comment amena-t-elle Claude à la retraite ? Sans doute en lui montrant le martyre comme fin suprême de la Pucelle.

Car il ne faut pas se le dissimuler, Jeanne savait maintenant qu'elle marchait au supplice.

« Il reste sur elle quelque chose à dire que le procès de canonisation mettra dans tout son jour, assure Monseigneur Ricard.

« La souffrance est le sceau des œuvres de Dieu. Rien de grand, rien de divin ne s'est accompli ici-bas sans l'holocauste. Or Dieu voulait le salut de la France et la France avait failli devant lui.

« Autrefois lorsque l'humanité entière demeurait criminelle en présence du juge suprême, il fallut qu'un Dieu lui-même souffrît et mourût pour la racheter. Maintenant la France va recouvrer son auguste mission dans le monde, mais il faut un sang virginal pour laver ses crimes et la rendre capable d'accomplir de nouveau les "gestes de Dieu par les Francs" dans l'Église. Voilà pourquoi Jeanne dut connaître l'épreuve, l'humiliation et la tristesse qu'on ne console pas. Il fallait une martyre pour la Patrie, c'est elle que Messire a choisie. »

Elle le savait : ses *saintes* le lui avaient dit clairement et elle se résignait.

« Je ne durerai pas un an, répétait-elle ; qu'on songe à me bien employer. »

On n'y songeait guère dans l'entourage du Roi. Cependant les fautes passées étaient encore réparables. La puissance qui avait envoyé Jeanne ne se lassait pas de tendre la main à Charles VII. Il suffisait que le Roi n'empêchât pas Jeanne d'agir pour que l'œuvre de délivrance qu'elle avait promis d'opérer s'accomplît.

« Je mettrai le Roi dans Paris, si à lui ne tient », disait-elle, et elle eût, en effet, recouvré seule la capitale de la France comme, avec Claude, elle avait repris Troyes, Châlons et Reims.

Mais Regnault de Chartres, avec son astuce de vieux pharisien politique, sut persuader à Charles VII que sa diplomatie valait mieux que celle de Jeanne et que l'alliance de Winchester était plus sûre que le concours occulte des hauts barons anglais.

Dès lors les *voix* de Jeanne se turent sur l'opportunité du siège de Paris. Madame de Bedford savait les pactes conclus ; elle n'ignorait aucune des noires trahisons qui livraient le Roi de France au Grand Maître du Temple. Elle en gémissait, mais elle n'en parlait pas, car elle espérait encore que Jeanne, Marie d'Anjou et Mme Yolande auraient enfin raison de la faiblesse du Roi.

Mais non ! Charles VII avait eu peur ; il avait tremblé devant les menaces terribles de son mauvais génie, Catherine de l'Île Bouchard. L'influence de cette femme néfaste avait réussi à détruire le peu d'énergie que Jeanne et les deux reines avaient, à grand-peine, réveillée.

C'était fini ! Charles VII, après quelques jours de lutte, céda aux objurgations des Templiers de son Conseil, il s'engagea à retourner vers la Loire, laissant Paris aux Anglais de Bedford ; La

Trémoïlle et l'archevêque de Reims avaient réussi à repousser la main de la Providence et à *faire manquer la mission de Jeanne d'Arc.*

Winchester respira ! Le *Roi du Ciel* ne pourrait triompher !

Alors la trahison enveloppa la Pucelle comme une nuée de méphitiques brouillards et Jeanne fit, devant Paris, son premier pas dans la voie douloureuse qui la devait conduire à Rouen.

Les courtisans, qui n'avaient plus besoin de Claude, lui avaient fait bailler congé en la comblant de présents et d'honneurs.

La coquette et téméraire jeune fille avait assez compromis le caractère de la Pucelle pour que Jeanne fût publiquement obligée de suivre, à son grand regret, les habitudes luxueuses de sa sœur.

Elle dut revêtir la robe de drap d'or de Claude, cette robe qui lui pesait tant et que l'on sut si bien lui reprocher plus tard [147].

Aussi eut-elle beaucoup de peine à dissimuler la mélancolie profonde dont elle était envahie, la pauvre Jeanne, en se trouvant, sous une physionomie d'emprunt, obligée de rester au milieu des courtisans et des hommes d'armes qui chevauchaient avec le Roi. « Oh ! que je voudrais, ne put-elle s'empêcher de dire à Regnault de Chartres et à Dunois, qui l'escortaient dans les rues de la Ferte-Milon, que je voudrais qu'il plût à Dieu mon Créateur, de permettre que, laissant les armes, je retournasse servir mon père et ma mère avec mes frères *et ma sœur.* »

C'était un cri de détresse que cette phrase dont on n'a pas encore compris toute l'amertume parce qu'on n'a pas vu que la retraite subite de Claude l'avait inspirée.

Cependant comme l'avait fait le Christ en son agonie au jardin des Olives, Jeanne devait se relever promptement de cette défaillance et dire à ses *saintes* comme Jésus à son Père : « Que votre volonté soit faite et non la mienne ! »

Sans plus s'apitoyer sur le triste sort qu'elle prévoyait, l'héroïque jeune fille marcha avec vigueur sur ce chemin semé d'embûches, agissant comme si elle eût été sûre encore de triompher.

« Le Roy et ses gens, étant arrivés devant Chasteau-Thierry, où estaient aucuns nobles de la party du duc de Bourgogne, atout quatre cents combattants ou environ, Jeanne n'hésita pas à se servir des signes franciscains pour mettre la cité en l'obéissance de Charles. « *La Communauté de la ville* [148] » inclina dès lors à se mettre en la soumission du Roy et pour ce que les gens d'armes bourguignons n'attendaient mie brief secours et n'estaient mie pourvus à leur plaisir ils rendirent ycelle forte ville et chastel et s'en partirent sauvant, atout leurs biens.

« Si en allèrent à Paris devers le duc de Bedford, qui lors faisait grande assemblée de gens d'armes pour venir combattre le Roy Charles et sa puissance [149]. »

Lorsqu'il eut réuni environ dix mille combattants, Bedford s'en alla par les pays de Brie à Montereau-fault-Yonne et envoya des messagers à Charles VII pour lui porter, scellée de son sceau, la lettre dont la teneur suit :

« Nous, Jehan de Lancastre, régent de France et duc de Bethfort, scavoir faisons à vous Charles de Valoix qui vous soliez nommer Daulphin de Viennoix et maintenant, sans cause, vous dites Roy ; pour ce que torchionnièrement avez de nouvel entrepris contre la couronne et seigneurie de très hault et excelent prince, et mon souverain seigneur, Henry, par la grâce de Dieu, vray, naturel et droicturier Roy de Franche et d'Angleterre par donnant à entendre au simple peuple que venez pour luy donner paix et sûreté : ce qui n'est pas, ne peut estre par les moiens que vous avez tenus et tenez, qui faictes séduire et abuser le peuple ignorant et vous aydez de gens superstitieux et reprouciés comme d'une femme désordonnée et diffamée estant en habit d'homme et de gouvernement dissolut et aussy d'un frère mendiant apostat et séditieux comme nous sommes informés ; tous deux selon la Saincte Escriture abhominables à Dieu ; qui, par force et puissance d'armes, avez occupé, au pays de Champagne et aultre part aulcunes cités, villes et chasteaulx appartenant à mon dit seigneur le Roy et les sujets demeurant en ycelles contraints et induits à desloyauté et parjurement, en leur faisant rompre et violer la paix finale des royaumes de Franche et d'Angleterre, solennellement jurée par les roys de Franche et d'Angleterre qui lors vivaient et les grands seigneurs, pairs, prélatz, barons et les trois Estats de ce Royaulme.

« Nous, pour garder et deffendre le vray droit de mon dit seigneur le Roy et vous et vostre puissance rebouter de ses pays et seigneuries, *à l'ayde du Tout Puissant* [150], nous sommes mis sus et tenons les champs en nostre personne et en la puissance que Dieu nous a donnée ; et comme bien avez su et savez, vous avons poursuivy et poursuivons de lieu en lieu pour vous cuider trouver ou rencontrer : ce que nous n'avons encore pu faire pour les advertissements que avez faits et faites.

« Pourquoy nous qui, de tout nostre cœur, désirons l'abrégement de la guerre, vous sommons et requérons que si vous êtes tel prince qui querés honneur et ayés pitié et compacion du pauvre peuple chrestien qui tant longuement à vostre cause a esté inhumainement traictié, foulé et opprimé et désirés que brièvement icelluy peuple soit hors de ces afflictions et doleurs sans plus continuer la guerre : prenés en l'Isle de France qui est bien prochaine de nous et de vous aulcune place convegnable et raisonnable, avec jour brief et compétent et tel que la prochaineté des lieux où nous et vous sommes pour le présent le peut souffrir et demander ; auxquels jour et place si comparoir y voulés en vostre personne avec la diffamée femme et apostat dessusdictz et tous les parjures et aultre puissance telle que vouldrés et pourrés avoir, nous, au plaisir de *Nostre-Seigneur* y comparerons et Mon seigneur le Roy en nostre personne.

« Et lors *si vous voulés aulcune chose offrir* ou mettre avant, regardant le bien de la paix nous l'orrons et ferons tout ce que bon prince catholique doit et peut faire et toujours sommes et serons enclins et volontaires à toutes bonnes voies de paix non feinte, corrompue, dissimulée, violée ni parjurée comme fut à Montereau celle dont, par vostre coulpe et consentement s'ensuivit le terrible, détestable et cruel meurtre commis contre loy et honneur de chevalerie en la personne de feu notre très cher et très aimé pèrc le duc Jehan de Bourgogne, à qui Dieu pardonne.

« Par le moyen de laquelle paix par vous enfreinte, violée et parjurée sont demeurés et demeurent à toujours tous nobles et aultres sujets de ce royaulme et d'ailleurs quittes et exempts de vous et de vostre seigneurie à quelque estat que vous ayez pu ou povez venir.

« Toutefois, si pour l'iniquité et malice des hommes ne pouvons profiter au grand bien de paix, chascun de nous pourra bien garder et deffendre à l'espée sa cause et sa querelle ainsy que Dieu qui est le seul juge et auquel et non à aultre mon dit seigneur a à répondre, luy en donnera grâce : auquel nous supplions humblement comme à celui qui scet et connaît le vray droit et légitime querelle de mon dit seigneur que disposer en veuille à son plaisir, et par ainsy le peuple de ce royaulme pourra demeurer en longue paix et sûr repos, que tous rois et princes christiens, qui ont gouvernement, doivent quérir et demander.

« Si nous faites savoir hastivement et sans plus delayer ni passer temps en escriptures ni arguments ce que faire voudrés ; car si, par vostre défault plus grands maux, inconvénients, continuacions de guerre, pilleries et occisions de gens et dépopulacions de pays adviennent, nous prenons Dieu en témoing et protestons devant luy et les hommes que n'en serons point cause et que nous avons fait et faisons nostre devoir et nous mettons et voulons mettre en termes de raison et d'honneur, soit préalablement par le moien de paix ou par journée de bataille, de droit prise, quand aultrement entre puissants et grandes parties ne se peut faire.

« En tesmoing de ce, nous avons fait sceller ces présentes de notre scel.

« Donné au dit lieu de Montereau où fault Yonne, le septiesme jour d'Aoust, l'an de grâce mil quatre cent vingt-neuf.

« Ainsi signé » par Monseigneur le Régent du Royaulme de France.

Duc de Bethfort.

Après avoir pris lecture de cette insolente lettre, Charles VII, dans un élan spontané d'indignation, répondit au héraut de Bedford : « Ton maître aura peu de peine à me trouver, c'est bien plutôt moi qui le cherche. »

Les outrages de l'Anglais avaient ému le Roi et, sur-le-champ, il eût suivi Jeanne si l'on eût pu livrer bataille immédiatement.

Mais il fallait aller au devant de Bedford, Charles VII partit.

Ses conseillers le précédèrent pour travestir ses paroles auprès du Régent d'Angleterre.

« Le Roi vous cherche pour la paix et non pour la lutte, avaient-ils dit, laissez-nous faire, nous en aurons raison, mais évitez de donner une victoire à nos ennemis communs en recommençant Patay. »

Bedford comprit. Aussi lorsque les Français parurent près de l'abbaye de la Victoire entre Senlis et Mont-Espilloy, les Anglais ne sortirent qu'en petits détachements. Jeanne, *son étendard en main*, se mit à la tête de l'avant-garde. Elle avait ordre de ses *voix* de conduire elle-même l'action. Mais elle eut beau planter son étendard devant le fossé des Anglais, Bedford ne bougea pas. Elle dit alors aux ennemis que, s'ils voulaient saillir hors de leur place, pour donner bataille, ses gens se reculeraient pour les laisser prendre leur position.

Bedford ne répondit pas, mais il fit arborer l'estendard de Saint-Georges, *la grande bannière blanche à croix vermeille* qui semblait taillée dans un manteau des anciens Templiers.

Pour ce jour-là, c'était Jehan de Villiers, seigneur de l'Isle Adam, qui était désigné pour porter cet étendard sur le front des troupes anglaises. Autour de lui étaient groupés six à huit cents combattants picards et bourguignons.

« Les Anglais et ceux de leur nation étaient tous ensemble du côté senestre, dit Monstrelet, les Picards et aultres de la nation de France alliés aux Anglais estaient de l'austre costé. »

Ce fut du côté des Picards qu'eut lieu la plus forte escarmouche qui dura bien une heure et demie et où prirent part du côté du Roy Charles un très grand nombre d'Écossais.

Pour icelle escarmouche le duc de Bedfort fut grandement content des Picards, qui combattirent très asprement.

Quand la lutte fut terminée vint ledit duc de Bedford au long de leur bataille les remercier moult humblement en disant : « Mes amis, vous estes très bonne gent et avés soutenu grand faix pour nous, dont nous vous mercions grandement et vous prions, s'il vous advient aulcune affaire que vous persévérés en vostre vaillantise et hardement [151]. »

Quant aux Anglais, Bedford ne laissa sortir que ceux dont il était très sûr pour escarmoucher contre la Pucelle ; mais toujours, quand ils étaient trop pressés, les Anglais avaient ordre de se réfugier dans leurs lignes, de sorte qu'on ne put avoir bataille sérieuse contre eux. À la nuit tombante, force fut bien de se retirer.

Un seul incident avait, de ce côté, signalé les passes d'armes. La Trémoïlle, voulant apparemment se réhabiliter dans l'esprit de l'armée pour mieux cacher son jeu diplomatique, se risqua à faire le coup de lance. Son cheval s'abattit et il courut grand risque ; mais, malheureusement pour la France, il fut secouru à temps.

« Après que le Roi Charles de France fut retourné de la journée de Senlis et revenu à Crespy-en-Valois, lui furent apportées nouvelles que ceux de la ville de Compiègne lui voulaient faire obéissance.

« Sans plus tarder, il se rendit en icelle ville où il fut reçu à grande liesse et se logea en son hostel royal.

« Là, revinrent vers lui son chancelier et ses autres ambassadeurs Christoffe de Harcourt, le seigneur de Dampierre, celui de Fontaines et Raoul de Gaucourt qui étaient allés près du Duc de Bourgogne pour négocier paix avec lui.

« Mais celui-ci n'avait voulu rien accorder tout d'abord quoique ses principaux conseillers fussent d'avis de traiter.

« Au bout de cinq jours, Charles quitta Compiègne et parut disposé à suivre Jeanne à Paris. »

Senlis, Beauvais, Creil, Choisy, Montmorency et plusieurs autres villes s'ouvrirent à lui sans coup férir.

Saint-Quentin, Corbie, Amiens, Abbeville et quelques autres cités étaient fort disposées à suivre cet exemple et à reconnaître le Roi comme souverain seigneur ; mais Charles, à qui Regnault de Chartres avait persuadé de faire de nouvelles avances au Duc de Bourgogne, refusa de s'avancer aussi près des terres bourguignonnes comme Jeanne le conseillait parce qu'elle voyait que Philippe le Bon ne voulait point la paix.

Aussi lorsque, méprisant les sages avis de l'Inspirée, les politiciens eurent conclu une trêve de quinze jours avec le

Bourguignon, allié de Bedford, Jeanne fit-elle écrire à ses chers et bons amis, les loyaux Français de la Cité de Reims, une lettre où éclate toute son indignation de patriote :

« Je ne sais, dit-elle, si je tiendrai ces trêves ; si je les tiens, ce sera pour garder l'honneur du Roi. Aussi je maintiendrai l'armée sous ma main pour être toute prête à marcher au bout des dits quinze jours si les Bourguignons n'ont pas signé paix.

« Écrit le Vendredy, V^e d'aoust, en mon logis sur champ, au chemin de Paris. »

Ce noble langage, plein de précision, nous fait comprendre les sourdes intrigues des favoris vendus à l'Angleterre.

Jeanne ne rompit pas les trêves ; mais elle écrivit, conjointement avec le duc d'Alençon, une lettre scellée du sceau du duc et adressée : « Au prévost de Paris et prévost des marchands Guillaume Sanguin, aux eschevins, Imbert des Champs, tapissier, Colin de Neuville, poissonnier, Jean de Dampierre, mercier, et Remon Marc, drapier, où elle leur mandait salut par bel langage, cuidant les esmouvoir ou le peuple contre eux, mais on n'en tint aucun compte. »

C'est le Bourgois de Paris qui nous raconte ainsi la chose.

On trouve, du reste, la raison de ce dédain des édiles parisiens dans la Chronique écrite par le greffier du Parlement Clément de Fauquemberque. Celui-ci en effet nous apprend que : « le XXVIe jour d'aoust, Messire Loys de Luxembourg, évesque de Thérouenne et chancelier de France pour Henry VI, vint en la chambre de Parlement où estaient les présidents et conseillers des trois Chambres dudit parlement, les maistres des requestes, l'évesque de Paris, le prévost des marchands, les maistres et clercs des comptes, les avocats et procureurs ainsi que les principaux abbés, prieurs, doyens, curés et autres ecclésiastiques de ceste ville de Paris, en la présence des ducs de Bedford régent et de Bourgogne, pour faire jurer à tous de vivre et mourir sous l'obéissance du Roy de France et d'Angleterre, ce que tous jurèrent.

« Et l'endemain et les jours suivants allèrent les dits commis : Philippe de Ruly trésorier de la Sainte Chapelle, Maistre de Foras archidiacre maistre des comptes du Roy, ès chapitres, ès couvents et églises de la ville recevoir pareils serments des gens d'église de Paris tant séculiers que réguliers.

Ce serment unanime explique la réflexion suivante du même auteur racontant la défaite des Français.

« Ils n'eussent mie pris ladite ville de Paris par assault ni par siège tant qu'il y eust eu *vivres* dedans, dont-elle était bien pourvue et *bourgeois* à mettre avec hommes d'armes sur les remparts. »

Les favoris de Charles VII avaient réussi à faire perdre à Jeanne assez de temps pour être sûrs maintenant qu'elle échouerait. Ils la laissèrent donc volontiers marcher à une défaite certaine et le huit septembre elle partit enfin de Saint-Denis où le Roi Charles était venu coucher la veille pour tenter l'assaut de Paris.

La Trémoïlle, Regnault de Chartres, Gilles de Raiz, Raoul de Gaucourt et consorts étaient assez largement payés pour ne pas craindre un succès inespéré de Jeanne.

Ils savaient bien que la Pucelle marchait à grands pas vers un premier échec et, que malgré elle, il lui faudrait reculer devant la *bannière blanche à croix rouge* que l'Anglais arborerait triomphalement sur les remparts.

À Paris comme à Mont-Espilloy, le signe des Templiers devait vaincre le signe victorieux jusque-là des lords et des moines. L'étendard de la Pucelle resta impuissant contre la rouge Croix des vieux moines du Temple. En vain Jeanne refusa-telle de se rendre à l'évidence ; en vain voulut-elle encore douter de sa défaite ; elle fut trahie. Les capitaines, ne lui pardonnant pas sans doute d'avoir renvoyé Claude, l'armée par eux était scindée ; Raiz,

Gaucourt et le Roi abandonnèrent Jeanne, qui avait été fort navrée d'un vireton à une jambe.

Vers onze heures du soir, le duc d'Alençon vint la prendre et, contre son vouloir, l'entraîna hors des fossés où, sans lui, elle fût demeurée au risque d'être prise par les ennemis. Elle avait très grand regret de quitter ainsi la place.

« Par mon martin, s'écriait-elle, si on l'eût bien voulu, Paris était à nous ! »

Jeanne le sentait s'approcher, le calice d'amertume qu'elle devait épuiser jusqu'à la lie !

L'armée française fuyait devant la bannière des Lancastre, comme l'armée anglaise avait fui devant l'étendard mystique de la Pucelle.

Paris était la revanche de Patay. Les Templiers étaient vainqueurs et ceux du Conseil de France se réjouirent autant cette nuit-là que ceux du conseil du Régent anglais.

Ce coup fut affreux pour Jeanne. Désolée, elle alla, dès le lendemain, suspendre, dans l'église abbatiale de Saint-Denis, son blanc harnais de guerrière. Puis elle supplia ses *voix* de lui donner conseil, et de lui donner courage. Les saintes enjoignirent à leur messagère de demeurer à Saint-Denis, mais la sympathie des uns et la politique astucieuse des autres persuadèrent à l'héroïne de suivre l'ordre du Roi et de l'accompagner à Gien avec l'armée.

Cette belle armée de volontaires qui avait quitté les bords de la Loire deux mois et demi auparavant avec la ferme confiance de délivrer la France entière avait fait la campagne sans solde et sans pillage. Elle repartit tristement, de Saint-Denis, le 13 décembre, laissant son œuvre inachevée.

Le Roi, si lent quand il s'était agi de marcher en avant, trouva de la célérité pour la retraite. Il reconduisit l'armée « *aussitôt que faire se put en manière de désordonnance* » presque comme une armée battue jusqu'à Gien-sur-Loire où il s'arrêta avec joie.

Il pensait avoir assuré sa paix et celle du Royaume par les traités secrets conclus avec le duc de Bourgogne, Winchester et Bedford.

Jeanne, elle, ne pouvait croire que le beau plan des moines et des lords eût pour jamais été abandonné. Elle avait reçu de l'étranger tant de témoignages éclatants de l'attente universelle des Celtes en le triomphe de sa mission !

L'Italie, l'Allemagne, les Pays-Bas, l'Espagne étaient en émoi par les nouvelles de la Sybille de France. Bonne de Visconti, duchesse de Milan, présentait humblement requête à l'envoyée du *Roi du Ciel*, pour recouvrer par elle sa Seigneurie. Il y avait dans toute l'Europe une effervescence incroyable et l'on y voyait le résultat d'une combinaison internationale longuement préparée et préméditée.

Aussi, malgré ses récents déboires et l'inqualifiable conduite de la Cour et du Roi à son égard, Jeanne, en 1430, croyait encore pouvoir reprendre le cours de sa mission, la suite de sa marche stratégique contre les ennemis de la France et de l'Église de Jésus-Christ. La lettre adressée par elle aux Hussites témoigne de cette dernière lueur d'enthousiasme et d'espoir.

« Si je n'apprends bientôt votre amendement, leur disait-elle après leur avoir vivement reproché de se laisser entraîner aux plus déplorables erreurs, je laisserai peut-être les Anglais et me tournerai contre vous pour extirper l'affreuse superstition où se perd votre vie. Si vous revenez vers la lumière qui luit maintenant, adressez-moi vos envoyés. Je leur dirai ce que vous avez à faire. »

Pauvre Jeanne ! Elle ne devait point être écoutée de ceux qu'elle eût voulu grouper contre les Turcs.

Ses menaces d'intervention personnelle dans la lutte pour la défense de l'Église allaient attirer sur sa tête l'orage qu'elle rêvait encore de conjurer !

La Trémoïlle et Regnault de Chartres avaient reconquis tout leur crédit sur l'esprit du faible Charles VII. Les salariés de Winchester avaient promis à ce cardinal de lui livrer Jeanne, ils travaillèrent dans cet unique but.

Ils commencèrent par l'isoler de ses amis et de ses hommes. On éloigna le duc d'Alençon et l'on ne permit pas à Richemont d'approcher.

L'*ost* des Communiers fut peu à peu dissous. Se sentant impuissants et mal vus, tous ces hommes rentrèrent dans leurs foyers en laissant néanmoins près du Roi les chefs suprêmes de leur patriotique association : les frères Bureau et l'artilleur Jehan le Lorrain restèrent pour préparer le retour de leurs compatriotes. Ils furent les mandataires de la grande armée plébéienne que Jeanne avait évoquée, conglomérée, fait triompher et qui, malgré tous les intrigants et tous les traîtres, deviendra bientôt la vraie, la seule armée française.

Mais elle ne verra pas ce retour, la pure et sainte jeune fille qui servit de porte-étandard à la première marche triomphale de cette armée de dévoués et de braves qui semblaient avoir encore dans les veines le sang des vieux brenns gaulois.

Avant ce retour, la noble héroïne sera montée au Ciel par l'âpre chemin de la Croix !

Cependant elle ne négligeait rien pour garantir les intérêts du Roi et de la France.

Malgré le mauvais vouloir de la Cour, Jeanne, sur l'ordre de ses voix, avait pris d'assaut Saint-Pierre-le-Moustier.

Ce succès était dû à ses ententes secrètes avec les Communiers, les Franciscains et les landlords.

Le récit qu'en fait Jean d'Aulon le prouve bien.

« Pour ce faire (le siège de Saint-Pierre-le-Moustier), et assembler gens, alla ladite Pucelle en la ville de Bourges, dit l'écuyer en sa déposition de 1455, en laquelle ville elle fist son assemblée et de là partit avec une certaine quantité de gens d'armes desquels Monseigneur d'Elbret était le chef.

« Après que ladite Pucelle et ses gens eurent tenu le siège pendant aucun temps, il fut ordonné de donner l'assaut à la ville et ainsi fut fait et de la prendre firent leur devoir ceux qui estaient là ; mais obstant le grand nombre de gens d'armes étant en la ville, la grande force d'icelle et aussi la grande résistance que ceux de dedans faisaient, furent contraints lesdits Français se retraire. À cette heure, il qui parle, lequel était blessé d'un traict au talon tellement que sans potences (béquilles) ne se pouvait soutenir vit que ladite Pucelle estait demeurée très petitement accompagnée de ses gens ni d'autres et, doutant, il qui parle, que inconvénient ne s'en ensuivit monta sur un cheval et incontinent tira vers elle et lui demanda ce qu'elle faisait là ainsi seule et pourquoi elle ne se retrayait pas comme les autres. Laquelle, *après ce qu'elle eust osté sa salade de dessus sa teste*, luy respondit *qu'elle n'estait pas seule et que encore avait elle en sa compagnie* CINQUANTE MILLE DE SES GENS et que d'ici ne se partirait pas jusques à ce qu'elle eust prist ladite ville.

« Et dit, il qui parle, que à cette heure, *quelque chose qu'elle dist, n'avait pas avec elle plus de quatre ou cinq hommes* et ce scet-il certainement et plusieurs aultres qui pareillement la virent ; pour laquelle cause lui dist de rechef qu'elle s'en allast d'illec et se retirast comme les autres faisaient.

« Mais elle lui dit qu'il lui fist apporter des fagots et claies pour faire un pont sur les fossés de ladite ville afin qu'ils y pussent mieux approcher. Et en lui disant ces paroles s'escria à haulte voix « *Aux fagots et aux claies* TOUT LE MONDE *affin de faire le pont !* » Lequel incontinent après fut fait et dressé. De laquelle chose iceluy déposant fut tout esmerveillé ; car incontinent la ville fut prise d'assaut sans y trouver pour lors trop grande résistance [152]. »

Par qui donc la ville fut-elle prise ? Est-ce par les quatre ou cinq hommes qui étaient auprès de Jeanne ? Non certes, mais par ceux des assiégés qui jetaient claies et fagots pour permettre à la Pucelle, qu'ils avaient reconnue parce qu'elle avait ôté son casque, d'entrer dans la ville qu'ils lui livraient *à elle seule* comme à leur plus sûre alliée.

Et savez-vous pourquoi ils agissaient ainsi au moment où les Français abandonnaient l'entreprise au lieu de l'avoir fait quelques heures plus tôt ?

Parce qu'ils voulaient qu'il fût bien avéré qu'ils se rendaient à Jeanne et non aux hommes d'armes et aussi à cause d'un incident bizarre qui montre admirablement l'entente secrète de certains Anglais et des franciscains.

Pendant ce siège, un jour, les Anglais lancastriens, qui se méfiaient des ententes secrètes qui existaient entre les assiégés et les assiégeants, avaient résolu d'attaquer, de piller et de violer de toutes manières le couvent de clarisses où se trouvait en ce moment Colette de Corbie et qu'ils considéraient, non sans raison, comme un centre de conspiration patriotique des amis de la France.

Colette fut prévenue de leurs intentions par les cris féroces des bandes armées qui comptaient se ruer à l'assaut du monastère. Que faire ? La sainte était seule avec ses religieuses ; elle ne pouvait espérer résister aux cruels et lubriques soldats de l'armée anglaise.

Cependant elle ne trembla point devant l'imminent péril.

Avec un héroïque sang-froid elle ordonna à ses clarisses de se mettre en prière et de n'avoir pas peur.

Puis, entrant avec elles dans la chapelle, la sainte se prosterna au pied de l'autel, leur donnant à toutes l'exemple de la plus touchante ferveur.

Mais son oraison fut courte ; se relevant, elle monta les degrés qui la séparaient du tabernacle, elle l'ouvrit, y prit le ciboire et sortit en faisant signe à deux de ses sœurs de l'accompagner.

Celles-ci obéirent sans même chercher à comprendre ce que voulait faire Colette.

La sainte les précédait, portant comme le fait le prêtre l'hostie entre ses doigts au-dessus du ciboire.

Elle marchait très vite et ses compagnes avaient peine à la suivre. Enfin elle arriva sur une terrasse que bordait le mur de clôture du couvent.

Les soldats anglais, criant, vociférant, s'avançaient au pied de ce mur ivres de sang et de carnage.

Soudain, ils s'arrêtèrent ; Colette, de sa voix d'or, qui, d'après les récits de ses contemporains n'avait d'égale que celle de Jeanne d'Arc, Colette chantait un cantique mystique en tenant élevée l'hostie entre ses mains.

Les hommes d'armes crurent-ils apercevoir une apparition angélique ?

Reculèrent-ils comme chrétiens devant l'hostie ?

Ou bien s'imaginèrent-ils voir le Saint Graal mystérieux des chevaliers de la Table Ronde ?

On ne le sait ; mais toujours est-il que, sans autre agression, ils continuèrent leur route et se rendirent aux remparts. Quelques heures après, Jeanne entrait dans la ville avec seulement cinq ou six hommes d'armes ; la Femme avait vaincu, Colette était sauvée !

Cette éclatante victoire de la Pucelle mit le comble à la rage des favoris du Roi.

Catherine de l'Île Bouchard avait su la nouvelle par les espions qu'elle soldait au camp des Anglais, comme en celui des champions de la France.

Cette femme diabolique résolut de faire échouer Jeanne à tout prix dans la seconde entreprise qu'elle avait fait exiger par Charles VII comme gage de la puissance réelle de la diplomate de Chinon.

Aussi n'envoya-t-on à la Pucelle rien de ce qu'il fallait pour mettre, en plein hiver, le siège devant la Charité-sur-Loire.

De plus, avec une astuce infernale, Catherine sut mettre à profit contre Colette et contre Jeanne la division qui commençait à poindre parmi les moines franciscains.

L'Ordre des Mendiants n'avait pas créé la vie religieuse, qui existait déjà bien avant saint François, mais le saint d'Assise avait donné à cette vie une forme nouvelle ou du moins renouvelée du Ier siècle de l'Église gauloise. Il avait transporté, comme jadis les ermites des chartreuses celtiques, les solitudes monastiques dans tous les milieux sociaux.

La vie monacale était, au XIIIe siècle, devenue terrienne, stable, parfois féodale et toujours isolée du monde, avec la pauvreté personnelle et des richesses communes, lorsque saint François, par un trait de génie, vint restituer à l'Église ses milices mobiles des premiers temps.

Par la pauvreté en commun, qui ajoutait à la pauvreté monastique un véritable caractère social, les Mendiants sans propriété, sans demeure permanente constituaient une armée pacifique, mais toujours mobile et mobilisée qui parcourait le monde pour le gagner à Jésus-Christ, assurant la possession de la terre aux véritables chrétiens.

Il serait trop long d'expliquer ici le mécanisme admirable de l'économique franciscaine qui fut un instant la réalisation parfaite de l'économique évangélique.

Disons seulement que l'Ordre des Mineurs, né des entrailles du Peuple, exerça à ses débuts une immense influence sur les foules en développant l'instinct d'association et en organisant, avec une merveilleuse intelligence, *les Communes* et *les Corporations*.

Aussi, dès les premiers temps de son action sociale, cet Ordre fut-il en butte aux persécutions des conspirateurs templiers qui, au XIVe siècle, le firent combattre ostensiblement et avec une animosité haineuse par le grand hérétique Wickleff.

Mais la vertu se trempe dans la lutte et les Templiers ne prétendaient pas exercer ainsi celle de leurs ennemis.

Ils n'auraient pas vaincu les Mineurs par la guerre et les persécutions cruelles ; ils les vainquirent par le bien-être et les tentations.

La pauvreté collective et personnelle était l'âme de la Règle de saint François. Insensiblement la rigidité des prescriptions qui limitait les biens d'un religieux franciscain aux choses strictement nécessaires à la vie fut atténuée et les diverses interprétations, plus ou moins intéressées, qu'on donna aux instructions de saint François changèrent bientôt complètement son œuvre.

Vainement les grands docteurs de la *Stricte Observance* essayèrent-ils de faire revivre dans l'Ordre la ferveur et l'esprit des temps héroïques !

Saint Bernardin de Sienne, saint Jean de Capistran, saint Jacques de la Marche et sainte Colette échouèrent les uns après les autres dans leur courageuse entreprise.

Docteurs ès-sciences sociales, ces génies méconnus ou oubliés ont laissé des écrits dans lesquels on trouverait encore des armes précieuses pour combattre les erreurs économiques de notre temps ; ce fut tout ce qu'ils purent faire.

Malgré eux, la scission officielle des franciscains eut lieu *en 1430* et Jeanne d'Arc, porte-étendard du *Roi du Ciel*, mourut victime de cette division.

Oui ! le changement brusque des signes franciscains dans une multitude de fraternités et de couvents fit plus pour la perte de la sainte héroïne que tous les complots néfastes de ses ennemis.

Ni la prédication des grands missionnaires, ni les écrits des docteurs, ni les institutions merveilleuses des vaillants défenseurs du peuple chrétien, ni les victoires brillantes de la Pucelle n'avaient pu faire revivre le mouvement social, à la fois évangélique et franciscain du XIIIe siècle.

L'amour des richesses et du bien-être avait aidé les Templiers à vaincre et à désarmer les moines celtiques. Satan avait tenté les disciples du saint d'Assise comme il avait tenté jadis Jésus-Christ dans le Désert après son jeûne.

Les arguments de l'Ennemi furent les mêmes ; le Christ avait repoussé victorieusement Satan ; mais les franciscains, au XIIIe siècle, avaient été pour la plupart vaincus.

Colette le sut une des premières et sa grande âme en fut très triste.

« Jeanne, tu seras prise avant la Saint-Jean », dit-elle un jour à la Pucelle au moment où celle-ci mettait le siège devant la Charité-sur-Loire, après la reddition de Saint-Pierre-le-Moustier.

Les favoris de Charles VII avaient persuadé à ce prince d'exiger de Jeanne ces faits d'armes comme nouvelles preuves de sa mission.

Ils gagnaient ainsi du temps, comptant pour vaincre Jeanne sur la division néfaste des Franciscains. C'étaient maintenant les Judas qui gouvernaient « *le corps du Roi et le fait de sa guerre* ». Jeanne, effrayée de cette révélation terrible de Colette qui lui montrait l'imminence du supplice le plus douloureux : celui de tomber vivante aux mains de ses pires ennemis, demanda grâce en une supplication touchante.

« Prends tout en gré, lui fut-il répondu, ne te chaille pas de ton martyre, tu t'en viendras en Paradis. »

Lui assurer la gloire éternelle dans une vie où les trahisons n'ont plus de prise, tel était désormais le seul pouvoir des saintes.

Jeanne comprit que son œuvre était finie, que sa haute mission était ajournée, que d'autres recueilleraient, plus tard, le fruit de ses travaux et de ses larmes.

Après un premier moment d'abattement, elle accepta tout.

Tout ! c'est-à-dire les longueurs de l'emprisonnement, la cage de fer, les interrogatoires indiscrets, et les tourments de l'agonie.

« Que votre volonté soit faite ! » dit-elle comme autrefois le Christ l'avait dit à Gethsémani.

Et dès lors les grandes douleurs du martyre broyèrent son cœur de sainte comme la meule broie le grain de blé.

Afin de rendre sa défaite inévitable, les favoris n'avaient fait envoyer à l'*ost*, assez peu nombreux du reste, qui accompagnait la Pucelle, rien de ce qu'il fallait pour tenir la campagne.

On le voit, par la lettre de détresse que Jeanne adressa, le 9 novembre 1429, aux habitants de Riom, lettre qu'elle scella d'un large cachet de cire rouge dans lequel elle mit, comme marque d'authenticité de sa signature. UN CHEVEU NOIR.

Prévenue par Colette de Corbie du changement brusque des signes franciscains en beaucoup de fraternités, Jeanne ne savait plus comment estampiller sa lettre pour lui donner crédit et influence auprès de ses anciens auxiliaires religieux ; en mettant dans son cachet *un de ses cheveux noirs*, elle était sûre que tous comprendraient que c'était elle et non Claude la blonde Pucelle aux longs cheveux qui leur adressait supplique.

Pauvre cheveu noir, seule relique de Jeanne d'Arc que le temps ait porté jusqu'à nous, combien on eût dû veiller à sa conservation précieuse !

Hélas ! en 1888, par suite d'un rapt mystérieux, le cheveu et le cachet auquel il était adhérent ont disparu de la pièce gardée à la bibliothèque de Riom, il ne reste qu'un petit fragment de la cire avec la trace des doigts qui ont pressé le papier pour en arracher ce frêle témoignage, péremptoire à notre avis, du dédoublement des deux sœurs.

Seul, le texte authentique de la lettre de Jeanne nous reste, lisons-le donc pour comprendre la détresse et l'angoisse de ce vaillant cœur.

« À mes chers et bons amis, les gens d'Église, bourgeois et habitants de la ville de Riom.

« Chers et bons amis, vous savez comment la ville de Saint-Pierre-le-Moustier a été prise d'assaut ; et, avec l'aide de Dieu, j'ai intention de faire vider les autres places qui sont contraires au Roi ; mais pour ce que grande dépense de poudres, traits et autres habillements de guerre a été faite devant la dite ville et que petitement les seigneurs qui sont en cette ville et moi en sommes pourvus pour aller mettre le siège devant la Charité où nous allons présentement, je vous prie, sur tant que vous aimez le bien et l'honneur du Roi et aussi de tous les autres de par deçà, que veuillez incontinent envoyer et aider pour ledit siège de poudres, salpêtre, soufre, traits, arbalètes et autres habillements de guerre. Et en ce fait tant par faute des dites poudres et habillements de guerre la chose ne soit longue et qu'on ne puisse dire en ce être négligents ou refusants. Chers et bons amis *notre Sire* garde vous !

Écrit le IX novembre 1429. »

À cette lettre si pressante, les bourgeois de Riom, engagés sans doute dans le nouveau mouvement franciscain, ne répondirent par aucun envoi de munitions. Après être demeurée inutilement un mois devant la Charité-sur-Loire, Jeanne dut se retirer par pitié pour ses hommes qui mouraient littéralement de faim.

Elle rejoignit alors le Roi, espérant peut-être, malgré toutes ses défaillances, le ramener au sens de sa glorieuse mission de souverain des Gaules.

Vain espoir ! Les pactes de Chinon étaient rompus ! et les pactes nouveaux de la Cour étaient basés sur la mise à prix de celle qui avait voulu la France grande et l'Église respectée de tous.

Les *voix* désormais sont de plus en plus tristes, Jeanne ne reçoit d'elles aucun conseil encourageant, mais toujours l'annonce du martyre et des appels pressants à l'accepter.

Cependant Jeanne court à ce martyre comme d'autres volent à la victoire.

Vite fatiguée de l'inaction où les favoris la retiennent, Jeanne s'échappe un jour du château où La Trémoïlle et son épouse lui ont offert une hospitalité qui ressemble fort à un emprisonnement.

Où va-t-elle ? À Compiègne. Elle sait que la ville est assiégée par Jean de Luxembourg et le duc de Bourgogne ; elle sait aussi la grande pitié qui est aux pays de France que Charles VII a lâchement abandonnés aux rapines des Lancastre, ses secrets alliés.

En quittant l'Île de France pour se retirer sur la Loire, le roi Charles avait laissé le duc de Bourbon son parent comme gouverneur général des pays qui s'étaient mis spontanément en son obéissance.

Il commettait à ce seigneur une grosse et lourde charge, car aussitôt que les troupes françaises eurent opéré leur retraite, les Anglais firent cruellement payer aux *bonnes villes* leur défection envers Henry VI et Bedford.

Ce fut d'abord Saint-Denis qui porta le poids de leur colère. Par l'ordre exprès de l'évêque de Thérouenne chancelier, ès-parties au roy d'Angleterre obéissant, les hommes d'armes vinrent robber (voler) en l'abbaye les armes que Jeanne y avait suspendues et par la même occasion pillèrent et saccagèrent la ville.

Puis commencèrent en tous les pays riches, bien peuplés et bien labourés de l'Île de France, Champagne et Brie de grandes pilleries. Des laboureurs furent massacrés, les villes opprimées, rançonnées, appauvries, si bien que plusieurs contrées jusque-là florissantes devinrent désertes et incultes.

Quand le duc de Bourbon vit cette désolation, se sentant impuissant à l'empêcher et sachant que le Roi n'y porterait aucun remède, il s'en alla en son pays laissant à Senlis le comte de Vendôme avec charge de faire pour le mieux.

Dès le commencement de l'année 1430, le duc de Bourgogne, partant de Montdidier, s'était mis en campagne contre les gens du roi Charles VII.

Il assiégea d'abord la forteresse de Gournay sur Aronde, appartenant à Charles de Bourbon, comte de Clermont et époux d'Agnès de Bourgogne.

Tristran de Magnelers, capitaine de cette forteresse, voyant qu'il ne pourrait résister, traita. Il fit serment que s'il n'avait secours du roi Charles ou de ceux de son parti avant le premier aoust suivant, il rendrait la place au Duc et que d'ici là ni lui, ni ses gens ne tenteraient rien contre les Bourguignons.

Philippe-le-Bon s'était montré accommodant parce qu'il venait d'apprendre que le Damoiseau de Commercy, Yvan du Puis et autres capitaines avaient mis le siège devant la forteresse de Montaigu, qui appartenait au Damoiseau de Commercy, mais dont les Bourguignons s'étaient emparés de concert avec les Anglais.

La trêve conclue avec Tristran de Magnelers, capitaine de Gournay-sur-Aronde, surprit les assaillants de Montaigu. Dès qu'ils virent toutes les forces de Bourgogne marcher contre eux, ils se retirèrent précipitamment, n'étant pas en nombre suffisant pour affronter la lutte.

Philippe-le-Bon, rassuré, se dirigea vers Noyon ; il séjourna en cette ville une semaine, puis alla mettre le siège devant le Chastel de Choisy-sur-Aisne dont était gouverneur Loys de Flavy, parent du capitaine qui commandait Compiègne au nom de Charles de Valois.

Cette forteresse ne résista guère et le duc de Bourgogne, après l'avoir fait démolir de fond en comble, s'en alla loger à Condin, à une lieue de Compiègne, tandis que Jean de Luxembourg se logeait à Claroy et que l'Anglais Montgommery s'installait à Vénète. Compiègne se trouvait assiégée et cernée de trois côtés à la fois.

Jeanne, ayant appris cette triste nouvelle, s'échappa comme nous l'avons vu des mains de La Trémoïlle qui, du reste, ne semble pas avoir fait très grande vigilance, assuré qu'il était que l'héroïne courait à la mort.

Après un très rapide voyage, Jeanne arriva à Lagny-sur-Marne ; là elle alla prier à l'église, puis fut rejointe par La Hire, Pothon de Sainte-Treille et quelques autres vaillants seigneurs.

Ensemble ils entrèrent de nuit à Compiègne, espérant que Jeanne délivrerait la ville comme elle avait délivré Orléans.
Mais les choses étaient bien changées ! Guillaume de Flavy, gouverneur de Compiègne, avait accueilli la Pucelle parce que, sur l'ordre secret de La Trémoïlle et des autres favoris, il l'avait, d'avance, vendue aux Anglais et Bourguignons qui assiégeaient la Cité.

Plus l'heure du supplice approchait pour elle, plus Jeanne en avait le pressentiment sinistre.

Un jour qu'elle entendait la messe dans une église de Compiègne, elle se retira, après la communion, près d'un pilier pour y faire oraison. Quand elle releva la tête, après une fervente action de grâces, elle se vit entourée d'une centaine d'enfants qui la contemplaient avec respect et admiration.

Elle lut dans leurs yeux l'expression d'une sincère amitié et, touchée jusqu'au fond de l'âme, elle ne put retenir ce prophétique cri d'angoisse : « Ah ! mes enfants et mes chers amis, je suis trahie, livrée, vendue ! Bientôt il me faudra mourir. Aussi je vous supplie de prier Dieu pour moi, car plus jamais, hélas ! je n'aurai la puissance de servir le Roi, ni le Royaume [153]. »

En disant ces mots, elle pleurait. Trois jours après elle était prise, livrée par les mauvais Français dont l'Histoire ne saurait assez flétrir la mémoire, car ils avaient agi sciemment et prémédité longuement leur trahison. Jeanne, prévenue de ce qui se tramait contre elle et contre la France, ne voulait pas sortir de la ville le jour où elle tomba aux mains des Bourguignons.

Le matin encore de cette journée néfaste, l'héroïne avait été avertie du piège qu'on lui tendait par Blanche d'Aurebruche, vicomtesse d'Acy, épouse du gouverneur de Compiègne [154].

Aussi, jusqu'à cinq heures du soir, refusa-t-elle absolument de rien tenter, mais pressée de toutes parts, elle comprit qu'elle ne pouvait reculer davantage sans risquer d'être accusée de poltronnerie, de couardise. Elle monta donc à cheval, revêtue du harnais de drap d'or et de la huque vermeille de Claude.

Guillaume Flavy, sous prétexte de lui faire honneur, avait exigé qu'elle parût ainsi habillée comme vrai capitaine du grand *ost*.

Il savait bien, le traître, que c'était la désigner clairement à tous ceux de ses ennemis qui pouvaient ne pas la connaître.

Il l'envoyait donc accompagnée d'environ cinq cents hommes assaillir le logis de Baudo de Noyelle, vaillant chevalier du parti bourguignon.

Tout avait été combiné pour la perte de Jeanne ce jour-là.

Baudo feignait de se laisser forcer en son logis par la Pucelle ; mais Jean de Luxembourg et ses gens vinrent promptement à la rescousse.

Avec son merveilleux génie, Jeanne comprit très vite qu'elle était cernée.

« Mettez peine de recouvrer la ville, cria-t-elle à ses hommes, retournez-y promptement ou vous et moy, nous suymes perdus ! »

Les Français firent volte-face. Jeanne, pour protéger leur retraite, marchait à l'arrière-garde, tenant son étendard au vent et déployé.

Précipitamment les hommes d'armes rentraient dans Compiègne ; l'arrière-garde arrivait au pont-levis, Jeanne elle-même allait l'atteindre quand Flavy donna l'ordre de relever le pont.

Jeanne et ses derniers compagnons étaient ainsi livrés à leurs pires ennemis.

L'héroïne luttait avec une énergie superbe. Sachant qu'elle était perdue, elle tentait encore de sauver ses amis.

Mais un archer français, qui se trouvait près d'elle, la saisit soudain, violemment, par sa tunique de drap d'or et la fit tomber de cheval.

Le bâtard de Wandonne, soldat du seigneur de Ligny, Jean de Luxembourg, se précipita.

« Rendez-vous, cria-t-il, baillez-moi votre foi ! – Vous n'aurez pas ma foi, répondit-elle, car je l'ai baillée à autre que vous ! »

Elle espérait sans doute exaspérer l'homme de guerre et se faire tuer sur place, ce qui lui eût évité toutes les angoisses du martyre.

Mais la prime promise à qui la prendrait vivante était trop forte pour que le soldat ne maîtrisât point son indignation.

Le bâtard de Wandonne, plus joyeux que s'il eût fait la capture d'un monarque, sans rien répliquer, saisit Jeanne et l'emmena hâtivement à Marigny, où il la garda jusqu'à l'arrivée de Jean de Luxembourg et du duc de Bourgogne qu'il avait fait prévenir.

Pothon de Sainte-Treille, Jean d'Aulon et Pierre d'Arc, frère de Jeanne, avaient été également faits prisonniers et emmenés à Marigny.

Le duc de Bourgogne y vint incontinent pour voir la Pucelle et les autres prisonniers, étant moult joyeux de cette prise. Lui-même confia Jeanne à la garde de Jean de Luxembourg, qui l'envoya au château de Beaurevoir où elle resta jusqu'à ce qu'elle fût vendue pour 10 000 livres [155] au cardinal de Winchester, qui la fit transporter dans la prison de Rouen.

On fut presque aussi content à la cour de Charles VII qu'à celle d'Henry VI et de Philippe le Bon de la perte de la Pucelle.

« Elle ne voulait croire conseil, mais faisait tout à son plaisir », écrivait Regnault de Chartres à ses diocésains pour leur expliquer et leur annoncer l'évènement qu'il avait si bien et si soigneusement préparé.

Le duc de Bourgogne Philippe le Bon expédia en tous lieux des lettres où il rendait grâces et louanges à Dieu d'avoir mis fin à « *la folle créature des peuples en icelle femme* ».

Comme le contentement bruyant du fils de Jean sans Peur devait faire mal à ses sœurs, mesdames de Guyenne, de Clermont et de Bedford ! Les filles de Marguerite de Bourgogne, les élèves de Colette de Corbie souffrirent certes horriblement, comme Françaises et comme chrétiennes, des tortures imposées à Jeanne.

Ces saintes femmes la suivirent de loin, sur le chemin douloureux, comme autrefois les filles de Jérusalem avaient accompagné le Christ sur l'âpre route du Golgotha.

XV

LE TRIBUNAL DE PIERRE CAUCHON

On croit généralement que l'évêque de Beauvais, en dirigeant pour le compte des Anglais, contre Jeanne d'Arc, le procès de Rouen, ne voyait en l'accusée, traduite devant son tribunal, que la guerrière ennemie des Lancastres, ses maîtres.

C'est une erreur ! Le rusé prélat ne doutait pas que Jeanne n'eût joué un tout autre rôle et sa procédure n'avait qu'un seul but : découvrir les secrets politiques confiés à l'héroïne et lui faire trahir le nom du *Roy du Ciel*.

Toute l'habileté cauteleuse de Pierre Cauchon échoua devant la volonté, l'intelligence, la subtilité et l'admirable présence d'esprit de Jeanne.

Avec une fermeté sans égale, elle refusa de parler pour révéler aux juges le mécanisme secret de son action ; elle ne fit même pas allusion à sa sœur ; elle ne désigna que très vaguement ses saintes ; elle ne permit jamais de soupçonner les alliances occultes qui l'avaient fait triompher.

« Mes *voix* viennent de la part de Dieu, affirmait-elle, mais je ne vous dirai pas à fond ce que j'en sais, car j'ai plus grande crainte de faillir en disant quelque chose qui déplaise à ces *voix* que je n'en ai de ce procès. »

Les juges insistaient-ils pour l'obliger à parler en termes plus nets et plus clairs : « Je ne vous dirai pas tout, leur répondait-elle, je n'en ai pas la permission et quant aux secrets qui touchent à ma mission, vous ne les saurez jamais par moi, passez outre ! »

Jusqu'à la mort, la messagère des moines celtiques, l'alliée des hauts barons anglais sut ainsi affirmer et défendre son action religieuse et politique sans en laisser deviner la marche véritable par les clercs qui masquaient, de leur mieux, mais assez mal, les Templiers occultes qui les salariaient et les guidaient.

Jeanne expira sans avoir parlé autrement qu'en fines paraboles afin qu'en l'entendant ses juges ne comprissent pas le sens des allusions, la portée des allégories.

Et en effet ils ne les ont pas comprises !

Winchester en versa des larmes de rage !

L'Angleterre, dans la Guerre des Deux Roses, en pleura des larmes de sang !

Comment n'a-t-on pas vu cela ?

Comment n'a-t-on pas senti encore que si Jeanne, à Rouen, n'a pas gardé le dédaigneux silence des résignés, c'est qu'elle voulait que l'avenir pût recueillir l'écho de ses paroles et qu'en réalité elle parlait pour nous ?

Elle savait bien qu'en tous les âges, les traditions celtiques se transmettent aux enfants de notre Race sous la forme symbolique des légendes et que, toujours au moment voulu, la Providence suscite un traducteur pour en donner l'explication.

N'avait-elle pas été elle-même, par ses actes, la traduction vivante des écrits de Merlin ?

Elle ne doutait donc pas qu'un jour, la France saurait lire ses pensées intimes et comprendre l'envergure politique de ses visées en soulevant le voile léger des allégories spirituelles dont, à dessein, elle enveloppait ses paroles afin que leur sens réel ne frappât que les oreilles capables d'entendre ce que, de temps en temps, l'Esprit celtique dit aux fidèles de l'Église de Jésus-Christ.

Jeanne prévoyait bien qu'au moment où la Providence voudrait remettre à l'ordre du jour la mission qu'elle avait à peine esquissée, on verrait clairement que Pierre Cauchon avait poursuivi surtout en la Pucelle l'ombre exécrée de Gerson dont lui, le prélat partisan de Jean Petit, de Jean Huss et de Wickleff, reconnaissait, sans peine, les grandes théories émises avec une énergie admirable par une jeune fille de vingt ans !

Âme damnée du parti dont Winchester était le chef visible, Pierre Cauchon avait lutté avec toute son énergie d'homme instinctif et d'ambitieux sans scrupule pour le triomphe de ses maîtres. Il voulait Winchester pape et lui, premier pasteur de l'Église de Rouen, en attendant peut être, lui-même, secrètement la tiare.

Les Templiers avaient en lui un de leurs meilleurs agents. Aussi n'avait-on rien négligé pour rehausser, de plus en plus, sa situation dans l'Église, afin de lui donner, de jour en jour, plus de crédit et plus d'autorité.

Successivement évêque de Lisieux et de Beauvais, il avait été promu par le Conseil royal franco-anglais au siège métropolitain de Rouen. Mais Rome avait refusé la ratification de cet excès d'honneur. Le patriotique triomphe de la Pucelle avait soudain marqué d'un populaire stigmate d'infamie l'ennemi intime de Gerson.

Chassé honteusement de Beauvais, lors du passage de Charles VII, le fils du vigneron de Reims, que ses bassesses avaient désigné aux suffrages des conquérants anglais, s'était retiré à Londres le cœur ulcéré de haine et l'âme altérée de vengeance.

Winchester avait senti que cet homme avait en lui non seulement l'étoffe d'un Judas mais encore l'envergure d'un Caïphe. Aussi l'avait-il amené avec lui d'Angleterre dans la prévision des évènements que lui, le Grand Maître du Temple, se flattait de faire arriver.

Winchester était l'homme le plus riche et, par conséquent, le plus puissant du XVe siècle sur toutes les consciences vénales.

Dès qu'on sut qu'il voulait acheter Jeanne d'Arc, ce fut à qui serait assez heureux pour la lui livrer.

Tous les Judas rivalisèrent de zèle et chacun d'eux toucha, suivant ses mérites, une prime ou une commission plus ou moins forte en ce marché.

Ostensiblement, Jean de Luxembourg émargea seul à la caisse maudite. Moyennant dix mille livres payées comptant, il céda Jeanne à Pierre Cauchon.

À celui-ci, Winchester ne ménageait ni l'or, ni les honneurs, ni les promesses.

Des reçus, signés de la main du traître, prouvent qu'il a touché plus de cent mille francs pour ses vacations personnelles au procès.

Aussi travailla-t-il avec zèle à satisfaire le pourvoyeur de sa cupidité et de son ambition.

« Soyez tranquille, dit-il à Winchester, je vous ferai belle procédure. »

En effet, il commença par recruter, pour composer son tribunal, tout ce que le clergé renfermait d'ambitieux éhontés, d'intrigants sans scrupules et de prêtres inféodés au vieux parti des Templiers. Cette première catégorie de juges forma l'assise inébranlable de ce tribunal ou plutôt de ce Sanhédrin. Jean Beaupère, Thomas de Courcelles, Gérard Feuillet, Nicole Midy, Pierre Morice, Jacques de Touraine, tous délégués de l'Université de Paris, furent, avec Cauchon, les grands meneurs officiels du procès.

On les doubla des clercs qui désiraient beaux emplois et beaux bénéfices et que l'on solda, de plus, à beaux deniers comptants, puis des timides que l'on menaça afin qu'ils consentissent à faire nombre et à noyer dans leur masse, inoffensive et relativement honnête, tous les coquins.

La cupidité et la crainte, éternels ressorts des mauvaises actions, furent exploités contre Jeanne et contre l'Église qu'elle défendit jusqu'à la mort.

Cauchon avait éloigné, dès le début, ceux qu'il croyait aptes à conseiller et à défendre Jeanne.

Quand le procès fut commencé, maistre Jehan Lohier, célèbre clerc normand, vint à Rouen, et l'évêque de Beauvais, croyant pouvoir compter sur son approbation, lui communiqua les procès-verbaux des séances.

Quand Jehan Lohier les eut examinés, il déclara sur faits et articles et en déduisant toutes ses raisons que la procédure était illégale.

Sur ce, Pierre Cauchon, très courroucé, réunit ses plus dévoués acolytes : Jacques de Touraine, Nicole Midy, Pierre Morice, Loyseleur et Thomas de Courcelles, et leur dit : Voilà Lohier qui nous veut bailler belles interlocutoires en notre procès ! Il veut tout calomnier et dit qu'il ne vaut rien ! Qui voudrait le croire devrait tout recommencer. Mais on voit bien de quel pied il cloche. Par Saint Jehan, de ces avis nous ne ferons rien et continuerons notre procès comme nous gavons commencé !

Maistre Guillaume Mancho, chanoine de l'Église Nostre Dame de Rouen et curé de Saint Nicolas le Painncteur, qui raconte ce fait curieux, ajoute : « Cela se passait le Samedi de relevée en Carême ; le lendemain matin, je rencontrai Jehan Lohier à Nostre Dame et lui demandai ce qu'il lui semblait du procès de ladite Jehanne ; il me répondit : "Vous voyez la manière dont ils procèdent. Ils la prendront s'ils peuvent par ses paroles, c'est assavoir ès assertions où elle dit : *Je scay de certain* ce qui touche les apparitions ; mais si elle disait : *Il me semble* pour icelles paroles *Je scay de certain*, il m'est advis qu'il n'est homme qui la pût condamner. Mais ils procèdent plus par haine que autrement et pour ceste cause je ne me tiendrai plus ici, car je n'y veux plus être." Et de faict, il a toujours demeuré depuis en cour de Rome et y est mort doyen de rote. »

Les partisans de Jeanne, impuissants à la sauver, allaient préparer sa réhabilitation et s'ils se rendaient à Rome, c'était certainement pour y réunir et déposer les pièces que mettront au jour, sans nul doute, le procès de canonisation.

Le procès qui aboutit à la condamnation de la Pucelle à Rouen fut la revanche solennelle de celui que Philippe le Bel avait fait jadis aux Templiers.

Jacques de Molay, le grand Maître du Temple, avait été brûlé ; Winchester voulut que Jeanne, champion hardi de la Royauté et du Pape, le fût aussi.

Toutes les ruses, toutes les subtilités, toutes les trahisons même furent employées pour amener Jeanne à trahir son parti, à désigner matériellement ses *voix*, à divulguer le nom du *roi du Ciel*. Tout fut inutile. Comme à Poitiers, Jeanne répondit *de grande manière* ; elle déconcerta les clercs par la finesse de ses reparties, par sa bonne humeur invincible et aussi, il faut bien le reconnaître, par l'aristocratique dédain et la dignité méprisante de ses réponses.

Il y a des séances vraiment renversantes dans ce procès de Rouen. Parfois la jeune fille accusée se transforme soudain en juge sévère ; elle ne répond plus, elle objurgue et, au lieu de se défendre, elle menace.

« Vous, évêque de Beauvais, affirmait-elle, vous dites que vous êtes mon juge, mais prenez bien garde à ce que vous faites car en vérité *vous courez gros risque de l'âme et du corps*.

Et ce n'était point là une menace vaine. Jeanne savait qu'elle serait vengée et vengée d'une façon terrible si on osait attenter à ses jours.

Pierre Cauchon, tout puissant qu'il fût, n'était pas seul maître à Rouen parce que Winchester, malgré son omnipotence apparente, n'était pas seul maître à Londres.

Sans la trahison irréparable du faible Charles VII, les barons anglais fussent intervenus ostensiblement pour sauver leur messagère ; mais que faire contre l'inertie de l'être qui rompait une alliance comme celle qu'on lui avait expliquée à Chinon ?

Que faire pour la France vendue aux Lancastres par La Trémoïlle ?

Que faire de la France, incarnée dans la pâle figure d'un Roi gouverné par une Catherine de l'Île Bouchard ?

Que faire par la France qui n'avait pas su filer pour la rançon de Jeanne d'Arc comme elle l'avait fait jadis pour la rançon de du Guesclin ?

Rien !!! Il n'y avait rien à faire !! Dieu retirait la main puissante qui s'était tendue vers le Roi. Toute sa miséricorde et toute sa complaisance se concentraient sur l'Élue qui souffrait sans se plaindre et qui excusait encore, pendant ces heures de tortures et d'angoisses, ceux qui n'avaient pas su la comprendre et même ceux qui l'avaient livrée.

« Pardonnez-leur, pardonnez-leur, car ils ne savent ce qu'ils font, avait dit le Christ expirant en faveur de ses bourreaux.

« Je ne rends personne responsable de mes actes, ni de mes paroles, ni mon Roi, ni d'autres, affirma Jeanne ; s'il y a quelque faute, c'est moi qui l'ai commise et je vous ose bien jurer et dire, sous peine de ma vie, que nul mieux que mon Roi n'aime la foi et l'Église. »

Jeanne à Rouen a une attitude tellement surprenante, tellement sublime qu'on se prendrait à douter de la réalité de ses réponses, presqu'altières dans leur simplicité, si l'on ne voyait l'humanité reprendre ses droits et sa faiblesse dans le moment de défaillance qui suivit le déploiement de cette énergie presque surnaturelle et de ce génie quasi surhumain chez une jeune fille de cet âge.

Il faudrait pouvoir suivre en détail les phases si intéressantes de ce curieux procès de Rouen qui est, pour ainsi dire, celui du Monde ancien et du Monde moderne, incarnés l'un et l'autre dans la radieuse et rayonnante figure de Jeanne.

Mais il y faudrait consacrer un volume, car chaque phrase, chaque mot même ont une portée et une signification mystérieuses.

Nous avons déjà donné au cours de cet ouvrage beaucoup d'explications au sujet des sublimes réponses de l'héroïne ; cependant nous ne résistons pas au désir de signaler encore quelques-unes des particularités les plus frappantes des pièces officielles que les siècles nous ont transmises comme testament de la sainte héroïne qui mourut martyre de sa foi religieuse et de son ardent amour pour la Patrie.

« De par l'obligation de notre ministère, en vue de la conservation et de l'exaltation de la foi catholique, avec la bienveillante assistance de Jésus-Christ *dont la cause est en jeu*, écrit Pierre Cauchon en son premier réquisitoire, nous avons avant tout prévenu la susdite Jeanne, comparaissant pour lors devant nous, et l'avons, *en tout esprit de charité*, requise de nous bien dire la vérité pleine sur ces choses à propos desquelles nous la comptons interroger et cela sans chercher ni subterfuges, ni malices dans la confession de la vérité.

« Ensuite, en vertu de notre ministère, nous avons requis juridiquement la même Jeanne d'avoir à prêter serment dans la forme consacrée, et en touchant les Saints Évangiles.

« Jeanne a répondu à cela de la façon suivante :

« Je ne sais sur quelles choses vous me voulez interroger. Peut-être pourrez-vous me demander telles choses que je ne vous dirai pas. »

« Mais comme nous lui disions : Vous jurerez de dire la vérité sur les points qui vous seront demandés concernant la foi et que vous savez.

« De nouveau elle répondit qu'en ce qui avait trait aux révélations faites à son Roi de la part de Dieu, jamais elle ne les ferait connaître à personne, dût-on lui couper la tête, parce qu'elle avait eu cela par des visions ou *par un avis secret donné en son particulier* de peur qu'elle ne le révélât à qui que ce fût. »

« À plusieurs reprises, nous, évêque précité, avons averti et requis la même Jeanne de prêter serment de dire la vérité.

« À la fin, Jeanne, fléchissant les genoux, et les deux mains posées sur le Saint Missel, jura de dire la vérité sur ce qui lui serait demandé concernant les points en matière de foi, *sous réserve de se taire sur les points sus indiqués, c'est-à-dire les révélations à elle faites.* »

Cette réserve exigée par Jeanne est d'autant plus curieuse qu'elle montre clairement que la pieuse jeune fille distingue avec soin ce qui concerne ses voix de ce qui concerne sa foi ; elle ne confond pas du tout, par conséquent, la Politique avec la Religion.

Après avoir été interrogée sur son nom, sa famille et son pays, Jeanne déclare *ne point savoir* son surnom et *ignorer* son âge exact.

Puis, requise de dire le *Pater noster*, elle répond à l'évêque de Beauvais : « Si vous me voulez entendre en confession, je vous le dirai volontiers. »

Aux demandes réitérées que Pierre Cauchon lui fit à cet égard, Jeanne répondit invariablement qu'elle se refusait à réciter le *Pater Noster* à moins que ce ne fût pendant une confession.

Jusqu'ici, en rapportant ce fait singulier, les historiens ont attribué le refus catégorique de l'héroïne au désir qu'elle éprouvait de recevoir, fut ce même par l'évêque de Beauvais, son pire ennemi, le Sacrement de Pénitence.

C'est une erreur ! Jeanne était trop pure et trop sainte, trop assurée d'aller, un jour, en Paradis, pour insister d'une façon si formelle simplement dans le but d'avoir l'absolution de fautes imaginaires.

Jeanne n'était ni superstitieuse, ni en proie aux scrupules puérils.

Mais elle savait que sa manière habituelle de réciter le *Pater noster* était susceptible de mettre son juge sur la piste de la vraie conspiration dont elle était l'incarnation vivante et elle ne voulait pas lui révéler publiquement ce signe de son affiliation franciscaine sans que le prélat se trouvât lié préalablement par l'inviolable secret que le Prêtre doit garder de la Confession à lui confiée par un fidèle de l'Église.

Ce *Pater noster*, Jeanne le récitait en gallo-franc qui était alors l'idiome populaire (*idioma gallica*) du Barrois et de la Lorraine. En voici le texte et la traduction [156] :

Fater unser du pist in himilum
Kauuit si namo dina
Pithname rihhi din ;
Uu esa din nuillo
Sama so in himeleist
Sama in erdu
Pilipi nuzas ennizzagam
Kip una noga nuanc na
Enti flar uns unstro sculdi,
Sama so unir flazzamos
Uns rem scolom
Enti ni princ unsih
In in chorunka ;
Uzzam Kaneri unsich
Fona allen sunton
Kalifanen, enti antunratem
Enti cumfrichem

Père notre tu es dans les Cieux,
Sanctifié soit nom tien ;
Que vienne royaume tien.
Soit tienne volonté
Semblable dans le Ciel
Semblable en la Terre vierge [157].
Manne notre quotidienne

Donne-nous aujourd'hui
Et remets-nous nos dettes
Ainsi comme nous remettons
À nos débiteurs
Et ne nous conduis pas
Dedans la tentation
Mais délivre-nous
de tous péchés
passés, et présents
et futurs.

Jeanne, on n'en peut douter, récitait cette prière, ainsi que tout chrétien le devrait faire, en en comprenant la portée sociale, économique et religieuse comme la comprenaient alors les Franciscains.

En quelques mots expliquons-la :

Demander que le règne paternel de Dieu advienne semblable au Ciel et en la Terre, c'est souhaiter que les différentes classes sociales comme les diverses Nations gravitent ici-bas ainsi que les planètes gravitent au firmament, en suivant chacune leur orbe propre sans se froisser, sans se heurter, maintenues qu'elles sont, en leur marche constante et régulière, par une volonté invisible et puissante, mais douce, patiente, intelligente, égale et non capricieuse, omnipotente et despotique.

La gravitation sociale et politique des Peuples sous l'impulsion raisonnée, raisonnante et homogène d'un Sacerdoce supérieur, insaisissable et constamment dévoué au bien de tous, c'est la réalisation parfaite de l'Idéal évangélique, le Règne direct de Jésus-Christ.

Pour que ce règne arrive d'une façon durable, il faut que les Chrétiens en comprennent le mécanisme et la portée. Il faut qu'ils reconstituent les milices mobiles, nomades et désintéressées des hommes qu'on nomma successivement, suivant les temps et les époques : *ovates, ermites* ou *moines mendiants*.

Ces hommes, sans nom propre, généralement morts au monde civil, possédaient, par leur nombre, le don d'ubiquité.
L'ermite était partout ; les ermites nulle part.
L'initiative individuelle du pacifique soldat du Christ ou de l'intrépide voyageur de Dieu doubla, pendant des siècles, la collectivité conventuelle qui avait aussi, dans l'assolement des masses humaines, son importance et son utilité.
Il serait trop long d'expliquer ici en détail ce mécanisme merveilleux de l'économique chrétienne que bien peu, cependant, connaissent et apprécient [158].
Disons seulement que le banquier des pauvres : l'ovate, l'ermite ou le moine, était toujours à même de remettre aux catholiques le montant des créances que ceux-ci avaient consenti à supprimer afin d'exonérer leurs frères des dettes qu'ils avaient contractées envers eux.
Les prêts se faisaient ainsi de chrétien à chrétien et l'on évitait l'usure juive, les voleries Templières et les spéculations désastreuses de l'Israël cosmopolite qui guettait alors inutilement le Celte pour le vaincre et le supplanter.
Aussi priait-on fréquemment Dieu de ne pas conduire ses serviteurs dans les lieux de tentation ; on suppliait le Très-Haut de faire bien comprendre aux fidèles les pièges, les malices diaboliques des fourbes qui, sans cesse et par tous les moyens, essayaient d'amener les chrétiens à abandonner volontairement leur vie simple et laborieuse mais garantie et très heureuse pour courir tous les risques de la vie spéculative, spéculatrice et aléatoire que créent l'amour du luxe et des plaisirs.
« Vive labeur ! » disait Jeanne d'Arc pour résumer d'un mot superbe tout l'idéal des bons chrétiens.
« Jouissez ! jouissez ! *Beati possidentes* ! » Bienheureux les riches, clament de nos jours les tentateurs, postés en tous les sentiers de France, pour montrer à nos paysans, à nos ouvriers éblouis, le mirage trompeur d'une vie sans travail.

« Je te donnerai cela si, te prosternant, tu m'adores ! » murmurent ensuite les Satans au Celte naïf qui les écoute.

Et voilà le Français quittant foyer, amis, famille, abandonnant le sol natal pour l'asphalte artificiel des villes ; il fuit l'Église, il court au cabaret ! Le tour est joué ! Israël triomphe ! Le Templier rit sous cape, et l'Anglais se frotte les mains.

Encore une population qui sera tôt expropriée, se disent, avec une joie féroce, les hypocrites supplanteurs.

Et le Peuple, en effet, n'a plus bientôt ni pain, ni terre, à moins qu'il ne revienne d'un bond hardi vers ses traditions de race et ses instincts moraux et religieux.

Ce bond, le Peuple français le fit soudain avec Jeanne d'Arc et il le fera encore, nous l'espérons, dès qu'il aura compris ce que Jeanne devait faire et ce qu'elle a voulu.

Quand s'opérera de nouveau l'alliance unanime des femmes françaises dans un même élan patriotique, dans un même but supérieur, quand toutes travailleront à la conservation et à la préservation de la Race, alors les *voix* retrouveront leur langage insinuant non seulement auprès des grands, mais aussi auprès des petits et des humbles.

L'union des dames *damées*, des dames *faées* et des *bergères*, c'est-à-dire des grandes dames, des petites dames et des femmes de labeur, reconstituera le grand parti national et vraiment fédéraliste des Celtes.

Discrètes, *fées* et paysannes travailleront chacune en leur monde, sur leur terrain et de concert à la Paix universelle des Peuples, au salut de la Race et au triomphe définitif de l'Église et de Jésus-Christ.

Alors, comme au XVe siècle, les saintes prendront corps et parleront clairement à leurs Élues. Les fées, prévenues par la triste fin de leur émissaire Claude, veilleront à ne plus permettre que leur représentante visible se laisse entraîner et séduire par des Catherine de l'Île Bouchard !

La mission superbe que Jeanne a commencée est à reprendre, il faut que la Femme française en pénètre le sens supérieur et profond afin de ne plus manquer, dans la lutte, peut-être prochaine, de vaincre sûrement l'Ennemi.

Écoutons donc encore Jeanne parlant à ses juges et voyons-la marcher, courageuse et sublime, en ce chemin de Croix que l'Histoire appelle le Procès de Rouen.

C'est là que réellement la Pucelle fut grande, la Femme luttant alors contre tous les ennemis visibles et cachés de l'Église du Christ !

Jeanne avait à défendre trois choses : l'Église, la Société, la Femme.

Aussi avoua-t-elle une triple inspiration : Dieu, Saint Michel et ses *voix*.

Ses *voix* ! c'est ainsi que, finement, elle désigne les influences féminines qui l'ont impulsée.

Ses *voix* ! ses saintes lui parlent le langage vulgaire (*idioma gallicum*) qu'elle comprend si bien ; Saint Michel, qui ne cause jamais familièrement avec elle, parle le langage des anges, la langue des diplomates et des ambassadeurs.

Quant à Dieu, il parle à son âme par des inspirations qui permettent à la jeune fille de confondre, par la hardiesse et le bon sens de ses réponses, toute la science des docteurs.

Jeanne déconcerta toujours les clercs par sa franchise. Ce qui la distingua des autres mystiques inspirées : c'est son grand sens pratique. Jamais elle ne brava inutilement un danger ; toujours elle conjura le péril par des moyens humains s'il en existait ; elle ne négligeait aucune précaution pour assurer le succès ou la reprise de sa mission.

Elle avait lutté péniblement pour vaincre, elle avait suivi un plan précis pour triompher. Vis-à-vis des capitaines, elle s'était dressée comme une *volonté* tenace et précise ; devant le Roi elle avait affirmé une intelligence consciente et active. Pour le peuple, elle avait témoigné une mansuétude et une bonté exquises, mais elle n'avait point tergiversé dès qu'il s'était agi de maintenir dans le camp, dont elle était généralissime, la stricte morale chrétienne, le respect de Dieu et du prochain.

Elle avait marché droit au but, sans s'inquiéter de savoir si, personnellement, elle trouverait, sur sa route le Thabor ou le Calvaire.

« Si vous étiez mieux informés de moi, vous ne désireriez qu'une chose : c'est de me voir hors de vos mains », affirma-t-elle à ses juges de Rouen.

Jeanne n'ignorait pas, en effet, quelle formidable partie politique se jouait à huis-clos dans la citadelle normande où elle était prisonnière. Centre vivant d'une des plus savantes combinaisons diplomatiques qui aient été conçues depuis le début de l'Histoire, elle savait que de ses réponses dépendaient non seulement le salut de la France, mais l'avenir de l'Angleterre et la paix de la Chrétienté.

Aussi l'héroïque jeune fille, qui n'avait jamais oublié l'art d'écouter beaucoup et de parler le moins possible, eut-elle constamment la présence d'esprit de s'arrêter à temps dans les révélations qu'elle ne devait point faire.

Nul, parmi ses juges, ne soupçonna, avant sa mort, ce qu'elle était et ce qu'elle avait réellement accompli. Quand on suit ses réponses relatives à ses *voix*, on sent cependant très bien ce qu'elle a voulu dire.

« Je reconnais les saintes, affirme-t-elle, par le salut qu'elles me font. – Elles ne parlent point anglais parce qu'elles ne sont pas du parti des Anglais. – Je les vois de mes yeux corporels comme je vous vois.

Évidemment Jeanne, par ces paroles, ne désignait pas des êtres purement immatériels, d'autant qu'elle se plaignait de ne pas très clairement entendre leurs avis, dans sa prison, à cause du tumulte que faisaient ses gardiens et les autres détenus.

Ma *voix* n'est pas dans ma chambre, mais elle est sûrement au château, affirmait-elle.

Mme de Bedford, en effet, la visitait, l'encourageait, la consolait. En épousant le Régent d'Angleterre, Anne de Bourgogne n'avait oublié ni les instructions de sa mère, ni les avis de Colette de Corbie.

Aussi n'abandonna-t-elle point Jeanne quand celle-ci fut captive à Rouen.

Quelque malins et subtils qu'ils fussent, les juges ne soupçonnèrent pas l'angélique intervention de la Duchesse, quoiqu'avec sa franchise et sa bravoure habituelles Jeanne les eût mis sur la voie de cette découverte importante.

Mais cette explication était si simple que ces clercs hypocrites et retors ne l'admirent pas.

Habitués aux controverses scolastiques et aux arguties minutieuses de la casuistique, ils ne prirent jamais dans leur sens littéral les assertions de Jeanne.

Ses inspirateurs avaient prévenu l'héroïne ; elle abuserait sûrement chacun par sa franchise. Elle crut ses *voix* qui lui commandaient de parler hardiment et elle eut raison. Les *Anges* et les *saintes* de l'Église connaissaient à merveille l'entêtement des clercs dans leurs préjugés étroits. Ils savaient que la superstition tenait lieu à ces hommes de la foi qu'ils avaient perdue. On devient toujours *crédule* quand on cesse d'être *croyant*.

Aussi les interrogatoires dont ces juges, à l'esprit mesquin, accablent Jeanne, sont-ils fastidieux à suivre.

On comprend en les lisant la fine ironie de la spirituelle jeune fille lorsque, interrogée pour savoir par quelles paroles elle présente à Dieu sa requête, afin d'obtenir conseil et secours, elle répond qu'elle a recours à ces paroles en français : « Très-doulx Dieu, *en l'honneur de votre saincte Passion*, je vous requiers, *si vous me aimez, que vous me révéliez comment je dois répondre à ces gens d'Église*. Je sais bien, quant à l'habit comment je l'ay pris, mais je ne sais point par quelle manière je le dois lessier. Pour ce, plaise à vous à moy le enseigner. »

Jeanne ne pouvait vraiment dire plus clairement à ces juges combien ils l'ennuyaient. Toutes leurs minuties eussent fait damner un ange, Jeanne eut cependant la force et le courage de le supporter patiemment.

N'ayant point sans doute compris la fine ironie de l'accusée, l'évêque de Beauvais lui demanda de lui dire séance tenante les nouvelles que les *voix* avaient révélées à son sujet, à lui, évêque. – Je vous le dirai à part ! répliqua-t-elle sans se déconcerter.

Quand elle était embarrassée ou ne voulait point répondre, craignant de compromettre ses inspirateurs, elle demandait un délai ou ordonnait de passer outre et, chose curieuse et digne de remarque, les juges obéissaient à ses injonctions, ils attendaient ou passaient à d'autres questions.

Il est aussi à remarquer que, malgré ses réticences, en dépit de son attitude souvent hautaine et nonobstant le mauvais vouloir de ses juges à son égard, Jeanne ne fut point mise à la torture, malgré la proposition qui en fut faite par les plus zélés acolytes de Pierre Cauchon.

Quand on l'en menaça, Jeanne répondit hardiment :

« Vous ne ferez jamais rien de pareil à ce que vous dites à mon encontre, car il vous en adviendrait mal à l'âme et au corps. »

Les juges reculèrent-ils devant ces mystérieuses menaces d'une accusée qui semblait être seule et abandonnée de tous ? Obéirent-ils à des influences secrètes mais fort puissantes comme celles d'Anne de Bedford ou de quelque haut baron anglais ? Il est assez difficile de le dire, mais il est certain que les instruments de torture qu'on avait disposés spécialement dans une salle ne servirent pas.

« Là étaient présents, raconte Pierre Cauchon lui-même, les officiers inquisitoriaux qui, sur notre ordre, se tenaient prêts à lui appliquer la *question* pour la ramener à la voie et à la connaissance de la vérité, afin de lui procurer le salut de son âme et de son corps en lui prouvant que par ses machinations (*adinventiones*) mensongères elle s'exposait à de sérieux dangers. » À cela Jeanne répondit de la façon suivante : « Vraiment, quand même vous vous résoudriez à me faire écarteler les membres jusqu'à faire sortir l'âme de mon corps, je ne vous dirais rien autre chose ; et si, sur cela, je vous disais quelque chose, je déclarerais toujours, ensuite, que c'est par l'emploi de la force que vous m'avez fait parler. »

« *Sur ce, vu l'endurcissement de son esprit et le genre de ses réponses, nous, juges*, continue Pierre Cauchon, *craignant que les rudes épreuves de torture lui fussent à peu de profit*, nous avons sursis à la lui appliquer jusqu'à plus ample informé.

« En fin de compte et *toutes considérations prises que ce n'était pas la peine et qu'il n'était point expédient de la soumettre à la torture, nous avons décidé que nous passerions outre.* »

La volonté et les réponses de Jeanne avaient-elles seules fait reculer les juges ? Ne faut-il pas, au contraire, voir en cette décision une preuve manifeste que l'évêque de Beauvais n'était pas plus seul maître à Rouen, que Winchester n'était pas seul maître à Londres et que les hauts barons anglais ni les moines celtiques n'avaient abandonné, entièrement, leur intrépide porte-étendard.

Cependant, à la fin, trompée, enlacée, fatiguée par toute la procédure pointilleuse des juges hypocrites et retors, Jeanne consentit à abjurer !

« Prends bien garde, lui avait dit quelques jours plus tôt Mme de Bedford, on cherche à te tromper et l'on y parviendra. »

Jeanne se méfiait, mais pouvait-elle croire ses juges d'aussi mauvaise foi ? Elle avait écouté attentivement le long discours d'un clerc sur la place de Saint Ouen, elle avait pesé chacun des mots de la courte formule qu'on lui demandait de signer pour mettre fin à ce procès dont elle était si lasse et à toutes les horreurs de sa captivité.

Rien ne lui semblait bien sérieux dans cette formule anodine et elle accepta la plume que lui tendait Laurent Calot, secrétaire officiel des Anglais. Celui-ci, comme un habile faussaire, avait substitué à la cédule du greffier Massieu une autre cédule plus longue, plus explicite et plus compromettante qu'il tenait cachée dans sa manche et que Cauchon et Winchester avaient eux-mêmes rédigée.

Jeanne, souriant de cet ironique sourire qui exaspérait tant les Anglais, traça un rond au bas de la feuille sans s'être aperçue de la substitution.

– Ce n'est pas suffisant, dit Calot. Signez !

– Je ne sais pas écrire.

– N'importe !

Jeanne alors fit une croix.

Impatienté, le secrétaire lui prit la main, l'obligeant à tracer son nom en toutes lettres.

« Elle a abjuré, dit Cauchon en se penchant à l'oreille de Winchester, que faut-il faire ?

– L'admettre à pénitence », répliqua celui-ci.

L'évêque de Beauvais lut alors une sentence condamnant l'accusée à la prison perpétuelle, au pain de douleur et à l'eau d'angoisse.

Puis, comme Jeanne descendait de l'échafaud, croyant être menée aux prisons d'église.

« Reconduisez-la où vous l'avez prise », ordonna l'évoque de Beauvais.

Et lorsqu'elle eut disparu, il fit joyeusement de la main un geste amical aux Anglais qui encombraient la place et qui se trouvaient désappointés par cette issue imprévue du procès.

« Farewell ! farewell ! adieu ! adieu, leur disait-il, faites bonne chère, nous la tenons, elle ne nous échappera plus ! »

Tandis qu'il s'éloignait, suivi de Winchester riant sous cape du succès de l'odieuse manœuvre qu'il avait imaginée pour mettre Jeanne dans son tort et lui faire ternir elle-même sa vie sans tache, l'héroïne pleurait seule dans sa prison.

Elle sentait vaguement, par les dernières paroles de Cauchon, qu'elle avait du être victime de quelque indigne guet-apens.

Soudain elle aperçut la lumière mystérieuse qui précédait toujours la duchesse de Bedford.

« Ô Jeanne, qu'as-tu fait ? dit celle-ci d'un ton de douloureux reproche.

– Que m'a-t-on fait faire ? » répliqua avec angoisse l'héroïne en pleurs.

Doucement, très doucement alors, la *voix*, dit plus tard Jeanne, « m'expliqua comment on m'avait fait signer par fraude une pièce par laquelle je déclarais mensongères mes visions et où j'abjurais ma mission divine ».

– Que faire ? que faire maintenant ! s'écria la jeune fille avec douleur.

La *voix* reprit : « Il faut rétracter ce que tu n'as ni pu, ni voulu dire. »

Jeanne n'hésita point : rétracter c'était se condamner à mort ! Mais les *sainctes* l'avaient affirmé, à ce prix la France pourrait vivre, à ce prix seulement l'Église serait sauvée.

Cauchon et Winchester avaient compté sans cette indignation de la sainte jeune fille ; ils ne croyaient même pas qu'elle pût se produire.

Ils avaient espéré qu'elle ne s'apercevrait jamais de la fraude opérée en l'abjuration, mais ils comptaient bien cependant qu'elle serait relapse en reprenant son habit d'homme, simplement parce qu'on ne lui en laisserait point d'autre sous la main.

Ils avaient secrètement tout disposé pour cette comédie infâme et le procès de réhabilitation a mis au jour tous les détails de cette dernière trahison.

Jeanne, le Dimanche suivant, ayant dit à ses gardiens :
« Déferrez-moi que je me lève », l'un d'eux prit cyniquement les habits de femme placés auprès du lit et, sortant d'un sac son vêtement d'homme, il le jeta sans rien dire à la Pucelle étonnée.
« Cet habit m'est défendu, vous le savez bien, lui dit-elle. Sans faute, je ne le prendrai point. »
Fidèles à leur consigne, les geôliers se rirent des réclamations de Jeanne et ne lui répondirent même pas.
Elle resta au lit. Mais, vers midi, étant forcée de se lever, elle dut prendre les seuls habits qui fussent à sa portée.
Le complot infernal venait de réussir.
Par la fausse cédule qu'on lui avait fait signer, Jeanne s'était déclarée elle-même hérétique. Ses juges hypocrites avaient pardonné ; mais elle était relapse, il n'y avait donc plus de pardon possible, la miséricorde eût été faiblesse ! Au nom de Dieu, il fallait agir et frapper !
Prévenus par les gardiens, Cauchon et ses assesseurs étaient accourus pour s'assurer du fait.
« Pourquoi avez-vous repris cet habit ? » dit sévèrement l'évoque de Beauvais en s'approchant de l'héroïne.
Cauchon s'attendait à des excuses et à des gémissements ; mais il ne savait point que Jeanne, au fond de l'âme, était presque joyeuse de cet incident qui lui permettait la rétractation de la cédule qu'elle gémissait si fort d'avoir signée.
« Je l'ai repris parce qu'il est plus honnête que j'aie un habit d'homme puisque je vis parmi les hommes et qu'on ne m'a point tenu la promesse que vous m'aviez faite de me mettre en vos prisons, répondit-elle.
– Oui ou non, avez-vous juré de ne point porter cet habit ? reprit Cauchon avec colère.
– J'aime mieux mourir que de rester ici, répliqua-t-elle, et Dieu m'a fait savoir que c'est grand-pitié que j'ai abjuré.
– Vous avez entendu vos *voix* depuis jeudi ?

– Oui.

– Que vous ont-elles dit ?

– Que vous m'aviez trompée en me faisant signer cet acte où je déclare que Dieu ne m'a point envoyée. Je n'ai jamais entendu révoquer en doute ma mission. Si j'ai révoqué cela, j'ai menti. Quelque chose que l'on m'ait fait renier, je déclare formellement que je n'ai agi que pour la gloire de Dieu et que, de mes bons faits, je m'attends à Nostre Seigneur.

– Croyez-vous donc que vos *voix* fussent réellement sainte Catherine et sainte Marguerite ?

– Oui ! *elles viennent de la part de Dieu* et si je voyais le feu, je ne vous en dirais pas autre chose. »

En marge des manuscrits authentiques, on lit en regard de ce texte : « *responsio mortifera* », réponse mortelle.

Jeanne s'était ressaisie, Jeanne s'était reconquise. Elle avait effacé bravement jusqu'à la moindre trace de sa faiblesse et elle allait mourir, la noble vierge, le front illuminé de la double auréole de sa pureté et de sa foi.

Mme de Bedford n'avait pas voulu qu'un doute pût planer sur la vertu de celle qu'elle était désormais impuissante à sauver de la mort.

Elle obtint de son époux que l'on fît l'enquête qui aboutit à la reconnaissance officielle de l'indéniable virginité de la martyre devant le tribunal de ses bourreaux.

C'était la plus grande preuve d'amour et de respect que pouvait encore donner à Jeanne la fille de Marguerite de Bourgogne, l'élève de Colette de Corbie.

Elle prévoyait toutes les calomnies, toutes les injures que les Anglais de Winchester et les clercs de Pierre Cauchon allaient essayer de répandre sur la mémoire de la Pucelle. Elle en avait tant entendu de ces paroles obscènes qui déchiraient ses oreilles et son cœur !

Eh bien ! les reptiles malfaisants pourront baver toute leur haine ; leur venin sera impuissant contre le témoignage de Mme de Bedford.

Elle paiera de sa vie cette audace, la patriote et angélique duchesse ! Car Winchester l'a devinée, quoique Jeanne ne l'ait point trahie. Et comme tous ceux qui ont gêné la politique du farouche et hautain cardinal, Anne de Bedford disparaîtra moins d'un an après Jeanne d'Arc. Mais son œuvre est accomplie. Jeanne sera sainte un jour puisqu'elle est restée vierge ; le démon n'ayant pu ni tromper ni corrompre l'héroïque porte-étendard des moines celtiques, la messagère du *Roi des Cieux*.

XVI

AUTOUR DU BÛCHER DE JEANNE. – AMENDE HONORABLE DES ANGLAIS.

« La Sainte du Moyen Âge que le Moyen Âge a rejetée doit devenir celle des Temps modernes », a dit Quicherat.

Rien n'est plus juste. Autour du bûcher de Rouen, les Anglais, frappés de stupeur par l'attitude sublime de la martyre, ont reconnu solennellement, presque malgré eux, la haute mission universelle de Jeanne.

« Malheur ! malheur ! nous sommes tous perdus, nous avons brûlé LA SAINTE ! dit avec effroi Tressart, secrétaire du roi d'Angleterre, en voyant s'élever vers le Ciel une colombe blanche au moment où il apportait au bûcher le fagot que, dans sa haine farouche, il avait juré d'y jeter.

« Jhésus ! Jhésus ! » s'écriait en cet instant Jeanne en un suprême sanglot d'agonie.

En entendant ce dernier mot de leur victime, les juges aussi tressaillirent d'épouvante.

C'était bien LA SAINTE que l'on avait brûlée, traîtreusement, sans condamnation officielle.

La Sainte ! c'est-à-dire l'incarnation vivante de l'Église celtique autant que celle de la France Gauloise !

Tressart ne s'était pas trompé ; c'était bien le signe de la grande conspiration franciscaine qu'il avait vu planer au-dessus des flammes. Sa vision n'était pas seulement l'hallucination d'un esprit superstitieux ; c'était une réalité.

Les *saintes* et les *anges* de la Terre n'avaient pas plus abandonné Jeanne que les anges et les saints du Ciel.

Les franciscains et franciscaines qui n'avaient point renié la *Stricte observance* de la Règle que prêchait, par ses exemples et ses actes, l'intrépide Colette de Corbie, étaient venus en grand nombre à Rouen.

Impuissants, désarmés par la défection déplorable d'une partie des fraternités entraînée dans le mouvement dont frère Richard, Catherine de La Rochelle et d'autres instruments plus ou moins aveugles de la politique anglaise étaient les représentants visibles, les fidèles partisans du *Roi du Ciel* s'étaient groupés autour de la martyre de Rouen.

Ils ne pouvaient point la sauver, mais ils la pouvaient consoler ; ils le firent.

Frère Ysambert de la Pierre, moine augustin d'un couvent de Rouen, fut leur messager auprès de la Pucelle.

Ce fut lui qui conseilla à la jeune fille de se soumettre au Concile général comme elle s'était déjà soumise, spontanément, au jugement du Pape en requérant d'être menée à lui.

Frère Ysambert qui, d'après ce que raconte le dominicain Guillaume Duval, allait généralement s'asseoir auprès de la Pucelle quand on l'interrogeait, l'avertissait souvent de ce qu'elle devait dire, en la *boutant* ou faisant autre signe.

Il s'attira, en maintes circonstances, de sanglants reproches de la part des juges et des capitaines anglais. Mais rien ne put l'empêcher d'accomplir, jusqu'au bout, la mission dont les tertiaires franciscains l'avaient chargé.

Le comte de Warwick, l'ayant assailli un jour de mordantes injures, les deux compagnons d'Ysambert s'enfuirent de peur dans leur couvent, mais lui resta vaillamment à son poste.

« Pourquoi souches-tu ceste méchante en lui faisant tant de signes ? avait dit Warwick avec indignation. Par la mort-Dieu, vilain, si je m'aperçois que tu mettes peines de la délivrer et avertir de son profit, je te ferai jeter en Seine. »

Frère Ysambert avait écouté ces menaces et le lendemain, comme si de rien n'était, il se retrouvait près de Jeanne.

Ce jour-là, il avait expliqué à la jeune fille qu'au concile de Bâle qui était réuni il y avait autant et plus de champions de l'Église universelle qu'il y en avait du parti des Anglais. Celle-ci, ayant ouï ces paroles, s'était écriée : « Ah ! puisqu'en ce lieu sont aucuns de nostre parti, je me soumets au concile de Bâle et requiers d'y être conduite. »

Alors l'évêque de Beauvais, l'interrompant avec colère, dit : « Taisez-vous, de par le Diable ! » et il défendit formellement au notaire d'écrire la soumission que Jeanne venait de faire à haute voix.

Frère Ysambert courut encore, en cette occasion, un grand danger et Pierre Cauchon tenta de l'éloigner à jamais du Consistoire, mais le vice-inquisiteur déclara que, si on inquiétait encore le moine augustin en quoi que ce fût, il se retirerait.

Comme sa présence était indispensable pour la continuation du Procès, force fut bien aux juges de passer outre.

Ysambert de la Pierre, par son intervention hardie, sauva Jeanne du piège infernal qu'on lui avait tendu en lui envoyant comme confesseur, en sa prison, Nycole Loyseleur [159] qui, traîtreusement, feignit d'être envoyé par les franciscains et les moines de France pour la consulter et la soutenir.

Avec Ysambert, maistre Jehan Massieu, curé d'une paroisse de Rouen, et frère Martin l'Advenu, de l'Ordre de Saint-Dominique, protégèrent Jeanne des embûches du démon et des ruses de l'Ennemi.

Jeanne, prévenue, ne dit à Loyseleur que ce qu'elle voulait qu'on sût, ce que ses juges devaient apprendre.

Les trois amis dévoués que les Tertiaires avaient délégués auprès de la martyre lui procurèrent toutes les consolations qu'il leur fût possible de lui donner.

Jehan Massieu raconte que, chargé plusieurs fois de mener l'accusée de sa prison au lieu de la juridiction, il souffrit, à la requête de Jeanne, qu'en passant près de la chapelle elle y fit son oraison.

Jean d'Estivet, surnommé *Benedicite*, promoteur de la cause et âme damnée de Pierre Cauchon, s'en étant aperçu, dit au charitable curé de Rouen : « Truand, qui te fais si hardi de laisser approcher cette p... fille excommuniée de l'Église, sans licence ! Je te ferai mettre en telle tour que tu ne verras lune ni soleil d'ici à un mois, si tu le fais plus ! »

Mais Jehan Massieu ne tint aucun compte de ces menaces, ce que voyant ledit Benedicite, impuissant probablement à les accomplir, se mist plusieurs fois au-devant de l'huis de la chapelle, entre Jehan Massieu et Jeanne, pour empêcher que celle-ci ne fist son oraison devant la dite chapelle. »

Ce qui prouve que beaucoup de religieuses personnes se préoccupaient à Rouen du sort de Jeanne, c'est l'interrogation faite au même Jehan Massieu par le prêtre Eustache Turquetil un jour où le curé, ami de Jeanne, la ramenait en sa prison.

« Que te semble de ses réponses ? Sera-t-elle arse ? demanda le prêtre.

– Jusqu'ici je n'ai vu que bien et honneur en elle, mais je ne sais quelle sera la fin, Dieu le sache ! » répondit Jehan Massieu.

Jean d'Estivet entendit le colloque ; il le rapporta à l'évêque de Beauvais, qui menaça lui-même Jehan Massieu de lui faire boire eau de Seine plus que raison, s'il ne cessait ses dires.

Quoi qu'aient pu faire les diaboliques agents du Temple, les délégués des moines de France n'abandonnèrent point Jeanne.

Quand elle fut condamnée, frère Martin Ladvenu, dominicain du couvent de Saint Jacques à Rouen, vint la confesser et, comme elle requérait de recevoir en viatique le sainct corps de Jhésus Christ, le religieux envoya demander à l'évêque de Beauvais l'autorisation nécessaire pour le lui pouvoir bailler selon son désir.

– Donnez-lui ce qu'elle demande, répondit Pierre Cauchon, mais qu'on porte le Sainct-Sacrement sans pompe, sans cérémonie, ni lumières.

Frère Martin, fort mécontent de cette réponse, se rendit lui-même à l'église voisine, sonna les cloches, fit allumer des cierges et, solennellement, apporta, à celle que les clercs vendus à Winchester abandonnaient et excommuniaient comme hérétique, le saint corps de Nostre-Seigneur, qu'elle reçut avec toutes les marques touchantes d'une vive piété.

Ensuite elle fut menée en la Place du Vieux Marché, affublée d'un mitre sur laquelle ses ennemis avait fait écrire ces mots : « Hérétique, relapse, apostate, ydolâtre. »

Jehan Massieu, frère Martin et frère Ysambert l'accompagnèrent jusqu'à l'échafaud où elle dut subir le long prêche d'un clerc aussi haineux que prolixe.

« Elle l'ouït paisiblement, raconte Jehan Massieu, monstrant grande constance et ferveur de foi tant par les piteuses et dévotes lamentations et invocations à la Saincte et benoiste Trinité comme par celles à la benoiste Vierge Marie et à tous les benoistz Saincts du Paradis ; esquelles dévotions, lamentations et confession de foy, ains que supplications à toutes espèces de gens, tant de son parti que d'autre, que voulussent prier pour elle qui leur pardonnait le mal qu'ils avaient fait, durèrent et continuèrent très long espace de temps.

« Oh ! la brave femme, que n'est-elle Anglaise ! » s'écria en s'éloignant un grand seigneur d'Angleterre touché d'une vive émotion.

Et, pendant ce temps, les juges en silence regardaient le tableau placé sur leur ordre en face de l'échafaud et où étaient écrits ces mots : « *Jehanne qui s'est fait nommer LA PUCELLE n'est rien autre que mentresse, pernicieuse, abbuseresse de peuple, devineresse, superstitieuse, blasphémeresse de Dieu, presumptueuse, malcréant de la foy de Jésus-Christ, vanteresse, ydolâtre, cruelle, dissolue, invocateresse de diables, apostate, schismatique et hérétique,* ce pourquoy elle est rejetée de l'Église et abandonnée au bras séculier. »

Tandis que Jeanne faisait toutes ses dévotes et pieuses lamentations, les capitaines anglais s'impatientèrent.

« Enfin, prêtres, nous ferez vous icy disner ? demandèrent avec arrogance aux juges les principaux chefs d'hommes d'armes.

« Sur ce, sans aucune forme ou signe de jugement, conclut Jehan Massieu, l'envoyèrent au feu en disant au maistre de l'œuvre, c'est-à dire au bourreau : Fais ton office !

« Et, quand elle fut ainsi délaissée de l'Église, je la suivis ; elle fut menée et attachée au poteau du bûcher et je restai près d'elle. À grande dévotion elle demanda la Croix. Ce que oyant un Anglais qui était là présent en fist une de bois au bout d'un bâton qu'il lui bailla et dévotement la reçut et baisa en faisant piteuses lamentations et regnonicions à Dieu nostre Rédempteur qui avait souffert en la Croix dont elle avait le signe et représentation ; puis elle mist icelle croix en son sein, entre sa chair et ses vêtements. »

Frère Ysambert de la Pierre, dont nous avons expliqué précédemment le rôle, raconte aussi que, lorsqu'elle fut près de sa fin, Jeanne le supplia humblement, puisqu'il était à côté d'elle, qu'il allât en l'Église prochaine et qu'il lui apportast la Croix pour la tenir élevée devant ses yeux jusques au pas de la mort.

Le moine obéit à ce dernier désir de la martyre et, lorsqu'il revint « elle était déjà dedans la flambe implorant et invoquant sans cesse l'ayde des Saincts et Sainctes du Paradis ».

Frère Ysambert avait-il reçu l'ordre de montrer à Jeanne comme réconfort suprême la *Colombe blanche* auprès de la Croix ? Laissa-t-il s'échapper de ses mains l'oiseau symbolique ou bien Dieu lui-même guida-t-il son vol vers Jeanne mourante ?

On ne le sait, mais l'anglais Tressart, par sa déclaration si caractéristique, nous montre que l'héroïne, avant de quitter la Terre, eut, au moins, la consolation d'apercevoir le signe franciscain des Tertiaires comme si les *Discrètes*, par un ultime témoignage d'amour, voulaient lui dire : « Pars au Ciel, Fille de Dieu, nous ne t'oublierons pas ! »

Aussi Jeanne expira-t-elle rassurée, confiante. L'avenir reprendrait sa sublime mission.

Les Français, les Anglais finiraient par comprendre qu'elle les avait aimés d'un invincible amour.

C'est ce qui se produit en notre siècle.

« Nulle part en Europe, ainsi que le dit un historien, la divinité de la mission de Jeanne n'est plus profondément sentie et plus profondément proclamée qu'en Angleterre. »

Les descendants de ceux qui l'ont brûlée font à l'envi les plus touchantes amendes honorables à la sainte martyre de Rouen.

Écoutons Robert Steggal nous raconter la mort de Jeanne d'Arc en son beau poème sur l'héroïne, dédié : « *À ses sœurs, les filles de France, pays que son génie a sauvé, que sa mort rend sublime.* »

« Jeanne, écrit-il, n'a point entendu l'impie verdict qui se moque de l'équité ; elle tombe sur ses genoux et prie à haute voix : elle demande au Christ d'avoir pitié de son âme, de la purifier assez pour qu'elle puisse le rencontrer tout à l'heure ; de lui envoyer encore une fois *ses saintes bénies* pour l'assister alors qu'elle va mourir ; de ne pas la juger trop sévèrement si jamais, cédant aux lâches suggestions de la chair, sa langue, désavouant son âme, a nié sa bonté et le prodige de puissance révélé dans ses visions. Elle prie pour sa chère France, pour la France de Clovis, *la terre de la Liberté* !

« Elle demande que sa mort soit pour elle la source d'une nouvelle vie, d'une paix et d'une gloire éternelles !

« Elle prie pour eux, oui pour eux, ses bourreaux, ces vieillards assassins d'une fille en son printemps !

« Après avoir, non par un acte volontaire, mais pour accomplir sa mission divine, malmené ses ennemis, elle implore leur pardon ; et, dans un torrent de larmes, les dernières que ses yeux verseront, elle demande que sa mort ne retombe pas sur eux !

« Mais Dieu est juste et il leur a mesuré leur juste récompense. Trop tard, trop tard, leurs cœurs sont touchés et pleurent dans l'agonie de leur propre forfait. Oui, la plupart de ces juges impitoyables pleurent.

« Lui-même, le plus dur de tous, dont les yeux jusque-là étaient comme un marbre aveugle et insensible, ce démon de l'Enfer, l'évêque de Beauvais pleure et Bedford, et Winchester pleurent ! et beaucoup se détournent pour pleurer sans être vus et ne plus contempler ce douloureux spectacle.

« Ces hommes, changés en démons, redeviennent hommes, pendant que, des hordes de la soldatesque anglaise mêlées à celles de son propre peuple s'élève un puissant soupir qui s'épand au-dessus de la foule en un torrent de lamentations [160].

« Mais parmi les autres [161], un millier de lâches crient :

« – Qu'on en finisse avec elle !...

« Ô Dieu, ils portent leurs rudes mains sur son corps frêle, revêtu à la hâte d'un froc de toile grossière ; ils la traînent avec une fureur de forcenés vers le hideux bûcher, dont la charpente combustible domine tout autour d'elle : ils l'attachent sur l'échafaud avec une chaîne de fer et la voilà seule, debout, une prière sans voix sur ses lèvres lumineuses comme celles d'une sainte en extase.

« Appelez-la, anges du Ciel, que ses yeux tournés en haut ne voient pas le messager de la mort, pâle de honte et de crainte au milieu des fagots qui insensiblement s'amoncellent !

« Ô flammes impures qui vous élancez pour baiser ses blancs pieds nus et étreindre son corps tremblant dans votre embrassement farouche, que le Ciel vous dérobe votre victime !

« Et voyez ! déjà montent les grises spirales compatissantes qui l'étouffent avant cette effroyable étreinte, et la prennent doucement dans leurs molles ondulations et la revêtent d'un nuage d'or, pour que les yeux mortels ne puissent plus la voir !

« Ô Dieu, ce cri perçant qui frappe l'air retentissant et sourd, un long et triste cri demandant le repos...

« Puis des hauteurs du Ciel tombe le suave écho d'une voix d'ange et tout rentre dans le silence [162]. »

Leur forfait accompli, les Anglais eurent peur de ses conséquences.

Jeanne morte leur apparaissait plus grande encore que de son vivant.

Par une enquête très minutieuse qui dura douze jours, ils constatèrent que celle qu'ils avaient fait périr était réellement LA SAINTE, c'est-à-dire la représentante des fraternités franciscaines si nombreuses alors des deux côtés de la Manche.

Redoutant les réclamations et les protestations de toutes sortes qui ne manqueraient pas de les assaillir, non seulement en France, mais dans toute l'Europe, les ennemis de Jeanne tremblèrent.

Ils avaient brûlé LA SAINTE et ils se sentaient perdus !

Les juges ne doutaient plus maintenant qu'un jour l'Église universelle ne désavouât hautement leur procédure ; les clercs savaient bien que le Pape réprouverait leur jugement.

Le cardinal de Winchester, qui partageait leurs craintes, fit signer à son petit neveu Henry VI, alors âgé de dix ans, la lettre dont la teneur suit afin d'assurer, autant que possible, la sécurité des clercs qui avaient condamné Jeanne d'Arc et d'entraver, de son mieux, la réhabilitation éclatante de la Pucelle, réhabilitation que tous prévoyaient.

Voici, du reste, la lettre d'Henry VI :

« Henry, par la grâce de Dieu, Roy de France et d'Angleterre, à tous ceux qui ces présentes lettres verront, salut...

Pource que par adventure aucuns qui pourraient avoir eu les erreurs et maléfices de Jehanne la Pucelle agréables s'efforceraient ou se vouldraient efforcer par hayne, vengeance ou autrement de troubler les vrays jugements de nostre Mère Saincte Église, de traire en cause par devant nostre Saint Père le Pape, le saint Concile général ou autre part les révérends pères en Dieu : vicaire, docteurs, maistres, clercs, promoteur, advocats, Conseillers, notaires ou autres qui se sont entremis au procès d'icelle femme, NOUS, comme protecteur et défenseur de notre sainte foi catholique... PROMECTONS, en parole de Roy, que, s'il advient que quelque personne de quelque estat, dignité, degré de prééminence ou d'autorité qu'ils soient, lesdits juges, docteurs, maîstres, clercs, promoteur, advocats, conseillers, notaires et autres qui ont besoigné, vacqué et entendu audit procès fussent traiz (traduits) à cause dudit procès par devant nostre Saint-Père le Pape, ledit saint Concile général ou les commis et députés d'iceluy nostre Saint Père ou dudit saint Concile : nous aiderons et défendrons, ferons aider et défendre en jugement et dehors, *à nos propre coûts et dépens*, tous lesdits juges, docteurs, maistres, clercs, promoteurs, advocats, conseillers, notaires et autres.

« Si donnons en mandement à tous nos ambassadeurs et messagers tant de notre sang et lignage comme autres qui seraient en cour de Rome pour nos dits royaulmes et à chacun d'eux en particulier que toutefois qu'ils sçauront, auront connaissance ou seront requis que à l'occasion des dessusdits juges, etc., seront choses mises en cause devant notre Saint Père le Pape ou le Saint Concile ils se adjoignent incontinent, pour et en notre nom, à la cause et défense des dessusdits par toutes voies et manières canoniques et juridiques et *requièrent nos subjets* de nos dits royaulmes, estant lors illec et *aussi ceux des Roys, princes et seigneurs à nous alliés et confédérés* qu'ils donnent en ceste matière conseil, faveur aide et assistance, par toutes voies et manières à eux possibles, sans délai ou difficulté quelconque. En tesmoing de ce, nous avons faict mectre nostre scel ordonné, en l'absence du grand à ces présentes. Donné à Rouen le XIIe jour de juin, l'an de grâce MCCCCXXXI et le IXe de notre règne.

« Et in plica : « PAR LE ROY, à la relation du Grand Conseil, estant devers luy auquel estaient Monseigneur le Cardinal d'Angleterre, le chancelier Louis de Luxembourg, les évêques de Beauvais, de Noyon et de Norwich ; les comtes de Warwick et de Stauffort, les abbés de Fécamp et du Mont-Saint-Michel ; les seigneurs de Cromwelle, et de Tipetot, de Sainct Père et plusieurs autres. *Sic signatum.*

« CALOT »

Par cette curieuse lettre royale, les Lancastre et les Templiers leurs maîtres faisaient appel à tous leurs alliés, amis et confédérés pour se défendre de l'ombre redoutée de Jeanne d'Arc, une martyre de vingt ans !

L'expression significative de leurs craintes est une éclatante amende honorable de la procédure de Rouen.

XVII

LA DAME DES ARMOISES

Pendant ce temps qu'était devenue Claude ?

Une vieille chronique du XVe siècle, celle du doyen de Saint-Thibault de Metz, va nous permettre de l'exposer.

Cette chronique a servi de base à toutes les légendes les plus invraisemblables tendant à établir que Jeanne n'avait point été brûlée à Rouen.

Cependant le martyre de la sainte héroïne étant établi par des actes authentiques, indiscutables et par une scrupuleuse enquête ordonnée par ses juges eux-mêmes, il ne pouvait s'élever aucun doute sérieux à cet égard.

L'oubli absolu dans lequel l'Histoire a jusqu'ici tenu Claude d'Arc a causé ainsi les plus déplorables erreurs. On s'est servi des fautes de celle-ci pour accabler la mémoire de Jeanne de faits qu'on ne peut nier et que, cependant, elle n'a pas accomplis.

La figure si étrange de la dame des Armoises n'a pas été expliquée jusqu'ici.

Évidemment, cette femme ne fut point une vulgaire intrigante ; elle connaissait trop bien certains détails du plan international qu'elle reprit avec vigueur pour qu'il soit possible de douter de son initiation, au moins partielle, aux secrets mobiles de l'action de Jeanne et aux grandioses espérances que celle-ci avait conçues.

Pour nous, il n'est pas douteux que la dame des Armoises ne fût Claude tentant de reprendre, après le martyre de sa sœur, le cours de la mission universelle qu'elles avaient ensemble ébauchée.

Qui la détermina à rentrer en scène cinq ans après la mort de Jeanne ?

Ceux, sans doute, que la mort héroïque et sainte de leur victime gênait peut-être plus encore que ses triomphes, ces mauvais Français qui voyaient chaque jour grandir Jeanne de toute l'auréole lumineuse dont le martyre nimbait son front.

En condamnant Jeanne au bûcher, l'Université de Paris, qui s'inspirait trop du Temple de Londres pour ne pas s'affirmer l'organe de l'Église, avait commis un crime si grand que ses conséquences effrayaient les clercs hypocrites et retors de la docte assemblée.

Ce n'était pas seulement une femme que l'on avait fait périr, c'était plus qu'un prophète, c'était le Messie de la France.

Trahie en haut, pleurée en bas, Jeanne apparaissait à tous plus grande après sa mort que de son vivant.

Comment donc effacer cette silhouette vengeresse, cette ombre aimée des foules et redoutée des grands ?

Comment détruire à jamais la légende glorieuse qui doublait, en l'exaltant, l'histoire véridique des combats, des victoires et des douleurs presque surnaturelles de *la Fille de Dieu* !

Que faire contre Jeanne morte ?

Montrer Jeanne vivante.

Rapetisser son nom, ternir sa gloire immaculée, et faire voir à tous la Pucelle mariée.

« L'an mil quatre cent trente-six, dit la vieille chronique de Saint-Thibault de Metz, le vingtième jour de may vint à la Grange aux Hormes, près de Saint-Privas, la Pucelle de France. Et le propre jour y vinrent ses deux frères dont l'un estent chevalier et s'appelait messire Pierre et l'autre Petit Jehan, escuyer.

« Et tantôt qu'ils la virent, ils la cognurent et ainsi fit-elle d'eux. »

La chose avait été concertée à l'avance, cela n'est point douteux, car il n'est pas possible que Pierre et Jean d'Arc n'aient pas revu leur sœur Claude (car c'est bien d'elle qu'il s'agit ici) avant ce vingtième jour de may de l'an 1436, cinq ans après la mort de la martyre de Rouen !

Mais continuons notre lecture :

Et le lundi, XXIe jour dudit mois, ils emmenèrent leur sœur avec eux à Bacquillon et là le sire Nicole Lowe, chevalier, lui donna un roussin du prix de XXX livres [163] et une paire de houzelz (éperons), le seigneur Aubert Boulay un chaperon et le sire Nicole Groingnat une épée.

« La dite Pucelle saillit sur ledit cheval très habilement et dit plusieurs choses au sire Nicole Lowe dont il entendit très bien qu'elle avait été en France et plusieurs la reconnurent pour la Pucelle qui avait amené sacrer le roi Charles à Reims. »

Évidemment, c'était bien Claude la guerrière, et la suite du récit va nous dire très clairement ce qu'elle avait fait depuis sa séparation de Jeanne la diplomate, lorsque celle-ci, sur l'ordre de ses *voix*, remplit seule les deux rôles depuis Reims jusqu'à Rouen.

« Quand ses frères l'en eurent emmenée (de Reims ce mot termine la phrase précédente), elle revint tantôt en la ville de Mareville enchieu Jehan Quenast et se tint là jusques environ trois septmaines ; et puis se partit pour aller en Notre-Dame de Liance lui (Jehan Quenast) troisième. Quand elle en voulut partir, plusieurs de Metz l'allèrent voir et, reconnaissant que c'était proprement la Pucelle de France, ly donnèrent plusieurs juelz (bijoux) ; puis, elle s'en alla à Arelont, une ville qui est en la duchié de Lucembourg. « Item, quand elle fut à Arelont elle était toujours près Madame de Lucembourg et y fut grand'pièce (trés-prisée) jusques à tant le fils le comte de Warnonbourg l'emmenast à Cologne.

« Et l'aimait ledit comte très fort et tant que, quand elle en voulut venir, il lui fit faire une très belle cuirasse pour elle armer. »

Voilà donc à quoi s'occupait Claude, tandis que Jeanne supportait seule le poids et l'angoisse de la lutte contre les Anglais des Lancastre et les favoris du Roi !

Claude festoyait joyeusement à Cologne avec le comte de Warnonbourg, un allemand ! tandis que le cousin de ce comte, Jean de Luxembourg, vendait Jeanne à Pierre Cauchon !

Ah ! que les *saintes* avaient eu raison d'ôter à la folle et ambitieuse fille l'épée de la France et de l'Église et de laisser Jeanne comme unique champion de la Religion et de la Patrie !

Jeanne morte, Claude hésita sans doute d'abord à reprendre ostensiblement la tâche que sa sœur laissait inachevée.

« Après avoir quitté le comte de Warnonbourg, elle s'en vint à Arelont, continue la Chronique, et là fut faict le mariage de messire Robert des Armoises, chevalier, et d'icelle Pucelle. Et puis après s'en vint ledit sieur des Armoises avec sa femme demeurer en Metz en la maison dudit sire Robert qu'il avait devant saincte Segoleine et se tinrent là jusques à tant qu'il leur plaisit. »

Il leur plaisit jusqu'au XXe jour de may 1436 où, à la suite de quelque négociation ténébreuse, Claude reprit soudain son ancien aspect de guerrière et se fit reconnaître solennellement par ses frères et par Mme de Luxembourg qui ne l'avaient sans doute jamais méconnue et savaient fort bien tous à quoi s'en tenir sur son compte.

Claude était toujours disponible entre les mains des ennemis de Jeanne comme elle l'avait été jadis entre les mains des favoris du Roi.

La Trémoïlle et Regnault de Chartres avaient, en flattant habilement son orgueil et en exploitant la cupidité de ses frères, réussi à atteindre par elle Jeanne en plein cœur. Leurs émules, les conspirateurs anglo-français du Temple, allaient poursuivre leur œuvre néfaste et atteindre Jeanne dans sa réputation.

Tour à tour Shakespeare et Voltaire reproduiront en leurs écrits, commandés et commandités, toutes les aventures de Claude en les attribuant à sa sœur. Schiller sera trompé lui-même par cette ruse et ce Germain rééditera chez nous l'histoire plus que légère de la Pucelle guerrière, de cette Claude qui sut, en 1436, révolutionner, par son action hardie et par son initiative téméraire, tous les pays du Rhin. Avant de se mettre en campagne, elle avait soigneusement réglé ses petites affaires d'intérêt en prenant officiellement le nom et les titres de sa sœur.

L'acte suivant en est la preuve.

« Nous, Robert des Armoises, chevalier seigneur de Tichiemont, et Jehanne du Lys, la Pucelle de France, dame dudit Tichiemont, ma femme, licenciée et autorisée par moi, Robert dessus nommé, pour faire agréer et accorder tout ce entièrement qui s'ensuit : savoir faisons à tous ceux qui ès présentes lettres verront et orront que nous, conjointement ensemble et chacun de nous, par lui et pour le tout, avons vendu, cédé et transporté et, par ces présentes, vendons, cédons et transportons à l'honorable personne Collard de Failly, écuyer, demeurant à Mareville, et à Poinsette, sa femme, achetant pour eux toute la quarte partie (4e partie de l'héritage des d'Arc) que nous avons, devons ou pouvons avoir et qui, à nous, doit et peut appartenir en quelle cause, titre ou raison que ce soit ou puisse être tant à cause de gagière comme autrement en toute la ville, lais, finage et confinage de Hauraucourt, Domrémy, etc.

« En témoin de vérité et afin que toutes les choses dessusdites soient fermes et estables, nous, Robert des Armoises et Jehanne du Lys, la Pucelle de France, notre femme dessus nommée, nous avons mis et appendu nos propres scels en ces présentes lettres, et avec ce avons prié et requis notre cher et grand ami Jehan de Thoneletil, seigneur de Villette et Jaubelet de Dun, prévôt de

Mareville, qu'ils veulent mettre leurs scels en ces présentes avec les nostres en cause de témoignage.

« Et nous, Jean de Thoneletil et Jaubelet dessus nommés, à la prière de nos très-chers et grands amis le dessus dit Messire Robert et Dame Jehanne dessus nommés, avons mis et appendu nos propres scels en ces présentes lettres avec les leurs en cause de témoignage qui furent faites et données l'an de grâce Nostre Seigneur mil quatre cent trente-six, au mois de novembre, septième jour. »

Ainsi, avant de quitter Metz, Claude avait réalisé sa fortune, vendu ce qu'elle possédait et pouvait prétendre, comme héritière des d'Arc, en quarte partie avec ses trois frères Jacquemin, Pierre et Jehan. Ses deux sœurs, Catherine et Jeanne, étaient donc bien réellement mortes, cet acte est une preuve irrécusable de leur disparition.

Ce qui prouve que Claude en reprenant les armes avait mission non seulement de supplanter Jeanne, mais aussi de ternir le caractère si noble et si pur de son action, c'est sa démarche auprès du curé de Sermaize, Simon Fauchart, qui en témoigna en 1456 sous la foi du serment.

Claude était venue au bourg de Sermaize pour se faire reconnaître par ses cousins Perrinet et Poiresson de Vouthon qui y habitaient la maison de leur père, frère d'Isabelle Romée.

Vêtue de son costume masculin, elle avait gaiement joué dans un préau situé non loin de l'Église avec les jeunes gens du village ; elle invita même hardiment le curé à prendre part au jeu, puis elle lui dit en riant : « Vous pourrez affirmer que vous avez joué à la Paume contre la Pucelle ! »

La Pucelle, c'était elle, cette sublime incarnation de la Patrie, qu'il importait de compromettre ! Il fallait la montrer légère, incirconspecte et téméraire pour qu'on ne la vénérât plus et qu'on oubliât sa radieuse figure de chérubin vengeur ! Claude se prêtait à merveille à la combinaison malfaisante des conspirateurs du Temple.

Elle en savait trop pour ne pas inspirer confiance par la véracité de ses récits sur la campagne de la Loire et elle n'en savait point assez pour reprendre avec fruit les plans stratégiques de sa sœur.

C'était entre les mains des ennemis de Jeanne un très précieux instrument. Elle s'y prêta, on s'en servit.

Pour ravir à Jeanne sa couronne de gloire, on n'hésita pas à faire de Claude d'Arc le Sosie de sa sœur. Le démon n'est-il pas aussi le singe de Dieu, suivant le mot si profond d'un docteur.

La conspiration satanique contre la mémoire de la sainte Pucelle eût certainement réussi si les dames *damées* n'eussent, en silence, veillé sur la réputation immaculée de celle qui avait si vaillamment porté leur étendard.

Pour atteindre plus sûrement la téméraire élue des dames *faées*, elles résolurent d'abord de la laisser marcher sans faire surgir aucun obstacle sur sa route.

Aussi, tandis que Claude s'amusait à Sermaize à ternir la noble figure de la Pucelle, et puis révolutionnait en son nom tous les pays du Rhin, l'agitation fut-elle extrême dans les contrées où la mémoire de Jeanne était la plus chère.

Jehan du Lys, frère de la Pucelle, avait passé la Loire pour aller annoncer au Roi, à Loches, le retour de sa sœur.

Charles VII venait de reprendre Paris, grâce à la paix signée à Arras avec Philippe de Bourgogne et au précieux concours du connétable de Richemont qui, en 1433, avait, exécuté La Trémoïlle et repris son rang à la Cour.

Jehan du Lys offrit sans doute au Roi l'appui de l'épée de Claude, mais il ne paraît pas qu'il ait accepté ce secours, bien que la nomination de Jehan du Lys à la prévôté de Vaucouleurs prouve que l'on fit à la Cour quelque cas de sa personne.

À la nouvelle du retour miraculeux de la prétendue Pucelle, la ville d'Orléans se hâta de dépêcher un poursuivant d'armes vers celle que l'on croyait être Jeanne d'Arc.

Une attente fiévreuse remuait le cœur des peuples. Les lettres, apportées au nom de la Pucelle, valaient à ses frères des gratifications plus ou moins importantes dont témoignent les livres de compte de la ville d'Orléans.

Ainsi, en date du 5 août 1436, on lit dans le compte des dépenses de la ville qu'il a été versé huit sous et neuf deniers parisis [164] pour dix pintes de vin prises chez Jean Hatte pour être données et présentées à Jehan, frère de la Pucelle.

Aux pintes de vin furent joints douze poulets achetés par Aignan de Saint Mesmin.

Quatre jours après, nouveau don de quarante-huit sous [165] pour peine prise par Jehan d'apporter lettre de la Pucelle.

Même mois, autre cadeau un peu plus important libellé en ces termes : « À Pierre Baratin et Jacques Lesbahy pour bailler à Jehan du Lys, frère de la Pucelle, le mardi XXIe jour d'aoust 1436 pour don à lui fait la somme de douze livres [166] tournois pour ce que le dit frère de la dite Pucelle vint, en la Chambre de la dite ville, requérir procureurs qu'ils voulussent aider d'aucun peu d'argent pour s'en retourner par devers sa dicte sœur, disant qu'il venait de vers le Roi lequel lui avait ordonné cent livres et commandé qu'on les lui baillast, dont on ne fit rien et ne lui en fut baillé que vingt dont il avait despensé douze et pour ce, lesdits procureurs ordonnèrent qu'on lui redonnât ces douze livres despensées pour venir en icelle ville d'Orléans ? »

Comme elles sont mesquines ces demandes d'argent qui se succèdent à bref intervalle en des cités différentes !

Claude et ses frères prennent partout où Jeanne a semé ; ils moissonnent sans scrupule les fruits matériels de son idéal labeur.

Ah ! combien elle est au-dessus de toutes les petites choses que sa famille fait en son grand nom !

Claude a beau vouloir se substituer à l'héroïque inspirée, elle n'aura jamais son aristocratique envergure.

Jeanne s'est donnée, Claude se vend ; elle ne commande pas, elle quémande. À cela seul, il est facile de la distinguer de sa sœur.

Quand le Conseil d'Orléans écrivit à la dame des Armoises pour solliciter sa venue, Claude ne se pressa point de répondre directement à cette demande.

Elle partit non pour Orléans mais pour Rome, où elle offrit ses services au pape Eugène IV. Elle combattit pour lui contre le duc de Milan et tua, dit-on, deux soldats de sa main.

Elle sentait fort bien par l'accueil assez froid, fait à la Cour de France à son frère, que le nouveau Conseil du Roi ne lui était point favorable.

Tous ces bourgeois à qui Jeanne avait si patriotiquement ouvert, au péril de sa vie, la voie des honneurs, restaient secrètement fidèles à sa mémoire. Mme Yolande, la Reine, Mme de Guyenne, Mme de Clermont et autres dames *damées* n'avaient point oublié la sainte messagère des moines et elles se réservaient de venger, quelque jour, sa mémoire des outrages et des injustices.

Claude espérait, en s'assurant la bienveillance de l'Église, désarmer ces défiances et ces hostilités. Ayant réussi à servir le Pape, elle se targua de sa protection et revint en France.

De 1438 à 1439, on la retrouve à la tête d'une compagnie d'hommes d'armes, guerroyant contre les Anglais sur les marches de Poitou et de Guyenne, en compagnie de Gilles de Raiz et écrivant au Roi de Castille pour réclamer l'assistance de sa marine.

« Le connétable de Castille, dit la Chronique d'Alvaro de Luna, montrait comme reliques à tous ses chevaliers les lettres d'icelle Pucelle. »

Les Espagnols répondirent par l'envoi d'une escadre. Nous trouvons trace de la campagne qu'entreprit à ce moment Claude d'Arc dans le récit d'un voyage que fit, dans l'Europe occidentale, vers 1465, Lion de Rozmital, grand juge de Bohême et beau-frère du roi George Podiebrad.

« De Mirande à Blaye, écrit le touriste bohémien, il y a sept milles. Cette ville est posée sur la route de Compostelle de façon que tous ceux qui, de Paris et autres régions inférieures, partent pour Compostelle, sont obligés de passer la mer sur un espace de sept milles. Cette ville est traversée par le fleuve Garonne qui y coule avant de se décharger dans la mer. Cette ville, les rois d'Angleterre l'ont occupée pendant cent cinquante ans, mais cette cité fut recouvrée par *une certaine* FEMME FATIDIQUE (*fatidicam,* c'est-à-dire *Élue de la Loge des Dames* FAÉES) qui, de même, avait repris le royaume de Gaule aux Anglais. »

Cette tradition, recueillie à Blaye en 1465 par un compatriote de Jean Huss et insérée par lui dans le récit de son voyage, est précieuse, car elle prouve avec quelle astuce Claude se substituait complètement à sa sœur et comment la représentante des fées tentait d'anéantir le souvenir de la sainte messagère des Discrètes.

Enfin, en juillet 1439, Claude se montra à Orléans où on lui fit une réception enthousiaste et un don de deux cent dix livres [167] en reconnaissance des services éclatants qu'elle avait rendus à la Ville.

Jusqu'en 1440, la Cour de France se tint sur la réserve et il ne paraît pas que la Dame des Armoises ait cherché à voir le Roi.

Le Conseil royal cependant jugea enfin nécessaire de prendre un parti.

« Le roy, raconte Pierre Sala, varlet de Louis XI, d'après le récit que lui avait fait de cet évènement Monseigneur de Boisy, ami très intime de Charles VII, le roy commenda que ceste Pucelle, *qui moult ressemblait à la première* si bien qu'on faisait courir bruit que c'était icelle ressuscitée, fust amenée par devant luy.

« Or, en ce temps estait le roy blessé en un pied et portait une botte faulve ; par laquelle enseigne ceux qui cette trahison menaient avaient adverti la faulce Pucelle pour ne point faillir à le cognaistre entre des gentilzhommes. »

Claude n'avait point besoin de cette indication, car elle connaissait fort bien Charles VII, l'ayant vu à Chinon et en maints autres endroits lors de sa première action militaire. Mais peut-être Charles VII avait-il beaucoup changé durant ces dix années de luttes et d'angoisses, de craintes lâches et d'élans généreux.

Quoi qu'il en soit, les gens qui se cachaient encore derrière Claude pour combattre par elle la mémoire de sa sœur ne négligeaient aucune précaution pour réussir à effacer le radieux souvenir de Jeanne.

« À l'heure que le Roy la manda pour venir devant lui, continue Pierre Sala dans son récit original, le Roy estait en un jardin, sous une grande treille. Si commenda à l'un de ses gentilzhommes que dès qu'il verrait la Pucelle entrée, il s'avançast pour l'accueillir comme s'il fust le Roy : ce qu'il fist. »

Claude, ne prévoyant pas le piège qu'on lui tendait, vint droit au Roy en lui disant comme elle l'avait fait à Chinon : « Dieu vous donne bonne vie, gentil Prince. »

« Le Roy, en la saluant très doulcement, luy dist : Pucelle, m'amye, vous soyez la très-bien venue, au nom de Dieu qui sçait le secret qui est entre vous et moy. »

« Alors, conclut Pierre Sala, après avoir ouy ce seul mot, se mist à genoulz devant le Roy cette faulce Pucelle en lui criant mercy ; et sus le champ confessa toute la trahison dont aulcuns en furent justiciez très asprement comme en tel cas bien appartenait [168]. »

Claude avait toujours ignoré le secret de sa sœur, aussi, aux premières paroles du Roi faisant allusion au mystère de Chinon, perdit-elle la tête et révéla-t-elle toute la conspiration diabolique dont elle était l'instrument.

« On l'envoya à Paris et, par arrêt du Parlement, *elle fut montrée au peuple au Palais, sur la pierre de marbre et là fut prêchée et exposée sa vie et tout son état depuis le commencement* [169]. »

On la relâcha ensuite, sans lui faire d'ailleurs aucun mal ; elle rentra dans la vie privée et continuant, dit-on, ses aventures, elle fit une assez mauvaise fin [170].

Astre de passage au ciel de l'Histoire, ayant brillé un instant d'un éclat secondaire et sans tache, elle ne sut pas s'éclipser pour laisser à la vraie Pucelle, à sa sœur Jeanne, tout le rayonnement splendide de son auréole de martyre.

L'ambition, la cupidité et l'orgueil de Claude la perdirent. Le Pilori du Palais de Justice, où sa gloire splendide s'évanouit comme le parfum d'une fleur fanée, fait un triste pendant au bûcher de Rouen où la vraie Jeanne exhala, au nom de Jésus, son âme d'élite sans défaillance et sans murmure.

La même année 1440, l'un des plus puissants complices de Claude fut solennellement frappé, à son tour, par la justice humaine. Gilles de Raiz, ce maréchal de France, issu de la famille de Laval, qui avait trahi Jeanne devant Paris et toujours admiré et secondé Claude, fut condamné par le tribunal ecclésiastique de Nantes pour des crimes tellement inouïs et tellement étranges que son époque si rude en a été frappée de stupeur.

Il semble vraiment que cet homme ait incarné en lui toute la férocité cynique des vieux chevaliers du Temple.

Assisté de deux sorciers, l'un italien et l'autre anglais, il avait exterminé, dans des circonstances atroces que l'enquête révéla, une multitude d'enfants. Les ossements de cent quarante de ces innocentes victimes, retrouvés dans les puits de Chantocé, de la Suze et des autres châteaux de Gilles de Raiz, témoignèrent mieux que n'importe quelle déposition contre ce monstre qui a dû jouer un si singulier rôle dans les plus ténébreux dessous de cette histoire.

Entre Gilles de Raiz et Jeanne d'Arc la lutte dut être incessante, instinctive ; ce fut presque l'inconscient combat de la colombe et du serpent.

Il semble que Dieu ait voulu qu'à cette époque où, par un phénomène bizarre, toutes les collectivités humaines s'incarnaient dans un type, le monde du Ciel et le monde de l'Enfer aient produit chacun leur représentant. Jeanne d'Arc et Gilles de Raiz furent l'Ange et le Démon vivant et luttant côte à côte.

Par un bizarre décret de la Providence, ces deux êtres contradictoires furent brûlés l'un et l'autre par jugement ecclésiastique : l'un à l'embouchure de la Loire et l'autre au confluent de la Seine avec la mer.

Nantes et Rouen devaient voir les supplices des deux plus étranges créatures du XVe siècle mais, par un singulier contraste, les cendres de Gilles de Raiz furent déposées en terre bénite tandis que celles de Jeanne d'Arc furent dispersées dans les flots.

XVIII

RÉHABILITATION

Un quart de siècle s'était écoulé depuis la lugubre scène de la Place du Vieux-Marché.

Les évènements que Jeanne avait tenté de conjurer s'étaient abattus sur l'Europe avec la rapidité d'un cyclone vengeur.

Constantinople était la proie des Turcs ; toute la Chrétienté était plongée dans ces sinistres ténèbres qui précèdent les grands orages.

Les fidèles du Christ sentaient l'hérésie gronder sourdement au ciel gris et bas de l'Église militante comme les oiseaux pressentent la foudre avant qu'elle ne gronde dans le firmament.

Alors tous regrettèrent Jeanne, ce Chérubin protecteur que nul n'avait su garder.

Depuis longtemps le sermon du Palais de Justice avait eu raison de la mensongère légende du retour de la Pucelle.

Jeanne, on n'en doutait plus, avait été bien réellement brûlée à Rouen.

Mais cette conviction unanime ne suffisait pas aux saintes femmes qui avaient connu, aidé et admiré, de son vivant, la messagère du *Roi du Ciel*.

Isabelle Romée avait trop aimé Jeanne, elle avait travaillé avec trop de soin et trop d'intelligence à développer les merveilleux dons de cette enfant bien-aimée pour n'avoir pas ressenti le contrecoup terrible de tous les évènements qui avaient brisé la vie, l'épée et jusqu'à la réputation de la Pucelle.

Elle axait horriblement souffert de la conduite indigne de Claude et de ses frères après la mort de Jeanne.

Elle n'avait point eu cependant le courage de les blâmer publiquement.

Qui pourrait le lui reprocher ? Qui donc oserait demander à une mère de flétrir elle-même les actes coupables commis par ses enfants ?

Isabelle s'était tue ; mais elle n'avait point oublié ! Elle attendait pour intervenir en faveur de Jeanne que Claude ne fût plus sur la scène du monde. Il eût été trop pénible à cette mère de douleur d'entrer en conflit direct avec la dernière de ses filles, avec cette Claude qui savait retenir, par l'intérêt et l'ambition, ses deux frères dans son parti.

Jacques d'Arc et son fils aîné Jacquemin étaient morts depuis le supplice de Jeanne.

Jean et Pierre, qui tous deux avaient pris part active à la défense d'Orléans, exploitaient habilement leur gloire passée.

Jean avait été, en 1436, nommé par le Roi prévôt de Vaucouleurs et il garda cet office jusqu'en 1467, époque où Louis XI le lui racheta pour le donner au duc de Calabre.

Donnant donnant, les frères de Jeanne d'Arc ne manquèrent jamais une occasion de céder, moyennant finances, les titres et les honneurs que la magnifique et généreuse conduite de leur sœur leur avait valus.

Pierre, fait prisonnier en même temps que Jeanne à Compiègne, resta plusieurs années entre les mains du bâtard de Vergy.

D'aucuns disent qu'il ne recouvra sa liberté qu'à la condition expresse de reconnaître Claude comme vraie et seule Pucelle de France au mois de mai 1436.

Cette reconnaissance dut certainement coûter à celui des frères de Jeanne qui paraît l'avoir aimée le plus. Peut-être fut-on obligé de faire de sa complaisance la rançon de sa liberté.

Quoi qu'il en soit, il est certain qu'il aida sa mère à prendre l'heureuse initiative qui provoqua le procès de réhabilitation en 1455.

Avant cette époque, Pierre d'Arc avait reçu du duc d'Orléans le don de l'Île-aux-Bœufs, près d'Orléans, laquelle, était-il écrit sur l'un des registres aujourd'hui détruits de la Chambre des Comptes, « Mons le Duc a donné à Messire Pierre du Lys, chevalier, ouye la supplication dudit Messire Pierre, contenant que pour acquitter sa loyauté envers le Roy notre sire et nous, le duc d'Orléans, il se partist de son pays pour venir au service du Roy nostre dit seigneur et de Mons le Duc en compagnie de Jehanne la Pucelle, sa sœur, avec laquelle, *jusques à son absentement et depuis jusques à présent*, il a exposé son corps et ses biens au dit service et au fait des guerres du Roy, tant à la résistance des anciens ennemis du Royaume qui tindrent le siège devant la ville d'Orléans, comme à plusieurs voyages faits et entrepris pour le Roy nostre dit seigneur et ses chiefs de guerre en plusieurs et divers lieux. »

Cette donation est datée du 28 juillet 1443.

Elle prouve qu'en cette année-là Pierre du Lys n'avait point encore abandonné la cause de Claude, bien que, depuis trois ans, la dame des Armoises fût rentrée dans la vie privée.

L'Île aux Bœufs devint la dot de Jeanne du Lys, fille de Pierre, qui, plus tard, la céda à son frère Jean du Lys, dit de la Pucelle, pour aller s'établir en Barrois.

Dans la suite, Pierre du Lys et Jean de la Pucelle furent aussi pensionnés du Roi de France. Un autre Jean du Lys, également fils de Pierre, fut fait échevin d'Arras par Louis XI en 1481 [171].

On le voit, les frères et neveux de Jeanne d'Arc acceptaient de toutes mains et provoquaient les dons de toutes parts.

Combien plus modeste et moins exigeante fut leur mère !

On voit, par la déposition de Jean Pasquerel au procès de 1455, qu'Isabelle Romée avait quitté Domrémy peu après sa fille Jeanne et qu'elle était au Puy pendant que celle-ci préparait à Chinon et à Poitiers l'expédition d'Orléans. Au mois de décembre 1429, Isabelle fut anoblie en même temps que son mari et ses enfants.

En 1438, elle vint demeurer à Orléans où elle fut pensionnée par la ville d'une rente viagère de 48 sous parisis [172] par mois. Depuis, elle vécut très pieusement dans cette ville où elle mourut le 28 novembre 1458.

Elle était alors âgée de plus de quatre-vingt-trois ans. La Providence, semble-t-il, avait fait survivre Isabelle à son mari et à ses enfants Catherine, Jacquemin, Jeanne et Claude afin qu'elle pût, avec l'assistance de ses deux derniers fils, obtenir la réhabilitation éclatante de la sainte martyre de Rouen.

Cette réhabilitation, Isabelle ne la demanda que plusieurs années après la mort de Claude. Cette mort lui assurait enfin le concours de Pierre et de Jean.

Seule, toute seule, qu'eût pu faire Isabelle ! Provoquer un scandale ! Celui qui déchirait son âme n'était-il donc pas assez grand ?

Triste, mais résignée, Isabelle avait pleuré et prié !

Avec elle avaient pleuré et prié les *Discrètes* qui, doucement, la consolaient en lui montrant comme certaine la prochaine et éclatante réhabilitation de son enfant bien-aimée.

Jusqu'à sa mort, arrivée en 1447, Colette de Corbie n'avait cessé d'encourager ainsi son amie Isabelle.

La sainte patriote qui avait groupé les plus grandes dames du Royaume sous le mystique étendard des Franciscains avait eu la consolation de voir, avant de monter au Ciel, l'œuvre de Jeanne en bonne voie.

Paris était au Roi, Rouen et la Normandie conquis, le Conseil souverain de la France composé des plus éminents bourgeois du Royaume.

Richemont avait repris son rang à la Cour, Mme de Guyenne y pouvait donc faire sentir sa bienfaisante influence.

Cependant, quelques ombres noires obscurcissaient le radieux tableau que contemplait Colette mourante. Les bourgeois triomphants semblaient oublier Jeanne. Le Roi n'avait recouvré un peu de bon sens et d'énergie que par l'action voluptueuse de l'émissaire des *dames faées*, cette Agnès Sorel que les *dames damées* devaient subir puisqu'elles étaient impuissantes à gouverner Charles VII et à lui imposer l'obligation de régner. Colette en gémissait comme Mme Yolande, comme Mme de Guyenne et comme Marie d'Anjou. Mais que faire ! Jeanne d'Arc, elle-même, n'avait pu, en lui montrant la vaste politique des moines, ni intéresser, ni captiver le Roi.

Mieux valait encore Agnès Sorel que Claude d'Arc ! La *dame de Beauté* avait, au moins, quelques nobles idées dans l'esprit, quelques aristocratiques sentiments dans le cœur.

Ce n'était plus l'intrigante diabolique et vénale qu'avait été Catherine de l'Île Bouchard ; ce n'était pas non plus la courtisane éhontée, sans scrupule, que serait la dame de Villequier, cette Antoinette de Maignelais reprenant, pour le compte du Temple, l'influence dissolvante de Catherine.

Agnès, au moins, avait l'âme française.

De tout son crédit, elle luttait contre les conséquences des funestes contrats conclus secrètement avec Bedford et Winchester après le sacre de Reims. Aussi les Templiers ne lui pardonnèrent-ils point son influence et, quand ils se sentirent assez forts pour faire accepter un sérail au voluptueux Charles VII, ils n'hésitèrent pas à empoisonner la *dame de Beauté* en faisait accuser Jacques Cœur de sa mort.

Ils abattaient ainsi du même coup deux soutiens différents du trône de France : la *dame faée* et le grand financier bourgeois.

Le Roi en fut très ébranlé ; mais le Royaume était inébranlable, car, par Jeanne, les *dames damées* avaient créé, pour jamais, l'immortalité de la Patrie, en appuyant la Royauté sur le bras invincible de la Nation.

Un bourgeois pouvait succomber, mais on ne pouvait plus détruire la Bourgeoisie.

Elle créait l'Armée, elle créait la Marine, elle créait les Arts, les Sciences, l'opinion : l'ère moderne naissait malgré toutes les entraves, malgré tous les obstacles, sur les débris du Monde ancien.

Aussi était-il temps, maintenant que les derniers Anglais quittaient le sol de France à l'heure même où les Turcs entraient à Constantinople, ce rempart oriental de la Chrétienté européenne, de rendre justice à Jeanne d'Arc, de montrer ce qu'elle avait fait et ce qu'elle eût pu éviter.

Au mois de novembre 1455, Isabelle Romée put enfin, malgré son grand âge, obtenir pour sa fille la réhabilitation tant désirée [173].

Ce fut un bien touchant spectacle que celui de cette octogénaire venant, escortée de ses deux fils et d'un long cortège « *d'honorables hommes ecclésiastiques et séculiers et de preudes femmes de la ville d'Orléans* [174] », demander réparation sous les voûtes de Notre-Dame de Paris aux évêques, archevêques et commissaires de l'Université, nommés à cet effet par le pape Calixte III, de tous les torts et dommages faits à sa bien-aimée Jeanne par les clercs et juges de Rouen.

Isabelle, très triste, montrant par son attitude, ses gestes et ses paroles qu'elle était plongée dans la plus profonde affliction, tenait en main une bulle du Pape.

Tous les assistants fondaient en larmes et poussaient de tels gémissements, de tels cris de douleur, que les prélats durent, avec les marques de la déférence la plus grande, prier la veuve de Jacques d'Arc d'entrer seule dans la sacristie de l'église Notre-Dame pour leur exposer sa demande.

Elle leur adressa une supplique très-pieuse ; ils furent émus de compassion et la consolèrent de leur mieux ainsi que la foule à qui, s'inspirant de la clémence même du Souverain Pontife, ils promirent de faire justice de toutes les erreurs, faussetés et calomnies de l'inique procès de Rouen.

En effet, le 7 juillet 1456, reconnaissant que Jeanne avait constamment vécu dans la foi catholique et y avait persévéré jusqu'à la fin, qu'elle avait demandé instamment à être menée au Pape ou au concile général de Bâle (ce qui n'eut pas dû lui être refusé), les nouveaux juges annulèrent entièrement la sentence du tribunal de Rouen et, désirant réparer ce qui était réparable, ordonnèrent qu'un sermon général serait fait en toutes les bonnes villes du Royaume pour effacer l'impression néfaste que les calomnies répandues sur le compte de la Pucelle y avaient produites.

De plus, une prédication solennelle précédée d'une procession expiatoire eut lieu par leur ordre, sur la Place du Vieux-Marché à Rouen.

Une croix fut plantée à l'endroit où s'était élevé le bûcher de l'héroïque martyre, et l'ordonnance porte qu'en la plaçant au lieu désigné on priera publiquement pour tous les défunts.

« Si la réparation exige l'accomplissement d'autre chose solennelle, nous le réservons, concluaient les juges. »

Cette réparation suprême, réservée pour l'avenir, c'est la canonisation par l'Église universelle de la sainte qui vécut et mourut pour la gloire du *Roi du Ciel*.

L'introduction de la cause a été faite récemment et solennellement, à Rome, en présence du Pape et de douze cardinaux.

Le procès de réhabilitation de 1455 servira de base et de guide aux avocats qui la plaideront, cette cause, qui est celle de la France et de l'Église celtique tout entière.

L'Angleterre foncière, l'Angleterre gauloise, se réjouira certainement de la justice rendue enfin au nom de Dieu à la Pucelle qui a lutté pour le triomphe des hautes et belles visées qui sont l'âme de ses espérances et les mobiles secrets de ses actions.

Écoutons Thomas de Quincey, un des grands écrivains modernes de l'Angleterre, exprimer les sentiments dont sont animés beaucoup de ses compatriotes et nous verrons avec quel enthousiasme la canonisation de Jeanne sera accueillie par une partie au moins de nos voisins d'outre-Manche.

« Que faut-il penser de Jeanne d'Arc ? dit-il dans un *Essai sur la Pucelle*. Que faut-il penser de la pauvre bergère venue des collines et des forêts de la Lorraine qui, semblable au jeune berger venu des collines et des forêts de la Judée [175], sortit soudain du repos, de la tranquillité, de l'inspiration religieuse, née des profondeurs des solitudes pastorales, pour prendre place à l'avant-garde des armées, et dans la position la plus périlleuse, à la droite des Rois ?

« Le jeune Hébreu inaugura sa mission patriotique par un *acte*, par un acte victorieux qui s'imposait à la croyance. Ainsi fit la vierge de Lorraine, *si nous lisons son histoire comme elle a été lue par CEUX QUI L'ONT VUE DE PLUS PRÈS*.

« Des armées ennemies rendirent témoignage à la pleine sincérité du jeune héros ; il en fut de même pour la douce jeune fille.

« Jugés par toutes les voix de ceux qui les virent d'un point de vue bienveillant, tous deux furent trouvés sincères et fidèles aux promesses renfermées dans leurs premiers actes. *Ce furent les ennemis* (cette expression n'est-elle pas curieuse employée par un Anglais) qui mirent une différence entre leurs fortunes subséquentes.

« Le jeune homme s'éleva à une splendeur publique et à une prospérité personnelle qui retentit dans les souvenirs de son peuple.

« La pauvre fille, oubliée, au contraire, ne but pas à la coupe du repos qu'elle avait assuré à la France. Elle ne chanta jamais à Domrémy les chants qui firent écho aux pas des envahisseurs fugitifs. Elle ne se mêla pas aux danses de fête qui célébrèrent à

Vaucouleurs la rédemption de la France. Non ! sa voix était alors silencieuse ! ses pieds n'étaient plus même de la poussière !

« Pure, innocente fille au noble cœur *en qui, depuis ma première jeunesse, j'ai toujours cru comme en un idéal de sincérité et de dévouement*, s'il est quelque chose qui plaide en ta faveur, c'est que jamais, pas même dans un moment de faiblesse, tu ne t'es complue dans la vision de couronnes et d'honneurs humains.

« Des couronnes pour toi ! Oh ! non ! Les *honneurs*, s'ils viennent quand tout sera perdu, *seront pour ceux qui partagent ton nom* !

« Grand était le trône de France, même dans ces jours, et grand celui qui y était assis ; mais Jeanne savait bien que ni le trône, ni celui qui y siégeait n'étaient faits pour elle, mais qu'au contraire *c'était elle qui était faite pour eux*, que ce n'était pas elle, mais eux par elle qui devaient surgir de la poussière.

« Les lys de France étaient splendides et, pendant des siècles, ils avaient eu le privilège de répandre leur beauté, SUR TERRE ET SUR MER, jusqu'à ce que, dans un autre siècle, la colère de Dieu et celle de l'homme s'unissent pour les flétrir ; mais Jeanne savait bien, et DE BONNE HEURE, À DOMRÉMY, ELLE AVAIT LU CETTE AMÈRE VÉRITÉ QUE LES LYS DE FRANCE NE DÉCORERAIENT JAMAIS UNE GUIRLANDE POUR ELLE. Pour elle, ni fleur, ni bouton, ne devaient jamais fleurir [176].

« Fille de Domrémy, quand la gratitude de ton Roi s'éveillera, tu dormiras le sommeil des morts ! Appelle-la, Roi de France, elle ne t'entendra pas ! Cite-la, par la voix de tes appariteurs, à venir recevoir le manteau d'honneur, elle sera convaincue de contumace !

« *Quand les tonnerres de LA FRANCE UNIVERSELLE, comme cela peut arriver encore,* proclameront la grandeur de la pauvre bergère qui a TOUT sacrifié pour son pays, ton oreille, ô Jeanne, sera sourde depuis cinq siècles !

« *Souffrir* et *agir,* telle fut ta part dans la vie ; ne rien faire pour toi-même, mais tout pour les autres ; souffrir, jamais dans la personne de généreux champions, mais toujours dans ta propre personne, telle était ta destinée ! Et *pas un instant elle ne te fut cachée* ; la vie, disais-tu, est courte et le sommeil de la tombe est long. Laissez-moi user de cette vie passagère pour la gloire de ces rêves célestes destinés à consoler le sommeil qui est si long !

« Pure créature, pure du soupçon même d'égoïsme visionnaire, cette pureté ne fit jamais oublier à la sainte enfant sa foi dans le sombre avenir qui venait à sa rencontre. Elle ne pouvait se figurer le véritable genre de sa mort ; peut-être n'eut-elle pas la vision de l'altitude de l'échafaud de feu, *la procession sans fin des spectateurs sur chaque route qui les verse à Rouen, comme pour un couronnement* [177], les vagues de la fumée qui s'élèvent, les flammes qui pétillent et, tout autour d'elle, les faces hostiles, *l'œil de pitié qui çà et là se dérobe à la vue jusqu'à ce que la nature et la vérité impérissables s'affranchissent de leurs liens artificiels,* tout cela ne pouvait lui apparaître à travers les brouillards de l'avenir qui se précipitait. *Mais les VOIX qui l'appelaient à la mort, elle ne cessa pas de les entendre.* »

Nous avons cité d'un trait cette belle page du grand écrivain anglais parce qu'elle nous paraît être la vraie sentence de réhabilitation de Jeanne.

Cet éloquent plaidoyer d'un fils de l'Angleterre devrait faire rougir notre France d'avoir pu enfanter et encenser Voltaire.

Quand Jeanne sera enfin placée sur les autels où ses contemporains l'avaient mise directement au-dessous de la Vierge sans même attendre la consécration et la réhabilitation officielles de l'Église, sûrs qu'ils étaient que ces actes de justice ne manqueraient pas de se produire un jour, les Anglais seront les premiers à se prosterner devant celle que peut-être secrètement ils connaissent bien mieux que nous.

Avant d'arriver au triomphe solennel qui se prépare, la mémoire de Jeanne a subi de grandes vicissitudes.

Réhabilitée officiellement par la politique bien plus que par l'élan sincère d'un vrai repentir, Jeanne fut méconnue encore et outragée au XVIe siècle par le scepticisme des historiens imbus des théories de Machiavel, de Luther et de Calvin, tous serviteurs ou agents du Temple.

Défendue par d'autres écrivains avec plus de zèle que de lumières, elle resta longtemps incomprise de tous.

« La France, absorbée par la Renaissance païenne des arts et des lettres, oublia d'abord sa Libératrice comme son génie national, comme sa vieille poésie, comme ses ancêtres les Gaulois dont elle sacrifia les glorieux souvenirs à ses maîtres les Grecs et les Romains. Elle repoussa Jeanne avec ses bourreaux dans ce Moyen Âge qu'on proscrivait en masse sans le connaître [178]. »

La langue du XVe siècle aussi fut oubliée et l'on ne comprit plus le sens exact des expressions dont s'étaient servis tous ceux qui avaient vu naître et grandir Jeanne, tous ceux qui l'avaient vue prier, combattre et vaincre, tous ceux qui l'avaient vue souffrir et mourir.

Alors, afin de les garder intacts pour la postérité, on traduisit en latin, langue immuable, les témoignages originaux des vieillards qui avaient élevé l'enfance de Jeanne, des compagnons de ses premiers jeux, des hôtes de son héroïque pèlerinage à travers la France en détresse, des guerriers qu'elle avait guidés dans les batailles avec son mystérieux et mystique étendard, des acteurs et auteurs même de son martyre.

Cette traduction fit perdre beaucoup de piquant et d'originalité aux récits primitifs ; mais, cependant, comme le dit si bien Henri Martin, « la parole est trop faible pour exprimer l'émotion qui sort de ces documents qu'on peut appeler les Actes du Messie de la France ».

Les dépositions, depuis celles des princes du sang jusqu'à celles des pâtres de Domrémy, se ressemblent pour la précision lumineuse des souvenirs.

Mais encore faut-il redonner scrupuleusement aux mots le sens juste que les contemporains de Jeanne y attachaient. Nous avons dit déjà ce que nous pensons de plusieurs de ces expressions caractéristiques qui jettent un jour si nouveau sur le caractère et l'allure de la sainte héroïne que l'Église, l'Angleterre et la France prieront prochainement dans toutes les basiliques que l'on commence à élever en son honneur.

Car les Temps ont changé et la Justice vient.

Bientôt, nous l'espérons, toutes nos traditions nationales revivront dégagées de leurs voiles comme en un vaste Jubilé de l'Histoire.

On verra clairement alors ce que fut et voulut Jeanne d'Arc.

Sa réhabilitation véritable ne datera que de ce jour-là. Car on ne la confondra plus avec Claude, la Fée téméraire, sortie des *Loges-les-Dames* ; on ne l'affublera plus du rouge bonnet phrygien de la Révolution terroriste ; on n'osera plus écrire qu'elle fut la déléguée officielle des *carbonari* ou charbonniers de la Lorraine, secte probablement assez semblable aux modernes *convents* des francs-maçons.

Non ! Jeanne n'a pas servi deux maîtres ! Du bout de son étendard elle arc-bouta les deux colonnes de l'Église : la France celtique et l'Angleterre gauloise ; elle ne put malheureusement point jeter à terre les deux piliers du Temple occulte dont Winchester était le prêtre et dont les Lancastre étaient Rois.

Wickleff et Jean Huss devaient renaître en mille disciples dont les plus célèbres furent Calvin et Luther, mais à qui leurs émules ne cédèrent ni en audace, ni en ruse, pour combattre et écraser l'*Infâme*, c'est-à-dire l'immortelle Église de Jésus-Christ.

Faire de Jeanne d'Arc une avant-garde de la Révolution française, oser comparer son action aux agissements des Jacobins, c'est blasphémer comme on blasphème en faisant de Jésus le premier des sans-culottes. Passez-moi l'expression, elle n'est pas de moi !

Ah ! si Jeanne eût vécu il y a un siècle, ce n'est pas à Paris qu'elle eût combattu, ce n'est même pas sur le Rhin qu'elle fût accourue, c'est en Vendée.

Claude peut-être eût marché avec les armées athées de la Convention ; Jeanne eût volé, étendard en main, près des Beauchamp, des d'Elbée, des Lescure et des Cathelineau !

Si Claude eût combattu avec La Tour d'Auvergne, Jeanne aurait lutté près de La Rochejaquelein.

Elle n'eût certes pas crié en voyant encore une fois la France en détresse et broyée sous les talons des sectateurs du Temple : « À moi les enfants de la Veuve ! »

Elle eût dit très bas : « À moi les Enfants de la Vierge ! » Les vrais Français eussent entendu et Messire *Roi du Ciel* ne fût pas resté sourd !

Le bel élan gaulois de la Constituante n'eût pas été noyé dans le sanglant désordre de la Convention.

Mais la France, aveuglée, ne méritait pas d'être délivrée de ces fauves qui la déchirèrent sans merci, et l'Europe, coupable, devait être livrée, par la justice divine, au glaive de l'Ange exterminateur.

JEANNE D'ARC ET LE TEMPS PRÉSENT
HIER, AUJOURD'HUI ET DEMAIN

La vraie mission de Jeanne d'Arc ne s'est pas terminée au jour de son supplice.

Jeanne a jeté la graine d'idées supérieures et sublimes dont on n'a pas assez soupçonné la valeur. Ses *voix* lui ont assuré qu'un jour cette graine germera comme le grain de sénevé dont parle l'Évangile.

« Ce que veut une femme est écrit dans le Ciel », a dit un poète.

Ce que la Femme voulut par Jeanne d'Arc étant écrit aussi dans les traditions occultes de la Terre, c'est là que nous avons cherché le secret que la Sainte martyre eut le courage de ne point trahir en mourant, mais dont elle a laissé l'indice dans ses paroles et dans ses actes.

En comprenant les unes pour expliquer les autres, le mot de l'énigme de Jeanne apparaît, flamboyant comme l'épée de feu du Chérubin gardien de l'Arbre de vie ; la vraie mission de l'héroïne étant de maintenir LA FEMME comme idéal suprême de l'Humanité et LA FRANCE comme domaine social de la puissance féminine en ce monde.

« La Pucelle, ainsi que le dit si bien Siméon Luce dans sa remarquable étude sur *Jeanne d'Arc à Domrémy*, n'est pas seulement le type le plus achevé du patriotisme, elle est encore l'incarnation de notre pays dans ce qu'il a de meilleur.

« Par ses qualités les plus séduisantes comme par quelques-uns de ses plus dangereux défauts, la France est essentiellement FEMME. Cet éternel féminin, dont parle Goethe et qui fait le fond de notre génie, nous l'admirons élevé à sa plus haute puissance et sous sa forme la plus parfaite dans Jeanne d'Arc. »

Montrer que Jeanne a trouvé dans le milieu où elle a vécu les éléments de son succès et des auxiliaires dévoués à son triomphe, ce n'est diminuer ni son mérite, ni sa grandeur.

Combien, au contraire, Jeanne apparaît plus grande, ses visées plus hautes, sa mission plus vaste et son œuvre plus belle quand on comprend enfin ce qu'elle a pensé, ce qu'elle a fait et ce qu'elle a voulu.

« Pour se rendre un compte juste de la mélodie héroïque que l'on entend chanter, en quelque sorte, à toutes les pages de l'histoire de la Libératrice d'Orléans, il faut bien se dire que l'instrument merveilleux d'où s'exhale cette mélodie a été simplement mis en branle par les influences extérieures. Si l'impulsion est venue du dehors, l'instrument lui-même n'en est pas moins à Jeanne. Cet instrument, c'est son cœur. »

Aussi les bourreaux ne purent-ils le détruire, ce cœur d'élite, ce cœur de sainte qui avait vibré comme la harpe éolienne dont les cordes invisibles semblent tendues du Ciel à la terre ! Les Anglais d'Henry Beaufort, ayant jeté ce cœur dans les eaux de la Seine, le fleuve le déposa dans ce tombeau mouvant qui sépare notre France de l'Angleterre gauloise, comme s'il eût voulu montrer que ce cœur avait battu d'amour pour les deux nations celtiques qui doivent à l'héroïne même culte et même reconnaissance, puisqu'elle a vécu, qu'elle a souffert et qu'elle est morte pour assurer leur avenir en préparant leur liberté.

Lorsque, comme l'a prédit Merlin, l'Île des Saints, bouleversée au nom de la Pucelle, criera dans une longue clameur d'effroi : « Lève-toi, Cambrie ! », puisse la Gaule des Celtes, la France des Sicambres, comprendre cet appel et, réveillée de sa torpeur par le cher souvenir de Jeanne, répondre hardiment avec le Prophète : « Cornouaille, dis à Gwinton : La Terre te dévorera ! »

Car Gwinton n'est pas seulement le nom celtique de Winchester, ce cardinal maudit qui dort depuis longtemps de l'éternel sommeil, Gwinton c'est le nom symbolique d'un monde occulte encore vivant, fort et vivace, que nous avons vu surgir en pénétrant les causes réelles de la sombre guerre de Cent Ans.

Ce monde occulte, c'est celui des industriels, des architectes, maçons et marchands du *Temple* toujours en lutte contre les fidèles du Christ, de l'Église et du *Roi du Ciel*.

Jeanne la prévoyait cette guerre inexorable, quand elle menaçait ses juges de dangers immédiats, comme représailles lugubres de sa mort.

Le Templier Winchester, en faisant brûler la Pucelle pour venger la mémoire de Jacques Molay et de Jean Huss, avait déchaîné la plus effroyable tempête sur la tête frêle de son petit neveu Henry VI.

Merlin avait dit vrai !

Une clameur d'épouvante avait ébranlé l'île des Saints. Les Lancastre, agents conscients ou inconscients du Temple, avaient attiré la foudre sur eux-mêmes.

Leur rose rouge, reflétant désormais les lueurs sinistres du bûcher de Rouen, fut condamnée à disparaître de la scène politique par le Conseil fédéral et secret des hauts barons d'Angleterre.

Charles VII avait dédaigné le cercle d'or, orné de roses, symbole des ducs de Normandie que l'aristocratique émissaire des lords lui avait remis à Chinon comme signe et gage de l'alliance contractée.

Le *Roi de Bourges* n'avait su devenir ni le roi des Celtes, ni le roi de France.

Il avait pactisé lâchement avec l'Ennemi, abandonnant la proie pour l'ombre, la grande politique des moines pour la petite politique des favoris.

Il avait sacrifié Jeanne à La Trémoïlle, il avait laissé briser, par une Catherine de l'Île Bouchard, le plus merveilleux instrument de la diplomatie profonde du *Roi du Ciel* !!

Tant pis pour la Royauté ! et tant pis pour la France !!

Les landlords se sentaient dégagés de la foi jurée au *Roi des Gaules* et de la restitution qu'ils avaient promis d'opérer, en faveur de son fils, du beau duché de Normandie.

Cette blanche rose normande qu'eût portée le Dauphin Louis, comme un nouveau Guillaume le Conquérant, au sein de l'Angleterre pacifiée ou conquise, les landlords la confièrent au duc d'York en opposant ses droits d'héritier légitime de Richard II à ceux des Lancastre usurpateurs.

Cette rose blanche, menue monnaie fleurie de l'étendard si vaillamment porté par l'habile messagère qu'ils ne purent jamais remplacer, devint, pour les landlords, le signe de ralliement dans la terrible guerre civile qu'allumèrent dans l'Île britannique les étincelles du bûcher de Rouen. Sinistre épilogue de l'épopée si radieuse au début de la Sainte Pucelle, la guerre des Deux-Roses est restée incomprise parce que la guerre de Cent ans n'a pas donné son dernier mot. La lutte engagée est la même, le terrain seul est différent.

Le léopard et la licorne se disputent avec rage la souveraineté.

Mais l'Angleterre foncière, l'Angleterre gauloise, a perdu en Jeanne d'Arc son plus sûr bouclier, son plus précieux palladium.

En vain déploya-t-elle ses plus subtiles ruses et sa bravoure la plus vigoureuse, elle fut vaincue par l'Angleterre marchande parce qu'ayant connu et apprécié Jeanne d'Arc, elle ne sut pas la conserver !

Le *Roi du Ciel* avait détourné sa main puissante de l'Angleterre et de la France ; il ne protégeait que l'Église sans lui épargner cependant ni les épreuves, ni les douleurs.

Les guerres de Religion allaient punir les moines, les guerres d'Italie devaient punir la France et la guerre des Deux-Roses faire expier durement aux Anglais leurs faiblesses et leur impuissance vis-à-vis de l'Élue de *Messire Roi du Ciel*.

Quoique frustrés dans leurs espérances intimes d'ambition et de maîtrise, les Templiers triomphent ostensiblement de ceux qui n'ont pas su garder la messagère d'en haut.

Les landlords perdent les plus précieux de leurs privilèges et doivent se courber sous le joug despotique des Tudors, sans toutefois abdiquer les principes de la lutte qu'ils comptent bien reprendre victorieusement un jour.

La Gaule étant ajournée, la France ne fut qu'à moitié faite.

« La France eût pu être délivrée d'un élan divin et en un moment. La délivrance ne s'achèvera que par des moyens tout humains, lentement, douloureusement, à travers de cruelles souffrances populaires, dans d'équivoques et périlleuses conditions morales et politiques. La France grandira, mais dans une voie où chaque progrès social sera chèrement acheté et où le génie national, tout en perfectionnant de précieuses facultés, contractera bien des habitudes funestes. L'œuvre de Jeanne accomplie eût pu avoir des conséquences qui éblouissent la pensée [179]. »

Si elle n'eût point été arrêtée par les diaboliques trahisons des salariés du Temple, la Pucelle eût instauré sur notre terre ce règne temporel du Christ que les chrétiens attendent comme fin triomphale de l'évolution évangélique et après lequel, suivant l'ordre même de Jésus, ils soupirent chaque jour en disant : « *Adveniat regnum tuum !* »

Oui, ce règne temporel, que les Livres Saints prédisent, s'accomplira, quelque jour, par la recomposition chrétienne des antiques fédérations celtiques ; les anciens pactes internationaux des Gaulois épars dans le Monde se renoueront, les anciens droits jurés seront remis en vigueur ; la sublime mission de Jeanne d'Arc sera reprise dès qu'on en comprendra enfin et la teneur et la portée.

« Il y aura dans un siècle, ainsi que le disait récemment le prince de Galles à un des ministres de France, une situation plus enviable que celle de Roi d'Angleterre ou celle de Président de la République française : ce sera celle de *Président de la République des Gaules avec ses grandes îles.* »

Le fils aîné de la Reine Victoria croit à la reprise européenne dans le siècle qui va venir de la grande politique de Jeanne d'Arc. Le mystère de Chinon n'a sans doute pas de secret pour le Prince qui croit à l'unité fédérative du continent européen et à la reconstitution universelle des droits celtiques.

Ce prince clairvoyant, qui présente tant de traits de ressemblance avec le Prince Noir, fils d'Édouard III et père de Richard II, sait et prédit que l'état d'émiettement dans lequel les nations d'Europe sont à l'heure actuelle ne peut durer.

Il pressent que l'an 2000 verra une de ces grandes révolutions cycliques qui ramènent le monde à des principes oubliés et le jettent soudain dans une voie nouvelle d'évolution et de progrès. L'an mille a commencé chez nous l'ère monarchique avec les premiers Capétiens ; l'an 2000 instaurera l'ère républicaine en nous ramenant à la compréhension des véritables traditions celtiques dont l'évolution chrétienne n'est que le radieux développement.

Jeanne d'Arc a bravement planté son étendard pour marquer à la France cette voie de salut et voilà que le premier prince d'Angleterre vient après elle nous l'indiquer du doigt au moment même où la grande messagère des moines et des lords, la sainte Élue du *roi du Ciel*, commence à être glorifiée.

« Les Français ne sont pas des Latins, les Anglais ne sont ni des Saxons, ni des Angles, dit catégoriquement le prince d'Angleterre. Les uns et les autres sont des Celtes et des Gaulois. Si les invasions ont donné aux deux nations des langues et des mœurs différentes, celles-ci n'en demeurent pas moins l'une et l'autre éminemment, presque exclusivement Celtiques : sœurs, par conséquent, malgré toutes les querelles de famille qui, pendant des siècles, les ont divisées. Il en est de même pour tous les peuples qui ont, dans les veines, le vieux sang gaulois. Ce sont ces peuples dont l'origine est commune, dont les aspirations vers la liberté sont les mêmes qui constitueront, un jour, la fédérative république des Gaules, noyau des États-Unis d'Europe, par lesquels s'instaurera le règne universel de la concorde et de la Paix [180]. »

Jeanne d'Arc, à Chinon, avait dû parler en termes à peu près semblables à Charles VII fasciné, ébloui. L'aristocratique envoyé des lords avait, sans nul doute, confirmé les paroles de l'héroïne.

La couronne gauloise, enserrant ou plutôt dominant le globe du Monde, est donc bien le signe mystérieux qui doit durer mille ans et oultre.

Le Royaume terrestre du Christ n'existe pas encore ; mais il faut travailler à le réaliser.

Pour cela, il faut reprendre la grande politique de Saint Louis, la grande politique de Jeanne d'Arc.

Il faut que la France recouvre le sens religieux de sa haute mission et qu'elle marche à la tête des peuples celtiques disséminés en Amérique, en Afrique, en Asie, en Europe, pour leur montrer la voie droite qui, seule, conduit à l'Immortalité.

Pax tecum ! La paix soit parmi vous ! doit dire la France à toutes les Nations gauloises. Au lieu de marcher, comme au début du siècle, aveuglément contre les Celtes de l'univers entier, notre Patrie doit leur apprendre à tous à ne porter les armes que pour la défense de leur Race et de l'Église chrétienne menacées, l'une comme l'autre, par l'Éternel Ennemi de la Paix, ce Diviseur néfaste qui fut homicide dès le commencement.

C'est contre les Fils du Diable, contre les faux et francs-maçons du Temple anti-christique, que doivent combattre tous les fils de la Gaule, tous les descendants de Japhet.

Qu'ils se groupent donc enfin sous l'égide de Jeanne d'Arc, tous les enfants de la Race de la FEMME, ennemis instinctifs des propagateurs cruels de la vieille Race *du Serpent*.

La lutte entre les tenants de ces races constamment hostiles est de nos jours plus sérieusement engagée que jamais parce que nous sommes à l'heure providentielle où se posent à notre sujet et aussi à notre encontre beaucoup de scabreuses questions.

Notre époque ressemble de façon étonnante au déclin du XIVe siècle, à ce moment de notre Histoire où des factions, soldées par l'ennemi implacable de notre Patrie, se disputaient le pouvoir d'un Roi fou.

Le Peuple Souverain de France est-il plus sage que Charles VI en ses terribles crises d'épilepsie et d'aliénation ?

La France n'est-elle pas vaincue, non seulement par la dernière guerre, mais encore et surtout par les invasions des industriels et des produits que LE TEMPLE vomit d'Amérique, d'Asie, d'Allemagne et d'Angleterre sur notre sol dévasté ?

« *Par le fer et le feu la dévoration se fait* »

dit fort justement M. J. Strada dans son récent poème sur Jeanne d'Arc dont nous sommes loin cependant d'adopter les conclusions.

La dévoration par le fer et le feu, ce sont les entreprises de transports à vapeur terrestres et maritimes.

Ces entreprises désastreuses pour nos producteurs indigènes sont subventionnées par l'État, de sorte que les Français de France paient eux-mêmes, par l'impôt, le transport des marchandises étrangères qui viennent faire concurrence à leurs propres produits.

Afin que rien ne manque à l'ironie sanglante que les Ennemis séculaires de notre Race : l'Israël terrasseur d'anges, le franc-maçon gâcheur d'idées, le Templier ravisseur d'idéal, nous infligent, ces générosités mortelles pour notre Commerce national sont faites à des Sociétés anonymes composées de gens qui n'ont rien de français et prennent les produits étrangers à l'étranger, dans le but de faire baisser ou hausser à leur gré, et suivant leur intérêt, le prix des denrées et marchandises de toutes sortes.

« Avant un demi-siècle, écrivait Mirès il y a trente ans, les chrétiens ne mangeront pas un morceau de pain sans la permission d'Israël. »

La prophétie du juif d'Ibérie est actuellement en voie de réalisation d'autant que d'autre manière encore

« Par le fer et le feu la dévoration se fait. »

Par le fer et le feu, en effet, on détruit systématiquement nos forêts pour rendre la Terre stérile dans nos possessions et sur notre territoire.

La Terre ne produit plus et l'étranger l'achète à vil prix !

L'invasion se fait par la Finance au lieu de se faire par les armes ; mais le résultat est le même. La France est ruinée, dévastée et vaincue par les *Grandes Compagnies de boursiers* comme elle l'était au Moyen Âge par les *Grandes Compagnies de routiers*. Tous ces larrons, *robbeurs* du bien d'autrui, sont serviteurs du même Temple ; ils sont les agents soldés du même pouvoir. Ils travaillent dans le même but ; ils combattent pour la même cause ; les armes ont changé, mais, à travers les siècles, les ordres sont restés aussi formels, aussi précis.

« J'ai deux haines au cœur : Dieu et la France » a dit, en un de ses discours, Adriano Lemmi, chef actuel des francs-maçons.

Winchester, au XVe siècle, s'il eût osé parler franchement, ne se fût pas exprimé en d'autres termes.

Pour ces deux Grands Maîtres du Temple, Jeanne d'Arc, qui combattit pour la France et l'Église, est, au même titre, un objet d'horreur.

« Le 2 février 1894 (jour d'une fête de la Vierge), Lemmi déclarait qu'il fallait réagir contre le mouvement catholique en faveur de Jeanne d'Arc ; il annonçait qu'il répondrait au décret de

Léon XIII, du 27 janvier, ordonnant l'introduction de la cause de la Pucelle d'Orléans en vue de la canonisation.

« Le 7 avril, Lemmi envoyait aux 77 provinces triangulaires une ignoble voûte encyclique où il vomit sa bave sur la pure mémoire de l'héroïque et sublime Jeanne d'Arc.

« Il y déclarait que les *maçons français*, eux surtout, ont à prendre bien garde à ne pas la glorifier *sous prétexte de patriotisme* parce que ce serait tomber dans le piège clérical.

« Il faisait par contre l'éloge de Voltaire et il invitait les *bons* francs-maçons à commémorer cette année-ci (1894) au 21 novembre dans tous les Ateliers le deuxième centenaire de sa naissance. »

Elle est bien significative cette citation que nous extrayons textuellement des *Souvenirs d'un Trente-Troisième*, par Domenico Margiotta.

Elle montre admirablement les liens occultes qui rattachent à travers les siècles les adversaires de Jeanne d'Arc : Lemmi à Voltaire, Voltaire à Henry Beaufort, l'élève de Wickleff et de Geoffroy Chaucer, les francs-maçons modernes aux anciens Templiers.

Elle nous explique aussi, cette citation précieuse, pourquoi les officiers français ont reçu la défense formelle d'assister en uniforme aux dernières fêtes de Jeanne d'Arc ! Lemmi ayant parlé, le Gouvernement de la France s'inclina.

La lutte est donc toujours la même, opiniâtre, acharnée entre Satan et Jésus-Christ, entre le Grand Architecte du Temple et le Souverain Roi du Ciel.

> « *Vi cum vi cuculi bis septem sociabunt,*
> *Gallorum pulli tauro nova bella parabunt,*
> *Ecce redit bellum, tunc fert vexilla Puella* »,

dit une vieille prophétie rapportée par la Chronique de Lorraine et que l'on commentait vivement au XVe siècle.

Cette prophétie est applicable à notre époque, tout comme à celle où vécut Jeanne d'Arc, parce qu'elle est l'annonce d'une évolution périodique qui se produit en notre Race lorsqu'on l'a trop longtemps abusée.

Voici, du reste, la traduction littérale et le commentaire de ces vers si curieux en leur forme archaïque :

« Lorsque, unissant force à force, les *Coucous* se seront associés deux fois sept fois,
Les *poussins des Coqs* prépareront de nouvelles guerres au *Taureau*.
Voilà que la Guerre revient et, à ce moment, la Pucelle porte les étendards. »

Les *coucous*, chacun le sait, sont des parasites qui viennent pondre leurs œufs dans les nids des autres oiseaux afin que les bonnes mères couveuses les fassent éclore.

Au XVe siècle, ces coucous symboliques figuraient les routiers brabançons, aragonais, génois, suisses ou allemands qui s'unissaient force à force avec les Anglais des Lancastre, se vendant à eux comme aux plus offrants après avoir encombré notre France de leurs personnes et de leurs rejetons.

Notre Patrie, *alma Mater*, n'a jamais hélas ! refusé ses soins aux petits étrangers nés dans le nid de France.

Loin de repousser de son sein les parasites qui, presque toujours, deviennent des supplanteurs, la France imprudente les adopte, les choie et les naturalise.

Aussi, à peine échappés de leur coque, les Coucous, les parasites, prétendent-ils constamment faire la Loi aux poussins des coqs, aux Français indigènes, descendants des Gaulois.

Ce phénomène, presque fatal, s'est produit, depuis un siècle, pour les Juifs, follement incorporés à la Nation française par les Jacobins qu'ils soldaient.

Cela était arrivé déjà au XVe siècle pour les Allemands de Bourgogne, les Anglais de Picardie et les Espagnols d'Aquitaine.

Tous ces gens, acceptés sans contrôle comme véritables enfants de la France, devinrent, moins d'un siècle après la mort de Jeanne d'Arc que leurs ancêtres avaient, du reste, soigneusement préparée, les directeurs néfastes de la politique française.

Fatiguée de leurs exactions, de leurs prétentions et de leur arrogance, notre Race voulut-elle leur résister ?

Tous les parasites, unis force à force, s'associèrent.

La RÉFORME fut la première raison sociale de leur alliance.

Les compagnons du Serment, les *huguenots*, mirent la France à feu et à sang comme l'avaient fait les Anglais des Lancastre pour le compte du même pouvoir occulte [181].

Cela dura de 1559 à 1685, date de la Révocation de l'Édit de Nantes.

À ce moment, les poussins des Coqs, les fils légitimes de la Gaule, les vrais Français de France avaient enfin compris que le Maître suprême, l'Infatigable argentier des parasites, était le symbolique Anglo-Saxon JOHN BULL [182], Taureau sinistre qui, de sa masse, écrase sans pitié tout idéal, toute idée, toute conscience, après avoir symbolisé extérieurement sa toute-puissance sous les traits monstrueux d'un Baphomet ou d'un Veau d'or.

Louis XIV, d'un trait de plume, autorisa les Français à renverser d'un coup de pied l'idole mythique adorée secrètement dans tous les *temples* du Royaume.

Les parasites s'enfuirent à tire d'ailes vers leurs soutiens occultes en poussant des cris de paon ; les Protestants vomirent tout le vocabulaire des malédictions bibliques sur la France qu'ils avaient, du reste, exécrée de tout temps. Car, en feignant de la vouloir servir, ils comptaient bien l'asservir [183].

Leur haine, se donnant libre cours dès qu'ils n'eurent plus d'intérêt matériel à la dissimuler, ils n'hésitèrent point à témoigner publiquement leur amour à ces Anglais dont ils étaient issus, sans doute par la chair, et certainement par l'esprit.

« Que si jamais on nous a vus par troupes tristement assis auprès des fleuves d'une impure Babylone, cette *Babylone* fut LA FRANCE, notre *marâtre* patrie, et non l'ANGLETERRE, qui est pour nous une *seconde* patrie digne de ce beau nom, une Judée, une Jérusalem, une Sion, s'écriait un jour au Prêche un célèbre pasteur protestant ; ces fleuves, ce furent la Seine, le Rhône, la Loire, la Charente, et non la Tamise, fleuve béni du Ciel, vrai Jourdain pour nous, dont la vue rafraîchit et récrée ceux que les ardeurs de la grande tribulation avaient presque consumés. »

Vaincus par Jeanne d'Arc dans leur Guerre de Cent ans contre la France, les Templiers avaient recommencé une guerre séculaire par LA RÉFORME.

Cette raison sociale de leur conspiration antichrétienne et antifrançaise ayant été biffée par Louis XIV, les Templiers et templistes du monde entier en cherchèrent une autre et ils la libellèrent par ce seul mot significatif : RÉVOLUTION [184].

De nouveau, les parasites eurent ordre de remplir, de leurs œufs, les nids de notre France.

Depuis le mystérieux Congrès de Whilemsbad, en 1782, où on leur distribua les divers rôles à jouer, les *coucous* ont semé sans cesse et sans relâche leurs rejetons, leurs œuvres, leurs mœurs, leurs vues et leurs doctrines parmi les fils des vieux Gaulois.

Il y a près de cent vingt ans, car les traités d'alliance datent de la fondation officielle des Illuminés de Weishaupt en 1776 que, unissant force à force, Anglais et francs-maçons, Protestants et Israélites, se sont associés pour reconstituer, contre l'Église et la France, le mythique taureau anglo-saxon, le cabalistique John Bull.

Par conséquent, le terme fatal de la réaction victorieuse des chrétiens contre la conspiration démoniaque est proche. La vieille prophétie est formelle et deux fois déjà l'Histoire lui a donné raison.

Quand Jeanne d'Arc se mit en action contre les Anglais Lancastriens, soldats et partisans du Temple, il y avait cent vingt-deux ans que les Templiers avaient fait pacte de vengeance avec les souverains d'Albion ; on commençait donc la septième période de vingt ans depuis la conclusion de la secrète alliance.

Quand Louis XIV, par la révocation de l'Édit de Nantes, empêcha les Protestants de faire, comme ils le souhaitaient, un État dans l'État, il y avait cent vingt-six ans que les unions occultes s'étaient opérées entre les hérétiques de France et ceux d'outre-Manche et d'outre-Rhin ; la septième période de vingt ans commençait encore et les fils de la Gaule se réveillaient.

Il y a cent dix-neuf ans que John Bull nous menace, que le Veau d'Or piétine lourdement nos croyances, nos consciences, nos idées et notre idéal, voilà cent dix-neuf ans que les *Coucous* parasites malmènent insolemment les enfants de la France ; encore un peu de temps et nous verrons enfin l'aurore de délivrance, nous saluerons, joyeux, le jour béni de la Victoire suprême et de la Liberté.

Déjà, l'héritier d'Angleterre a indiqué aux Celtes des deux Nations la voie d'espérance, le chemin du salut ; déjà aussi, du haut de la Chaire de Saint Pierre, le Pontife, revêtu de la blanche robe des Druides, fait appel à tous les Chrétiens issus de la race de Japhet [185]. Il a reçu près de lui les Russes de l'Église grecque ; il a reçu aussi les délégués du haut clergé anglais ; il a parlé à notre France. Bientôt, espérons-le, sous la houlette du Pasteur d'âmes il n'y aura plus qu'un seul troupeau Celtique, prêt à faire tête, de toutes parts, aux loups déguisés en bergers.

Oui, proclamons-le bien haut afin que tous les intéressés, Grecs et Latins, Celtes et Slaves, riches et pauvres, savants et ignorants qui composent l'universelle Église que Gerson défendit, que Jeanne d'Arc affirma, entendent enfin la bonne nouvelle que l'envoyée du *Roi du Ciel* a confiée à Charles VII pour que la France en héritât.

Les anciens serments d'alliance qui unissaient jadis en une même ligne défensive tous les enfants de Japhet doivent renaître, les antiques pactes de famille qui reliaient en un même faisceau toutes les branches de la race celtique doivent être reconstitués, sous la sanction de l'Église, aux pieds du Christ triomphant.

La paix universelle, la paix sincère, la paix durable ne peut s'établir sur d'autres bases. Les Nations ne désarmeront réellement que le jour où la voix du sang imposera silence à la voix diabolique qui prêche en tous lieux la discorde.

Elles ne se réchaufferont aux feux de la belle paix qu'auprès de l'autel de Jeanne d'Arc quand les cierges scintilleront comme les étoiles terrestres éclairant le triomphe suprême de celle que tous proclameront bienheureuse parce qu'elle a cru la parole du Seigneur.

Hier, pour Jeanne, c'était Rouen, c'était l'angoisse, c'était l'opprobre ; aujourd'hui, pour sa mémoire, c'est encore l'épreuve ; mais demain ce sera la victoire éclatante de la Femme écrasant à jamais la tête du Serpent.

Sans doute, le venimeux reptile qui symbolise toutes les passions froides et calculées du Temple, ennemi du Christ, bavera avec rage ses dernières calomnies et ses derniers outrages contre l'héroïne qui leva si haut l'étendard de la Patrie, la bannière celtique de tous les enfants de Japhet.

Qu'importe ! Jeanne est trop grande pour qu'une fusée d'esprit mauvais la puisse atteindre !

Elle domine maintenant de toute son envergure de Vierge et de martyre les petits Cauchons dont le souffle malsain ne peut plus ternir son auréole de gloire ; Grands maîtres, petits maîtres, valets et serviteurs du Temple seront impuissants à effacer son nom du Livre de Vie où l'Église universelle va l'écrire en traits de feu.

Jeanne d'Arc ! c'est pour nous, Français, l'incarnation même de la France.

Jeanne d'Arc! pour tous les Celtes du monde entier sera demain le symbole typique de la Race.

Devant l'autel de la douce Pucelle, tous les aigles s'assembleront.

L'aigle noir de Russie, l'aigle blanc de Pologne voleront ensemble vers le bois Chenu où s'élevait jadis l'Ermitage de Bermont, sanctuaire des *Discrètes*, non loin du Hêtre séculaire, du grand *Fau* des Druidesses et des Fées. Alors on pourra voir la licorne héraldique de l'Angleterre gauloise, revenue au giron de l'Église, se reposer, en signe de paix éternelle, aux genoux de la Vierge héroïque annoncée jadis par le Prophète Merlin.

FIN

LISTE DES AUTEURS CITÉS EN CET OUVRAGE

CHARLES MACFARLANE AND THOMAS THOMSON. – *History of England.*
LANGLOIS. – *Procès des Templiers.*
M. DE BARANTE. – *Histoire des ducs de Bourgogne.*
FULLER. – *Histoire d'Angleterre.*
A. DUMAS, père. – *Gaule et France.*
MATTHIEU PARIS. – *Vieille Chronique.*
MATTHIEU FLORILÈGE. – *Vieille Chronique.*
PIERRE DE BLOIS. – *Vieille Chronique.*
GOLLUT. – *Vieille Chronique.*
SAINT BERNARD. – *Note sur la Vierge.*
ABBÉ MAYNARD. – *Note sur la Vierge.*
HENRI MARTIN. – *Histoire de France.*
SIMÉON LUCE. – *Jeanne d'Arc à Domrémy.*
Journal d'un Bourgeois de Paris. – XVe siècle.
Mystère d'Orléans. – XVe siècle.
Chronique de la Pucelle. – XVe siècle.
ANONYME DE LA ROCHELLE. – XVe siècle.
COMTE DE PUYMAIGRE. – *La Pucelle.*
QUICHERAT. – *Procès de la Pucelle.*
JOSEPH FABRE. – *Procès de Jeanne d'Arc.*
BOSSUET.
SAINT SIMON.
ABBÉ GEORGES DE TROYES. – *Les premiers Apôtres des Gaules.*
CH. BARTHÉLÉMY. – *Annales hagiographiques de France.*
PIERRE RICHELET. – *Dictionnaire du XVIIe siècle.*
PAPE PIE II. – *Mémoires.*

STEENNCKERS. – *Agnès Sorel et Charles VII.*
ABBÉ LECANU. – *Histoire de Satan.*
VALLON. – *Jeanne d'Arc.*
CHRISTINE DE PISAN. – *Stances sur la Pucelle.*
FROISSART. – *Vieille Chronique.*
PIERRE SALA. – *Vieille Chronique.*
SIMON DE PHARES. – *Vieille Chronique.*
EBERHARD DE WINDECKEN. – *Histoire de l'Empereur Sigismond.*
LÉON DE ROZMITAL. – *Voyage en Occident.*
DOMENICO MARGIOTTA. – *Souvenirs d'un trente-troisième.*
BERTRANDON DE LA BROQUIÈRE. – *Voyage en Orient.*
LONGUEMAR. – *Rapport à la Société des Antiquaires de l'Ouest.*
GUILLAUME GRUEL. – *Vieille Chronique.*
Chronique du Siège d'Orléans.
Abréviateur du Procès.
JACQUES GÉLU. – *Rapport du Concile de Poitiers.*
JACQUES LEBOUVIER DIT DE BERRY. – *Vieille Chronique.*
CLÉMENT DE FAUQUEMBERQUE. – *Vieille Chronique.*
PERCEVAL DE CAGNY. – *Vieille Chronique.*
JEAN ROGIER. – *Vieille Chronique.*
JEAN DE WAVRIN DU FORESTEL. – *Vieille Chronique.*
Manuscrit des Gestes.
MONSTRELET. – *Vieille Chronique.*
FROISSART. – *Vieille Chronique.*
THOMAS DE QUINCEY. – *Essai sur Jeanne d'Arc.*
ROBERT STEGGAL. – *Jeanne of Arc and other poésies.*
THOMAS DIBDIN. – *Chanson sur Jeanne d'Arc.*
Mgr RICARD. – *Jeanne d'Arc vénérable.*
F. BOURNAND. – *Jeanne d'Arc.*
MATTHIEU THOMASSIN. – *Vieille Chronique.*
JEAN GERSON. – *De Puella.*
J. STRADA. – *La France, mère des libertés de l'Europe par la destruction de l'empire universel anglais.*

TABLE DES MATIÈRES

Comment fut découverte la statue de Jeanne d'Arc à Mousson.

AVANT-PROPOS

Note d'actualité.

I. – Les Templiers et la Guerre de Cent ans.
II. – Les Précurseurs de la Pucelle.
III. – La famille d'Arc à Domrémy.
IV. – Jeu politique des femmes au XVe siècle.
V. – L'Arbre des Fées.
VI. – Double mission de la Pucelle.
VII. – Jeanne et Claude d'Arc à Vaucouleurs.
VIII. – Arrivée des deux sœurs auprès du Dauphin.
IX. – Le mystère de Chinon.
X. – Jeanne d'Arc à Poitiers.
XI. – À Orléans.
XII. – Campagne de la Loire.
XIII. – Sur le chemin de Reims.
XIV. – De Reims à Rouen.
XV. – Le Tribunal de Pierre Cauchon.
XVI. – Autour du bûcher de Jeanne. – Amende honorable des Anglais.
XVII. – La Dame des Armoises.
XVIII. – Réhabilitation.

JEANNE D'ARC ET LE TEMPS PRÉSENT
HIER. AUJOURD'HUI, DEMAIN

Liste des auteurs cités en cet ouvrage.

¹ Voir CHARLES MACFARLANE and THOMAS THOMSON, *The Comprehensive History of England-London*, 1861.
² *Procès des Templiers*, étude publiée par M. LANGLOIS dans *la Revue des Deux-Mondes*.
³ *Procès des Templiers*, étude publiée par M. LANGLOIS dans *la Revue des Deux-Mondes*.
⁴ On appelle ainsi la taxe ou redevance que devaient autrefois payer au Pape, en recevant leurs bulles, les titulaires de bénéfices conférés en consistoire.
⁵ Fuller, *Histoire d'Angleterre*.
⁶ « L'Ordre des Templiers que l'on croyait aboli, dit Alexandre Dumas père dans *Gaule et France*, paraît, au contraire, s'être conservé jusqu'à nos jours sans que ses réunions conventuelles aient cessé, sans que la succession légitime et légale des grands maîtres depuis Jacques de Molay ait été interrompue. »

Depuis cette révélation très précise du grand romancier, les Templiers ont jeté au vent le voile occulte dont ils s'étaient prudemment couverts pendant des siècles. C'est en Amérique que s'est opérée la résurrection officielle de cet Ordre mal enterré.

En 1883 eut lieu solennellement à Philadelphie, pour célébrer le centenaire de l'émancipation des États-Unis, la grande procession des Chevaliers du Temple. Cette reviviscence prouve bien qu'une chaîne secrète rattache, à travers les siècles, les Puritains de Cromwell, premiers fondateurs des Yankees protestants, aux disciples de Wickleff et ceux-ci aux Templiers, argentiers des Plantagenets et des Lancastre dans leurs luttes politiques et militaires contre les landlords, détenteurs fonciers du sol d'Albion.

Jeanne d'Arc avait donc raison d'affirmer, avant de mourir, que le signe de sa mission durerait mille ans et oultre. Ses ennemis sont encore vivants. Aussi l'Église universelle, qu'ils menacent, semble-t-elle, en déclarant Jeanne vénérable, faire appel à tous les auxiliaires dévoués de la Pucelle, aux émules modernes des franciscains qui la firent vaincre et aux descendants de ces hauts barons d'Angleterre, qui, sans la trahison indigne dont ils furent les premières victimes, l'auraient sûrement fait triompher.

⁷ Ce traité, conservé à la Bibliothèque de Poitiers, à laquelle il fut donné par l'abbé Gibault, après avoir été par lui recueilli chez un marchand de parchemins, forme un rotule de neuf pieds de long sur un pied de large, composé de cinq feuilles de parchemin, cousues l'une à l'autre, écrites sur un seul verso en lettres cursives de la fin du XIVe siècle.

⁸ Voir le traité de Troyes cité in extenso par M. DE BARANTE, *Histoire des ducs de Bourgogne*, tome II.

⁹ Gollut.

¹⁰ M. DE BARANTE, *Histoire des ducs de Bourgogne*.

¹¹ M. DE BARANTE, *Histoire des ducs de Bourgogne*.

¹² ABBÉ MAYNARD, *La Sainte Vierge*.

¹³ Il est à remarquer que les serments exigés par Durand au nom de Notre-Dame du Puy sont exactement les mêmes que ceux exigés par Jeanne d'Arc au nom du *Roy du Ciel*, ce personnage mystérieux dont le pauvre charpentier du Velay argue, comme le fera, au XVe siècle, la vierge de Domrémy.

¹⁴ HENRI MARTIN, *Histoire de France*.

¹⁵ Voilà pourquoi Jeanne d'Arc, porte-étendard politique et militaire des Franciscains, avait pris cette belle devise : « Vive labeur ! » que l'on devrait graver en lettres d'or sur tous les drapeaux de la France.

¹⁶ Les Frères Mineurs, Le Tiers-Ordre franciscain et le Capitalisme d'après l'Encyclique *Auspicato* du 22 septembre 1882. Marseille, 1894.

¹⁷ On nomme ainsi le Conseil des douze femmes élues par les membres d'une fraternité pour la gouverner, l'administrer, la diriger.

¹⁸ Voir à cet égard l'intéressant travail de Siméon Luce, intitulé *Jeanne d'Arc à Domrémy*.

¹⁹ Note prise dans *Le Tiers-Ordre et le Capitalisme*.

²⁰ Lettres patentes du roi vérifiées ès cour de Parlement et des Aides le 31e jour de décembre 1612.

²¹ Déjà dans le journal du prétendu Bourgeois de Paris se trouve une indication assez singulière. *Vray est*, affirme l'auteur, *qu'elle* (la Pucelle) *disait estre aagée environ de vingt-sept ans*. Sans ajouter plus de foi qu'il ne convient au dire d'un universitaire qui paraît avoir été l'un des plus fameux révolutionnaires du XVe siècle et détesta tous les régimes en vigueur depuis celui des bouchers, quoique les Anglais lui soient moins en horreur que les Armagnacs, nous avons cru devoir enregistrer cette assertion relative à l'âge réel de Jeanne à Rouen parce que, si le chroniqueur a dit vrai, l'héroïne, ayant vingt-sept ans en 1431, serait née

en 1404, précisément l'année où Jacques d'Arc quitta Ceffonds pour Domrémy. La naissance de la Pucelle aurait ainsi coïncidé de façon bien singulière avec le changement de fortune et d'habitation de sa famille et cela donnerait crédit à une supposition que nous signalerons plus loin sur l'origine que ses contemporains semblent avoir attribuée la Libératrice de la France.

[22] Il est à remarquer que dans tous les actes officiels Jacques d'Arc est désigné sous le nom de Jacob et que son épouse y porte le prénom de Zabillet au lieu d'Isabelle. – Quicherat dans ses notes fait aussi cette observation.

[23] Déposition faite en 1476 par Henri de Vouthon, charpentier, petit-fils de Jean de Vouthon et par conséquent neveu de frère Nicolas et cousin issu de germain de Jeanne d'Arc.

[24] D'après l'affirmation du Bourgeois de Paris citée plus haut, il se pourrait que ce dernier enfant eût été non un garçon mais une fille et que celle-ci née, en 1404, ait eu réellement vingt-sept ans en 1431. Ce qui tendrait à le faire supposer c'est que, dans les actes officiels, Pierre d'Arc est nommé frère puîné de Jeanne et que l'aîné des fils de ce Pierre fut surnommé la Pucelle et garda les armes de la famille d'Arc ainsi qu'il appert de la lettre patente par laquelle le roi Louis XIII consacra, pour ses descendants, le droit de les porter.

De plus, une des grandes préoccupations des conseillers de Charles VII, lors des enquêtes de Chinon et de Poitiers, fut d'établir de façon irréfutable que Jeanne était réellement une femme revêtue d'habits masculins et non un homme comme quelques-uns le donnaient à entendre. N'y eut-il point substitution de date pour la naissance du frère et de la sœur ? N'est-ce pas Jeanne qui naquit en 1404 et Pierre en 1412. On peut se le demander quand on voit un autre chroniqueur, Lefèvre de Saint-Rémy, affirmer que Jeanne avait vingt ans lors de l'apparition de saint Michel au mois d'août 1425.

[25] Joseph Fabre, en traduisant cette phrase, dans son livre sur le procès de réhabilitation, observe qu'elle prouve que Jeanne d'Arc avait plusieurs sœurs.

[26] Cela est établi par la déposition d'Allouy Robert, *Procès* II.

[27] VALLON, *Jeanne d'Arc*.

[28] Voir plus loin ch. VI, *La mission des deux sœurs*.

[29] *Vexilla feram*. Voir ch. VII.

[30] Voir ch. XVII, *La dame des Armoises*.

[31] Voir plus loin ch. X le rapport de Jacques Gélu an concile de Poitiers.
[32] *Chronique de la Pucelle* par l'anonyme de la Rochelle.
[33] *Chronique espagnole de la Pucelle* traduite par le comte de Puymaigre.
[34] Chronique de la Pucelle traduite par le comte de Puymaigre.
[35] Voir SIMÉON LUCE, *Jeanne d'Arc à Domrémy*.
[36] Voir HENRI MARTIN, *Histoire de France*.
[37] Cette phrase singulière de la prophétie, colportée au XVe siècle de village en village et commentée par le peuple dans tout le royaume, tendrait à faire supposer que Jeanne ne fut pas matériellement fille de Jacques d'Arc et d'Isabelle Romée. Ceux-ci ne furent peut-être, en réalité, que les parents nourriciers de l'héroïne. D'autres paroles plus historiques militent, du reste, en faveur de cette présomption, que nous croyons devoir signaler, sans avoir osé, toutefois, l'introduire dans notre thèse, n'ayant pas, pour la défendre, de documents péremptoires à fournir.

Dans leurs minutieuses recherches les historiens de Jeanne n'ont jamais découvert encore ni l'acte de naissance, ni l'acte de baptême de l'héroïne. Celle-ci, à Rouen, a catégoriquement refusé, à plusieurs reprises, de dire à ses juges son surnom et son âge.

De plus, la première fois qu'elle vit, à Chinon, le duc d'Alençon, comme le Roi présentait son cousin à Jeanne, celle-ci prononça ces paroles remarquables : « Vous, soyez le très bien venu ; plus ON SERA ENSEMBLE DU SANG ROYAL DE FRANCE, mieux cela vaudra. »

En comparant cette affirmation de la jeune fille (qui possédait de si aristocratiques allures et commanda toujours et partout bien plus en souveraine qu'en subalterne) avec la phrase si étrange de la prophétie populaire, on se demande, en vérité, si Jeanne ne serait point la fille de Charles VI (et par conséquent *issue du sang royal de France*) et d'une grande dame anglaise (et par là même, *originaire du lieu d'où se répandit, dans le verger des lys, le brutal venin*) ???

L'offrande faite par Jehanne d'Arc, belle-sœur du père attitré de la Pucelle, des chapeaux de fleurs dont Charles VI fut si réjoui, n'a-t-elle pas trait à cette affaire ? C'est à chercher ! Peut-être l'avenir révélera-t-il enfin sur ce sujet de bien curieuses vérités. Quoi qu'il en soit, du reste, de l'origine véritable de Jeanne, elle ne change rien à ce que nous disons, au cours de ce travail, de l'influence puissante d'Isabelle Romée et de la haute valeur morale de l'épouse de Jacques d'Arc. Que Jeanne ait été sa fille par le sang ou par l'adoption, il n'en est pas moins certain que la sainte héroïne fut élevée par cette femme forte qui lui inculqua sa créance et que si Isabelle ne lui donna pas la vie du corps, ce que nous ne saurions affirmer encore, elle lui donna la vie de l'âme, de l'intelligence et du cœur et, par là même, fut, par la jeune fille, considérée comme sa seule mère, au moins publiquement.

[38] Cette phrase tendrait à prouver que cette prophétie avait été composée après la naissance de Jeanne et n'était si répandue que parce qu'on attendait la mise en œuvre de l'enfant marquée de signes particuliers et prédestinée à une grande action.

[39] Sans prétendre donner à cette prédiction plus d'autorité ni même plus d'authenticité qu'il ne convient, le texte, recueilli par le grand Inquisiteur, a cependant son importance au point de vue de l'idée que les Français du XVe siècle concevaient de la nature, de l'origine, de l'action et des triomphes de la Pucelle. Ces paroles mystérieuses, quand on en médite le sens, pour y chercher celui de l'Histoire réelle, ouvrent à l'esprit des horizons nouveaux et montrent que les contemporains de Jeanne avaient d'elle une tout autre opinion que nous.

[40] Voir ch. V ce qui se rapporte aux Fées.

[41] C'est pour cette cause que l'on a vu en Jeanne d'Arc une bergère ; on a confondu une occupation accidentelle et passagère avec une habitude quotidienne que la situation sociale de ses parents ne justifie pas.

[42] Peut-être cet anneau était-il pour Jeanne un signe de reconnaissance, ayant trait au mystère de sa naissance que nous avons signalé au sujet de la phrase singulière de la prophétie populaire. Jeanne, du reste, avait plusieurs anneaux dont elle se servit en différentes circonstances : au moment de son départ de Vaucouleurs elle en fit porter un à Jeanne de Laval, veuve de Du Guesclin. Cette femme était le centre de ralliement des partisans de la politique soutenue jadis, sous Charles V, par son mari. Après la réception de l'anneau de Jeanne d'Arc, Mme de Laval envoya à Chinon ses deux fils. Le plus jeune, André, lui écrivit même une lettre charmante pour lui raconter son entrevue avec la Pucelle. Un autre anneau de l'héroïne se trouvait, ainsi qu'elle l'affirme à ses juges, entre les mains des Bourguignons.

[43] Citation du dictionnaire de Pierre Richelet, 1719.

[44] Pas plus que les Templiers les Loges-les-Dames n'ont disparu de la Société humaine. Les *fées* se nomment maintenant *sœurs maçonnes* et, en leurs secrets *convents*, elles se distribuent, comme au XVe siècle, les

rôles à jouer pour le triomphe de la cause politique et sociale à laquelle elles vouent leurs charmes, leur intelligence et leur vie.

45 Bagaudes, du mot celtique *bagad*, qui signifie réunion, assemblée, foule, attroupement.

46 Vieille chronique citée par Saint Simon.

47 Voir HENRI MARTIN, *Histoire de France*.

48 1. Voir les *premiers apôtres des Gaules* par l'abbé Étienne Georges (de Troyes) qui renvoie pour les documents relatifs à cette affaire aux *Annales hagiographiques de la France* par Ch. Barthélémy, 1861, aux *Recherches sur l'épiscopat des Saints Martial, Sévérien et Privat*, par l'abbé Baldit, archiviste, 1860, et aux *Origines de l'Église de Mende*, par l'abbé Charbonnel, 1859.

49 On y voyait encore il n'y a pas plus de trente ans, dit M. Quicherat dans une de ses notes publiées en 1844, une chapelle très ancienne qui, depuis, s'est écroulée. En 1835, un propriétaire du pays entreprit de la réparer. On trouva, dans les décombres, l'épitaphe d'un ermite mort en 1583, des statuettes et une cloche, ce qui prouve que l'ermitage était habité et desservi jadis.

50 STEENACKERS, *Agnès Sorel et Charles VII*.

51 Le mot *salien* dans l'antique langue des Gaules signifiait *sauteur*. Les prêtres et prêtresses saliens imitaient dans leurs danses magiques les mouvements des astres ; il y a dans les doctrines hindoues beaucoup de traditions saliennes. Ram, fondateur des Brahmes, était du reste, d'après Fabre d'Olivet, un schismatique gaulois.

52 L'ABBÉ LECANU, *Histoire de Satan*.

53 Simon de Pharès dans son livre des *Astrologiens célèbres* dit que « Maistre Jean des Builhons, prisonnier à Chartres des Anglais et qui était grand philosophe et bon astrologien, prédist au comte de Salisbury, à Talbot et autres, leur infortune durant le siège d'Orléans, ce qui prouve que les astrologues du temps, bien renseignés des intrigues secrètes qui se tramaient en vue du salut de la France, n'hésitaient pas à menacer ses ennemis des catastrophes qu'on se flattait de leur faire arriver.

54 *Comprehensive History of England*, citée déjà plus haut.

55 Dans un récent discours, Lord Roseberry, premier ministre d'Angleterre, rappelant la bataille d'Azincourt, l'a qualifiée publiquement de *triomphe le plus mémorable des annales anglaises*. « Le souvenir de ce jour n'a pas disparu quoiqu'il y ait cinq siècles écoulés depuis, a affirmé ce porte-voix moderne des chevaliers du Temple. Même après cette période, il n'est pas *mauvais* pour nous de nous souvenir de *quels*

hommes nous sommes *les descendants*, de nous rappeler les EXPLOITS !! dont nos pères ont été *capables* et de déclarer, UNE FOIS POUR TOUTES, que notre génération est à la *hauteur* de ce souvenir et de CET IDÉAL !!! et que nous voulons, à notre époque, maintenir sans tache l'empire qu'ils ont fait et qu'ils nous ont légué. » On voit par ces paroles significatives, prononcées à Londres au mois d'octobre 1894, qu'il n'est pas inutile à notre Patrie de retrouver le sens de la vraie mission de Jeanne d'Arc et que les Français, de leur côté, ont intérêt à se rappeler quels furent les ennemis et les auxiliaires de la Pucelle afin de se maintenir, eux, à la hauteur de L'IDÉAL chrétien pour lequel elle a combattu à l'encontre de L'IDÉAL sanguinaire et molochiste du *Tout-Puissant* (*Almighty*) Grand Architecte du Temple, inspirateur d'Henry V de Lancastre et ordonnateur secret de l'horrible tuerie d'Azincourt.

[56] Histoire civile, militaire, religieuse, intellectuelle et sociale de l'Angleterre.

[57] M. DE BARANTE, *Histoire des ducs de Bourgogne*.

[58] Il est à remarquer dans les curieuses révélations faites par le docteur Bataille sur la Franc-Maçonnerie sous ce titre saisissant : *le Diable du XIXe siècle*, que l'Esprit pervers, pour parler à ses suppôts, se sert presque toujours de la langue anglaise.

[59] Extrait de la consultation de Theodorus, auditeur de rote de la Curie romaine.

[60] Cette parole violente s'expliquerait bien mieux, si l'on pouvait prouver que Jacques d'Arc n'était pour Jeanne qu'un père nourricier.

[61] « On voit par la déposition de Jean Pasquerel entendue à Paris par les juges du procès de réhabilitation qu'Isabelle d'Arc (alias Romée, surnommée, dans le patois du pays Lorrain, Zabillet) quitta Domrémy peu de temps après sa fille, et qu'elle était au Puy (*in villa Aniciensi*) pendant qu'on préparait l'expédition d'Orléans. » (Note extraite de Quicherat, Procès de Jeanne d'Arc, t. II.)

[62] Froissart.

[63] Madame d'Or était la belle brugeoise en l'honneur de laquelle Philippe le Bon avait fondé l'ordre chevaleresque de la Toison d'Or.

[64] Ceci est établi par la chronique de Lorraine.

[65] La reproduction de cette tapisserie se trouve dans l'ouvrage illustré de MM. Henri Bordier et Édouard Charton portant ce titre : L'Histoire de France d'après les documents originaux et les monuments de l'Art de chaque époque. Tome I. – Paris, 1865.

⁶⁶ La rose épanouie est encore de nos jours le signe des adeptes de la Massenie du saint Graal et des chevaliers et chevalières de l'Ordre maçonnique des Rose-Croix. Les loges de cet Ordre existaient déjà au XVᵉ siècle en Écosse, aussi Claude d'Arc, élue de la Loge-les-Dames du bois Chenu, était-elle sûre d'entraîner à sa suite la forêt de Calyddon, c'est-à-dire les frères, sœurs et confrères du rite écossais.

⁶⁷ Froissart.

⁶⁸ Manuscrit de Simon de Pharès conserva la Bibliothèque Nationale.

⁶⁹ Chronique de la Pucelle.

⁷⁰ Réponse de Jeanne d'Arc à ses juges de Rouen.

⁷¹ Qui avait épousé une des filles de la duchesse Marguerite de Bourgogne.

⁷² Abréviateur du Procès.

⁷³ Traduit de la chronique allemande d'Éberhard de Windecken, trésorier de l'empereur Sigismond, qui fit ce récit d'après les relations officielles envoyées de France à son maître.

⁷⁴ Abréviateur du Procès.

⁷⁵ Peut-être aussi lui révéla-t-elle les liens étroits de parenté qui l'unissaient elle-même à la famille royale si, comme nous l'avons indiqué, elle était fille du Roi Charles VI et sœur, par conséquent, du gentil Dauphin.

⁷⁶ Voir ch. III la note relative à l'origine royale de Jeanne.

⁷⁷ Procès de condamnation.

⁷⁸ La couronne héraldique du lord ou la plume du scribe monastique.

⁷⁹ Nous avons dit au ch. II, à propos des précurseurs de la Pucelle, que les Touaregs, que nous considérons comme descendants des petits enthousiastes du XIIᵉ siècle et héritiers de leur mystérieuse consigne, gardent encore cette route en défendant l'accès du Tchad aux trafiquants et clergymen d'Albion.

⁸⁰ Voir déposition de Simon Charles, Procès de Réhabilitation.

⁸¹ Jean Paléologue II, avant-dernier empereur d'Orient.

⁸² Extrait du manuscrit 10 025 cité par Quicherat.

⁸³ Il est à remarquer que ce terme : l'Ennemi, a toujours été pris par les historiens dans le sens de Diable ou de démon, c'est-à-dire de l'ennemi des âmes. À notre avis, il faut prendre le mot à la lettre et y voir le symbole de la coalition des ennemis politiques et très vivants de la France et du Christ.

⁸⁴ Rapport à la Société des Antiquaires de l'Ouest par M. de Longuemar.

⁸⁵ On entendait par ces mots l'Île de France.
⁸⁶ Mystère du siège d'Orléans.
⁸⁷ Chronique de la Pucelle.
⁸⁸ Jean Bouchet a consigné ce fait dans ses Annales d'Aquitaine en 1495.
⁸⁹ Nous citerons plus loin dans le Chapitre sur le siège d'Orléans le texte de ces quatre missives.
⁹⁰ La statue de Notre-Dame du Puy avait été, dit-on, remise à Saint Louis par le Soudan d'Égypte. On la disait sculptée par le prophète Jérémie.
⁹¹ La livre, du temps du règne de Charles VII, est évaluée à 40 francs de notre monnaie. Chaque chevaucheur toucha donc une somme de 320 francs.
⁹² Ch. II.
⁹³ Chronique du siège d'Orléans.
⁹⁴ Le choix de cet emblème semble indiquer que les chevaliers de Saint-Jean de Jérusalem combattirent sous cet étendard leurs vieux ennemis les Templiers.
⁹⁵ La raison de cette supposition est que le fait se passa tandis que Jeanne était à Blois.
⁹⁶ Pour comprendre l'humour satirique de cette phrase du chansonnier il tant se rappeler que William de la Pole, général de l'armée assiégeant Orléans, était le petit-fils du chef des tisserands flamands recrutés soigneusement par Édouard III parmi les plus pauvres ouvriers de Bruges et de Gand. Ce William de la Pole, premier du nom, fut, sans doute, fortement commandité par le trésor du Temple, car il devint très vite le principal capitaliste d'Angleterre et, comme tel, fut créé chevalier banneret et suprême baron de l'Échiquier.

Son fils fut fait comte de Suffolk, et le descendant de celui-ci, que nous retrouvons devant Orléans, fut ensuite élevé à la dignité de duc de Suffolk, sous Henry VI, et devint enfin premier pair du Royaume. Son fils épousa la sœur d'Édouard IV ; le fils aîné de cette union fut déclaré par Richard III son héritier présomptif.

Ainsi les descendants d'un simple marchand flamand auraient occupé le trône d'Angleterre cent ans à peine après l'arrivée des premiers industriels, sans la convention qui aboutit à changer la dynastie des Plantagenets pour celle des Tudors. Vaincus par leurs ennemis dans la guerre des Deux-Roses, les hauts barons terriens avaient préféré cette diversion à l'asservissement complet de leur race sous la maîtrise directe d'un Templier pur sang comme le descendant des William de la Pole.

Il est à remarquer aussi qu'Henry VII Tudor était le petit-fils de Catherine de France, fille de Charles VI, et que cette femme, mère d'Henry VI, engendra ainsi les deux hommes qui, comme souverains, commencent et finissent la Guerre des Deux-Roses.

97 Ce séjour est expressément indiqué dans le Manuscrit des Gestes reproduit par la Chronique de la Pucelle dont nous avons extrait cette indication précieuse et le texte de la lettre aux Anglais.

98 Ces mots le *fils Sainte-Marie*, si l'on en croit les Rituels modernes des sœurs maçonnes, devaient être familiers aux Rose-Croix pour donner le change aux chrétiens sur les légendes fort peu orthodoxes et fort peu morales que se racontaient les initiées sur l'origine de Jésus-Christ. À ces mots les chevaliers de la Rose-Croix au XVe siècle durent probablement reconnaître l'Élue des Loges-les-Dames et cela expliquerait l'inexplicable conduite en cette affaire de Suffolk, de Sales et de Talbot.

99 Il est à remarquer que la sommation ne s'adresse pas à Glansdale qui, sans doute, était à Orléans le chef du parti Templier et que tous les autres capitaines abandonnèrent lorsque la Pucelle assiégea les Tournelles dont il était gouverneur.

Ce qui nous autorise à considérer Glansdale comme un des grands affiliés du Temple, ce sont les frais considérables que l'on fit pour ses funérailles et que signale en ces termes le Journal d'un bourgeois de Paris : « Il (Glansdale) se noya le jour devant que l'occision (de ses compagnons) fut faite et depuis fut pesché et dépecé par quartiers et bollu et embasmé et apporté à Saint Merry ; où fut huit ou dix jours en la chapelle devant le cellier et nuit et jour ardaient devant son corps quatre cierges ou torches et après, fust emporté en son pays pour enterrer. »

100 J. Fabre affirme positivement l'existence et la disparition de cette lettre dans ses notes sur le Procès.

101 Consulter à cet égard les pièces officielles du Procès de Rouen.

102 Cette bastille s'appelait Londres et était une des plus fortes des assiégeants.

103 Jeanne rappelle ici le nom des deux souverains qui avaient tenté avant elle de recomposer l'Empire des Gaules et les fédérations celtiques en mode chrétien.

104 Ce départ de Jeanne pour Blois est très explicitement indiqué dans la *Chronique de Berry* rédigée par Jacques le Bouvier, hérault du roi de France et roi d'armes du pays de Berry. « Et l'endemain se partit la

dite Pucelle d'Orléans et vint *à Blois* pour avoir gens et vivres. Et ce fait vint au dit lieu d'Orléans à tout une grosse puissance de gens d'armes. » Tel est le texte littéral d'un chroniqueur qui a vu les évènements et dont les récits, quoique succincts, sont remplis d'intérêt et très dignes de foi.

[105] Têtes de gros bétail.

[106] Voir précédemment ch. IV et suivants.

[107] Il est à observer que le Chroniqueur indique soigneusement son *estendard* après elle. Or Jeanne a déclaré formellement en son Procès qu'elle portait elle-même l'étendard afin de ne tuer personne.

[108] Il est à remarquer que les Chroniques désignent presque toujours très soigneusement les deux sœurs : Claude comme *Pucelle armée* et Jeanne comme Pucelle à *étendard déployé* ; en réunissant les deux termes on parle donc des deux sœurs.

[109] Chronique de la Pucelle.

[110] Extrait du manuscrit inédit ayant pour titre : Les Gestes des Nobles françoys descendus de la royale lignée du noble roy Priam de Troye jusques au noble Charles, fils de Charles le Sixième qui tant fut aymé des nobles et de tous autres. Manuscrit de la Bibliothèque nationale n° 10297.

[111] Chronique de la Pucelle.

[112] Ceci est établi par Jean Chartier, chantre de Saint-Denis et chroniqueur attitré du Roi Charles VII.

[113] Par opposition à celui des femmes.

[114] *Nous*, ce prénom pluriel semble être employé à dessein par Claude pour désigner à la fois sa sœur et elle-même.

[115] « Et celuy même jour, raconte la Chronique du Siège d'Orléans, un augustin anglais, confesseur du seigneur de Talbot, et qui, pour luy, gouvernait un sien prisonnier moult vaillant homme d'armes, nommé Le Bourg de Bar qui était enferré des pieds, le menait après les autres anglais par dessous les bras et tout le pas, obstant qu'il ne pouvait aller autrement.

« Veant qu'ils demeuraient fort derrière le prisonnier, connaissant comme très subtil en faict de guerre que les Anglais s'en allaient sans retour, contraignit le dit augustin (qui semble n'avoir pas fait, du reste, grande résistance) à le porter sur ses épaules jusque dedans Orléans, et ainsi échappa sa rançon. Et ainsi fut su par l'augustin beaucoup de la convenue des adversaires, car il était fort familier de Talbot. »

Ce fait montre admirablement l'alliance des moines et de Jeanne d'Arc. Si l'augustin avait tenu à suivre les Anglais, rien ne lui était plus facile que de porter immédiatement, avant qu'ils ne fussent trop loin, son prisonnier sur ses épaules. S'il le mena à Orléans, c'est parce qu'il tenait lui-même à aller dans la cité au lieu de rester auprès de Talbot.

116 Chronique du siège d'Orléans.

117 L'article 57 du compte de forteresse pour l'an 1429 conservé à la Bibliothèque d'Orléans se rapporte à la construction de ce radeau « Payé XL sous pour une grosse pièce de bois prise chez Jehan Bazin quand on gaigna les Tournelles contre les Anglais, – Baillé à Champeaux et autres charpentiers XVI sous pour aler boire le jour que les Tournelles furent gaignées. »

118 L'intervention de ce Nicole de Giresme, très significative en raison de l'hostilité constante des chevaliers de Saint-Jean et de ceux du Temple, est attestée par la Chronique du Siège d'Orléans.

119 La chute du pont-levis qui joignait le Boulevard aux Tournelles ne fut point accidentelle comme on le croit généralement. Les comptes de la ville d'Orléans prouvent que ce pont fut brûlé à dessein par un bateau incendiaire, car ils renferment ces mots : « À Jehan Poitevin pescheur payé 8 sous pour avoir mis à terre sèche un challan qui fut mis sous le pont des Tournelles pour les ardre quand elles furent prises ; item à Boudon 9 sous pour deux esses pesant quatre livres et demie, mises au challan qui fut ars soubs le pont des Tournelles. Il est aussi question dans le même compte de résine et d'oing achetés pour engraisser les drapeaux destinés à mettre le feu aux Tournelles. Pour comprendre l'importance des gratifications il faut le rappeler que le sou valait environ 2 francs de notre monnaie.

120 Lefèvre de Saint Rémy.

121 Un de ces morceaux de marbre renfermant des reliques qui constituent les autels portatifs.

122 Chronique de la Pucelle. Il est à remarquer que ce sont les Communiers qui accompagnent Jeanne.

Un chroniqueur normand nous apprend que :

« La Pucelle avait avec elle grande quantité de gens de païs (resligieux et gens du peuple sans armes à pied), lesquels faisaient très-bien leur devoir et avaient fait ès batailles contre les Anglais car les Anglais les avaient menacés d'eux ardeoir par quoy ils étaient bien indignés contre eux. »

Un capitaine anglais nous apprend aussi combien les moines de France favorisaient le mouvement dont Jeanne d'Arc était la tête en affirmant que le Régent avait envoyé des troupes auxiliaires à Glansdale, mais qu'il fut impossible de passer à cause du mauvais vouloir des serfs et des moines qui, sans cesse, mettaient embûches en chemin.

[123] C'est à la fidélité de Jean d'Alençon qu'il convient d'attribuer ses conspirations successives, conspirations dont les ministres de Charles VII dénaturèrent le sens, le mobile et le but.

[124] Chronique du Voyage de Reims.

[125] Quicherat, frappé de la contradiction absolue de ce récit avec ceux du Journal du Siège d'Orléans et de la Chronique de la Pucelle, engage ses lecteurs à les comparer. Nous faisons de même.

[126] C'est sans doute à ce moment que Pierronne la Bretonne se joignit à Jeanne. Cette jeune fille fut, comme Jeanne elle-même, victime du dédoublement des franciscains et fut brûlée à Paris en 1430 parce qu'elle avait dit hautement que, dans la lutte, seule Jeanne d'Arc avait raison.

[127] Un évènement généralement oublié et qui prouve bien ce que, dans le Royaume, on espérait de l'intervention puissante de Richemont, est la tentative de Philippe le Cat, simple ménestrel normand, pour arracher la ville de Cherbourg à la domination anglaise. Richemont ayant été repoussé par le Roi, la tentative hardie de Philippe le Cat échoua dans les premiers jours de juillet 1429 et le pauvre harpeur paya de sa vie son ardent patriotisme, ce qui ne fût pas arrivé si Richemont avait pu, comme cela avait certainement été convenu, coaliser ses forces avec celles du duc de Bretagne et conquérir pour Charles VII la Normandie, tandis que Jeanne marchait vers Reims.

[128] Nous développerons ultérieurement cette thèse dans l'ouvrage que nous préparons sur la *Politique de Jacques Cœur*.

[129] Ce Jean du Wavrin était un homme de guerre fort en renom parmi les Bourguignons ; comme soldat de Falstaff, il assista à la fuite de Patay et son récit a, par cela même, une importance capitale. Nous en extrayons tous les détails relatifs à cet évènement.

[130] C'est-à-dire les hauts barons souverains de leurs milices féodales.

[131] C'est-à-dire les bannières baronniales des landlords.

[132] Ce chevalier devait être un parlementaire ; la bannière blanche était celle de Jeanne et de la Confédération générale des hauts barons anglais et des moines celtiques.

[133] À notre avis, ce cerf était tout simplement un serf chargé par les moines de quelque abbaye d'indiquer aux Français les positions anglaises.

[134] Monstrelet.

[135] Pape Pie II, Mémoires.

[136] Jeanne était d'une prudence consommée et veillait elle-même à l'exécution stricte des choses secrètement convenues. Nous l'avons vue à Orléans rester aux champs après la prise des bastilles anglaises des Augustins et des Tournelles afin de s'assurer que les lords seraient fidèles à leurs promesses de neutralité absolue. À Patay, elle fit de même, elle campa la nuit sur le champ de bataille, craignant peut-être quelque retour offensif. Le lendemain matin, sûre enfin de sa complète victoire, elle partit avec Claude, les capitaines et tout l'ost dans la direction d'Orléans, mais à mi-route elle les quitta pour se rendre seule auprès du Roy.

[137] Pape Pie II, Mémoires.

[138] Manuscrit des Gestes.

[139] Chronique de la Pucelle.

[140] Frère Richard en cette circonstance paraphrasait l'office significatif du 1er Dimanche de l'Avent.

[141] Il est à remarquer que la Croix de Malte sépare les deux signes franciscains que nous reproduisons tels que nous les avons recueillis dans les anciens monogrammes, ce qui semble indiquer l'alliance de Jeanne et des chevaliers de Saint-Jean.

[142] Ce récit est extrait d'un manuscrit de Jean Rogier conservé à la Bibliothèque nationale, lequel porte ce titre : « Recueil faict par moi, Jehan Rogier des chartres, titres et arrêts notables qui se trouvent en la maison et hostel de ville comme aussi en la chambre de l'eschevinage de Reims, etc. » Les lettres de Charles VII, de la Pucelle, du corps municipal de Troyes et de Châlons-sur-Marne, pièces précieuses dont les originaux n'existent plus, sont résumées en cet écrit curieux. « Encor, comme dit l'auteur, que l'histoire de France ne fasse point mention de ces particularités il ne fault nullement doubter que cela n'ait été faict ainsi. »

[143] L'ennemi, c'est-à-dire le Roy et la Pucelle.

[144] À eux envoyées par les gens de Troies dont frère Richard était le messager.

[145] Ses anciens ennemis, c'est-à-dire les hauts barons anglais avec lesquels, à Chinon, il avait traité en secret.

[146] Ses ennemis étaient encore les partisans des Lancastre.

[147] Dans la lettre qu'il écrivit à ses diocésains pour leur annoncer la prise de la Pucelle, Regnault de Chartres, archevêque de Reims, attribue hypocritement la cause de cette fin malheureuse de la jeune fille à ses goûts luxueux et à la cessation des faveurs divines en raison des

vêtements somptueux dont était parée l'héroïne, chose que les Écritures saintes réprouvent avec juste raison, dit-il.

[148] Il est à remarquer que Jeanne négocie toujours avec les différentes communes et avec les membres des échevinages bourgeois.

[149] Enguerrand de Monstrelet.

[150] Nous avons vu au ch. VI que les Anglais lancastriens entendaient par ce terme de Tout-Puissant le Grand Maître occulte du Temple.

[151] Monstrelet.

[152] Déposition de Jean d'Aulon, *Procès de réhabilitation*.

[153] Ceci est établi par la déposition d'un des enfants témoins de la scène, déposition qu'il fit bien des années après à un chroniqueur qui la rapporte.

[154] Cette femme vengea sur son mari la trahison dont Jeanne fut victime. Elle haïssait déjà son époux coupable d'avoir tué le père de Blanche pour hériter plus tôt de son château de Nesle. Guillaume de Flavy, pour ce crime comme pour celui dont Jeanne d'Arc fut l'objet, avait échappé à la justice des hommes. Mais Blanche d'Aurebruche, fatiguée des lâchetés de son mari, s'entendit avec son barbier qui lui coupa la gorge. Blanche, arrêtée à la suite de cette mort, fut graciée par Charles VII à qui elle prouva que Guillaume avait essayé auparavant de la faire noyer.

[155] La livre étant évaluée à 40 francs de notre monnaie, le prix d'achat de Jeanne d'Arc fut donc : *quatre cent mille francs*.

[156] Vieux manuscrit cité par M. de Longuemar, Président des Antiquaires de l'Ouest.

[157] Le mot *erdu* rappelle l'*ertha* de Moïse, cette terre terrestre qui était naturellement féconde aux premiers jours de la Création.

[158] Nous nous proposons d'étudier prochainement ce mécanisme dans un ouvrage sur *l'Économie politique et sociale de l'Église gauloise au Ier siècle*.

[159] Ce nom de Loyseleur n'est-il pas bien curieux : porté par le traître qui tenta de mettre en cage la blanche colombe, symbole de l'Esprit Saint.

[160] Ce gémissement venait de la masse des tertiaires franciscains, aussi nombreux dans l'armée anglaise que parmi les Français.

[161] Ceux-là étaient les forcenés, partisans du Temple et des Lancastre.

[162] Robert Stegall, *Jeanne d'Arc and other poésies*, 1868.

[163] Cette somme équivaut à cent vingt francs de notre monnaie.

[164] 21 francs 85.

¹⁶⁵ 120 francs environ.

¹⁶⁶ La livre étant de 40 francs, Jehan du Lys reçut donc 480 francs ; le Roi lui ayant ordonné cent livres, c'est-à-dire 4 000 francs qu'on ne lui bailla point d'après son dire.

¹⁶⁷ 8 400 francs de notre monnaie.

¹⁶⁸ Pierre Sala, *Hardiesses des Grands Rois et Empereurs*.

¹⁶⁹ Malheureusement, il ne reste aucune trace de ce curieux réquisitoire.

¹⁷⁰ HENRI MARTIN, Histoire de France.

¹⁷¹ Note de Quicherat.

¹⁷² D'après les calculs généralement admis, cette somme équivaut à environ 125 francs de notre monnaie.

¹⁷³ Dès 1451 Guillaume d'Estouteville, envoyé par le Pape Nicolas V comme légat auprès de Charles VII pour tâcher de faire cesser entre ce prince et le roi d'Angleterre une guerre qui favorisait les envahissements des Turcs en Europe, avait entrepris d'office avec l'aide de Jean Bréhal la révision du Procès de Jeanne d'Arc. Le 9 mai de la même année le cardinal d'Estouteville décernait à Orléans des indulgences pour l'observation de la fête annuelle du 8 mai, preuve manifeste du culte que l'Église comptait instaurer en l'honneur de Jeanne.

¹⁷⁴ Tous ces gens appartenaient sans doute aux fraternités franciscaines dont Jeanne avait été un moment l'âme et le centre vivant.

¹⁷⁵ Ce rapprochement très juste de l'auteur anglais entre David et Jeanne d'Arc est d'autant plus curieux qu'un chroniqueur du XVe siècle, Lefebvre de Saint-Rémy, affirme que, avec Saint Michel, estait à Domrémy le roy David, atout sa harpe dont il pinçait merveilleusement.

¹⁷⁶ Il y a dans cette phrase une allusion si claire l'origine royale et mystérieuse de Jeanne d'Arc que nous nous demandons si Thomas de Quincey, élevé dès sa jeunesse dans le culte idéal de l'héroïne, n'a pas eu sous les yeux les documents qui prouvent cette origine et si ces preuves ne se retrouveront pas un jour. Shakespeare, dont les œuvres ont été inspirées par un tout autre esprit, fait cependant d'une façon plus caractéristique encore la même allusion. Dans la première partie d'Henry VI, la Pucelle s'exprima en ces termes : « D'abord, laissez-moi vous dire qui vous avez condamné. Je ne suis pas une jeune paysanne, engendrée par quelque berger : *je suis issue d'une race de rois puissants et saints.* »

¹⁷⁷ Il y a dans les deux phrases en italique de bien curieuses allusions au grand mouvement des franciscains et à l'alliance secrète des lords.

¹⁷⁸ HENRI MARTIN, *Histoire de France*.

[179] HENRI MARTIN, *Histoire de France*.
[180] *Figaro*, Vendredi 3 août 1894.
[181] Les femmes de France se sentirent menacées par la guerre huguenote des mêmes périls qu'en la guerre de Cent ans. Elles luttèrent donc, contre leurs nouveaux ennemis, avec la même énergie et le même courage qu'elles avaient déployés, de façon moins ostensible cependant, contre les Anglais.

On le voit par ce fait curieux rapporté à propos du siège de Poitiers que Coligny entreprit en 1569 et dont l'issue fatale pour les protestants fut le sinistre présage de leur sanglante défaite dans les plaines de Moncontour.

Comment en eût-il été autrement ? Chacun, parmi les catholiques, « était échauffé à bien faire, outre son salut et honneur, par la vue d'une véritable haie de cavalerie : *c'étaient soixante-quinze dames*, montées sur de bons chevaux, très bien empanachés, qui prirent leur place de bataille assez près du combat pour être fidèles et dangereux témoins des valeurs et lâchetés ».

Les femmes du XVIe siècle reprenaient collectivement contre les ennemis de l'Église la tâche de vigilance militaire que Jeanne avait représentée seule au XVe. On sait tous les exploits des femmes françaises pendant la *Ligue*. De plus, une légende du commencement du XVIIe siècle nous apprend qu'au moment du siège de La Rochelle par les armées de Louis XIII, le roi d'Angleterre, ayant eu velléité d'envoyer des troupes de secours aux protestants, vit apparaître l'ombre de Jeanne d'Arc qui lui dit d'un ton menaçant : « Si tu combats pour eux, je combattrai de nouveau contre toi, si tu veux recommencer la lutte, je suis prête, recommençons ! » Le roi d'Angleterre, très frappé, dit-on, de cette menace, abandonna son projet d'intervention directe et la ville de La Rochelle dut capituler.

[182] Bull en anglais veut dire Taureau – John ou Jean, c'est le Janus, l'être à double face et à double visage, c'est-à-dire le conspirateur.

[183] La haine des Huguenots contre Jeanne d'Arc montre bien à quel pouvoir occulte ils obéissaient. Le Premier monument en l'honneur de la Pucelle élevé à Orléans, sous le règne de Charles VII, fut détruit par les Calvinistes en 1567. Il est à remarquer, d'après la description que Pontus Heuterus dans son *Histoire des Ducs de Bourgogne*, parue en 1583, donne de cette première statue de la Pucelle, que celle-ci porte les cheveux longs, signe manifeste que les Orléanais avaient publiquement

conservé le souvenir de Claude bien plus que celui de Jeanne, ce qui se comprend puisque beaucoup d'entre eux n'avaient vu que la guerrière.

[184] Les Jacobins qui reprenaient sous une autre raison sociale la même conspiration antifrançaise que les huguenots, manifestèrent la même animosité féroce contre tout ce qui touchait à la Pucelle.

Les Anglais dont les aïeux avaient été les alliés de Jeanne furent fidèles à sa mémoire lorsque les Français semblaient se complaire à l'oublier ou à la profaner.

En 1793, tandis que nos Jacobins brûlaient à Orléans avec des cris de cannibales le chapeau de feutre gris doublé d'une coiffe bleue que l'on gardait là-bas comme relique de la Pucelle, un jeune poète anglais écrivait, en vue de la place où Jeanne expira, ces beaux vers :

« C'est là qu'ils t'ont exposée nue ; c'est là que, martyre, les flammes t'ont enveloppée, ô toi, sainte héroïne ! C'est là que les Anges ont agité leurs rameaux de palmes autour de ton front, ô toi sereine patiente !

« Avec une céleste et douce pitié Marie te montre ses doux yeux de Vierge ; ton Dieu vient à ton secours, ses ministres bénis t'attendent pour te porter aux cieux.

« Je vois que tu ne maudis pas l'ingratitude de l'homme. Aucun anathème ne sort de ta bouche ; ta face est douce, belle vierge, quoiqu'ils t'aient trahie, *ceux que tu as délivrés.*

« Tes concitoyens t'ont trahie ; tes amis ont fait de toi une victime et les lâches ennemis accumulent mensonges et insultes sur toi. Ils tremblaient autrefois quand ta plume blanche apparaissait à leurs yeux.

« Je la vois la vierge sans tache ; la fière rougeur de sa joue, longtemps flétrie, se réveille. Les rudes mains du bourreau découvrent son sein aux regards insolents de ceux qui redoutaient son nom.

« Ce ne fut qu'un moment de fièvre ; la voilà plus pâle que jamais, qui prie avec calme sous leurs regards :

« Dieu, pardonne à ces rudes soldats qui me regardent avec des yeux durs et cruels. *Ils ne savent ce qu'ils font.*

« Seigneur Jésus, pour ton amour, je baise... je baise l'échafaud, reçois mon âme en pitié.

« Aussitôt les flammes s'élancent, leur lueur sanglante se projette sur toute la coupable Cité.

« Je ne vois plus le bras brandissant une arme innocente, LA BANNIÈRE, *et non l'épée.*

« Je ne vois plus la poitrine de neige, que jamais ne fit battre l'amour, excepté l'amour du Sauveur.

« Les vents dispersent ses cendres ; aucune larme ne peut laver le noir pavé où a coulé le sang martyr ; désormais orgueil et honneur n'ont plus brillé sur cette terre de péché.

« Mais hélas ! son sol n'enfante plus que raillerie et blasphème. Oh ! quel cœur d'homme peut entendre ses bardes se raillant de toi, ô vierge inspirée, ô toi sainte et douce Jeanne.

« Ô génération sans cœur ! Nation fausse, rieuse et sans foi ! Pour toi l'étoile de la Vérité s'obscurcit ! Que Dieu t'envoie un vengeur, ô Jeanne d'Arc ! »

(Cette pièce si touchante est extraite de la *Jeanne d'Arc* de François Bournand, qui en cite la traduction que nous reproduisons textuellement.)

185 **Léon XIII et les Anglicans.**

On nous télégraphie de Rome, 1ᵉʳ décembre :

Léon XIII a mandé à Rome le cardinal Vaughan, archevêque de Westminster, pour être exactement renseigné sur le courant qui s'est manifesté, depuis quelque temps, parmi les anglicans, en faveur du catholicisme. Le pape a l'intention de réunir à Rome les principaux prélats catholiques d'Angleterre ainsi que ceux de l'Amérique du Nord pour étudier avec eux les moyens les plus propres à obtenir la conversion des anglicans au catholicisme. Il veut faire, en somme, pour les anglicans, ce qu'il a fait pour les Orientaux.

Il mettra ainsi en pratique les idées qu'il a exprimées dans sa fameuse encyclique qui appelait les chrétiens de toutes les confessions à s'unir à l'Église de Rome. Léon XIII croit le moment très propice et va se mettre à l'œuvre avec une énergie absolument étonnante chez un vieillard de son âge.

À quelqu'un qui lui faisait observer combien l'entreprise lui paraissait colossale, il a répondu : « J'ouvre la voie, mon successeur la suivra et arrivera au but. »

Les cardinaux Gibbons, de Baltimore, Mozan, de Sydney, et Taschereau, de Québec, viendront à Rome pour le même motif. Léon XIII suit son programme avec une constance et une lucidité d'esprit remarquables. – 6.

À notre humble avis, la question de Jeanne d'Arc posée comme nous avons essayé de le faire peut être d'un grand secours à la politique papale si vigoureusement conduite par Léon XIII et qui n'est, au fond, que la reprise hardie de la grande politique universelle dont Jean Gerson, au XVe siècle, avait été l'organe et Jeanne d'Arc le porte-drapeau.